OEUVRES

COMPLÈTES

DE BOILEAU.

3.

Imp. d'Ad. Moessard et Jousset;
rue de Furstemberg, n. 8.

HOMERE

Traité du Sublime Chap. VII.

OEUVRES

COMPLÈTES

DE BOILEAU,

COLLATIONNÉES SUR LES ANCIENNES ÉDITIONS ET SUR LES MANUSCRITS;

avec

DES NOTES HISTORIQUES ET LITTÉRAIRES,

ET DES RECHERCHES SUR SA VIE, SA FAMILLE ET SES OUVRAGES;

PAR M. BERRIAT-SAINT-PRIX.

NOUVELLE ÉDITION,

Ornée du *fac-simile* de l'écriture de Boileau, et d'un tableau généalogique de sa famille, contenant plus de 500 parens ou alliés de ce poëte.

TOME TROISIÈME.

PARIS,
CHEZ PHILIPPE, LIBRAIRE,
RUE DE FURSTEMBERG, N.º 8.

1837.

AVERTISSEMENT.

I. A l'exemple de M. Daunou (1809), suivi par M. de Saint-Surin, nous avons rangé les œuvres en prose de Boileau suivant leur ordre chronologique de composition, excepté la traduction du Traité du Sublime, que depuis sa publication, en 1674, l'auteur lui-même a toujours placée à la fin de ses diverses éditions, sans doute comme étant un ouvrage d'un genre tout-à-fait particulier.

II. Nous n'avons point compris parmi ces œuvres les préfaces générales antérieures à celle de 1701, que Boileau avait omises dans cette édition. Brossette, suivi par Dumonteil et Souchay, les avait reléguées à la fin de la sienne; Saint-Marc et, d'après lui, tous les commentateurs modernes, les ont mises, aussi suivant leur ordre chronologique, en tête du tome Ier; c'est là, en effet, qu'est leur place naturelle.

III. Nous y avons compris le Discours sur la satire, que les mêmes commentateurs, à l'imitation de Saint-Marc, ont intercalé dans les poésies (entre le discours au roi et la première satire). Dans ses premières éditions, il est vrai (1668 à 1685), Boileau l'avait mis après la neuvième satire qui était alors la dernière; mais, dès 1694, il le renvoya aux œuvres en prose dont il forme la première pièce; et il conserva cet ordre dans les éditions de 1694-1698, de 1701 et de 1713, soit in-4°, soit in-12, avec cette différence, pour les quatre dernières, que le discours n'est plus que la seconde pièce des œuvres en prose.

Nous ne voyons aucune raison pour nous écarter de cet ordre naturel, établi par l'auteur et suivi jusqu'à Saint-Marc par tous les éditeurs, tels que Brossette, Dumonteil et Souchay, et depuis, par leurs copistes; Saint-Marc lui-même ne dit point pourquoi il a imprimé ce discours parmi les poésies et avant les satires, place qu'il n'occupa jamais.

IV. *Jugemens sur les œuvres en prose de Boileau.* Nous rapportons dans le tome 1er (Essai, n° 93 et 94), l'opinion de plusieurs auteurs sur le style de Boileau; ajoutons ici celle d'un de ses plus élégans éditeurs. « On ne saurait, dit M. Daunou (tome III, Avertissement), compter Boileau parmi les écrivains qui ont embelli la prose française. C'est quand il écrit en vers qu'il jouit de tout son talent : en prose, il est rare que sa pensée s'anime ou s'élève, et qu'il donne à son style de la couleur et du mouvement; sa diction même, quoique ordinairement claire et pure, manque souvent d'harmonie, d'élégance et quelquefois de correction. »

Mais insistons aussi sur la remarque suivante du même éditeur. « Si les écrits de Boileau en prose ne sont pas des chefs-d'œuvre, ils sont du moins judicieux et instructifs... ils ont contribué aux progrès de son siècle, et ils peuvent servir encore à prévenir ou à signaler les égaremens du nôtre ».

OUVRAGES DIVERS.

DISSERTATION

SUR

LA JOCONDE.[1]

A MONSIEUR B***.[2]

Monsieur,

Votre gageure est sans doute fort plaisante, et j'ai ri de tout mon cœur de la bonne foi avec laquelle votre ami soutient une opinion aussi peu raisonnable que la

---

[1] *V. E.* Texte de 1669 à 1700, suivi par Brossette, Souchay, Saint-Marc, etc. Plusieurs éditeurs modernes y ont fait des changemens ou des additions.

[2] *V. E.* Texte de 1669 à 1700. Brossette y a substitué, sans aucune explication, *A M. l'abbé Le Vayer...* Saint-Marc le reprend là-dessus. Il pense qu'il s'agit plutôt d'un cousin de l'abbé, nommé François le Vayer de Boutigny, maître des requêtes, auteur d'un roman, et mort en 1688... D'autres indiquent au contraire un frère (Roland) de celui-ci, mort intendant de Soissons en 1685 ; mais tout cela est fort incertain.

Publication... Suivant Saint-Marc (III, 81), elle eut lieu d'abord dans l'édition des Contes de La Fontaine de 1665 ; c'est une erreur comme le remarque M. Walckenaër (p. 379, 380 et 387), qui renvoie seulement cette publication à une édition des contes donnée chez Sambix, à Leyde, en 1668, tandis que nous pensons qu'elle n'eut lieu que dans l'édition donnée chez le même Sambix, en 1669... Ajoutons à ce que nous observons à ce sujet (tome I, Notice bibl., § 1, n° 23), la citation d'un passage curieux de l'*Avis* de cette édition de 1669, qu'on n'avait point remarqué, peut-être parce qu'il est supprimé dans les suivantes ; le voici :

« Pour la perfection du livre, j'y ai ajouté une dissertation de l'un des plus « beaux esprits de ce temps, et, comme elle regarde la défense de l'une de ces « nouvelles, intitulée Joconde, elle ne fait point un corps d'ouvrage différent. « Au reste, on remarquera dans cette dissertation une manière de critiquer

sienne. Mais cela ne m'a point du tout surpris : ce n'est pas d'aujourd'hui que les plus méchans ouvrages ont trouvé de sincères protecteurs, et que des opiniâtres ont entrepris de combattre la raison à force ouverte. Et, pour ne vous point citer ici d'exemples du commun, il n'est pas que vous n'ayez ouï parler du goût bizarre

---

« fine et spirituelle; tout y porte coup, et la raillerie y est agréablement mê-
« lée parmi une érudition curieuse, et d'honnête homme. »

Ce passage est une nouvelle preuve que la publication de la dissertation est plus récente que ne le dit Saint-Marc. La qualification de *bel esprit* était fort honorable au xviie siècle. On ne pouvait dire de Boileau qu'il était un des plus beaux esprits du temps, en 1665, époque où il n'avait rien publié, tandis qu'en 1669, il y avait déjà une vingtaine d'éditions ou de réimpressions de ses satires (même § 1, n°s 7 à 24).

Quoi qu'il en soit, nous avons examiné avec soin et cette édition et les suivantes du xviie siècle (même §1, n°s 23, 24, 32, 50, 51, 58, 71 et 85), et nous avons été surpris de voir que Brossette, qui, le premier, a inséré la dissertation dans les œuvres de Boileau, n'en avait consulté aucune; et cependant son texte paraît avoir servi de type aux éditeurs suivans et même à Saint-Marc, car les fautes que Saint-Marc reprend dans Souchay (à l'exception d'une seule que le simple bon sens indiquait) n'existent point dans le texte de Brossette, et il n'a aperçu aucune de celles du même texte.

Il en est cependant d'assez graves, et entre autres deux changemens de mots grossiers dont l'emploi a peut-être contribué à détourner Boileau d'avouer l'ouvrage où il s'était servi d'expressions qui lui étaient si peu ordinaires.

Composition. D'après quelques-unes des observations précédentes, on voit que l'opinion de Saint-Marc ne peut guère servir d'autorité pour déterminer l'époque à laquelle fut composée la dissertation. Il la fixe à 1662 au plus tard, et cette date a été adoptée par MM. Daunou et Viollet Le Duc, tandis que MM. Walckenaër et de Saint-Surin pensent qu'il faut la reporter au plus tôt en 1665. Le principal argument de Saint-Marc est qu'on n'y parle point de Bouillon, mort en 1662, comme d'un auteur qui fût vivant... L'expression *feu* n'y est pas jointe, il est vrai, à son nom; mais, en premier lieu, on s'y sert quelquefois envers lui d'autres expressions (VALET timide... auteur sec... traducteur *décharné... le* PAUVRE *Bouillon...* un TEL auteur... ci-après, pag. 7, 23, 27 et 29) que Boileau à l'âge qu'il avait, en 1662 (25 ans), n'eût probablement pas osé employer envers un homme qu'il venait de voir *secrétaire* de

de cet empereur ¹ qui préféra les écrits d'un je ne sais quel poète, aux ouvrages d'Homère, et qui ne voulait pas que tous les hommes ensemble, pendant douze siècles ², eussent eu le sens commun.

Le sentiment de votre ami a quelque chose d'aussi

l'oncle du roi, poste un peu plus relevé que celui de *valet de garde-robe*, dont se contentait un des frères du poète *... En second lieu, selon la remarque de M. Walckenaër, la phrase (*voy*. le texte, p. 6), « Votre ami va, *le livre* « *à la main*, défendre la Joconde de M. Bouillon; » indique évidemment et le recueil de Bouillon et la Joconde de La Fontaine publiés en 1663 et 1664, un et deux ans après la mort de Bouillon, et il nous paraît impossible qu'on eût employé une pareille expression pour désigner un manuscrit.

Au reste, voici une observation qui nous semble tout-à-fait décisive en faveur du système de MM. Walckenaër et de Saint-Surin. Boileau dit (*voy*. le texte): *Votre gageure est plaisante... Votre ami* soutient... Il suppose donc que la gageure vient d'être faite, et elle n'a pu se faire qu'après la publication du conte de La Fontaine, ou après 1664, et par conséquent encore long-temps après la mort de Bouillon... et c'est ce qui concorde d'ailleurs avec les expressions des rédacteurs du Journal des savans, du 26 janvier 1665. Après avoir dit, en effet, que La Fontaine, dont ils annoncent le conte, a changé beaucoup à celui de l'Arioste, ils ajoutent : « M. de Bouillon avait déjà traduit « cet épisode, mais il s'était entièrement attaché à son texte, et n'avait pas « abandonné d'un pas l'Arioste... Ces deux manières différentes ont donné lieu « à beaucoup de disputes : les uns prétendant que le conte était devenu meil- « leur par le changement qu'on y a fait; et les autres, au contraire, soutenant « qu'il en était tellement défiguré, qu'il n'était pas connaissable. Beaucoup de « gens ont pris parti dans cette contestation : et elle s'est tellement échauffée « qu'il s'est fait des gageures considérables en faveur de l'un et de l'autre. »

Si la gageure s'était faite du vivant de Bouillon, ou trois années auparavant, ils auraient assurément dit... des gens *avaient* pris parti... il *s'était* fait des gageures, etc.

¹ Il s'agit évidemment d'Adrien, qui, selon Dion Cassius, préférait à l'Iliade et à l'Odyssée, la Thébaïde d'Antimaque (*voir* Saint-Marc, II, 377 et MM. de S.-S. et Daun.). Caligula, que désigne Brossette, voulait seulement, d'après Suétone, auquel il renvoie, anéantir les ouvrages d'Homère.

² *V. O.* ou *E.* Texte de 1669 et 1673, Leyde, évidemment préférable à

* Pierre Boileau, dit Puymorin (tome IV, p. 501; Pi. just. 212 *a*).

monstrueux. Et certainement quand je songe à la chaleur avec laquelle il va, le livre à la main, défendre la Joconde de M. Bouillon, il me semble voir Marfise, dans l'Arioste, puisque Arioste y a, qui veut faire confesser à tous les chevaliers errans[1] que cette vieille qu'elle[2] a en croupe est un chef-d'œuvre de beauté. Quoi qu'il en soit, s'il n'y prend garde, son opiniâtreté lui coûtera un peu cher ; et quelque mauvais passe-temps qu'il y ait pour lui à perdre cent pistoles, je le plains encore plus de la perte qu'il va faire de sa réputation dans l'esprit des habiles gens.

Il a raison de dire qu'il n'y a point de comparaison entre les deux ouvrages dont vous êtes en dispute, puisqu'il n'y a point de comparaison entre un conte plaisant et une narration froide, entre une invention fleurie et enjouée et une traduction sèche et triste. Voilà en effet la proportion qui est entre ces deux ouvrages. M. de La Fontaine a pris à la vérité son sujet d'Arioste[3] ; mais en même temps il s'est rendu maître de sa matière : ce n'est point une copie qu'il ait tirée un

---

celui de l'édition de 1669, P., de Brossette et des autres éditeurs qui ont mis pendant *près* de VINGT *siècles,* car, selon la remarque de M. Daunou, il n'y avait que dix à onze siècles, entre Homère et Adrien.

[1] *V. E.* On a omis le mot *errans* dans l'édition de 1735 (Souchay) et dans presque toutes les suivantes (plus de *trente*).

[2] V. E. Texte de 1669 à 1700, et non pas *qu'il,* comme dans une foule d'éditions telles que 1716 in-4° et in-12, et 1724, Bross. ; 1717, Vest. et Mort ; 1718, 1722 et 1729, Dumont. ; 1721, Bru. ; 1735 et 1740, Souch. ; 1735 et 1743, A. ; 1745, P. ; 1746, Dr... Saint-Marc a relevé cette faute grossière de Brossette (car Marfise est une femme), ce qui n'a pas empêché de la commettre dans plusieurs éditions postérieures, telles que 1750, 1757, 1766, 1768, 1769 et 1793, P. ; 1759, Gl. ; 1767, Dr...

[3] V. Texte de 1669 à 1700, et non pas *l'Arioste,* comme ont mis Souchay

trait après l'autre sur l'original ; c'est un original qu'il a formé sur l'idée qu'Arioste lui a fournie. C'est ainsi que Virgile a imité Homère ; Térence, Ménandre ; et le Tasse, Virgile. Au contraire, on peut dire de M. Bouillon que c'est un valet timide, qui n'oserait faire un pas sans le congé de son maître, et qui[1] ne le quitte jamais que quand il ne le peut plus suivre. C'est un traducteur maigre et décharné ; les plus belles fleurs que l'Arioste lui fournit deviennent sèches entre ses mains ; et à tous momens quittant le français pour s'attacher à l'italien, il n'est ni italien ni français.

Voilà, à mon avis, ce qu'on doit penser de ces deux pièces. Mais je passe plus avant, et je soutiens que non-seulement la nouvelle de M. de La Fontaine est infiniment meilleure que celle de M. Bouillon[2], mais qu'elle est même plus agréablement contée que celle d'Arioste. C'est beaucoup dire, sans doute ; et je vois bien que par-là je vais m'attirer sur les bras tous les amateurs de ce poète. C'est pourquoi vous trouverez bon que je n'avance pas cette opinion, sans l'appuyer de quelques raisons.

(1735 et 1740) et autres, depuis... Au milieu du XVIIe siècle l'usage où nous sommes d'écrire *l'Arioste* ne faisait pas encore loi, dit Saint-Marc, et en conséquence il reprend vivement la correction que Souchay a faite ici et dans plusieurs des passages suivans (il est inutile de les noter).

[1] Texte de 1669 à 1700. Souchay (1735 et 1740) a mis et qu'*il* ne le quitte, ce qui a été imité à 1745, P... Saint-Marc a encore repris cette faute et cette fois a été plus heureux, car on ne la retrouve plus qu'à 1750, P. et 1759, Gl.

[2] *V. O.* ou *E.* Texte de 1669 et 1673, Leyde, évidemment préférable à l'expression singulière *de* CE MONSIEUR, qu'on lit dans toutes les autres éditions... et c'est néanmoins de cette expression qu'on a tiré un argument en faveur du système de Saint-Marc, réfuté à la note 2 (p. 4), en observant qu'on s'en sert plutôt envers un homme vivant qu'envers un homme mort.

Premièrement donc [1], je ne vois pas par quelle licence poétique Arioste a pu, dans un poème héroïque et sérieux, mêler une fable et un conte de vieille, pour ainsi dire, aussi burlesque qu'est l'histoire de Joconde. « Je sais bien, dit un poète, grand critique (*Horace, Art poét., v.* 9), qu'il y a beaucoup de choses permises aux poètes et aux peintres; qu'ils peuvent quelquefois donner carrière à leur imagination, et qu'il ne faut pas toujours les resserrer dans les bornes de [2] la raison étroite et rigoureuse. Bien loin de leur vouloir ravir ce privilège, je le leur accorde pour eux, et je le demande pour moi. Ce n'est pas à dire toutefois qu'il leur soit permis pour cela de confondre toutes choses; de renfermer dans un même corps mille espèces différentes, aussi confuses que les rêveries d'un malade; de mêler ensemble des choses incompatibles; d'accoupler les oiseaux avec les serpens, les tigres avec les agneaux... » Comme vous voyez, monsieur, ce poète avait fait le procès à Arioste, plus de mille ans avant qu'Arioste eût écrit. En effet, ce corps composé de mille espèces différentes, n'est-ce pas proprement l'image du poème de Roland le furieux? Qu'y a-t-il de plus grave et de plus héroïque que certains endroits de ce poème? Qu'y a-t-il de plus bas et de plus bouffon que d'autres? Et sans chercher si loin, peut-on rien voir de moins sérieux que l'histoire de Joconde et d'Astolfe? Les aventures de Buscon et de Lazarille ont-elles quelque chose de plus extravagant? Sans mentir, une telle bassesse est bien éloignée du goût

---

[1] *V. E.* Texte de 1669 à 1700. Tous les éditeurs ont supprimé *donc*.
[2] *V. E.* Ces mots *les bornes de*, ont été omis (ce qui rend le sens forcé et obscur) dans les éditions indiquées, p. 6, note 1.

de l'antiquité; et qu'aurait-on dit de Virgile, bon Dieu! si, à la descente d'Énée dans l'Italie, il lui avait fait conter par un hôtelier [1] l'histoire de Peau-d'âne, ou les contes de ma Mère-l'Oie? Je dis les contes de ma Mère-l'Oie, car l'histoire de Joconde n'est guère d'un autre rang. Que si Homère a été blâmé dans son Odyssée qui est pourtant un ouvrage tout comique, comme l'a remarqué Aristote, si, dis-je, il a été repris par de fort habiles critiques pour avoir mêlé dans cet ouvrage l'histoire des compagnons d'Ulysse changés en pourceaux, comme étant indigne de la majesté de son sujet; que diraient ces critiques, s'ils voyaient celle de Joconde dans un poëme héroïque? N'auraient-ils pas raison de s'écrier que si cela est reçu, le bon sens ne doit plus avoir de juridiction sur les ouvrages d'esprit, et qu'il ne faut plus parler d'art ni de règles? Ainsi, monsieur, quelque bonne que soit d'ailleurs la Joconde de l'Arioste, il faut tomber d'accord qu'elle n'est pas en son lieu.

Mais examinons un peu cette histoire en elle-même. Sans mentir, j'ai de la peine à souffrir le sérieux avec lequel Arioste écrit un conte si bouffon. Vous diriez que non-seulement c'est une histoire très véritable, mais que c'est une chose très noble et très héroïque qu'il va raconter; et certes, s'il voulait décrire les exploits d'un Alexandre ou d'un Charlemagne, il ne débuterait pas plus gravement.

> Astolfo, re de' Longobardi, quello
> A cui lasciò il fratel monaco il regno,
> Fù nella giovinezza sua si bello,

[1] C'est en effet un *hôtelier* qui, dans le xxviiie chant de *l'Arioste*, pour désennuyer Rodomont, lui raconte l'histoire de *Joconde*... Saint-Marc.

> Che mai poch' altri giunsero a quel segno.
> N' avria a fatica un tal fatto a penello
> Apelle, Zeusi, o se v' è alcun più degno.

Le bon messer Ludovico ne se souvenait pas, ou plutôt ne se souciait pas du précepte de son Horace :

> Versibus exponi tragicis res comica non vult.[1]

Cependant il est certain que ce précepte est fondé sur la pure raison, et que, comme il n'y a rien de plus froid que de conter une chose grande en style bas, aussi n'y a-t-il rien de plus ridicule que de raconter une histoire comique et absurde en termes graves et sérieux, à moins que ce sérieux ne soit affecté tout exprès pour rendre la chose encore plus burlesque. Le secret donc, en contant une chose absurde, est de s'énoncer d'une telle manière que vous fassiez[2] concevoir au lecteur que vous ne croyez pas vous-même la chose que vous lui contez : car alors il aide lui-même à se décevoir, et ne songe qu'à rire de la plaisanterie agréable d'un auteur qui se joue et ne lui parle pas tout de bon. Et cela est si véritable, qu'on dit même assez souvent des choses qui choquent directement la raison, et qui ne laissent pas néanmoins de passer, à cause qu'elles excitent à rire. Telle est cette hyperbole d'un ancien poëte comique pour se moquer d'un homme qui avait une terre de fort

---

[1] Art poét., v. 89.
[2] Il y a une faute de langue dans cette phrase. Il fallait : Le secret... *est de vous énoncer...* ou bien, *de s'énoncer de telle manière qu'on fasse.- qu'on ne croie pas soi-même... qu'on lui conte...* Puisque Boileau avait commencé sa phrase par le pronom *indéfini*, il ne pouvait la continuer par le pronom défini... *Saint-Marc.* — Deux commentateurs ont donné, sans citation, un extrait de cette critique.

petite étendue : « Il possédait, dit ce poète, une terre « à la campagne, qui n'était pas plus grande qu'une « épître de Lacédémonien. » Y a-t-il rien, ajoute un ancien rhéteur[1], de plus absurde que cette pensée? Cependant elle ne laisse pas de passer pour vraisemblable, parce qu'elle touche la passion, je veux dire qu'elle excite à rire. Et n'est-ce pas en effet ce qui a rendu si agréables certaines lettres de Voiture, comme celles du brochet et de la berne[2], dont l'invention est absurde d'elle-même, mais dont il a caché les absurdités par l'enjouement de sa narration, et par la manière plaisante dont il dit toutes choses? C'est ce que M. D. L. F.[3] a observé dans sa nouvelle : il a cru que, dans un conte comme celui de Joconde, il ne fallait pas badiner sérieusement. Il rapporte, à la vérité, des aventures extravagantes; mais il les donne pour telles : partout il rit et il joue; et si le lecteur lui veut faire un procès sur le peu de vraisemblance qu'il y a aux choses qu'il raconte, il ne va pas, comme Arioste, les appuyer par des raisons forcées et plus absurdes encore que la chose même, mais il s'en sauve en riant et en se jouant du lecteur; qui est la route qu'on doit tenir en ces rencontres :

Ridiculum acri
Fortius et melius magnas plerumque secat res.[4]

---

[1] Longin, Traité du Sublime, ch. 31, vers la fin (*voy.* le ci-après).

[2] *V. E.* Texte de 1669 à 1700. Brossette, suivi par tous les éditeurs, a mis *comme* celle *du brochet et de la* carpe, *dont l'invention...* Les deux lettres indiquées au texte sont très distinctes; ce sont la 9e et la 143e de Voiture (*OEuvres*, édit. de *Pinchesne*, Paris, 1691, in-12, t. I, p. 19 et 303).

[3] Cette abréviation est ici (1669 à 1700) et dans presque tous les autres passages, au lieu de *M. de La Fontaine*, que mettent les divers éditeurs.

[4] Horace, liv. I, sat. x, v. 14. *Saint-Marc.*

Ainsi, lorsque Joconde, par exemple, trouve sa femme couchée entre les bras d'un valet, il n'y a pas d'apparence que, dans la fureur, il n'éclate contre elle, ou du moins contre ce valet. Comment est-ce donc qu'Arioste sauve cela? il dit que la violence de l'amour ne lui permit pas de faire déplaisir à sa femme.

> Ma, dall' amor che porta, al suo dispetto,
> All' ingrata moglie, li fu interdetto.

Voilà, sans mentir, un amant bien parfait; et Céladon [1] ni Silvandre ne sont jamais parvenus à ce haut degré de perfection. Si je ne me trompe, c'était bien plutôt là une raison, non-seulement pour obliger Joconde à éclater, mais c'en était assez pour lui faire poignarder dans la rage sa femme, son valet et soi-même, puisqu'il n'y a point de passion plus tragique et plus violente que la jalousie qui naît d'une extrême amour [2]. Et certainement, si les hommes les plus sages et les plus modérés ne sont pas maîtres d'eux-mêmes dans la chaleur de cette passion, et ne peuvent s'empêcher quelquefois de s'emporter jusqu'à l'excès pour des sujets fort légers, que devait faire un jeune homme comme Joconde, dans les premiers accès d'une jalousie aussi bien fondée que la sienne? Etait-il en état de garder encore des mesures avec une perfide, pour qui il ne pouvait plus avoir que des sentimens d'horreur et de mépris? M. D. L. F. a bien vu l'absurdité qui s'ensuivait de là; il s'est donc bien gardé de faire [3] comme

---

[1] Texte de 1669 à 1700, et non pas *Célador* (*voy.* ci-apr. p. 34, note 2).

[2] Texte de 1669 à 1700. Les éditeurs modernes lisent *d'un extrême...*

[3] *V. O.* Texte de 1669 et 1673, Leyde... On a supprimé *comme Arioste*, dans les éditions de 1669 (Paris) à 1700, de Brossette et dans les suivantes.

Arioste, Joconde amoureux d'une amour romanesque et extravagante[1]; cela ne servirait de rien, et une passion comme celle-là n'a point de rapport avec le caractère dont Joconde nous est dépeint, ni avec ses aventures amoureuses. Il l'a donc représenté seulement comme un homme persuadé à fond[2] de la vertu et de l'honnêteté de sa femme. Ainsi, quand il vient à reconnaître l'infidélité de cette femme, il peut fort bien par un sentiment d'honneur, comme le suppose M. D. L. F., n'en rien témoigner, puisqu'il n'y a rien qui fasse plus de tort à un homme d'honneur, en ces sortes de rencontres, que l'éclat.

> Tous deux dormaient : dans cet abord Joconde
> Voulut les envoyer dormir en l'autre monde ;
>   Mais cependant il n'en fit rien,
>   Et mon avis est qu'il fit bien.
>   Le moins de bruit que l'on peut faire,
>   En telle affaire,
>   Est le plus sûr de la moitié.
>   Soit par prudence ou par pitié,
>   Le Romain ne tua personne. etc.[3]

Que si Arioste n'a supposé l'extrême amour de Joconde que pour fonder la maladie et la maigreur qui

---

[1] *V. O.* et *E.* Texte de 1669 à 1695. Dès 1700 on a mis le masculin.

[2] *V. O.* et *E.* Texte de 1669 et 1673, Leyde. On lit à *fonds* dans les éditions de 1669 (Paris) à 1700, de Brossette et de Dumonteil. Souchay (1735, 1740 et 1745) a mis *au fonds*, et son antagoniste Saint-Marc l'a imité sans aucune remarque, ce qui concourt à prouver qu'il n'avait point, comme il le dit, lu les éditions anciennes des contes. Les éditeurs suivans ont imité Souchay : seulement les modernes, tels que MM. Didot, Amar, de S.-S., Daunou, Viollet, Auger et Thiessé, écrivent *au fond* (sans *s*).

[3] *V. E.* Texte de 1669 à 1700. Brossette et tous les autres éditeurs suppriment l'*etc.*, qui annonce pourtant que Boileau renvoie aussi aux vers suivans.

lui vint ensuite, cela n'était point nécessaire, puisque la seule pensée d'un affront n'est que trop suffisante pour faire tomber malade un homme de cœur. Ajoutez à toutes ces raisons que l'image d'un honnête homme, lâchement trahi par une ingrate qu'il aime, tel que Joconde nous est représenté dans l'Arioste, a quelque chose de tragique et qui[1] ne vaut rien dans un conte pour rire : au lieu que la peinture d'un mari qui se résout à souffrir discrètement les plaisirs de sa femme, comme l'a dépeint M. D. L. F., n'a rien que de plaisant et d'agréable; et c'est le sujet ordinaire de nos comédies.[2]

Arioste n'a pas mieux réussi dans cet autre endroit où Joconde apprend au roi l'abandonnement de sa femme avec le plus laid monstre de la cour. Il n'est pas vraisemblable que le roi n'en témoigne rien. Que fait donc l'Arioste pour fonder cela ? Il dit que Joconde, avant que de découvrir ce secret au roi, le fit jurer sur le saint sacrement ou sur l'AGNUS DEI (ce sont ses termes), qu'il ne s'en ressentirait point. Ne voilà-t-il pas une invention bien agréable ? Et le saint-sacrement n'est-il pas là bien placé ? Il n'y a que la licence italienne qui puisse mettre une semblable impertinence à couvert; et de pareilles sottises ne se souffrent point en latin ni en français. Mais comment est-ce qu'Arioste sauvera toutes les autres absurdités qui s'ensuivent de là ? Où est-ce que Joconde trouve si vite une hostie sacrée pour faire

---

[1] *V. E.* Texte de 1669 à 1700. Les mêmes suppriment *et*.

[2] Cette phrase présente autre chose que ce que l'auteur a voulu dire. Les intrigues galantes des femmes mariées ne sont point le sujet ordinaire de nos *comédies*. Molière et quelques autres *poètes* en ont fait, dans leurs *pièces*, une matière à plaisanterie. C'est ce que l'auteur voulait dire. *Saint-Marc.*

jurer le roi ? Et quelle apparence qu'un roi s'engage ainsi légèrement à un simple gentilhomme, par un serment si exécrable ? Avouons que M. D. L. F. s'est bien plus sagement tiré de ce pas par la plaisanterie de Joconde qui propose au roi, pour le consoler de cet accident, l'exemple des rois et des Césars qui avaient souffert un semblable malheur avec une constance toute héroïque; et peut-on en sortir plus agréablement qu'il ne fait par ces vers ?

> Mais enfin il le prit en homme de courage,
> En galant homme, et, pour le faire court,
> En véritable homme de cour.

Ce trait ne vaut-il pas mieux lui seul que tout le sérieux de l'Arioste ? Ce n'est pas pourtant qu'Arioste n'ait cherché le plaisant autant qu'il a pu; et on peut dire de lui ce que Quintilien dit de Démosthène : NON DISPLICUISSE ILLI JOCOS, SED NON CONTIGISSE [1], qu'il ne fuyait pas les bons mots, mais qu'il ne les trouvait pas : car quelquefois de la plus haute gravité de son style il tombe dans des bassesses à peine dignes du burlesque. En effet, qu'y a-t-il de plus ridicule que cette longue généalogie qu'il fait du reliquaire que Joconde reçut de sa femme, en partant ? Cette raillerie contre la religion n'est-elle pas bien en son lieu ? [2] Que peut-on voir

---

[1] Instit. orat., l. VI, c. 3... *Voy.* aussi (ci-après) Longin, ch. 23 du Sublime. Brossette.

[2] Ginguené (*Hist. littér. d'Italie*, IV, 434), au sujet de ce passage et de celui qui est relatif au serment sur l'hostie (ci-dev. p. 14), reproche à Boileau d'ignorer les mœurs du pays et du siècle. » En Italie, dit-il, pourvu que l'on reconnût l'autorité du pape, on a toujours été très coulant sur ces sortes d'objets »... M. de Saint-Surin objecte qu'il est peu vraisemblable qu'au temps

de plus sale que cette métaphore ennuyeuse, prise de l'exercice des chevaux, de laquelle Astolfe et Joconde se servent pour se reprocher l'un à l'autre leur paillardise ? ¹ Que peut-on imaginer de plus froid que cette équivoque qu'il emploie à propos du retour de Joconde à Rome? On croyait, dit-il, qu'il était allé à Rome, et il était allé à Corneto ² :

> Credeano che da lor si fosse tolto
> Per gire a Roma, e gito era a Corneto.

Si M. D. L. F. avait mis une semblable sottise dans toute sa pièce, trouverait-il grâce auprès de ses censeurs? et une impertinence de cette force n'aurait-elle pas été capable de décrier tout son ouvrage, quelques beautés qu'il eût eu d'ailleurs? Mais certes il ne fallait pas appréhender cela de lui. Un homme formé, comme je vois bien qu'il l'est, au goût de Térence et de Virgile, ne se laisse pas emporter à ces extravagances italiennes, et ne s'écarte pas ainsi de la route du bon sens. Tout ce qu'il dit est simple et naturel: et ce que j'estime surtout en lui, c'est une certaine naïveté de langage que peu de gens connaissent, et qui fait pourtant tout l'agrément du discours; c'est cette naïveté inimitable qui a été tant estimée dans les écrits d'Horace et

---

de l'Arioste on tombât dans la dérision sacrilège d'attester les choses saintes. M. Daunou répond en citant le bref où le pape autorisa (1515) l'impression du poème, et où l'on dit que sa publication est une chose *juste et honnête*.

¹ *V. E.* Texte de 1669 à 1700. Brossette et les autres éditeurs lisent leur *lubricité* (*voy.* note 2, p. 4).

² V. E. Texte de 1669 à 1700. Souchay (1735, 1740 et 1745) a omis *allé* et écrit *Cornetto*. Quoique ces fautes aient été relevées par Saint-Marc, on les a commises depuis dans d'autres éditions, telles que 1750, 1757, 1766, 1768, 1769 et 1793, P.; 1759, Gl...

de Térence, à laquelle ils se sont étudiés particulièrement, jusqu'à rompre pour cela la mesure de leurs vers, comme a fait M. D. L. F. en beaucoup d'endroits. En effet, c'est ce MOLLE et ce FACETUM qu'Horace a attribués à Virgile, et qu'Apollon ne donne qu'à ses favoris. En voulez-vous des exemples ?

> Marié depuis peu ; content, je n'en sais rien.
> Sa femme avait de la jeunesse,
> De la beauté, de la délicatesse ;
> Il ne tenait qu'à lui qu'il ne s'en trouvât bien.

S'il eût dit simplement que Joconde vivait content avec sa femme, son discours aurait été assez froid ; mais par ce doute où il s'embarrasse lui-même, et qui ne veut pourtant dire que la même chose, il enjoue[1] sa narration, et occupe agréablement le lecteur. C'est ainsi qu'il faut juger de ces vers de Virgile dans une de ses églogues, à propos de Médée, à qui une fureur d'amour et de jalousie avait fait tuer ses enfans.

> Crudelis mater magis, an puer improbus ille ?
> Improbus ille puer, crudelis tu quoque mater.[2]

Il en est de même encore de cette réflexion que fait M. D. L. F., à propos de la désolation que fait paraître la femme de Joconde, quand son mari est prêt à partir :

> Vous autres bonnes gens auriez cru que la dame,
> Une heure après eût rendu l'âme ;
> Moi qui sais ce que c'est que l'esprit d'une femme, etc.

Je pourrais vous montrer beaucoup d'endroits de la

---

[1] C'est le seul endroit où j'aie vu *enjouer* employé activement : cela ne suffit pas pour faire autorité. *Saint-Marc* (cette critique est reproduite, sans citation, par des éditeurs modernes).

[2] Virg., égl. VIII, v. 49 et 50. *Saint-Marc.*

même force; mais cela ne servirait de rien pour convaincre votre ami. Ces sortes de beautés sont de celles qu'il faut sentir, et qui ne se prouvent point. C'est ce je ne sais quoi qui nous charme, et sans lequel la beauté même n'aurait ni grâce ni beauté. Mais, après tout, c'est un je ne sais quoi; et si votre ami est aveugle, je ne m'engage pas à lui faire voir clair; et c'est aussi pourquoi vous me dispenserez, s'il vous plaît, de répondre à toutes les vaines objections qu'il vous a faites. Ce serait combattre des fantômes qui s'évanouissent d'eux-mêmes; et je n'ai pas entrepris de dissiper toutes les chimères qu'il est d'humeur à se former dans l'esprit.

Mais il y a deux difficultés, dites-vous, qui vous ont été proposées par un fort galant homme, et qui sont capables de vous embarrasser. La première regarde l'endroit où ce valet d'hôtellerie trouve le moyen de coucher avec la commune maîtresse d'Astolfe et de Joconde, au milieu de ses deux galans. Cette aventure, dit-on, paraît mieux fondée dans l'original, parce qu'elle se passe dans une hôtellerie, où Astolfe et Joconde viennent d'arriver fraîchement, et d'où ils doivent partir le lendemain; ce qui est une raison suffisante pour obliger ce valet à ne point perdre de temps, et à tenter ce moyen, quelque dangereux qu'il puisse être, pour jouir de sa maîtresse, parce que, s'il laisse échapper cette occasion, il ne la pourra plus recouvrer; au lieu que, dans la nouvelle de M. de La Fontaine, tout ce mystère arrive chez un hôte où Astolfe et Joconde font un assez long séjour. Ainsi ce valet logeant avec celle qu'il aime, et étant avec elle tous les jours, vraisemblablement il pouvait trouver d'autres voies plus sûres pour coucher avec elle, que celle dont il se sert [1]. — A cela je réponds que si ce valet a recours à celle-ci, c'est qu'il n'en peut imaginer de meilleure, et qu'un gros brutal, tel qu'il nous est représenté par M. D. L. F., et tel qu'il devait être [2] en effet pour faire une entreprise comme celle-là, est fort capable de hasarder tout pour se satisfaire, et n'a pas toute la prudence que pourrait avoir un honnête homme. Il y aurait quelque chose à dire si M. D. L. F. nous l'avait représenté [3] comme un amoureux de roman, tel qu'il est dépeint dans Arioste qui n'a pas pris garde que ces paroles de tendresse et de passion qu'il lui met dans la bouche sont fort bonnes pour un Tircis, mais ne conviennent pas trop bien à un muletier. Je soutiens en second lieu que la même raison qui, dans Arioste, empêche tout un jour ce valet et cette fille de pouvoir exécuter leur volonté, cette même raison, dis-je, a pu subsister plusieurs jours, et qu'ainsi, étant continuellement observés l'un et l'autre par les gens d'Astolfe et de Joconde, et par les autres valets de l'hôtellerie, il n'est pas dans leur pouvoir d'accomplir leur dessein, si ce n'est la nuit. Pourquoi donc, me direz-vous, M. D. L. F. n'a-t-il point exprimé cela? Je soutiens qu'il n'était point obligé de le faire, parce que cela se suppose aisément de soi-même, et que tout l'artifice de la narration consiste à ne marquer que les circonstances qui sont absolument nécessaires. Ainsi, par exemple, quand je dis

---

[1] Il n'y a point d'alinéa dans les éditions de 1669 à 1695.

[2] V. E. Texte de 1669 à 1700. Saint-Marc reprend Souchay (1735, 1740 et 1745) d'avoir mis *tel qu'il devait l'être...* Quant aux éditions suivantes, même observation qu'à note 2, p. 16.

[3] V. E. Texte des mêmes, et non pas *présenté...* Encore même critique et même observation.

qu'un tel est de retour de Rome, je n'ai que faire de dire qu'il y était allé, puisque cela s'ensuit de là nécessairement. De même, lorsque, dans la nouvelle de M. D. L. F., la fille dit au valet qu'elle ne lui peut pas accorder sa demande, parce que, si elle le faisait, elle perdrait infailliblement l'anneau qu'Astolfe et Joconde lui avaient promis, il s'ensuit de là infailliblement qu'elle ne lui pouvait accorder cette demande sans être découverte, autrement l'anneau n'aurait couru aucun risque.

Qu'était-il donc besoin que M. D. L. F. allât perdre en paroles inutiles le temps qui est si cher dans une narration? On me dira peut-être que M. D. L. F., après tout, n'avait que faire de changer ici l'Arioste. Mais qui ne voit, au contraire, que par-là il a évité une absurdité manifeste? C'est à savoir ce marché qu'Astolfe et Joconde font avec leur hôte, par lequel ce père vend sa fille à beaux deniers comptans. En effet, ce marché n'a-t-il pas quelque chose de choquant ou plutôt d'horrible? Ajoutez que dans la nouvelle de M. de La Fontaine, Astolfe et Joconde sont trompés bien plus plaisamment, parce qu'ils regardent tous deux cette fille qu'ils ont abusée comme une jeune innocente à qui ils ont donnée, comme il dit,

<small>La première leçon du plaisir amoureux.</small>

Au lieu que dans Arioste, c'est une infâme qui va courir le pays avec eux, et qu'ils ne sauraient regarder que comme une G. publique.[1]

---

[1] *V. E.* Texte de 1669 à 1700 (le mot y est en toutes lettres). Brossette et tous les autres éditeurs ont mis *comme une* ABANDONNÉE... (Mais qu'est-ce qu'une *infâme* qu'on regarde comme une *abandonnée?*)

Je viens à la seconde objection. Il n'est pas vraisemblable vous a-t-on dit, que, quand Astolfe et Joconde prennent résolution de courir ensemble le pays, le roi, dans la douleur où il est, soit le premier qui s'avise d'en faire la proposition; et il semble qu'Arioste ait mieux réussi de la faire faire par Joconde. Je dis que c'est tout le contraire, et qu'il n'y a point d'apparence qu'un simple gentilhomme fasse à un roi une proposition si étrange que celle d'abandonner son royaume, et d'aller exposer sa personne en des pays éloignés, puisque même la seule pensée en est coupable; au lieu qu'il peut fort bien tomber dans l'esprit d'un roi qui se voit sensiblement outragé en son honneur, et qui ne saurait plus voir sa femme qu'avec chagrin, d'abandonner sa cour pour quelque temps, afin de s'ôter de devant les yeux un objet qui ne lui peut causer que de l'ennui.

Si je ne me trompe, monsieur, voilà vos doutes assez bien résolus. Ce n'est pas pourtant que de là je veuille inférer que M. D. L. F. ait sauvé toutes les absurdités qui sont dans l'histoire de Joconde; il y aurait eu de l'absurdité à lui-même d'y penser. Ce serait vouloir extravaguer sagement, puisqu'en effet toute cette histoire n'est autre chose qu'une extravagance assez ingénieuse, continuée depuis un bout jusqu'à l'autre. Ce que j'en dis n'est seulement que pour vous faire voir qu'aux endroits où il s'est écarté de l'Arioste, bien loin d'avoir fait de nouvelles fautes, il a rectifié celles de cet auteur. Après tout, néanmoins, il faut avouer que c'est à Arioste qu'il doit sa principale invention. Ce n'est pas que les choses qu'il a ajoutées de lui-même ne pussent entrer en parallèle avec tout ce qu'il y a de plus ingénieux dans l'histoire de Joconde. Telle est l'invention du livre blanc que nos deux aventuriers emportèrent pour mettre les noms de celles qui ne seraient pas rebelles à leurs vœux; car cette badinerie me semble bien aussi agréable que tout le reste du conte. Il n'en faut pas moins dire de cette plaisante contestation qui s'émeut entre Astolfe et Joconde, pour le pucelage de leur commune maîtresse, qui n'était pourtant que les restes d'un valet; mais, monsieur, je ne veux point chicaner mal-à-propos. Donnons, si vous voulez, à Arioste toute la gloire de l'invention; ne lui dénions pas le prix qui lui est justement dû pour l'élégance, la netteté et la brièveté inimitable avec laquelle il dit tant de choses en si peu de mots; ne rabaissons point malicieusement, en faveur de notre nation, le plus ingénieux auteur des derniers siècles : mais que les grâces et les charmes de son esprit ne nous enchantent pas de telle sorte qu'ils nous empêchent de voir les fautes de jugement qu'il a faites en plusieurs endroits; et quelque harmonie de vers dont il nous frappe l'oreille, confessons que M. D. L. F. ayant compté plus plaisamment une chose très plaisante, il a mieux compris l'idée et le caractère de la narration.

Après cela, monsieur, je ne pense pas que vous voulussiez exiger de moi de vous marquer ici exactement tous les défauts qui sont dans la pièce de M. Bouillon. J'aimerais autant être condamné à faire l'analyse exacte d'une chanson du Pont-Neuf par les règles de la poétique d'Aristote. Jamais style ne fut plus vicieux que le sien, et jamais style ne fut plus éloigné de celui de M. D. L. F. Ce n'est pas, monsieur, que je veuille faire passer ici l'ouvrage de M. D. L. F. pour un ouvrage sans défauts; je le tiens assez galant homme pour tomber d'accord lui-même des négligences qui s'y peuvent rencontrer : et où ne s'en rencontre-t-il point? Il suffit, pour moi, que le bon y passe infiniment le mauvais, et c'est assez pour faire un ouvrage excellent :

> Ergo ubi plura nitent in carmine, non ego paucis
> Offendar maculis. [1]

Il n'en est pas ainsi [2] de M. B. : c'est un auteur sec et aride; toutes ses expressions sont rudes et forcées, il ne dit jamais rien qui ne puisse être mieux dit; et bien qu'il bronche à chaque ligne, son ouvrage est moins à blâmer pour les fautes qui y sont, que pour l'esprit et le génie qui n'y est pas. Je ne doute point que vos sentimens en cela ne soient d'accord avec les miens. Mais s'il vous semble que j'aille trop avant, je veux bien, pour l'amour de vous, faire un effort, et en examiner seulement une page.

> Astolfe, roi de Lombardie,
> A qui son frère plein de vie
> Laissa l'empire glorieux,
> Pour se faire religieux,
> Naquit d'une forme si belle,
> Que Zeuxis et le grand Apelle,
> De leur docte et fameux pinceau
> N'ont jamais rien fait de si beau. [3]

---

[1] Horace, Art poét., v. 351 et 352... Mais il dit *verùm ubi*, et non *ergo ubi*... Saint-Marc; *MM. de S.-S. et Daun.* — Il eut été juste d'ajouter qu'avec *verùm* la citation ne s'adaptait plus à ce que Boileau venait de dire; mais peut-être n'aurait-il pas dû y substituer *ergo*.

[2] V. E. Texte de 1669 à 1700, au lieu de *il n'en est pas de* MÊME. Encore même critique et même observation qu'à note 2, p. 16.

[3] OEuvres de Bouillon, p. 3.

Que dites-vous de cette longue période ? N'est-ce pas bien entendre la manière de conter, qui doit être simple et coupée, que de commencer une narration en vers par un enchaînement de paroles à peine supportable dans l'exorde d'une oraison ?

<blockquote>A qui son frère *plein de vie...* [1]</blockquote>

Plein de vie est une cheville, d'autant plus qu'il n'est pas du texte. M. Bouillon l'a ajouté de sa grâce; car il n'y a point en cela de beauté qui l'y ait contraint.

<blockquote>Laissa l'empire *glorieux...*</blockquote>

Ne semble-t-il pas que, selon M. Bouillon, il y a un empire particulier des glorieux, comme il y a un empire des Ottomans et des Romains; et qu'il a dit l'empire glorieux, comme un autre dirait l'empire ottoman? Ou bien il faut tomber d'accord que le mot de GLORIEUX en cet endroit-là est une cheville, et une cheville grossière et ridicule.

<blockquote>Pour se faire *religieux*,..</blockquote>

Cette manière de parler est basse, et nullement poétique.

<blockquote>*Naquit* d'une forme si belle...</blockquote>

Pourquoi NAQUIT? N'y a-t-il pas des gens qui naissent fort beaux, et qui deviennent fort laids dans la suite du

---

[1] *V. E.* Les mots mis ici et dans les vers suivans, en italiques, sont imprimés en caractères particuliers dans les éditions de 1669 à 1700. C'est aussi ce que Brossette a fait, mais seulement pour deux ou trois de ces passages. Les autres éditeurs, à l'exception de Dumonteil, les ont tous imprimés sans différence ni signe. Il est néanmoins sensible que Boileau n'avait pas employé ces caractères sans dessein.

temps? Et au contraire n'en voit-on pas qui viennent fort laids au monde, et que l'âge ensuite embellit?

> Que Zeuxis et *le grand* Apelle...

On peut bien dire qu'Apelle était un grand peintre; mais qui a jamais dit le grand Apelle? Cette épithète de *grand* tout simple ne se donne jamais qu'à des conquérans et à nos saints. On peut bien appeler Cicéron un grand orateur [1]; mais il serait ridicule de dire le grand Cicéron [2], et cela aurait quelque chose d'enflé et de puérile [3]. Mais qu'a fait ici le pauvre Zeuxis pour demeurer sans épithète, tandis qu'Apelle est *le grand* Apelle? Sans mentir, il est bien malheureux que la mesure du vers ne l'ait pas permis, car il aurait été du moins le brave Zeuxis.

> De leur docte et fameux pinceau
> N'ont jamais rien fait de si beau.

Il a voulu exprimer ici la pensée de l'Arioste, que quand

---

[1] *V. E.* Texte de 1669 à 1700, et non pas, 1° *Cicéron grand orateur*, comme on lit dans les éditions de Souchay (1735) et de ses copistes; 2° *Cicéron le grand orateur*, comme on a mis dans celles de 1788, Did., et toutes les suivantes (plus de *vingt*), à l'exception de 1829, B. ch.

[2] Boileau ne prévoyait pas alors qu'on dirait dans la suite, par un usage général : Le *Grand Corneille*; le *Grand Bossuet*; et que lui-même un jour il devait dire avec tout le monde : Le *Grand Arnauld;* comme en effet il l'a dit dans sa x° épître, vers 122... *Saint-Marc* (autre critique reproduite sans citation, par des modernes).

[3] V. E. Texte de 1669 à 1700, suivi par Brossette, Dumonteil, Souchay et Saint-Marc... L'éditeur d'Amsterdam, 1772, s'étonne de ce que Saint-Marc, qui épargne si peu Boileau, n'a pas repris cette faute. Vaugelas et Bouhours, non contredits par l'Académie, avaient, observe-t-il, déjà établi qu'on devait dire *puéril* au masculin... Mais c'est une erreur, qu'un éditeur moderne n'aurait pas dû approuver. L'Académie, loin d'approuver elle-même Bouhours et Vaugelas, avait mis d'abord, selon la remarque de Féraud, *puérile* pour les

Zeuxis et Apelle auraient épuisé tous leurs efforts pour peindre une beauté douée de toutes les perfections, cette beauté n'aurait pas égalé celle d'Astolfe. Mais qu'il y a mal réussi! et que cette façon de parler est grossière! « N'ont jamais rien fait de si beau de leur pinceau. »

> Mais si sa grâce *sans pareille*...

SANS PAREILLE est là une cheville; et le poète n'a pas pu dire cela d'Astolfe, puisqu'il déclare dans la suite qu'il y avait un homme au monde plus beau que lui; c'est à savoir Joconde.

> Était *du monde la merveille*...

Cette transposition ne se peut souffrir.[1]

> Ni les avantages que *donne*
> Le royal éclat de son sang...

Ne diriez-vous pas que le sang des Astolfes de Lombardie est ce qui donne ordinairement de l'éclat? il fallait dire : « Ni les avantages que lui donnait le royal éclat de son sang. »

> Dans les *italiques* provinces...

Cette manière de parler sent le poème épique, où même elle ne serait pas fort bonne, et ne vaut rien du tout dans

---

deux genres, et de grands écrivains du XVIIIe siècle, tels que J.-J. Rousseau, l'ont encore employé ainsi. Boileau ne commettait donc point de *faute*. Sur la fin du même siècle, la règle proposée par Vaugelas a été, il est vrai, consacrée par l'usage, et l'on dit aujourd'hui *puéril*; mais nous n'avons pas cru qu'il nous fût permis pour cela de changer le texte de notre auteur (on lit aussi *puérile* dans plusieurs éditions modernes, telles que 1800, Did.; 1810, Ray.; 1815, Lécr...).

[1] Boileau a, depuis, été moins difficile (*voy.* t. II, épît. IX, note du vers 51, page 109). Un des plus beaux morceaux de poésie que nous ayons, le début

un conte, où les façons de parler doivent être simples et naturelles.

Élevaient *au-dessus des anges*...

pour parler français, il fallait dire : « Élevaient au-dessus « de ceux des anges. »

Au prix des charmes *de son corps*.

DE SON CORPS est dit bassement, et[1] pour rimer. Il fallait dire DE SA BEAUTÉ.

Si jamais il avait vu *naître*...

NAÎTRE est maintenant aussi peu nécessaire qu'il l'était tantôt.

Rien qui fût comparable à lui...

Ne voilà-t-il pas un joli vers?

> Sire, je crois que le soleil
> Ne voit rien qui vous soit pareil,
> Si ce n'est mon frère Joconde
> Qui n'a point de pareil au monde.

Le pauvre Bouillon s'est terriblement embarrassé dans ces termes de PAREIL et de SANS PAREIL. Il a dit là-bas que la beauté d'Astolfe n'a point de pareille : ici il dit que c'est la beauté de Joconde qui est sans pareille : de là il conclut que la beauté sans pareille du roi n'a de pareille que la beauté sans pareille de Joconde. Mais, sauf l'honneur de l'Arioste que M. Bouillon a suivi en cet

---

d'Athalie, est plein de transpositions du même genre, mais elles y sont *sauvées* avec un art extrême, et Clément reproche à Voltaire d'avoir trop peu fait usage des transpositions.

[1] *V. E.* Texte de 1669 à 1700. Cet *et*, qui est pourtant nécessaire, a été omis dans les éditions (plus de *trente*) indiquées à p. 6, note 1.

endroit, je trouve ce compliment fort impertinent, puisqu'il n'est pas vraisemblable qu'un courtisan aille de but en blanc dire à un roi qui se pique d'être le plus bel homme de son siècle : « J'ai un frère plus beau que vous ». M. D. L. F. a bien fait d'éviter cela, et de dire simplement que ce courtisan prit cette occasion de louer la beauté de son frère, sans l'élever néanmoins au-dessus de celle du roi.

Comme vous voyez, monsieur, il n'y a pas un vers où il n'y ait quelque chose à reprendre, et que Quintilius[1] n'envoyât rebattre sur l'enclume.

Mais en voilà assez; et quelque résolution que j'aie prise d'examiner la page entière, vous trouverez bon que je me fasse grâce à moi-même, et que je ne passe pas plus avant. Et que serait-ce, bon Dieu ! si j'allais rechercher toutes les impertinences de cet ouvrage, les mauvaises façons de parler, les rudesses, les incongruités, les choses froides et platement dites qui s'y rencontrent partout? Que dirions-nous de [2] *ces murailles dont*

---

[1] Il y a *Quintilien* dans les anciennes éditions. Souchay (1740) y a substitué Quintilius. Sa correction doit d'autant plus être adoptée que la phrase même de Boileau annonce qu'il parle du Quintilius d'Horace. Elle n'est en effet que la traduction des derniers mots de ce passage de l'Art poétique, vers 438. *Saint-Marc* (nous avons aussi mis *Quintilius,* parce que c'est plutôt un *rétablissement* qu'une correction du texte).

> Quintilio si quid recitares, corrige sodes,
> Hoc, aiebat, et hoc. Melius te posse negares
> Bis terque expertum frustra : delere jubebat,
> Et male tornatos incudi reddere versus.

[2] Voici les vers de Bouillon (OEuvr., p. 14 et 19).

> Il considère avec soin
> Que le plancher et la muraille
> Font une ouverture qui *baîlle,*

les ouvertures bâillent, de *ces erremens qu'Astolfe et Joconde suivent dans les pays flamands?* Suivre des erremens¹! juste ciel! quelle langue est-ce là! Sans mentir, je suis honteux pour M. D. L. F. de voir qu'il ait pu être mis en parallèle avec un tel auteur; mais je suis encore plus honteux pour votre ami. Je le trouve bien hardi, sans doute, d'oser ainsi hasarder cent pistoles sur la foi de son jugement. S'il n'a point de meilleure caution, et qu'il fasse souvent de semblables gageures, il est au hasard de se ruiner.— Voilà, monsieur, la manière d'agir ordinaire des demi-critiques, de ces gens, dis-je, qui, sous ombre² d'un sens commun tourné pourtant à leur mode, prétendent avoir droit de juger souverainement de toutes choses, corrigent, disposent, réforment, louent, approuvent, condamnent tout au hasard. J'ai peur que votre ami ne soit un peu de ce nombre. Je lui pardonne cette haute estime qu'il fait de la pièce de M. Bouillon; je lui pardonne même d'avoir chargé sa mémoire de toutes les sottises de cet ouvrage; mais je ne lui pardonne pas la confiance avec laquelle il se persuade que tout le monde confirmera son sentiment. Pense-t-il donc que trois des plus galans hommes de France aillent, de gaieté de cœur, se perdre d'estime

> Et qui donne passage aux yeux...
> Après, suivant leurs *erremens,*
> Ils vont au *pays des Flamans;*
> Puis ils passent en Angleterre...

¹ Boileau avait déjà oublié la langue du barreau où cette expression tudesque était, et, il faut l'avouer, est encore en usage (*voir* Code de procédure, art. 349 et 365).
² *V. E.* Texte de 1669 à 1700, et non pas *sous l'ombre,* comme ont mis tous les éditeurs, à l'exemple de Brossette.

dans l'esprit des habiles gens, pour lui faire gagner cent pistoles? Et depuis Midas, d'impertinente mémoire, s'est-il trouvé personne qui ait rendu un jugement aussi absurde que celui qu'il attend d'eux?

Mais, monsieur, il me semble qu'il y a assez longtemps que je vous entretiens, et ma lettre pourrait à la fin[1] passer pour une dissertation préméditée. Que voulez-vous? c'est que votre gageure me tient au cœur; et j'ai été bien aise de vous justifier à vous-même le droit que vous avez sur les cent pistoles de votre ami. J'espère que cela servira à vous faire voir avec combien de passion je suis, etc.[2]

---

[1] *V. E.* Même texte, et non pas *enfin*, comme ils ont mis également.

On voit par les notes précédentes, que faute d'avoir consulté les anciennes éditions, presque tous et fort souvent tous les éditeurs depuis Brossette, ont, comme nous l'avons dit (p. 4, note 2), fait beaucoup de fautes; et cependant nous ne les avons pas toutes indiquées. Ainsi, au lieu de *y a*, p. 6, ligne 4, ils lisent *il y a*... au lieu de *permit*, p. 12, ligne 5, *permet*... au lieu de *les premiers*, même page, ligne 21, *le premier*... au lieu de *toute*, p. 15, ligne 8, *tout*... au lieu de *reçut de sa femme en partant*, même page, ligne 23, *reçut, en partant, de sa femme*... au lieu de *il ne la pourra plus*, p. 18, ligne 25, *il ne pourra plus la*... au lieu de *qu'ils nous*, p. 22, ligne 17, *qu'elles nous*...

[2] Jugement sur cette dissertation, et sur les trois Jocondes. *Voy.* tome I, Essai, nos 93 à 95.

DISCOURS

SUR LE DIALOGUE SUIVANT.[1]

Le dialogue qu'on donne ici au public a été composé à l'occasion de cette prodigieuse multitude de romans qui parurent vers le milieu du siècle précédent[2], et dont voici en peu de mots l'origine. Honoré d'Urfé, homme de fort grande qualité dans le Lyonnais, et très enclin à l'amour, voulant faire valoir un grand nombre de vers qu'il avait composés pour ses maîtresses, et rassembler en un corps plusieurs aventures amoureuses qui lui étaient arrivées, s'avisa d'une invention très agréable. Il feignit que dans le Forez, petit pays contigu à la Limagne d'Auvergne, il y avait eu, du temps de nos premiers rois, une troupe de bergers et de bergères qui habitaient sur les bords de la rivière du Lignon, et qui, assez accommodés des biens de la fortune, ne laissaient pas néanmoins, par un simple amusement, et pour leur seul plaisir, de mener paître eux-mêmes leurs troupeaux. Tous ces bergers et toutes ces bergères étant d'un fort grand loisir, l'amour, comme on le peut penser, et comme il le raconte lui-même, ne tarda guère à les y venir troubler, et produisit quantité d'évènemens considérables. D'Urfé y fit arriver

---

[1] Ce discours a été composé en 1710 (*Brossette*) et par conséquent interrompu ici l'ordre chronologique (*voyez* l'avertissement de ce volume, n° 1); mais on ne pouvait le séparer du Dialogue auquel il sert d'introduction et qui avait été fait plus de quarante ans auparavant (*voy.* p. 41, note 2).

[2] Ou au XVIIe siècle. *Voy.* la note précédente.

toutes ses aventures, parmi lesquelles il en mêla beaucoup d'autres, et enchâssa les vers dont j'ai parlé, qui, tout méchans qu'ils étaient, ne laissèrent pas d'être soufferts et de passer à la faveur de l'art avec lequel il les mit en œuvre : car il soutint tout cela d'une narration également vive et fleurie, de fictions très ingénieuses et de caractères aussi finement imaginés qu'agréablement variés et bien suivis. Il composa ainsi un roman qui lui acquit beaucoup de réputation, et qui fut fort estimé, même des gens du goût le plus exquis, bien que la morale en fût fort vicieuse, ne prêchant que l'amour et la mollesse, et allant quelquefois jusqu'à blesser un peu la pudeur. Il en fit quatre volumes[1] qu'il intitula ASTRÉE, du nom de la plus belle de ses bergères ; et sur ces entrefaites étant mort[2], Baro, son ami, et, selon quelques-uns, son domestique[3], en composa sur ses mémoires un cinquième tome qui en formait la conclusion, et qui ne fut guère moins bien reçu[4] que les quatre autres volumes. Le grand succès de ce roman échauffa si bien les beaux esprits d'alors, qu'ils en firent à son imitation quantité de semblables, dont il y en avait même de dix et de douze volumes ; et ce fut quelque temps comme une es-

---

[1] Il publia en 1612, les deux premiers volumes, in-4°; en 1618, il les réimprima avec deux autres, 4 in-8°. *Lenglet-Dufresnoy, Bibl. des Romans,* p. 42. — Brossette et les autres éditeurs d'après lui, donnent sur ce point une notice inexacte.

[2] En 1623, dit Brossette ; vers 1624, disent Moréri et Saint-Marc.

[3] Son secrétaire, dit Pellisson (*Hist. académ.*, I, 296); mais au XVIIe siècle, la qualification de *domestique*, comprenait ceux qu'on nommerait aujourd'hui, des serviteurs (Baro fut ensuite de l'Académie).

[4] Il parut avec les quatre premiers (réimprimés), en 1624 (*Lenglet, ib.*), non en 1627, comme le disent Brossette et autres, à son imitation.

pèce de débordement sur le Parnasse. On vantait surtout ceux de Gomberville, de La Calprenède, de Desmarets [1] et de Scudéri. Mais ces imitateurs s'efforçant mal-à-propos d'enchérir sur leur [2] original, et prétendant ennoblir ses caractères, tombèrent, à mon avis, dans une très grande puérilité; car, au lieu de prendre, comme lui, pour leurs héros, des bergers occupés du seul soin de gagner le cœur de leurs maîtresses, ils prirent, pour leur donner cette étrange occupation, non-seulement des princes et des rois, mais les plus fameux capitaines de l'antiquité, qu'ils peignirent pleins du même esprit que ces bergers, ayant, à leur exemple, fait comme une espèce de vœu de ne parler jamais et de n'entendre jamais parler que d'amour. De sorte qu'au lieu que d'Urfé dans son Astrée, de bergers très frivoles avait fait des héros de roman considérables, ces auteurs, au contraire, des héros les plus considérables de l'histoire firent des bergers très frivoles, et quelquefois même des bourgeois[3], encore plus frivoles que ces bergers. Leurs ouvrages néanmoins ne laissèrent pas de trouver un nombre infini d'admirateurs, et eurent long-

---

[1] On cite, de Gomberville, la *Cythérée*, 1621, neuf in-8°s; *Polexandre*, 1632, cinq in-4°s... de La Calprenède, *Cassandre*, 1642, dix in-8°s; *Cléopâtre*, 1647, douze in-8°s; *Pharamond*, 1641 à 1661, douze in-8°s... de Desmarets, *Ariane*, 1639, in-4°... tous ayant eu plusieurs éditions. *Lenglet*, p. 49, 62 et suiv.

[2] V. Texte de 1713, suivi par Dumonteil, Saint-Marc, MM. de Saint-Surin, Daunou, etc... Brossette, suivi par Souchay et ses nombreux copistes, met *sur l'original*.

[3] Les auteurs de ces romans, sous le nom de ces héros, peignaient quelquefois le caractère de leurs amis particuliers, gens de peu de conséquence. *Boil.*, 1713 (c'est à quoi il fait allusion, selon Brossette, dans l'Art poét., chant III, vers 115 et 116. *Voy.* t. II, page 22).

temps une fort grande vogue. Mais ceux qui s'attirèrent le plus d'applaudissemens, ce furent le Cyrus et la Clélie de mademoiselle de Scudéri[1], sœur de l'auteur du même nom. Cependant non-seulement elle tomba dans la même puérilité, mais elle la poussa encore à un plus grand excès. Si bien qu'au lieu de représenter, comme elle le devait, dans la personne de Cyrus, un roi promis par les prophètes, tel qu'il est exprimé dans la Bible, ou, comme le peint Hérodote, le plus grand conquérant que l'on eût encore vu, ou enfin tel qu'il est figuré dans Xénophon qui a fait aussi bien qu'elle un roman de la vie de ce prince; au lieu, dis-je, d'en faire un modèle de toute perfection, elle en composa un Artamène plus fou que tous les Celadons[2] et tous les Sylvandres[3]; qui n'est occupé que du seul soin de sa Mandane, qui ne sait du matin au soir que lamenter, gémir et filer le parfait amour. Elle a encore fait pis dans son autre roman intitulé CLÉLIE, où elle représente tous les héros de la république romaine naissante, les Horatius Coclès, les

---

[1] *Artamène* ou *le grand Cyrus*, 1650, dix in-8os, réimprimés six fois, de 1651 à 1658... *Clélie, Histoire romaine*, 1656, dix in-8os, réimprimés en 1658, 1660 et 1666. *Lenglet*, p. 66.

Ces dates sont précieuses. Le succès prodigieux d'Artamène et de Clélie, attesté de plus par Boileau (*voy.* ci-après), montre combien le goût du public était mauvais, ainsi que nous l'avons dit (Essai, n° 28 et suiv., et 60 et suiv.), et fait mieux apprécier les services rendus peu de temps après par Boileau à notre littérature.

[2] *V. É.* Telle est, on l'a dit, p. 12, note 1, l'orthographe de ce nom dans les éditions anciennes de Joconde, et il en est de même dans l'édition de 1713 de Boileau (ci-apr., p. 38, note 2), dans son manuscrit et dans les anciennes éditions de l'Astrée, où cependant des accens sont mis sur des *e*, d'autres mots... Brossette et les éditeurs suivans écrivent Céladon.

[3] Bergers du roman de l'Astrée... *Brossette*.

Mutius Scévola, les Clélie, les Lucrèce[1], les Brutus, encore plus amoureux qu'Artamène, ne s'occupant qu'à tracer des cartes géographiques d'amour[2], qu'à se proposer les uns aux autres des questions et des énigmes galantes ; en un mot, qu'à faire tout ce qui paraît le plus opposé au caractère et à la gravité héroïque de ces premiers Romains.

Comme j'étais fort jeune dans le temps que tous ces romans, tant ceux de mademoiselle de Scudéri, que ceux de La Calprenède et de tous les autres, faisaient le plus d'éclat, je les lus, ainsi que les lisait tout le monde, avec beaucoup d'admiration ; et je les regardai comme des chefs-d'œuvre de notre langue[3]. Mais enfin mes années étant accrues, et la raison m'ayant ouvert les yeux, je reconnus la puérilité de ces ouvrages. Si bien que l'esprit satirique commençant à dominer en moi, je ne me donnai point de repos que je n'eusse fait contre ces romans un dialogue à la manière de Lucien, où j'attaquais non-seulement leur peu de solidité, mais leur afféterie précieuse de langage, leurs conversations vagues et frivoles, les portraits avantageux faits à chaque bout de champ de personnes de très médiocre beauté et quelquefois même laides par excès, et tout ce long verbiage d'a-

---

[1] Ces noms sont au pluriel dans l'édition de 1713... Même observation qu'au tome IV, p. 88, note 3.

[2] Carte du pays de Tendre... *Voy.* Clélie, part. 1. *Brossette.* — *Voy.* aussi tome I, sat. x, vers 161.

[3] Il avait cependant vingt ans lorsque la Clélie parut... Nouvelle preuve de ce qu'on vient de remarquer à la note 1, page 34.

Dans le nombre, malheureusement trop petit (tome I, Essai, n° 18 *b*), d'ouvrages indiqués par l'inventaire de Boileau, on trouve l'Astrée, Cléopâtre et Cyrus.

mour qui n'a point de fin. Cependant comme mademoiselle de Scudéri était alors vivante, je me contentai de composer ce dialogue dans ma tête ; et bien loin de le faire imprimer, je gagnai même sur moi de ne point l'écrire, et de ne point le laisser voir sur le papier, ne voulant pas donner ce chagrin à une fille qui, après tout, avait beaucoup de mérite, et qui, s'il en faut croire tous ceux qui l'ont connue, nonobstant la mauvaise morale enseignée dans ses romans, avait encore plus de probité et d'honneur que d'esprit[1]. Mais aujourd'hui qu'enfin la mort *l'a rayée du nombre des humains*[2], elle et tous les autres compositeurs de romans, je crois qu'on ne trouvera pas mauvais que je donne au public mon dialogue, tel que je l'ai retrouvé dans ma mémoire. Cela me paraît d'autant plus nécessaire, qu'en ma jeunesse l'ayant récité plusieurs fois dans des compagnies où il se trouvait des gens qui avaient beaucoup de mémoire, ces personnes en ont retenu plusieurs lambeaux, dont elles ont ensuite composé un ouvrage, qu'on a distribué sous le nom de DIALOGUE DE M. DESPRÉAUX, et qui a été imprimé plusieurs fois dans les pays étrangers[3]. Mais enfin le voici donné de ma main. Je ne sais s'il s'attirera les

---

[1] Ce trait d'impartialité et de délicatesse est attesté par Desmaiseaux, p. 52.

[2] Épît. VII, vers 33 et 34, tome II, p. 89... Elle mourut à Paris, le 2 juin 1701. *Brossette.*

[3] Dans le Retour des pièces choisies, 1688, et ensuite dans les œuvres de Saint-Évremond. *Desmaiseaux, ib.* — Il paraît, par la correspondance de Brossette et de Boileau (tome IV, p. 397 et 398, et notes *ibid.*), que ce fut en 1704 que les éditeurs de Saint-Evremond le publièrent d'abord. Nous en avons trouvé une réimpression, faite en 1708 (tome Ier, Notice bibl., § 2, n° 53 *a*), et nous en citerons quelques passages, qui nous paraissent avoir pu être des premières compositions du Dialogue.

mêmes applaudissemens qu'il s'attirait autrefois dans les fréquens récits que j'étais obligé d'en faire; car, outre qu'en le récitant je donnais à tous les personnages que j'y introduisais le ton qui leur convenait, ces romans étant alors lus de tout le monde, on concevait aisément la finesse des railleries qui y sont; mais maintenant que les voilà tombés dans l'oubli, et qu'on ne les lit presque plus, je doute que mon dialogue fasse le même effet. Ce que je sais pourtant, à n'en point douter, c'est que tous les gens d'esprit et de véritable vertu me rendront justice, et reconnaîtront sans peine que, sous le voile d'une fiction en apparence extrêmement badine, folle, outrée, où il n'arrive rien qui soit dans la vérité et dans la vraisemblance[1], je leur donne peut-être ici le moins frivole ouvrage qui soit encore sorti de ma plume.

---

[1] Tel est aussi le jugement qu'en porte Clairfons (p. 40 et 41) : « Cette jolie caricature, observe-t-il, est ébauchée avec un pinceau malin et grotesque ; l'auteur jette à pleines mains le sel attique, et ses plaisanteries sont très piquantes. » — *Voy.* aussi le sentiment de J.-B. Rousseau, rapporté, tome IV, p. 399.

LES HÉROS DE ROMAN[1],

DIALOGUE[2]

A LA MANIÈRE DE LUCIEN.

MINOS,
Sortant du lieu où il rend la justice, proche du[3] palais de Pluton.

Maudit soit l'impertinent harangueur qui m'a tenu toute la matinée! il s'agissait d'un méchant drap qu'on a dérobé à un savetier, en passant le fleuve; et jamais je

---

[1] *V. E.* Texte de 1713 et du manuscrit, et non pas *de Romans*, comme dans quelques éditions modernes.

[2] L'autographe de ce dialogue est parmi les papiers de Brossette. Il diffère dans un assez grand nombre de points, de l'édition de 1713, la première où le dialogue ait été publié. Il est probable, et on peut d'ailleurs l'induire de l'état du papier, que l'impression en aura été faite sur une copie et que les nouvelles leçons y auront été insérées par Boileau lui-même, ou peut-être par les éditeurs de 1713. Dans l'impossibilité où nous sommes de distinguer ce qui appartient à ceux-ci et à celui-là, nous sommes forcés de considérer comme des premières compositions les leçons de l'autographe, excepté pour les passages où l'édition de 1713 est évidemment fautive; mais lorsque le texte de cette édition s'accordera avec celui de l'autographe, nous n'hésiterons pas à le préférer à celui de Brossette ou des autres commentateurs.

[3] V. Texte de 1713, adopté par l'éditeur de 1715, A., et par M. de S.-S. — Brossette a mis *proche* LE *Palais*, et a été suivi par Dumonteil, Souchay, Saint-Marc et leurs copistes. Saint-Marc ajoute que, dans le bon usage, *proche* gouverne l'accusatif, comme *près*, le génitif. M. Daunou, tout en avouant que cette règle n'est pas invariable (en effet, selon Féraud et Cormont, on dit *proche le* et *proche du palais*), appuie la correction. Nous avons cru devoir préférer le texte de 1713, parce que si Boileau a d'abord fait suivre *proche*, de l'accusatif (Épître VI, composée en 1677, note du v. 4, tome II, p. 69), il a dans la suite, et vers le temps où il revoyait son dialogue (*ib.*, p. 96, épît. VII, note du vers 104, rédigée en 1701; tome IV, p. 362, lett.

n'ai tant ouï parler d'Aristote. Il n'y a point de loi qu'il ne m'ait citée.

PLUTON.

Vous voilà bien en colère, Minos.

MINOS.

Ah! c'est vous, roi des enfers. Qui vous amène?

PLUTON.

Je viens ici pour vous en instruire; mais auparavant peut-on savoir quel est cet avocat qui vous a si doctement ennuyé ce matin? Est-ce que Huot et Martinet sont morts?[1]

MINOS.

Non, grâce au ciel; mais c'est un jeune mort qui a été sans doute à leur école. Bien qu'il n'ait dit que des sottises, il n'en a avancé pas une qu'il n'ait appuyée de l'autorité de tous les anciens; et quoiqu'il les fît parler de la plus mauvaise grâce du monde, il leur a donné à tous, en les citant, de la galanterie, de la gentillesse et de la bonne grâce. « Platon dit galamment dans son Timée. « Sénèque est joli dans son Traité des bienfaits. Esope a « bonne grâce dans un de ses apologues. »[2]

PLUTON.

Vous me peignez là un maître impertinent; mais pour-

---

du 15 juillet 1702), employé le génitif (nous avons vu depuis, qu'il y a, en effet, *proche du palais* dans le manuscrit de Boileau).

[1] *P. C.* Au lieu de *Huot* il y avait *Bilain*, dit Brossette, qui ajoute que Bilain n'était pas un avocat braillard. Mais à travers des ratures, on lit dans le manuscrit, *Poulain* et non pas Bilain (dans Saint-Evremond, p. 2, il y a *Huot et Lemazier*). — Quant à l'orthographe du nom de Huot, *voy.* tome I, satire 1, vers 123.

[2] Manières de parler de ce temps-là, fort communes dans le barreau. Boil., 1713 et *manuscrit.*

quoi le laissiez-vous parler si long-temps? Que ne lui imposiez-vous silence?

MINOS.

Silence, lui! c'est bien un homme qu'on puisse faire taire quand il a commencé à parler! J'ai eu beau faire semblant vingt fois de me vouloir lever de mon siège; j'ai eu beau lui crier : Avocat, concluez, de grâce; concluez, avocat. Il a été jusqu'au bout, et a tenu à lui seul toute l'audience. Pour moi, je ne vis jamais une telle fureur de parler; et si ce désordre-là continue, je crois que je serai obligé de quitter la charge.

PLUTON.

Il est vrai que les morts n'ont jamais été si sots qu'aujourd'hui. Il n'est pas venu ici depuis long-temps une ombre qui eût le sens commun; et, sans parler des gens de palais, je ne vois rien de si impertinent que ceux qu'ils nomment gens du monde. Ils parlent tous un certain langage qu'ils appellent galanterie; et quand nous leur témoignons, Proserpine et moi, que cela nous choque, ils nous traitent de bourgeois, et disent que nous ne sommes pas galans [1]. On m'a assuré même que cette pestilente galanterie avait infecté tous les pays infernaux, et même les champs élysées; de sorte que les héros et surtout les héroïnes qui les habitent, sont aujourd'hui les plus sottes gens du monde, grâce à certains auteurs qui leur ont appris, dit-on, ce beau langage, et qui en ont fait des amoureux transis. A vous dire le vrai, j'ai bien de la peine à le croire. J'ai bien de la peine, dis-je, à m'imaginer que les Cyrus et les Alexandre soient deve-

---

[1] Voyez ce que Sapho dit à Pluton, ci-apr., p. 71.

nus tout-à-coup, comme on me le veut¹ faire entendre, des Thyrsis et des Celadon. Pour m'en éclaircir donc moi-même par mes propres yeux, j'ai donné ordre qu'on fît venir ici aujourd'hui des champs élysées, et de toutes les autres régions de l'enfer, les plus célèbres d'entre ces héros; et j'ai fait préparer pour les recevoir ce grand salon, où vous voyez que sont postés mes gardes. Mais où est Rhadamante?

MINOS.

Qui? Rhadamante? il est allé dans le Tartare pour y voir entrer un lieutenant criminel², nouvellement arrivé de l'autre monde, où il a, dit-on, été, tant qu'il a vécu, aussi célèbre par sa grande capacité dans les affaires de judicature, que diffamé pour son³ excessive avarice.

PLUTON.

N'est-ce pas celui qui pensa se faire tuer une seconde fois, pour une obole qu'il ne voulut pas payer à Caron en passant le fleuve?

MINOS.

C'est celui-là même. Avez-vous vu sa femme? c'était une chose à peindre que l'entrée qu'elle fit ici. Elle était couverte d'un linceul de satin.

---

¹ *V. E.* Texte de 1713 et du manuscrit, et non pas *on veut me le*, comme on lit dans quelques éditions modernes, telles que 1809 et 1825, Daun.; 1821, S.-S.; 1826, Mart...

² Le lieutenant criminel Tardieu et sa femme avaient été assassinés à Paris, la même année que je fis ce dialogue. *Boil.*, 1713 et *manuscrit.*

Les Tardieu ayant été assassinés vers le milieu de 1665 (le 24 août), il est clair que ce dialogue fut composé dans le courant de cette année et non pas à la fin de 1664 et en 1665, comme le dit Brossette.

³ *V. E.* Texte du manuscrit. Il nous paraît préférable à l'expression *diffamé par son avarice*, qu'on trouve dans toutes les éditions.

PLUTON.

Comment? de satin? Voilà une grande magnificence.

MINOS.

Au contraire, c'est une épargne : car tout cet accoutrement n'était autre chose que trois thèses cousues ensemble, dont on avait fait présent à son mari en l'autre monde[1]. O la vilaine ombre! Je crains qu'elle n'empeste tout l'enfer. J'ai tous les jours les oreilles rebattues de ses larcins. Elle vola avant-hier la quenouille de Clothon; et c'est elle qui avait dérobé ce drap, dont on m'a tant étourdi ce matin, à un savetier qu'elle attendait au passage. De quoi vous êtes-vous avisé de charger les enfers d'une si dangereuse créature?

PLUTON.

Il fallait bien qu'elle suivît son mari. Il n'aurait pas été bien damné sans elle. Mais, à propos de Rhadamante, le voici lui-même, si je ne me trompe, qui vient à nous. Qu'a-t-il? Il paraît tout effrayé?

RHADAMANTE.

Puissant roi des enfers, je viens vous avertir qu'il faut songer tout de bon à vous défendre, vous et votre royaume. Il y a un grand parti formé contre vous dans le Tartare. Tous les criminels, résolus de ne plus vous obéir, ont pris les armes. J'ai rencontré là-bas Prométhée avec son vautour sur le poing. Tantale est ivre comme une soupe; Ixion a violé une furie; et Sisyphe, assis sur son rocher[2] exhorte tous ses voisins à secouer le joug de votre domination.

[1] *Voy*. tome I, satire x, vers 323 à 326. — Dans Saint-Evremond, p. 3, on donne à Tardieu lui-même, des caleçons de satin faits de trois thèses.

[2] *P. C. O.* Manuscrit. *Assis* là-bas *sur son rocher*.

MINOS.

O les scélérats! il y a long-temps que je prévoyais ce malheur.

PLUTON.

Ne craignez rien, Minos. Je sais bien le moyen de les réduire. Mais ne perdons point de temps. Qu'on fortifie les avenues. Qu'on redouble la garde de mes furies. Qu'on arme toutes les milices de l'enfer. Qu'on lâche Cerbère. Vous, Rhadamante, allez-vous-en dire à Mercure qu'il nous fasse venir l'artillerie de mon frère Jupiter. Cependant vous, Minos, demeurez avec moi. Voyons nos héros, s'ils sont en état de nous aider. J'ai été bien inspiré de les mander aujourd'hui. Mais quel est ce bon homme qui vient à nous avec son bâton et sa besace? Ha! c'est ce fou de Diogène. Que viens-tu chercher ici?

DIOGÈNE.

J'ai appris la nécessité de vos affaires; et, comme votre fidèle sujet, je viens vous offrir mon bâton.

PLUTON.

Nous voilà bien forts avec ton bâton!

DIOGÈNE.

Ne pensez pas vous moquer. Je ne serai peut-être pas le plus inutile de tous ceux que vous avez envoyé chercher.

PLUTON.

Eh quoi! nos héros ne viennent-ils pas?

DIOGÈNE.

Oui, je viens de rencontrer une troupe de fous là-bas. Je crois que ce sont eux. Est-ce que vous avez envie de donner le bal?

PLUTON.

Pourquoi le bal?

DIOGÈNE.

C'est qu'ils sont en fort bon équipage pour danser. Ils sont jolis, ma foi; je n'ai jamais rien vu de si dameret ni de si galant.[1]

PLUTON.

Tout beau, Diogène. Tu te mêles toujours de railler[2]. Je n'aime point les satiriques. Et puis ce sont des héros pour lesquels on doit avoir du respect.

DIOGÈNE.

Vous en allez juger vous-même tout-à-l'heure; car je les vois déjà qui paraissent. Approchez, fameux héros, et vous aussi, héroïnes encore plus fameuses, autrefois l'admiration de toute la terre. Voici une belle occasion de vous signaler. Venez ici tous en foule.

PLUTON.

Tais-toi. Je veux que chacun vienne l'un après l'autre, accompagné tout au plus de quelqu'un de ses confidens. Mais avant tout, Minos, passons, vous et moi, dans ce salon que j'ai fait, comme je vous ai dit, préparer pour les recevoir, et où j'ai ordonné qu'on mît nos sièges, avec une balustrade qui nous sépare du reste de l'assemblée. Entrons. Bon. Voilà tout disposé ainsi que je le souhaitais. Suis-nous, Diogène : j'ai besoin de toi pour nous dire le nom des héros qui vont arriver. Car de la manière dont je vois que tu as fait connaissance avec eux, personne ne me peut mieux rendre ce service que toi.

---

[1] *Voy.* Art poétique, III, vers 118, tome II, p. 221 (peindre Caton *galant* et Brutus *dameret*). — Cet alinéa et les suivans jusques à la ligne 8 de la page 45, ne sont pas dans Saint-Évremond.

[2] Souchay (1740) a, mal-à-propos, marqué ici par des points une suspension. *Saint-Marc.*

DIOGÈNE.

Je ferai de mon mieux.

PLUTON.

Tiens-toi donc ici près de moi. Vous, gardes, au moment que j'aurai interrogé ceux qui seront entrés, qu'on les fasse passer dans les longues et ténébreuses[1] galeries qui sont adossées à ce salon, et qu'on leur dise d'y aller attendre mes ordres. Asseyons-nous[2]. Qui est celui-ci[3] qui vient le premier de tous, nonchalamment appuyé sur son écuyer.

DIOGÈNE.

C'est le grand Cyrus.

PLUTON.

Quoi! ce grand roi qui transféra l'empire des Mèdes aux Perses, qui a tant gagné de batailles? De son temps les hommes venaient ici tous les jours par trente et quarante mille. Jamais personne n'y en a tant envoyé.

DIOGÈNE.

Au moins ne l'allez pas appeler Cyrus.

PLUTON.

Pourquoi?

DIOGÈNE.

Ce n'est plus son nom. Il s'appelle maintenant Artamène.

---

[1] *P. C. O.* Les mots *et ténébreuses* ne sont pas dans le manuscrit.
[2] *V. E.* Texte de 1713 et du manuscrit, et non pas *assoyons-nous*, barbarisme qu'on trouve dans les éditions de 1735 et 1740, Souch., et 1745, P.
[3] *V. E.* Texte de 1713 et du manuscrit, suivi par 1715, A.; 1747, S.-M.; 1788, 1789 et 1819, Did.; 1821, S.-S..... Brossette a mis *celui qui*, ce qui a été imité dans une multitude d'éditions, telles que 1718, Dum.; 1732, G. et 1735, Souch. et leurs copies; 1759, Gl.; 1772 et 1789, Lon.; 1772 et 1775, A.; 1798, P.; 1800 (et ses copies) et 1815, Did.; 1809 et 1825,

PLUTON.

Artamène! et où a-t-il pêché ce nom-là?[1] Je ne me souviens point de l'avoir jamais lu.

DIOGÈNE.

Je vois bien que vous ne savez pas son histoire.

PLUTON.

Qui? moi? Je sais aussi bien mon Hérodote qu'un autre.

DIOGÈNE.

Oui; mais avec tout cela, diriez-vous bien pourquoi Cyrus a tant conquis de provinces, traversé l'Asie, la Médie, l'Hyrcanie, la Perse, et ravagé enfin plus de la moitié du monde?

PLUTON.

Belle demande! c'est que c'était un prince ambitieux, qui voulait que toute la terre lui fût soumise.

DIOGÈNE.

Point du tout. C'est qu'il voulait délivrer sa princesse, qui avait été enlevée.

PLUTON.

Quelle princesse?

DIOGÈNE.

Mandane.

PLUTON.

Mandane?

DIOGÈNE.

Oui, et savez-vous combien elle a été enlevée de fois?

Daun.; 1810, Ray.; 1815, Léc.; 1820, Mén.; 1821 et 1823, Viol.; 1821 et 1824, Am.; 1823, De Bu.; 1824, Fro.; 1825, Aug.; 1826, Mart.; 1828, Thi.; 1829, B. ch., etc., etc. (nous en avons compté près de *quatre-vingt*).

[1] *Voy*. Art. poét., III, 100, tome II, p. 220.

PLUTON.

Où veux-tu que je l'aille chercher?

DIOGÈNE.

Huit fois.

MINOS.

Voilà une beauté qui a passé par[1] bien des mains.

DIOGÈNE.

Cela est vrai; mais tous ses ravisseurs étaient les scélérats du monde les plus vertueux. Assurément ils n'ont pas osé lui toucher.[2]

PLUTON.

J'en doute. Mais laissons là ce fou de Diogène. Il faut parler à Cyrus lui-même. Eh bien! Cyrus, il faut combattre. Je vous ai envoyé chercher pour vous donner le commandement de mes troupes. Il ne répond rien! Qu'a-t-il? Vous diriez qu'il ne sait où il est.

CYRUS.

Eh! divine princesse!

PLUTON.

Quoi?

CYRUS.

Ah! injuste Mandane!

PLUTON.

Plaît-il?

CYRUS.

Tu me flattes, trop complaisant Féraulas. Es-tu si

---

[1] *V. E.* Texte de 1713 et du manuscrit, au lieu de *qui passe par*, qu'on lit dans quelques éditions (1809 et 1825, Daun.; 1821, S.-S.; 1826, Mart...).

[2] On lit dans Saint-Evremond (p. 6) : « Ne vous mettez point en peine de son honneur; elle avait à faire aux plus respectueux scélérats du monde; et ils l'ont tous rendue comme ils l'avaient prise. »

peu sage que de penser que Mandane, l'illustre Mandane puisse jamais tourner les yeux sur l'infortuné Artamène? Aimons-la toutefois; mais aimerons-nous une cruelle? Servirons-nous une insensible? Adorerons-nous une inexorable? Oui, Cyrus, il faut aimer une cruelle. Oui, Artamène, il faut servir une insensible. Oui, fils de Cambyse, il faut adorer l'inexorable fille de Cyaxare[1].

PLUTON.

Il est fou. Je crois que Diogène a dit vrai.

DIOGÈNE.

Vous voyez bien que vous ne saviez pas son histoire. Mais faites approcher son écuyer Féraulas; il ne demande pas mieux que de vous la conter; il sait par cœur tout ce qui s'est passé dans l'esprit de son maître, et a tenu un registre exact de toutes les paroles que son maître[2] a dites en lui-même depuis qu'il est au monde, avec un rouleau de ses lettres qu'il a toujours dans sa poche. A la vérité, vous êtes en danger de bâiller un peu; car ses narrations ne sont pas fort courtes.

PLUTON.

Oh! j'ai bien le temps de cela!

CYRUS.

Mais, trop engageante personne.....

PLUTON.

Quel langage! A-t-on jamais parlé de la sorte? Mais dites-moi, vous, trop pleurant Artamène, est-ce que vous n'avez pas envie de combattre?

CYRUS.

Eh! de grâce, généreux Pluton, souffrez que j'aille

---

[1] Affectation de Cyrus imitée. *Boil.*, 1713 et *manuscrit*.
[2] *P. C. O.* Manuscrit... *Que* ce *maître*.

entendre l'histoire d'Aglatidas et d'Amestris, qu'on me va conter. Rendons ce devoir à deux illustres malheureux. Cependant voici le fidèle Féraulas, que je vous laisse, qui vous instruira positivement de l'histoire de ma vie, et de l'impossibilité de mon bonheur.

PLUTON.

Je n'en veux point être instruit, moi. Qu'on me chasse ce grand pleureur [1].

CYRUS.

Eh! de grâce!

PLUTON.

Si tu ne sors.....

CYRUS.

En effet....

PLUTON.

Si tu ne t'en vas...

CYRUS.

En mon particulier....

PLUTON.

Si tu ne te retires..... A la fin le voilà dehors. A-t-on jamais vu tant pleurer?

DIOGÈNE.

Vraiment, il n'est pas au bout, puisqu'il n'en est qu'à l'histoire d'Aglatidas et d'Amestris. Il a encore neuf gros tomes à faire ce joli métier.

---

[1] *V. E.* On lit très distinctement dans le manuscrit *pleureur*, et non pas *pleureux* comme dans l'édition de 1713, suivie dans toutes les autres (à l'exception de 1798, P.). C'est probablement une faute d'impression, car si ce mot était alors reçu, c'était comme adjectif, disent les lexicographes (Féraud, Gattel, Cormont, etc.), et dans la phrase actuelle il n'y aurait point de substantif auquel il pût correspondre.

P. C. O. Manuscrit... *Ce grand pleureur* là.

PLUTON.

Hé bien ! qu'il remplisse, s'il veut, cent volumes de ses folies. J'ai d'autres affaires présentement qu'à l'entendre [1]. Mais quelle est cette femme que je vois qui arrive ?

DIOGÈNE.

Ne reconnaissez-vous pas Tomyris ? [2]

PLUTON.

Quoi ! cette reine sauvage des Massagètes, qui fit plonger la tête de Cyrus dans un vaisseau de sang humain ? celle-ci ne pleurera pas, j'en réponds. Qu'est-ce qu'elle cherche ?

TOMYRIS.

« Que l'on cherche partout mes tablettes perdues ;
« Et [3] que sans les ouvrir elles me soient rendues. » [4]

DIOGÈNE.

Des tablettes ! Je ne les ai pas au moins. Ce n'est pas un meuble pour moi que des tablettes ; et l'on prend assez de soin de retenir mes bons mots, sans que j'aie besoin de les recueillir moi-même dans des tablettes.

PLUTON.

Je pense qu'elle ne fera que chercher. Elle a tantôt vi-

---

[1] Cette phrase n'est plus d'usage. Nous disons *avoir affaire de*, devant un verbe, et non avoir *affaire à*... Saint-Marc.

[2] V. E. Cette question est omise dans l'édition de 1713, et l'on y fait dire à Diogène ce que Pluton dit ensuite ici suivant le manuscrit de l'auteur. Br.

[3] V. E. Texte de 1713. Brossette, suivi par tous les éditeurs, y a (sans en avertir) substitué *mais*, non comme le croit Saint-Marc, sur l'original, car on y lit aussi *et*, mais probablement d'après le texte de la tragédie de Cyrus.

[4] Ce sont les deux premiers vers de la tragédie de Cyrus, faite par M. Quinault ; et c'est Tomyris qui ouvre le théâtre par ces deux vers. Boil., 1713.
— Ce sont seulement les deux premiers de la scène v, acte I. Bross.

sité tous les coins et recoins de cette salle. Qu'y avait-il donc de si précieux dans vos tablettes, grande reine?

TOMYRIS.

Un madrigal que j'ai fait ce matin pour le charmant ennemi que j'aime.

MINOS.

Hélas! qu'elle est doucereuse!

DIOGÈNE.

Je suis fâché que ses tablettes soient perdues. Je serais curieux de voir un madrigal massagète.

PLUTON.

Mais qui est donc ce charmant ennemi qu'elle aime?

DIOGÈNE.

C'est ce même Cyrus qui vient de sortir tout-à-l'heure.

PLUTON.

Bon! aurait-elle fait égorger l'objet de sa passion?

DIOGÈNE.

Egorgé! C'est une erreur dont on a été abusé seulement durant vingt et cinq [1] siècles; et cela par la faute du gazetier de Scythie, qui répandit mal-à-propos la nouvelle de sa mort sur un faux bruit. On en est détrompé depuis quatorze ou quinze ans.

PLUTON.

Vraiment je le croyais encore [2]. Cependant, soit que

---

[1] V. Texte de 1713 et du manuscrit, suivi dans les éditions de Brossette, Dumonteil, Souchay, 1735, et une foule d'autres, telles que 1732, G.; 1735, 1737 et 1743, A.; 1745, P.; 1746, Dr.; 1749, 1751 et 1766, A; 1772 et 1789, Lond., etc., et enfin par M. de Saint-Surin... Souchay, en 1740, a mis simplement *vingt-cinq*, ce qui a été imité par Saint-Marc, Foulis et MM. Didot, Daunou, Amar, Viollet Le Duc, Auger, Martin, Thiessé...

[2] V. E. Texte de 1713 et du manuscrit, qui, d'ailleurs, selon la remarque de Saint-Marc, adoptée par MM. Daunou et de Saint-Surin, répond bien plus

le gazetier de Scythie se soit trompé ou non, qu'elle s'en aille dans ces galeries chercher, si elle veut, son charmant ennemi, et qu'elle ne s'opiniâtre pas davantage à retrouver des tablettes que vraisemblablement elle a perdues par sa négligence, et que sûrement aucun de nous n'a volées. Mais quelle est cette voix robuste que j'entends là-bas qui fredonne un air ?

DIOGÈNE.

C'est ce[1] grand borgne d'Horatius Coclès qui chante ici proche, comme m'a dit un de vos gardes, à un écho[2] qu'il a trouvé[3], une chanson qu'il a faite pour Clélie.

PLUTON.

Qu'a donc ce fou de Minos, qu'il crève de rire ?

MINOS.

Et qui ne rirait ? Horatius Coclès chantant à l'écho !

PLUTON.

Il est vrai que la chose est assez nouvelle. Cela est à voir. Qu'on le fasse entrer, et qu'il n'interrompe point pour cela sa chanson, que Minos vraisemblablement sera bien aise d'entendre de plus près[4].

MINOS.

Assurément.

---

juste à l'observation de Diogène, que *je le crois*, mis dans l'édition de Brossette et successivement dans celles de Dumonteil, de Souchay, 1735 et 1740, et autres indiquées dans la note précédente. Toutefois l'éditeur d'Amsterdam (1772, suivi par M. Amar) soutient que *je le crois* est préférable.

[1] *F. N. R.* Texte de 1713, et non pas *c'est un grand...* Cette faute grossière, commise par Billiot, dans son édition de 1726, a été reproduite dans plusieurs autres, telles que 1732, G.; 1737, 1740, 1741, 1743, 1749, 1751, 1762, 1766 et 1776, A; 1772 et 1789, Lon...

[2] *Voy.* Clélie, t. I, p. 318. *Brossette.*

[3] *P. C. O.* Manuscrit... *qu'il y a trouvé...*

[4] *P. C. O. De plus près* n'est pas dans le manuscrit.

HORATIUS COCLÈS, chantant la reprise de la chanson qu'il chante dans Clélie :

« Et Phénisse même publie
« Qu'il n'est rien si beau que Clélie. »

DIOGÈNE.

Je pense reconnaître l'air. C'est sur le chant de *Toinon la belle jardinière*.[1]

Ce n'était pas de l'eau de rose,
Mais de l'eau de quelque autre chose.[2]

HORATIUS COCLÈS.

« Et Phénisse même publie
« Qu'il n'est rien si beau que Clélie. »

PLUTON.

Quelle est donc cette Phénisse?

DIOGÈNE.

C'est une dame des plus galantes et des plus spirituelles de la ville de Capoue, mais qui a une trop grande opinion de sa beauté, et qu'Horatius Coclès raille dans

---

[1] Chanson du Savoyard, alors à la mode. *Boil.*, 1713 et *manuscrit*.

[2] *V. E.* Texte de 1713, du manuscrit, de Brossette, de Dumonteil, 1718 à 1729, et des éditions de 1735 et 1749, A., 1746 et 1767, Dr... Dans celle de Genève, 1732, on a substitué à ce refrain, qui, détaché de la chanson, est supportable, toute la chanson elle-même, parce que Brossette a eu la folie ou la sottise de la donner en entier, dans une note ; en quoi il a été imité par tous les éditeurs du xviiie siècle, même par le janséniste Souchay. Celui-ci, toutefois, s'imaginant peut-être d'atténuer cette faute, a pris le parti d'altérer le texte et d'y supprimer le refrain ci-dessus ; et c'est aussi ce qu'ont fait Saint-Marc et la plupart des éditeurs suivans, dont quelques-uns seulement, tels que MM. de Saint-Surin et Daunou (1825), ont réduit la note au refrain qui était dans le texte ; tandis que la note de 1713 n'a que la ligne rapportée ci-devant. Il est résulté de cette marche que les éditeurs qui ont voulu se restreindre aux notes pures de Boileau, tels que MM. Didot (1800, etc.), Auger (1825, in-32) et Thiessé, ne trouvant le refrain que dans les notes de Souchay et Saint-Marc, l'ont supprimé tout-à-fait, et dans les leurs et dans le texte.

cet impromptu de sa façon, dont il[1] a composé aussi le chant, en lui faisant avouer à elle-même que tout cède en beauté à Clélie.

MINOS.

Je n'eusse jamais cru que cet illustre Romain fût si excellent musicien, et si habile faiseur d'impromptus[2]. Cependant je vois bien par celui-ci qu'il y est maître passé.

PLUTON.

Et moi, je vois bien que, pour s'amuser à de semblables petitesses, il faut qu'il ait entièrement perdu le sens. Hé! Horatius Coclès, vous qui étiez autrefois si déterminé soldat, et qui avez défendu vous seul un pont contre toute une armée, de quoi vous êtes-vous avisé de vous faire berger après votre mort? et qui est le fou ou la folle qui vous ont appris à chanter?

HORATIUS COCLÈS.

« Et Phénisse même publie
« Qu'il n'est rien si beau que Clélie. »

MINOS.

Il se ravit dans son chant.

PLUTON.

Oh! qu'il s'en aille dans mes galeries chercher, s'il veut, un nouvel écho. Qu'on l'emmène.

HORATIUS COCLÈS, s'en allant et toujours chantant.

« Et Phénisse même publie
« Qu'il n'est rien si beau que Clélie. »

---

[1] *P. C. O.* Manuscrit.... *façon,* et *dont il...*

[2] *V. E.* Texte de 1713 et du manuscrit. On a mis, sans avis, *impromptu,* au singulier, dans l'édition de Paris, 1750 (3 in-12), ce qui a été imité dans toutes les suivantes, excepté dans celles de 1798, P.; 1821 et 1823, Viol.; 1821 et 1824, Am.; 1825, Aug.; 1826, Mart.; 1829, B. ch...

PLUTON.

Le fou! le fou! Ne viendra-t-il point à la fin une personne raisonnable?

DIOGÈNE.

Vous allez avoir bien de la satisfaction; car je vois entrer la plus illustre de toutes les dames romaines, cette Clélie qui passa le Tibre à la nage, pour se dérober du camp de Porsenna, et dont Horatius Coclès, comme vous venez de le voir, est amoureux.

PLUTON.

J'ai cent fois admiré l'audace de cette fille dans Tite-Live; mais je meurs de peur que Tite-Live n'ait encore menti. Qu'en dis-tu, Diogène?

DIOGÈNE.

Ecoutez ce qu'elle vous[1] va dire.

CLÉLIE.

Est-il vrai, sage roi des enfers, qu'une troupe de mutins ait osé se soulever contre Pluton, le vertueux Pluton?

PLUTON.

Ah! à la fin nous avons trouvé une personne raisonnable. Oui, ma fille, il est vrai que les criminels dans le Tartare ont pris les armes, et que nous avons envoyé chercher les héros dans les champs élysées et ailleurs pour nous secourir.

CLÉLIE.

Mais, de grâce, seigneur, les rebelles ne songent-ils point à exciter quelque trouble dans le royaume de

---

[1] V. E. Texte des mêmes. *Vous* est supprimé dans les éditions de Souchay, de 1735 et 1740, et quoique Saint-Marc eût relevé cette omission, elle a encore été faite dans les copies de Souchay, telles que 1750, 1757, 1766, 1768, 1769, 1793 et 1798, P.; 1822 et 1824, Jeun...

Tendre? car je serais au désespoir s'ils étaient seulement postés dans le village de Petits-Soins. N'ont-ils point pris Billets-Doux ou Billets-Galans?[1]

PLUTON.

De quel pays parle-t-elle là? Je ne me souviens point de l'avoir vu dans la carte.

DIOGÈNE.

Il est vrai que Ptolomée n'en a point parlé; mais on a fait depuis peu de nouvelles découvertes. Et puis ne voyez-vous pas que c'est du pays de galanterie qu'elle vous parle?

PLUTON.

C'est un pays que je ne connais point.

CLÉLIE.

En effet, l'illustre Diogène raisonne tout-à-fait juste. Car il y a trois sortes de Tendre : Tendre sur Estime, Tendre sur Inclination et Tendre sur Reconnaissance. Lorsque l'on veut arriver à Tendre sur Estime, il faut aller d'abord au village de Petits-Soins, et.....

PLUTON.

Je vois bien, la belle fille, que vous savez parfaitement la géographie du royaume de Tendre, et qu'à un homme qui vous aimera, vous ferez voir[2] bien du pays dans ce royaume. Mais pour moi, qui ne le connais point, et qui ne le veux point connaître, je vous dirai

---

[1] *Voy.* Clélie, part. 1, p. 398 (Brossette) et dans notre tome I, la note du vers 161, satire x. — On ajoute ici, dans Saint-Évremond (p. 13) : Ces villages de *Billets-Doux* et de *Billets-Galans* dont on vous parle, sont des lieux où il faut passer pour arriver à *Tendre*.

[2] *V. E.* Texte du manuscrit. Il nous paraît préférable à celui de 1713, suivi dans toutes les éditions, et où on lit : *vous* lui *ferez voir*...

franchement que je ne sais si ces trois villages et ces trois fleuves mènent à Tendre, mais qu'il me paraît que c'est le grand chemin des Petites-Maisons.[1]

MINOS.

Ce ne serait pas trop mal fait, non, d'ajouter ce village-là dans la carte de Tendre. Je crois que ce sont ces terres inconnues dont on y veut parler.

PLUTON.

Mais vous, tendre mignonne, vous êtes donc aussi amoureuse, à ce que je vois.

CLÉLIE.

Oui, Seigneur; je vous concède que j'ai pour Aronce une amitié qui tient de l'amour véritable : aussi faut-il avouer que cet admirable fils du roi de Clusium a en toute sa personne je ne sais quoi de si extraordinaire et de si peu imaginable, qu'à moins que d'avoir une dureté de cœur inconcevable, on ne peut pas s'empêcher d'avoir pour lui une passion tout-à-fait raisonnable. Car enfin....

PLUTON.

Car enfin, car enfin...... Je vous dis, moi, que j'ai pour toutes les folles une aversion inexplicable; et que quand le fils du roi de Clusium aurait un charme inimaginable, avec votre langage inconcevable, vous me feriez plaisir[2] de vous en aller, vous et votre galant, au diable. A la fin la voilà partie. Quoi! toujours des amoureux! Personne ne s'en sauvera; et un de ces jours nous verrons Lucrèce galante.

---

[1] *Voy.* tome I, satire VIII, vers 110, et notre remarque sur ce vers.
[2] *P. C. O.* Manuscrit... *vous me ferez plaisir.*

DIOGÈNE.

Vous en allez avoir le plaisir tout-à-l'heure; car voici Lucrèce en personne.

PLUTON.

Ce que j'en disais n'est que pour rire : à Dieu ne plaise que j'aie une si basse pensée de la plus vertueuse personne du monde!

DIOGÈNE.

Ne vous y fiez pas. Je lui trouve l'air bien coquet. Elle a, ma foi, les yeux fripons.

PLUTON.

Je vois bien, Diogène, que tu ne connais pas Lucrèce. Je voudrais que tu l'eusses vue, la première fois qu'elle entra ici, toute sanglante et tout échevelée. Elle tenait un poignard à la main : elle avait le regard farouche, et la colère était encore peinte sur son visage, malgré les pâleurs de la mort. Jamais personne n'a porté la chasteté plus loin qu'elle. Mais, pour t'en convaincre, il ne faut que lui demander à elle-même ce qu'elle pense de l'amour. Tu verras. Dites-nous donc, Lucrèce; mais expliquez-vous clairement : croyez-vous qu'on doive aimer?

LUCRÈCE, tenant des tablettes à la main.

Faut-il absolument sur cela vous rendre une réponse[1] exacte et décisive?

PLUTON.

Oui.

LUCRÈCE.

Tenez, la voilà clairement énoncée dans ces tablettes. Lisez.

---

[1] R. C. O. Idem... rendre *ma réponse*...

PLUTON lisant.

« Toujours. l'on. si. mais. aimait. d'éternelles. hélas.
« amours. d'aimer. doux. il. point. serait. n'est. qu'il [1] ».
Que veut dire tout ce galimatias? [2]

LUCRÈCE.

Je vous assure, Pluton, que je n'ai jamais rien dit de mieux ni de plus clair.

PLUTON.

Je vois bien que vous avez accoutumé de parler fort clairement. Peste soit [3] de la folle? Où a-t-on jamais parlé comme cela? POINT. MAIS. SI. D'ÉTERNELLES. Et où veut-elle que j'aille chercher un OEdipe pour m'expliquer cette énigme?

DIOGÈNE.

Il ne faut pas aller fort loin. En voici un qui entre et qui est fort propre à vous rendre cet office.

PLUTON.

Qui est-il?

DIOGÈNE.

C'est Brutus, celui qui délivra Rome de la tyrannie des Tarquins.

PLUTON.

Quoi! cet austère Romain qui fit mourir ses enfans

---

[1] *Voy.* Clélie, part. II, p. 348. *Brossette.*

[2] *V. E.* Texte de 1713 et du manuscrit, suivi dans les éditions d'Amsterdam, 1713 et 1715, de Brossette et de Dumonteil et dans leurs copies. Souchay, en 1735, a supprimé *tout*, sans en avertir, et, si l'on excepte les mêmes copies, a été imité dans les éditions suivantes. Il serait fastidieux de les indiquer : nous en avons compté plus de *cinquante*.

[3] V. E. Texte de 1713, du manuscrit et de Dumonteil, 1718 à 1729. Brossette, suivi par Souchay (1740), a omis *soit* et a été repris sur ce point par Saint-Marc. Mais la remarque de Saint-Marc n'a point fait rétablir ce

pour avoir conspiré contre leur patrie? Lui, expliquer des énigmes? Tu es bien fou, Diogène.

DIOGÈNE.

Je ne suis point fou. Mais Brutus n'est pas non plus cet austère personnage que vous vous imaginez. C'est un esprit naturellement tendre et passionné, qui fait de fort jolis vers, et les billets du monde les plus galans.

MINOS.

Il faudrait donc que les paroles de l'énigme fussent écrites, pour les lui montrer.

DIOGÈNE.

Que cela ne vous embarrasse point. Il y a long-temps que ces paroles sont écrites sur les tablettes de Brutus. Des héros comme lui sont toujours fournis de tablettes.

PLUTON.

Hé bien! Brutus, nous donnerez-vous l'explication des paroles qui sont sur vos tablettes?

BRUTUS.

Volontiers. Regardez bien. Ne les sont-ce pas là? « Toujours. l'on. si. mais, etc.

PLUTON.

Ce les sont-là elles-mêmes.

BRUTUS.

Continuez donc de lire. Les paroles suivantes non-

---

mot dans toutes les éditions postérieures à 1747, comme le croit M. Daunou (1825)... Il est encore omis à 1749, A.; 1766, 1768, 1769, 1793 et 1798, P.; 1829, B. ch... Enfin Souchay, en 1735 (ce que n'a point remarqué Saint-Marc), s'apercevant que la suppression du mot produisait une espèce de lacune, aima mieux corriger le texte que de chercher la vraie leçon et il mit *Peste de la folie*... ce qui a été reproduit dans plusieurs éditions, telles que 1745, 1750 et 1757, P.; 1759, Gl.; et 1822 et 1824, Jeunesse.

seulement vous feront voir que j'ai d'abord conçu la finesse des paroles embrouillées de Lucrèce : mais elles contiennent la réponse précise que j'y ai faite : [1]

« Moi. nos. verrez. vous. de. permettez. d'éternelles. « jours. qu'on. merveille. peut. amours. d'aimer. voir. »

PLUTON.

Je ne sais pas si ces paroles se répondent juste les unes aux autres; mais je sais bien que ni les unes ni les autres ne s'entendent, et que je ne suis pas d'humeur à faire le moindre effort d'esprit pour les concevoir.

DIOGÈNE.

Je vois bien que c'est à moi de vous expliquer tout ce mystère. Le mystère est que ce sont des paroles transposées. Lucrèce, qui est amoureuse et aimée de Brutus, lui dit en mots transposés : [2]

> Qu'il serait doux d'aimer, si l'on aimait toujours !
> Mais, hélas ! il n'est point d'éternelles amours.

Et Brutus, pour la rassurer, lui dit en d'autres termes transposés :

> Permettez-moi d'aimer, merveille de nos jours;
> Vous verrez qu'on peut voir d'éternelles amours.

PLUTON.

Voilà une grosse finesse ! Il s'ensuit de là que tout ce qui se peut dire de beau est dans les dictionnaires; il n'y

---

[1] *P. C. O.* Manuscrit... *faite*; la voici :

[2] V. E. Texte de 1713, du manuscrit, de Brossette et de Dumonteil. Souchay, 1735 et 1740, et l'éditeur de 1745, Paris, lisent *en* CES *mots* transposés, ce qui, suivant l'observation de Saint-Marc, fait un contresens, puisque les mots suivans ne sont rien moins que transposés. Malgré cette critique, la même faute a été commise à 1750, 1757, 1766, 1768, 1769 et 1793, P.; 1759, Gl.

a que les paroles qui sont transposées. Mais est-il possible que des personnes du mérite de Brutus et de Lucrèce en soient venus[1] à cet excès d'extravagance, de composer de semblables bagatelles?

DIOGÈNE.

C'est pourtant par ces bagatelles qu'ils ont fait connaître l'un et l'autre qu'ils avaient infiniment d'esprit.

PLUTON.

Et c'est par ces bagatelles, moi, que je reconnais qu'ils ont infiniment de folie. Qu'on les chasse. Pour moi, je ne sais tantôt plus où j'en suis. Lucrèce amoureuse! Lucrèce coquette! Et Brutus son galant! Je ne désespère pas, un de ces jours, de voir Diogène lui-même galant.

DIOGÈNE.

Pourquoi non? Pythagore l'était bien.

PLUTON.

Pythagore était galant?

DIOGÈNE.

Oui, et ce fut de Théano sa fille, formée par lui à la galanterie, ainsi que le raconte le généreux Herminius[2] dans l'histoire de la vie de Brutus; ce fut, dis-je, de Théano que cet illustre Romain apprit ce beau symbole, qu'on a oublié d'ajouter aux autres symboles de Pythagore: « Que c'est à pousser les beaux[3] sentimens pour

---

[1] V. Ce mot est ainsi dans les éditions antérieures à celle de 1788 (Did.), parce qu'alors on le faisait rapporter à Brutus... Beaucoup d'éditeurs, le faisant rapporter à *personnes*, ont mis depuis, et avec raison selon nous, *venues;* mais il aurait fallu avertir que le texte était différent.

[2] Pellisson. *Voy.* tome IV, p. 365, lett. du 7 janvier 1703.

[3] V. E. Texte de 1713, du manuscrit et de Brossette, et non pas *de beaux,*

« une maîtresse, et à faire l'amour, que se perfectionne
« le grand philosophe. »

PLUTON.

J'entends. Ce fut de Théano qu'il sut que c'est la folie qui fait la perfection de la sagesse. Oh! l'admirable précepte! Mais laissons là Théano. Quelle est cette précieuse renforcée[1] que je vois qui vient à nous?

DIOGÈNE.

C'est Sapho[2], cette fameuse Lesbienne qui a inventé les vers saphiques.

PLUTON.

On me l'avait dépeinte si belle! Je la trouve bien laide!

comme ont mis Souchay (1735 et 1740) et plusieurs autres à son exemple (Saint-Marc avait pourtant indiqué la faute). *Voy.* entre autres, 1745, 1750, 1757, 1766, 1768, 1769 et 1793, P.; 1759, Gl.

[1] *P. C. O.* Nous trouvons ici, dans Saint-Évremond (p. 15), le passage suivant qui nous paraît évidemment une première composition. On conçoit en effet que Boileau n'ait pas osé reproduire, en 1710, époque où madame de Maintenon était reine, ce qu'il s'était permis sur son premier mari, en 1665, époque où elle était tout-à-fait dans l'obscurité.

« PLUTON. Qui est ce petit bon-homme qui descend là-haut dans une machine? Ah! c'est toi, *Scarron*; que fais-tu là avec ton habit doré?

« SCARRON. Je ne m'appelle plus *Scarron*; je m'appelle *Scaurus*, et on m'a habillé à la romaine, quoique ma taille n'y soit pas autrement propre; et je viens présentement de consulter les *sibylles* avec *Horace* et *Scévola*.

« PLUTON. Crois-moi, mon pauvre *Scarron*, tu es bien mieux avec *Ragotin*[*] qu'avec *Horace* et *Scévola*. Mets-toi dans ta chaire auprès de moi.

« SCARRON. Je le veux : je vous servirai à vous faire connaître le reste des héros et des héroïnes que vous avez à voir. En voici déjà une de ma connaissance.

« PLUTON. Qui? cette grande décharnée?

« SCARRON. C'est SAPHO. »

[2] Mademoiselle de Scuderi. Les poètes de son temps lui avaient donné ce nom. *Brossette*. (*V.* tome II, p. 489, n° 1).

[*] Héros du Roman comique de Scarron.

DIOGÈNE.

Il est vrai qu'elle n'a pas le teint fort uni, ni les traits du monde les plus réguliers : mais prenez garde qu'il y a une grande opposition du blanc et du noir de ses yeux, comme elle le dit elle-même dans l'histoire de sa vie.

PLUTON.

Elle se donne là un bizarre agrément; et Cerbère, selon elle, doit donc passer aussi pour beau, puisqu'il a dans les yeux la même opposition.

DIOGÈNE.

Je vois qu'elle vient à vous. Elle a sûrement quelque question à vous faire.

SAPHO.

Je vous supplie, sage Pluton, de m'expliquer fort au long ce que vous pensez de l'amitié, et si vous croyez qu'elle soit capable de tendresse aussi bien que l'amour; car ce fut le sujet d'une généreuse conversation que nous eûmes l'autre jour avec le[1] sage Démocède et l'agréable Phaon. De grâce, oubliez donc pour quelque temps le soin de votre personne et de votre état; et au lieu de cela, songez à me bien définir ce que c'est que cœur tendre, tendresse d'amitié, tendresse d'amour, tendresse d'inclination et tendresse de passion.

MINOS.

Oh! celle-ci est la plus folle de toutes. Elle a la mine d'avoir gâté toutes les autres.

PLUTON.

Mais regardez cette impertinente! c'est bien le temps

---

[1] V. E. On lit, *la* sage Démocède dans l'édition de 1713 et dans celle de Brossette, in-4° (II, 219); mais cette faute évidente, puisqu'on ne connaît point de femme appelée Démocède, tandis qu'il y avait (*v.* M. Daunou) sous le

de résoudre des questions d'amour, que le jour d'une révolte!

DIOGÈNE.

Vous avez pourtant autorité pour le faire; et tous les jours les héros que vous venez de voir, sur le point de donner une bataille où il s'agit du tout pour eux, au lieu d'employer le temps à encourager les soldats, et à ranger leurs armées, s'occupent à entendre l'histoire de Timarète ou de Bérélise, dont la plus haute aventure est quelquefois un billet perdu ou un bracelet égaré.

PLUTON.

Ho bien! s'ils sont fous, je ne veux pas leur ressembler, et principalement à cette précieuse ridicule.[1]

SAPHO.

Eh! de grâce, seigneur, défaites-vous de cet air grossier et provincial de l'enfer, et songez à prendre l'air de la belle galanterie de Carthage et de Capoue. A vous dire le vrai, pour décider un point aussi important que celui que je vous propose, je souhaiterais fort que toutes nos généreuses amies et nos illustres amis fussent ici. Mais, en leur absence, le sage Minos représentera le discret Phaon, et l'enjoué Diogène le galant Esope.

---

règne de Darius un médecin fameux de ce nom, a été corrigée par le même Brossette dans son errata. Aussi ne la trouve-t-on point dans son édition in-12 (III, 430), ni dans les éditions suivantes, telles que 1717 et 1721, Vest.; 1717, Mort.; 1718, 1722 et 1729, Dumont.; 1721, Bru.; 1726, Bill.; 1732, Gen., et 1735, A... Souchay (édit. de 1740 et non de 1735, comme le dit par erreur M. de S.-S.) et Saint-Marc n'avaient sans doute pas fait attention à l'errata lorsqu'ils ont rétabli LA sage... et par-là induit en erreur quelques éditeurs, et entre autres M. de S.-S... Au reste, il y a aussi LE sage, dans le manuscrit.

[1] *P. C. O.* Manuscrit... *ridicule*-ci.

PLUTON.

Attends, attends, je m'en vais te faire venir ici une personne avec qui lier conversation. Qu'on m'appelle Tisiphone.

SAPHO.

Qui? Tisiphone? Je la connais, et vous ne serez peut-être pas fâché que je vous en fasse voir le portrait [1], que j'ai déjà composé par précaution, dans le dessein où je suis de l'insérer dans quelqu'une des histoires que nous autres faiseurs et faiseuses de romans sommes obligés de raconter à chaque livre de notre roman.

PLUTON.

Le portrait d'une furie! Voilà un étrange projet.

DIOGÈNE.

Il n'est pas si étrange que vous pensez. En effet, cette même Sapho, que vous voyez, a peint dans ses ouvrages beaucoup de ses généreuses amies, qui ne surpassent guère en beauté Tisiphone, et qui néanmoins, à la faveur des mots galans et des façons de parler élégantes et précieuses qu'elle jette dans leurs peintures, ne laissent pas de passer pour de dignes héroïnes de roman.

MINOS.

Je ne sais si c'est curiosité ou folie; mais je vous avoue que je meurs d'envie de voir un si [2] bizarre portrait.

PLUTON.

Hé bien donc, qu'elle vous le montre, j'y consens. Il faut bien vous contenter [3]. Nous allons voir comment

---

[1] *P. C. O. Idem... fasse* ici *le portrait...* — Tout ce qui suit, jusqu'à *roman*, n'est pas dans le manuscrit.

[2] *P. C. O. Idem... d'envie* de lui voir faire *un si...*

[3] *P. C. O... Idem... qu'elle* le fasse; il faut vous *contenter...*

elle s'y prendra pour rendre la plus effroyable des Euménides agréable et gracieuse.

DIOGÈNE.

Ce n'est pas une affaire pour elle, et elle a déjà fait un pareil chef-d'œuvre en peignant la vertueuse Aricidie. Ecoutons donc; car je la vois qui tire le portrait de sa poche.[1]

SAPHO, lisant.

L'illustre fille[2] dont j'ai à vous entretenir a en toute sa personne je ne sais quoi de si furieusement extraordinaire et de si terriblement merveilleux, que je ne suis pas médiocrement embarrassée quand je songe à vous en tracer le portrait.

MINOS.

Voilà les adverbes FURIEUSEMENT et TERRIBLEMENT qui sont, à mon avis, bien placés et tout-à-fait[3] en leur lieu.

SAPHO continue de lire.

Tisiphone a naturellement la taille fort haute, et passant de beaucoup la mesure des personnes de son sexe; mais pourtant si dégagée, si libre et si bien proportionnée en toutes ses parties, que son énormité même lui sied admirablement bien. Elle a les yeux petits, mais pleins de feu, vifs, perçans et bordés d'un certain vermillon qui en relève prodigieusement l'éclat. Ses cheveux sont naturellement bouclés et annelés; et l'on peut dire que ce sont autant de serpens qui s'entortillent les

---

[1] *P. C. O. Idem... pour elle.* Écoutez seulement, car je la vois qui se prépare à parler.

[2] Portrait de mademoiselle de Scudéri elle-même. *Bross.*

[3] *P. C. O. Manuscrit... sont* bien placés à mon avis, *et tout-à-fait...*

uns dans les autres, et se jouent nonchalamment autour de son visage. Son teint n'a point cette couleur fade et blanchâtre des femmes de Scythie; mais il tient beaucoup de ce brun mâle et noble que donne le soleil aux Africaines qu'il favorise le plus près de ses regards. Son sein est composé de deux demi-globes brûlés par le bout comme ceux des Amazones, et qui s'éloignant le plus qu'ils peuvent de sa gorge, se vont négligemment et languissamment perdre sous ses deux bras. Tout le reste de son corps est presque composé de la même sorte. Sa démarche est extrêmement noble et fière. Quand il faut se hâter, elle vole plutôt qu'elle ne marche, et je doute qu'Atalante la pût devancer à la course. Au reste, cette vertueuse fille est naturellement ennemie du vice et surtout des grands crimes, qu'elle poursuit partout, un flambeau à la main, et qu'elle ne laisse jamais en repos, secondée en cela par ses deux illustres sœurs[1], Alecto et Mégère, qui n'en sont pas moins ennemies qu'elle; et l'on peut dire de toutes ces trois[2] sœurs, que c'est une morale vivante.

DIOGÈNE.

Hé bien! n'est-ce pas là un portrait merveilleux?

PLUTON.

Sans doute; et la laideur y est peinte dans toute sa

---

[1] *P. C. O.* Manuscrit... *illustres* n'y est pas.

[2] *V. E.* Texte de 1713, du manuscrit et de Brossette, Dumonteil, Souchay, Saint-Marc, de leurs copistes et de MM. Viollet Le Duc et Auger. Le mot *toutes* a été supprimé dans presque toutes les éditions modernes, telles que 1800, 1815 et 1819, Did.; 1809 et 1825, Daun.; 1810, Ray.; 1815, Lécr.; 1820, Mén.; 1821, S.-S.; 1823, Levr.; 1824, Fro.; 1826, Mart.; 1828, Thi.; 1829, B. ch. et A L. (*toutes* est dans les premières éditions de M. Didot et dans celles de M. Amar).

perfection, pour¹ ne pas dire dans toute sa beauté; mais c'est assez écouter cette extravagante. Continuons la revue de nos héros; et sans plus nous donner la peine, comme nous avons fait jusqu'ici, de les interroger l'un après l'autre, puisque les voilà tous reconnus véritablement insensés², contentons-nous de les voir passer devant cette balustrade, et de les conduire exactement de l'œil dans mes galeries, afin que je sois sûr qu'ils y sont; car je défends d'en laisser sortir aucun, que je n'aie précisément déterminé ce que je veux qu'on en fasse. Qu'on les laisse donc entrer, et qu'ils viennent maintenant tous en foule. En voilà bien, Diogène. Tous ces héros sont-ils connus dans l'histoire?

DIOGÈNE.

Non; il y en a beaucoup de chimériques mêlés parmi eux.

PLUTON.

Des héros chimériques! et sont-ce des héros?

DIOGÈNE.

Comment! si ce sont des héros! Ce sont eux qui ont toujours le haut bout dans les livres et qui battent infailliblement les autres.

PLUTON.

Nomme-m'en par plaisir quelques-uns.

DIOGÈNE.

Volontiers. Orondate, Spitridate, Alcamène, Mélinte, Britomare, Mérindor³, Artaxandre, etc.

---

¹ *V. E.* Texte de 1713, de Brossette, etc., au lieu de ET *pour*, qui est à 1735 et 1740 (*id.* à 1745 et 1750, P.; 1759, Gl.). *Saint-Marc.*

² *P. C. O. Véritablement* n'est pas dans le manuscrit.

³ V. E. Saint-Marc a omis le nom de Mérindor.

PLUTON.

Et tous ces héros-là ont-ils fait vœu, comme les autres, de ne jamais s'entretenir que d'amour?

DIOGÈNE.

Cela serait beau qu'ils ne l'eussent pas fait! Et de quel droit se diraient-ils héros, s'ils n'étaient point amoureux? N'est ce pas l'amour qui fait aujourd'hui la vertu héroïque?

PLUTON.

Quel est ce grand innocent qui s'en va des derniers, et qui a la mollesse peinte sur le visage? Comment t'appelles-tu?

ASTRATE.

Je m'appelle Astrate.[1]

PLUTON.

Que viens-tu chercher ici?

ASTRATE.

Je veux voir la reine.

PLUTON.

Mais admirez cet impertinent. Ne diriez-vous pas que j'ai une reine que je garde ici dans une boîte, et que je montre à tous ceux qui la veulent voir? Qu'es-tu, toi? As-tu jamais été?

ASTRATE.

Oui-dà, j'ai été, et il y a un historien latin qui dit de moi en propres termes : ASTRATUS VIXIT, Astrate a vécu.

PLUTON.

Est-ce là tout ce qu'on trouve de toi dans l'histoire?

---

[1] On jouait à l'hôtel de Bourgogne, dans le temps que je fis ce Dialogue, l'Astrate de M. Quinault et l'Ostorius de l'abbé de Pure. Boil., 1713.—*Voy.* tome I, Essai, n° 51, et sat. III, v. 195.

ASTRATE.

Oui; et c'est sur ce bel argument qu'on a composé une tragédie intitulée du nom d'ASTRATE[1], où les passions tragiques sont maniées si adroitement, que les spectateurs y rient à gorge déployée depuis le commencement jusqu'à la fin, tandis que moi j'y pleure toujours, ne pouvant obtenir que l'on m'y montre une reine dont je suis passionnément épris.

PLUTON.

Ho bien! va-t'en dans ces galeries voir si cette reine y est. Mais quel est ce grand mal bâti de Romain qui vient après ce chaud amoureux? Peut-on savoir son nom?

OSTORIUS.

Mon nom est Ostorius.

PLUTON.

Je ne me souviens point d'avoir jamais nulle part lu ce nom-là dans l'histoire.

OSTORIUS.

Il y est pourtant. L'abbé[2] de Pure assure qu'il l'y a lu.

PLUTON.

Voilà un merveilleux garant! Mais, dis-moi, appuyé de l'abbé de Pure, comme tu es, as-tu fait quelque figure dans le monde? T'y a-t-on jamais vu?

OSTORIUS.

Oui-dà; et, à la faveur d'une pièce de théâtre que cet abbé a faite de moi, on m'a vu à l'hôtel de Bourgogne.[3]

PLUTON.

Combien de fois?

---

[1] *P. C. O.* Manuscrit... *Tragédie intitulée* de mon nom, Astrate, où les...
[2] *P. C. O. Idem... pourtant,* et *l'abbé...*
[3] Théâtre où l'on jouait autrefois. Boil., 1713.

OSTORIUS.

Eh! une fois.

PLUTON.

Retourne-t'y-en.[1]

OSTORIUS.

Les comédiens ne veulent plus de moi.

PLUTON.

Crois-tu que je m'accommode mieux de toi qu'eux? Allons, déloge d'ici au plus vite, et va te confiner dans mes galeries. Voici encore une héroïne qui ne se hâte pas trop, ce me semble, de s'en aller. Mais je lui pardonne : car elle me paraît si lourde de sa personne, et si pesamment armée, que je vois bien que c'est la difficulté de marcher, plutôt que la répugnance à m'obéir, qui l'empêche d'aller plus vite. Qui est-elle?

DIOGÈNE.

Pouvez-vous ne pas reconnaître la Pucelle d'Orléans?

PLUTON.

C'est donc là cette vaillante fille qui délivra la France du joug des Anglais?

DIOGÈNE.

C'est elle-même.

PLUTON.

Je lui trouve la physionomie bien plate et bien peu digne de tout ce qu'on dit d'elle.

DIOGÈNE.

Elle tousse et s'approche de la balustrade. Ecoutons.

---

[1] Barbarisme inexcusable, observe avec raison M. Daunou... L'éditeur d'Amsterdam, 1772, avait, le premier, relevé cette expression, employée pour *retournes-y*. — On lit dans Saint-Evremond (p. 21) : Oh! *retourne-t-en* à l'hôtel de Bourgogne.

C'est assurément une harangue qu'elle vous vient faire, et une harangue en vers ; car elle ne parle plus qu'en vers.

PLUTON.

A-t-elle en effet du talent pour la poésie ?

DIOGÈNE.

Vous l'allez voir.

LA PUCELLE.

« O grand prince, que grand dès cette heure j'appelle [1],
« Il est vrai, le respect sert de bride à mon zèle ;
« Mais ton illustre aspect me redouble le cœur,
« Et me le redoublant, me redouble la peur.
« A ton illustre aspect mon cœur se sollicite,   5
« Et grimpant contre mont, la dure terre quitte.
« Oh! que n'ai-je le ton désormais assez fort
« Pour aspirer à toi sans te faire de tort !
« Pour toi puissé-je avoir une mortelle pointe
« Vers où l'épaule gauche à la gorge est conjointe !   10
« Que le coup brisât l'os, et fît pleuvoir le sang
« De *la temple*, du dos, de l'épaule et du flanc ! » [2]

PLUTON.

Quelle langue vient-elle de parler ?[3]

DIOGÈNE.

Belle demande ! française.

---

[1] Vers extraits de la Pucelle, suivant une note de l'édition de 1713 (elle n'est pas dans le manuscrit). Selon Vigneul de Marville (dans Saint-Marc, V, 166), c'est seulement un centon composé de vers épars dans ce poème. — Ils sont semblables au fragment qu'on lit dans Saint-Évremond (p. 18), à l'exception des deux derniers, qui y sont ainsi rapportés :

    Que ce coup brisât l'os et fît couler du sang
    De la temple, du dos, de la hanche et du flanc.

[2] On disait d'abord *Temple* et *Tempe* ; dans sa dernière édition, l'Académie ne met plus que Tempe. *Féraud.*

[3] *P. C. O.* Manuscrit... *de parler* là ?

PLUTON.

Quoi! c'est du français qu'elle a dit? je croyais que ce fût du bas-breton ou de l'allemand. Qui lui[1] a appris cet étrange français-là?

DIOGÈNE.

C'est un poète chez qui elle a été en pension quarante ans durant.

PLUTON.

Voilà un poète qui l'a bien mal élevée!

DIOGÈNE.

Ce n'est pas manque d'avoir été bien payé, et d'avoir exactement touché ses pensions.

PLUTON.

Voilà de l'argent bien mal employé. Eh! Pucelle d'Orléans, pourquoi vous êtes-vous chargé la mémoire de ces grands vilains mots, vous[2] qui ne songiez autrefois qu'à délivrer votre patrie, et qui n'aviez d'objet que la gloire?

LA PUCELLE.

La gloire?

« Un seul endroit y mène, et de ce seul endroit[3]
« Droite et roide...... »

PLUTON.

Ah! elle m'écorche les oreilles.

LA PUCELLE.

« Droite et roide[4] est la côte et le sentier étroit. »

---

[1] *P. C. O. Idem... qui* est ce qui *lui...*
[2] *P. C. O. Idem... de* tous *ces grands vilains mots*-là, *vous...*
[3] Livre v de la Pucelle de Chapelain. *Brossette* (il en parle aussi dans les Lettres familières, I, 110).
[4] On prononçait alors *rouade*, ce qui rendait le vers encore plus dur.

PLUTON.

Quels vers, juste ciel! je n'en puis pas entendre prononcer un que ma [1] tête ne soit prête à se fendre.

LA PUCELLE.

« De flèches toutefois aucune ne l'atteint ;
« Ou pourtant l'atteignant, de son sang ne se teint. »

PLUTON.

Encore! j'avoue que de toutes les héroïnes qui ont paru en ce lieu, celle-ci me paraît beaucoup la plus insupportable. Vraiment elle ne prêche pas la tendresse. Tout en elle n'est que dureté et sécheresse, et elle me paraît plus propre à glacer l'âme qu'à inspirer l'amour.

DIOGÈNE.

Elle en a pourtant inspiré au vaillant Dunois.

PLUTON.

Elle! inspirer de l'amour au cœur de Dunois!

DIOGÈNE.

Oui assurément :

Au grand cœur de Dunois, le plus grand de la terre,
Grand cœur qui dans lui seul [2] deux grands amours enserre.

Mais il faut savoir quel amour. Dunois s'en explique ainsi lui-même en un endroit du poëme (*liv.* II) fait pour cette merveilleuse fille :

Pour ces célestes yeux, pour ce front magnanime,
Je n'ai que du respect, je n'ai que de l'estime ;
Je n'en souhaite rien ; et si j'en suis amant,
D'un amour sans désir je l'aime seulement.
Et soit. Consumons-nous d'une flamme si belle :
Brûlons en holocauste aux yeux de la Pucelle.

---

[1] *P. C. O.* Manuscrit... *prononcer un* mot, *que ma...*
[2] Cet hémistiche n'est pas cité exactement. *Voy.* tome IV, p. 335.

Ne voilà-t-il pas une passion bien exprimée? et le mot d'holocauste n'est-il pas tout-à-fait bien placé dans la bouche d'un guerrier comme Dunois?

PLUTON.

Sans doute; et cette vertueuse guerrière peut innocemment, avec de tels vers, aller tout de ce pas, si elle veut, inspirer un pareil amour à tous les héros qui sont dans ces galeries. Je ne crains pas que cela leur amollisse l'âme. Mais du reste, qu'elle s'en aille; car je tremble qu'elle ne me veuille encore réciter quelques-uns de ses vers, et je ne suis pas résolu de les entendre. La voilà enfin partie. Je ne vois plus ici aucun héros, ce me semble. Mais non, je me trompe: en voici encore un qui demeure immobile derrière cette porte. Vraisemblablement il n'a pas entendu que je voulais que tout le monde sortît. Le connais-tu, Diogène?

DIOGÈNE.

C'est Pharamond[1], le premier roi des Français.

PLUTON

Que dit-il? il parle en lui-même.

PHARAMOND.

Vous le savez bien, divine Rosemonde, que pour[2] vous aimer je n'attendis pas que j'eusse le bonheur de vous connaître, et que c'est sur le seul récit de vos charmes, fait par un de mes rivaux, que je devins si ardemment épris de vous.

---

[1] Critique de Pharamond, roman de La Calprenède. *Brossette.* — Les auteurs du Journal des savans (1665, p. 23) font de grands éloges de ce roman et de sa continuation par Vaumorières : « C'est un bel ouvrage, le style en est grand et magnifique... »

[2] *P. C. O. Manuscrit... bien*, ma princesse, *que pour...*

PLUTON.

Il semble que celui-ci soit devenu amoureux avant que de voir sa[1] maîtresse.

DIOGÈNE.

Assurément il ne l'avait point vue.

PLUTON.

Quoi! il est devenu amoureux d'elle sur son portrait?

DIOGÈNE.

Il n'avait pas même vu son portrait.

PLUTON.

Si ce n'est là une vraie folie, je ne sais pas ce qui peut l'être. Mais, dites-moi, vous, amoureux Pharamond, n'êtes-vous pas content d'avoir fondé le plus florissant royaume de l'Europe, et de pouvoir compter au rang de vos successeurs le roi qui y règne aujourd'hui? Pourquoi vous êtes-vous allé mal-à-propos embarrasser l'esprit de la princesse Rosemonde?

PHARAMOND.

Il est vrai, seigneur. Mais l'amour.....

PLUTON.

Ho! l'amour! l'amour! « Va exagérer, si tu veux, les injustices de l'amour dans mes galeries[2] ». Mais pour moi, le premier qui m'en viendra encore parler, je lui donnerai de mon sceptre tout au travers du visage. En voilà un qui entre. Il faut que je lui casse la tête.

MINOS.

Prenez garde à ce que vous allez faire. Ne voyez-vous pas que c'est Mercure?

---

[1] P. C. O. *Idem... avant que* d'avoir vu *sa...*

[2] V. E. Les mots guillemetés ont été omis dans l'édition de 1713 ; Brossette les a rétablis d'après le manuscrit.

PLUTON.

Ah! Mercure, je vous demande pardon. Mais ne venez-vous point aussi me parler d'amour?

MERCURE.

Vous savez bien que je n'ai jamais fait l'amour pour moi-même. La vérité est que je l'ai fait quelquefois pour mon père Jupiter, et qu'en sa faveur autrefois j'endormis si bien le bon Argus, qu'il ne s'est jamais réveillé. Mais je viens vous apporter une bonne nouvelle. C'est qu'à peine l'artillerie que je vous amène a paru, que vos ennemis se sont rangés dans le devoir. Vous [1] n'avez jamais été roi plus paisible de l'enfer que vous l'êtes.

PLUTON.

Divin messager de Jupiter, vous m'avez rendu la vie. Mais, au nom de notre proche parenté, dites-moi, vous qui êtes le dieu de l'éloquence, comment vous avez souffert qu'il se soit glissé dans l'un et dans l'autre monde une si impertinente manière de parler que celle qui règne aujourd'hui, surtout en ces livres qu'on appelle romans; et comment vous avez permis que les plus grands héros de l'antiquité parlassent ce langage.

MERCURE.

Hélas! Apollon et moi, nous sommes des dieux qu'on n'invoque presque plus; et la plupart des écrivains d'aujourd'hui ne connaissent pour leur véritable patron qu'un certain Phébus, qui est bien le plus impertinent personnage qu'on puisse voir. Du reste, je viens vous avertir qu'on vous a joué une pièce.

PLUTON.

Une pièce à moi! Comment?

---

[1] *P. C. O.* Manuscrit... *dans le devoir*, et que *vous n'avez...*

MERCURE.

Vous croyez que les vrais héros sont venus ici?

PLUTON.

Assurément, je le crois, et j'en ai de bonnes preuves, puisque je les tiens encore ici tous renfermés dans les galeries de mon palais.

MERCURE.

Vous sortirez d'erreur, quand je vous dirai que c'est une troupe de faquins, ou plutôt de fantômes chimériques, qui, n'étant que de fades copies de beaucoup de personnages modernes, ont eu pourtant l'audace de prendre le nom des plus grands héros de l'antiquité, mais dont la vie a été fort courte, et qui errent maintenant sur les bords du Cocyte et du Styx. Je m'étonne que vous y ayez été trompé. Ne voyez-vous pas que ces gens-là n'ont nul caractère des héros? Tout ce qui les soutient aux yeux des hommes, c'est un certain oripeau et un faux clinquant de paroles, dont les ont habillés ceux qui ont écrit leur vie, et qu'il n'y a qu'à leur ôter pour les faire paraître tels qu'ils sont. J'ai même amené des champs élysées en venant ici, un Français, pour les reconnaître quand ils seront dépouillés; car je me persuade que vous consentirez sans peine qu'ils le soient.

PLUTON.

J'y consens si bien que je veux que sur-le-champ la chose ici soit exécutée. Et pour ne point perdre de temps, gardes, qu'on les fasse de ce pas sortir tous de mes galeries par les portes dérobées, et qu'on les amène tous dans la grande place. Pour nous, allons nous mettre sur le balcon de cette fenêtre basse, d'où nous pourrons les contempler et leur parler tout à notre aise. Qu'on y porte nos sièges. Mercure, mettez-vous à ma droite; et vous, Minos, à ma gauche; et que Diogène se tienne derrière nous.

MINOS.

Les voilà qui arrivent en foule.

PLUTON.

Y sont-ils tous?

UN GARDE.

On n'en a laissé aucun dans les galeries.

PLUTON.

Accourez donc, vous tous, fidèles exécuteurs de mes volontés, spectres, larves, démons, furies, milices infernales que j'ai fait assembler. Qu'on m'entoure tous ces prétendus héros, et qu'on[1] me les dépouille.

CYRUS.

Quoi! vous ferez dépouiller un conquérant comme moi?

PLUTON.

Hé! de grâce, généreux Cyrus, il faut que vous passiez le pas.

HORATIUS COCLÈS.

Quoi! un Romain comme moi, qui a défendu lui seul un pont contre toutes les forces de Porsenna, vous ne le considérerez pas plus qu'un coupeur de bourses?

PLUTON.

Je m'en vais te faire chanter.

ASTRATE.

Quoi! un galant aussi tendre et aussi passionné que moi, vous le ferez maltraiter?

---

[1] *P. C. O.* Man... *héros*-là, *et...* (*là* a déjà été supprimé, p. 49, 73 et 74).

PLUTON.

Je m'en vais te faire voir la reine. Ah! les voilà dépouillés.

MERCURE.

Où est le Français que j'ai amené?

LE FRANÇAIS.

Me voilà, seigneur, que souhaitez-vous?

MERCURE.

Tiens, regarde bien tous ces gens-là; les connais-tu?

LE FRANÇAIS.

Si je les connais? Hé! ce sont tous la plupart des bourgeois de mon quartier. Bonjour, madame Lucrèce. Bonjour, M. Brutus. Bonjour, mademoiselle Clélie. Bonjour, M. Horatius Coclès.[1]

PLUTON.

Tu vas voir accommoder tes bourgeois de toutes pièces. Allons, qu'on ne les épargne point; et qu'après qu'ils auront été abondamment fustigés, on me les conduise tous, sans différer, droit aux bords du fleuve de Léthé.[2] Puis, lorsqu'ils y seront arrivés, qu'on me les jette tous, la tête la première, dans l'endroit du fleuve le plus profond, eux, leurs billets doux, leurs lettres galantes, leurs vers passionnés, avec tous les nombreux

---

[1] *P. C. O.* Au lieu de ceci et des lignes précédentes, on lit dans Saint-Évremond (p. 23) :

« SCARRON *qui se lève.* Je vous demande grâce pour eux ; je les reconnais tous : ce sont de bons bourgeois de notre quartier, mes bons voisins et bonnes voisines. Bonjour, M. *Horace*, bonjour, mademoiselle *Sapho*, et bonjour, ma belle *Lucrèce.* »

Nous croyons par les raisons données page 72, note 3, que ce passage était aussi une première composition.

[2] Fleuve de l'oubli. *Boil.*, 1713.

volumes, ou, pour mieux dire, les monceaux de ridicule papier où sont écrites leurs histoires. Marchez donc, faquins, autrefois si grands héros. Vous voilà arrivés à votre fin, ou, pour mieux dire, au dernier acte de la comédie que vous avez jouée si peu de temps.

CHOEUR DE HÉROS, s'en allant chargés d'escourgées.

Ah! La Calprenède! Ah! Scudéri!

PLUTON.

Eh! que ne les tiens-je! que ne les tiens-je! Ce n'est pas tout, Minos. Il faut que vous vous en alliez tout de ce pas donner ordre que la même justice se fasse sur tous leurs[1] pareils dans les autres provinces de mon royaume.

MINOS.

Je me charge avec plaisir de cette commission.

MERCURE.

Mais voici les véritables héros qui arrivent, et qui demandent à vous entretenir. Ne voulez-vous pas qu'on les introduise?

PLUTON.

Je serai ravi de les voir; mais je suis si fatigué des sottises que m'ont dites tous ces impertinens usurpateurs de leurs noms, que vous trouverez bon qu'avant tout j'aille faire un somme.

[1] *P. C. O.* Manuscrit... *se fasse* de *tous leurs...*

DISCOURS
SUR LA SATIRE.[1]

Quand je donnai la première fois mes satires au public, je m'étais bien préparé au tumulte que l'impression de mon livre a excité sur le Parnasse. Je savais que la nation des poètes, et surtout des mauvais poètes[2], est une nation farouche qui prend feu aisément[3], et que ces esprits avides de louanges[4] ne digéreraient pas facilement une raillerie, quelque douce qu'elle pût être. Aussi oserai-je dire, à mon avantage, que j'ai regardé avec des yeux assez stoïques les libelles diffamatoires qu'on a pu-

---

[1] *F. N. R.* Ce Discours fut d'abord publié séparément avec la satire IX, en 1668 (*voy.* Avertissement du t. III, n° 111; et tome I, Not. Bibl., § 1, n° 16), et non pas en 1666, comme on l'annonce dans les éditions de Didot, de 1788, 1789, 1800, 1815 et 1819, et dans presque toutes leurs copies, telles que 1808 et 1814, Le Br.; 1813, P.; 1815, Ly.; 1817, P. et T.; 1819, Da.; 1822, Del.; 1823, Ang.; 1824, Fro.; 1824 et 1825, Pl.; 1830, le Bi.; 1831, Led.

Cette faute est d'autant plus singulière que le discours et la satire IX sont des réponses aux critiques publiées contre les premières satires, et par conséquent après 1666, année où parurent ces satires (même § 1, n° 7); et toutefois dans les éditions ci-dessus (sauf 1789, Did.), on met cette faute, si l'on peut parler ainsi, sur le compte de Boileau lui-même, soit indirectement, en ne distinguant pas de ses notes celle où cette faute est commise (édit. de 1800, 1808, 1813, etc.), soit directement, en y plaçant (édit. de 1824, Fro.) le signe des siennes propres.

[2] Ceci regarde particulièrement Cotin, qui avait publié une satire contre l'auteur. *Boil.*, 1713 (*voy.* tome I, Notice bibl., § 2, n° 5).

On doit dire *le genre* et non pas *la nation* des poètes, puisque Horace dit : *genus* irritabile vatum... *Desmarets*, 71.

[3] V. O. 1668 à 1694.... prend feu *très* aisément.

[4] V. O. 1668, *sép*... esprits *gourmands* de louanges.

bliés contre moi. Quelques calomnies dont on ait voulu me noircir, quelques faux bruits qu'on ait semés de ma personne[1], j'ai pardonné sans peine ces petites vengeances au déplaisir d'un auteur irrité, qui se voyait attaqué par l'endroit le plus sensible d'un poète, je veux dire par ses ouvrages.

Mais j'avoue que j'ai été un peu surpris du chagrin bizarre de certains lecteurs[2], qui, au lieu de se divertir d'une querelle du Parnasse dont ils pouvaient être spectateurs indifférens, ont mieux aimé prendre parti, et s'affliger avec les ridicules, que de se réjouir avec les honnêtes gens[3]. C'est pour les consoler que j'ai composé ma neuvième satire[4], où je pense avoir montré assez clairement que, sans blesser l'état ni sa[5] conscience, on peut trouver de méchans vers méchans, et s'ennuyer de

---

[1] *Voy.* t. I, Essai, n° 80, 159, etc.; Not. bib., § 1, n° 20, § 2, n° 5, 8, etc.

[2] *V. O.* (En part.) 1668 et 69, certains *auteurs*... 1672, C., certains *lecteurs*... 1674 à 1682, certains *auteurs*... 1683 à 1713, certains *lecteurs*...
On voit dans ces variations les essais timides d'un bourgeois qui craint de blesser un grand. Nous voulons parler du duc de Montausier qu'on eût pu croire désigné par le mot *lecteurs* (*voy.* notes de sat. IX, v. 136, surtout épitre VII, vers 100, tome II, p. 95; lettre CXVII, tome IV, p. 376 et 377). Il passait pour un des hommes de la cour qui avaient le plus de vertu, mais sa vertu était fort peu tolérante, excepté toutefois, si l'on en croit plusieurs contemporains, pour les plaisirs du maître. Ce seigneur, qui aurait voulu envoyer aux galères les poètes satiriques (*v.* ci-apr. page 88, note 2), trouvait fort mauvais, selon mademoiselle de Motteville, qu'on blâmât les dames qui avaient de la *complaisance* pour le roi (*v.* Barrière, Mém. de Brienne, 1828, II, 377... Saint-Simon, III, 409, 410). Fléchier n'a pas mis ce trait dans son Oraison funèbre.

[3] V. O... 1668... avec les *rieurs*.

[4] *V. O.* (En part.) 1668 à 1685 (et non pas 1683, comme le dit M. de S.-S.)... composé *la satire précédente* (*voy.* p. 83, note 1).

[5] V. O. (D'après M. de S.-S.) 1668, in-16, sép... *la* conscience.

plein droit à la lecture d'un sot livre. Mais puisque ces messieurs ont parlé de la liberté que je me suis donnée de nommer, comme d'un attentat inouï et sans exemples, et que des exemples ne se peuvent pas mettre en rimes, il est bon d'en dire ici un mot pour les instruire d'une chose qu'eux seuls veulent ignorer, et leur faire voir qu'en comparaison de tous mes confrères les satiriques j'ai été un poète fort retenu.

Et pour commencer par Lucilius, inventeur de la satire, quelle[1] liberté, ou plutôt quelle licence ne s'est-il point donnée dans ses ouvrages? Ce n'était pas seulement des poètes et des auteurs qu'il attaquait, c'était des gens de la première qualité de Rome; c'était des personnes consulaires. Cependant Scipion et Lélius ne jugèrent pas ce poète, tout déterminé rieur qu'il était, indigne de leur amitié, et vraisemblablement, dans les occasions ils ne lui refusèrent pas leurs conseils sur ses écrits, non plus qu'à Térence. Ils ne s'avisèrent point de prendre le parti de Lupus et de Metellus qu'il avait joués dans ses satires; et ils ne crurent pas lui donner rien du leur, en lui abandonnant tous les ridicules de la république :

> Num Lælius, aut qui
> Duxit ab oppressâ meritum Carthagine nomen;
> Ingenio offensi, aut læso doluere Metello,
> Famosisve Lupo cooperto versibus?[2]

En effet Lucilius n'épargnait ni petits ni grands; et souvent des nobles et des patriciens il descendait jusqu'à la lie du peuple :

---

[1] V. 1668 à 1682... Lucilius, *satirique premier du nom*, quelle...

[2] Hor., sat. 1, lib. II. *Boil.*, 1668 seulement (v. 65 à 68).

Primores populi arripuit, populumque tributim.[1]

On me dira que Lucilius vivait dans une république, où ces sortes de libertés peuvent être permises. Voyons donc Horace, qui vivait sous un empereur, dans les commencemens d'une monarchie, où il est bien plus dangereux de rire qu'en un autre temps. Qui ne nomme-t-il point dans ses satires? Et Fabius le grand causeur, et Tigellius le fantasque, et Nasidienus le ridicule, et Nomentanus le débauché, et tout ce qui[2] vient au bout de sa plume. On me répondra que ce sont des noms supposés. Oh! la belle réponse! comme si ceux qu'il attaque n'étaient pas des gens connus d'ailleurs! comme si l'on ne savait pas que Fabius était un chevalier romain qui avait composé un livre de droit; que Tigellius fut en son temps un musicien chéri d'Auguste; que Nasidienus Rufus était un ridicule célèbre dans Rome; que Cassius Nomentanus était un des plus fameux débauchés de l'Italie! Certainement[3] il faut que ceux qui parlent de la sorte n'aient pas fort lu les anciens, et ne soient pas fort instruits des affaires de la cour d'Auguste. Horace ne se contente pas d'appeler les gens par leur nom; il a si peur qu'on ne les méconnaisse, qu'il a soin de rapporter jusqu'à leur surnom, jusqu'au métier qu'ils faisaient, jusqu'aux charges qu'ils avaient exercées. Voyez, par

---

[1] Hor., *Ibid... Boil.*, 1668 seulement (v. 69).

[2] V. 1668 à 1682... *le ridicule*, et Tanaïs le châtré, *et tout ce qui*...

[3] V. 1668 à 1682... *dans Rome;* que Tanaïs était un affranchi de Mécenas! *Certainement...* et en marge, à 1668 seulement (M. D. met 1713); *Voy. Acr. Porph., et Suet., v. d'Aug.* (cette note, qui désignait Acron et Porphirion, commentateurs d'Horace, et Suétone, vie d'Auguste, concerne Tanaïs et non Cassius Nomentanus, comme semblent l'indiquer MM. de S.-S. et D.).

exemple, comme il parle d'Aufidius[1] Luscus, préteur de Fondi :

> Fundos, Aufidio Lusco prætore, libenter
> Linquimus, insani ridentes proemia scribæ,
> Prætextam, et latum clavum, etc. [2]

« Nous abandonnâmes, dit-il, avec joie le bourg de
« Fondi, dont était préteur un certain Aufidius Luscus;
« mais ce ne fut pas sans avoir bein ri de la folie de ce
« préteur, auparavant commis, qui faisait le sénateur et
« l'homme de qualité. »

Peut-on désigner un homme plus précisément? et les circonstances seules ne suffisaient-elles pas pour le faire reconnaître? On me dira peut-être qu'Aufidius était mort alors; mais Horace parle là d'un voyage fait depuis peu. Et puis, comment mes censeurs répondront-ils à cet autre passage?

> Turgidus Alpinus jugulat dum Memnona, dumque
> Diffingit Rheni luteum caput, hæc ego ludo. [3]

« Pendant, dit Horace, que ce poète enflé d'Alpinus
« égorge Memnon dans son poème, et s'embourbe dans
« la description du Rhin, je me joue en ces satires. »

Alpinus vivait donc du temps qu'Horace se jouait en ces satires; et si Alpinus en cet endroit est un nom supposé, l'auteur du poème de Memnon pouvait-il s'y méconnaître? Horace, dira-t-on, vivait sous le règne du plus poli de tous les empereurs; mais vivons-nous[4] sous

---

[1] Dans le Boileau de la jeunesse, on met *Ausidius*, ici et lign. 3, 7 et 13.
[2] Hor., lib. I, sat. v... *Boil.*, 1668. — *Id.*, v. 35... *Boil.*, 1713.
[3] Hor., lib. I, sat. x... *Boil.*, 1668. — *Id.*, v. 36... *Boil.*, 1713.
[4] V. O. 1668 à 1682 : le *règne du plus* doux *de tous... vivons-nous sous un règne moins* doux ! *Et veut-on...*

un règne moins poli? et veut-on qu'un prince qui a tant de qualités communes avec Auguste, soit moins dégoûté que lui des méchans livres, et plus rigoureux envers ceux qui les blâment?

Examinons pourtant Perse, qui écrivait sous le règne de Néron. Il ne raille pas simplement les ouvrages des poètes de son temps, il attaque les vers de Néron même. Car enfin tout le monde sait, et toute la cour de Néron le savait, que ces quatre vers, *Torva Mimalloneis*, etc., dont Perse fait une raillerie si amère dans sa première satire, étaient des vers de Néron[1]. Cependant on ne remarque point que Néron, tout Néron qu'il était, ait fait punir Perse[2]; et ce tyran, ennemi de la raison, et amoureux, comme on sait, de ses ouvrages, fut assez galant homme pour entendre raillerie sur ses vers, et ne crut pas que l'empereur, en cette occasion, dût prendre les intérêts du poète.

Pour Juvénal, qui florissait sous Trajan, il est un peu plus respectueux envers les grands seigneurs de son siècle. Il se contente de répandre l'amertume de ses satires sur ceux du règne précédent; mais, à l'égard des

---

[1] Bayle (mot Perse, note D.) le nie; mais il avoue que beaucoup de critiques étaient du sentiment de Boileau, sentiment dans lequel il persista (Lett. famil., *iij*, 197), et qui depuis a été vivement défendu dans Moréri, même mot... M. Daunou adopte l'avis de Bayle.

[2] V. 1668, sép... *ait envoyé Perse aux galères, et ce tyran...* — Allusion à un mot du duc de Montausier, qui entendant louer Boileau, comme poète, voulait l'envoyer aux galères, couronné de lauriers. *Bross..* (*V*. p. 84, note 2).

L'allusion précédente fut supprimée dès la même année (1668) dans l'édition complète de Boileau, et non pas seulement, comme le dit M. Amar (I, 47), après la réconciliation de Montausier avec le satirique, car cette réconciliation ne s'opéra (M. Amar le dit lui-même, p. 371) qu'après la publication de l'épître vii (t. II, p. 95, note du v. 100), c'est-à-dire après 1683.

auteurs, il ne les va point chercher hors de son siècle. A peine est-il entré en matière, que le voilà en mauvaise humeur contre tous les écrivains de son temps. Demandez à Juvénal ce qui l'oblige de prendre la plume. C'est qu'il est las d'entendre et la *Théséide* de Codrus, et l'*Oreste* de celui-ci, et le *Télèphe* de cet autre, et tous les poètes enfin, comme il dit ailleurs, qui récitaient leurs vers au mois d'août : *Et*[1] *augusto recitantes mense poetas*[2]. Tant il est vrai que le droit de blâmer les auteurs est un droit ancien, passé en coutume parmi tous les satiriques, et souffert dans tous les siècles !

Que s'il faut venir des anciens aux modernes, Régnier, qui est presque notre seul poète satirique, a été véritablement un peu plus discret que les autres. Cela n'empêche pas néanmoins qu'il ne parle hardiment de Gallet, ce célèbre joueur, *qui assignait ses créanciers sur sept et quatorze*, et du sieur de Provins, *qui avait changé son baladran*[3] *en manteau court;* et du Cousin, *qui abandonnait sa maison de peur de la réparer;* et de Pierre du Puis[4], et de plusieurs autres.

Que répondront à cela mes censeurs? Pour peu qu'on les presse, ils chasseront de la république des lettres tous les poètes satiriques, comme autant de perturbateurs du repos public. Mais que diront-ils de Virgile,

---

[1] *F. N. R...* On lit *ex augusto* dans plusieurs éditions, telles que 1716, in-4° et in-12, Bross.; 1717, Vest.; 1717, Mort.; 1718, Dum.; 1721, Vest. et Bru., 1722, La-H.; 1726, Bill.

[2] Juvénal, sat. I, v. 1 à 5 ; sat, III, v. 9.

[3] Casaque de campagne. Boil., 1713. — Régnier (sat. XIV, v. 134) dit au contraire que Provins changea son manteau en balandran ; mais le sens de sa phrase est assez obscur pour justifier la méprise de Boileau.

[4] Pour ces citations, *v.* Régnier, sat. XIV, v. 115 et suiv., et VI, v. 72.

le sage, le discret Virgile, qui, dans une églogue, où il n'est pas question de satire, tourne d'un seul vers deux poètes de son temps en ridicule?

Qui Bavium non odit, amet tua carmina, Mævi [1],

dit un berger satirique dans cette églogue. Et qu'on ne me dise point que Bavius et Mævius en cet endroit sont des noms supposés, puisque ce serait donner un trop cruel démenti au docte Servius, qui assure positivement le contraire. En un mot, qu'ordonneront mes censeurs de Catulle, de Martial, et de tous les poètes de l'antiquité, qui n'en ont pas usé avec plus de discrétion que Virgile? Que penseront-ils de Voiture qui n'a point fait conscience de rire aux dépens du célèbre Neuf-Germain[2], quoique également recommandable par l'antiquité de sa barbe et par la nouveauté de sa poésie? Le banniront-ils du Parnasse, lui et tous les poètes de l'antiquité, pour établir la sûreté des sots et des ridicules? Si cela est, je me consolerai aisément de mon exil : il y aura du plaisir à être relégué en si bonne compagnie. Raillerie à part, ces messieurs veulent-ils être plus sages que Scipion et Lælius, plus délicats qu'Auguste, plus cruels que Néron? Mais eux qui sont si rigoureux envers les critiques, d'où vient cette clémence qu'ils affectent pour les méchans auteurs? Je vois bien ce qui les afflige; ils ne veulent pas être détrompés. Il leur fâche d'avoir admiré[3] sérieusement des ouvrages que mes satires exposent

---

[1] Eglog. 3. *Boil.*, 1713 (vers 90). — Ces exemples n'excusent point Boileau : ce qui était permis aux païens ne peut l'être aux chrétiens... *Desmarets*, 73.

[2] Pour Neuf-Germain, *voy.* Bayle, à ce mot.

[3] Au lieu de ce passage : *Il leur fâche*, etc., jusques à *asile inviolable*, il

à la risée de tout le monde, et de se voir condamnés à oublier dans leur vieillesse ces mêmes vers qu'ils ont autrefois appris par cœur comme des chefs[1]-d'œuvre de l'art. Je les plains sans doute; mais quel remède? Faudra-t-il, pour s'accommoder à leur goût particulier, renoncer au sens commun? Faudra-t-il applaudir indifféremment à toutes les impertinences qu'un ridicule aura répandues sur le papier? Et au lieu qu'en certains[2] pays on condamnait les méchans poètes à effacer leurs écrits[3] avec la langue, les livres deviendront-ils désormais un asile inviolable où toutes les sottises auront droit de bourgeoisie, où l'on n'osera toucher sans profanation?

J'aurais bien d'autres choses à dire sur ce sujet; mais, comme j'ai déjà traité de cette matière dans ma neuvième[4] satire, il est bon d'y renvoyer le lecteur.

y a, selon M. de S.-S., à 1668, sép., in-16 : « Il leur fâche d'avoir estimé des choses que mes satires font mépriser, et d'avoir récité en bonne compagnie des vers que j'ai fait passer pour ridicules; mais à la fin ils m'en sauront bon gré, ils me seront obligés de leur avoir ouvert les yeux et d'avoir démasqué des singes qui n'étaient beaux que sous des visages empruntés. Doit-on trouver mauvais que j'examine les auteurs avec rigueur? Un livre sera-t-il *un asile inviolable...?* »

[1] V. O... 1668 à 1682, 1701 à 1713, *chefs*... 1683 à 1694, *chef*..

[2] Dans le temple qui est aujourd'hui l'abbaye d'Ainay, à Lyon. *Boil.*, 1713. — Juvénal (sat. 1, v. 43 et 44) en parle. *Bross.*

[3] *V. O...* 1668, 1669, 1672, 1674, in-4° et pet. in-12, et Duroc; 1675, pet. in-12 (quatorze éditions)... à effacer *eux-mêmes* leurs écrits (*voy.* t. IV, p. 414, note 4, lettre CXXVIII).

[4] V. O. 1668 à 1694... *ma* dernière *satire*...

Une chose singulière, c'est que le changement adopté ci-dessus au texte, a d'abord été fait dans une édition étrangère (Amsterdam, 1697)... Le mot *dernière* ne convenait pas à l'édition originale de 1694, puisque la satire x y est placée avant le discours sur la satire.

FRAGMENT D'UN DIALOGUE
CONTRE LES MODERNES

QUI FONT DES VERS LATINS.[1]

APOLLON, HORACE, DES MUSES ET DES POËTES.

HORACE.

Tout le monde est surpris, grand Apollon, des abus que vous laissez régner sur le Parnasse.

APOLLON.

Et depuis quand, Horace, vous avisez-vous de parler français?

HORACE.

Les Français se mêlent bien de parler latin. Ils estropient quelques-uns de mes vers; ils en font de même à mon ami Virgile; et quand ils ont accroché, je ne sais comment, *Disjecti membra poetæ*[2], ainsi que je parlais autrefois, ils veulent figurer avec nous.

---

[1] Nous ne connaissons ce dialogue que par ce que Boileau put, vers 1698, en réciter de souvenir (il ne l'avait jamais écrit) et par ce que Brossette se souvint lui-même de la *récitation*... et il paraît que Brossette n'était pas bien sûr de sa mémoire, puisqu'il s'est borné à glisser ce fragment dans une note de la préface de 1674, où Boileau (tome I, préf. 2) parle de dialogues qu'il avait composés... (*voy.* aussi tome II, Poésies latines, n° 11, p. 484, et tome IV, p. 348, lett. du 6 octobre 1701). On voit par là que le dialogue est antérieur à 1674.. nous suivrons la date d'environ 1670, que M. Daunou lui a assignée, sans doute d'après des recherches sur ce point. A l'égard de la question agitée dans ce dialogue, *voy.* tome IV, même lettre du 6 octobre, surtout p. 348, note 5, p. 350, note 1.

[2] Lib. I, sat. IV, v. 62.

APOLLON.

Je ne comprends rien à vos plaintes. De qui donc me parlez-vous?

HORACE.

Leurs noms me sont inconnus. C'est aux Muses de nous les apprendre.

APOLLON.

Calliope, dites-moi, qui sont ces gens-là? C'est une chose étrange, que vous les inspiriez, et que je n'en sache rien.

CALLIOPE.

Je vous jure que je n'en ai aucune connaissance. Ma sœur Érato sera peut-être mieux instruite que moi.

ÉRATO.

Toutes les nouvelles que j'en ai, c'est par un pauvre libraire, qui faisait dernièrement retentir notre vallon de cris affreux. Il s'était ruiné à imprimer quelques ouvrages de ces plagiaires, et il venait se plaindre ici de vous et de nous, comme si nous devions répondre de leurs actions, sous prétexte qu'ils se tiennent au pied du Parnasse!

APOLLON.

Le bonhomme croit-il que nous sachions ce qui se passe hors de notre enceinte? Mais nous voilà bien embarrassés pour savoir leurs noms. Puisqu'ils ne sont pas loin de nous, faisons-les monter pour un moment. Horace, allez leur ouvrir une des portes.

CALLIOPE.

Si je ne me trompe, leur figure sera réjouissante, ils nous donneront la comédie.

HORACE.

Quelle troupe! nous allons être accablés, s'ils entrent tous. Messieurs, doucement : les uns après les autres.

UN POÈTE, s'adressant à Apollon.

Da, Tymbræe, loqui....

AUTRE POÈTE, à Calliope.

Dic mihi, musa, virum....

TROISIÈME POÈTE, à Érato.

Nunc age, qui reges, Erato....

APOLLON.

Laissez vos complimens, et dites-nous d'abord vos noms.

UN POÈTE.

Menagius.

AUTRE POÈTE.

Pererius.

TROISIÈME POÈTE.

Santolius.[1]

APOLLON.

Et ce vieux bouquin que je vois parmi vous, comment s'appelle-t-il ?

TEXTOR.

Je me nomme *Ravisius Textor*[2]. Quoique je sois en la compagnie de ces messieurs, je n'ai pas l'honneur d'être poète ; mais ils veulent m'avoir avec eux, pour leur fournir des épithètes au besoin.

---

[1] Ménage, Dupérier, Santeul, poètes latins modernes (il en est question tome I, sat. IV, vers 92; tome II, Art poét., ch. IV, vers 53, et épigramme XIX, p. 256 et 460).

[2] Jean Teissier, seigneur de Ravisi, auteur d'un *Delectus Epithetorum...* Saint-Marc.

UN POÈTE.

Latonæ proles divina, Jovisque.... Jovisque.... Jovisque.... Heus tu, Textor! Jovisque....

TEXTOR.

Magni....

LE POÈTE.

Non.

TEXTOR.

Omnipotentis.

LE POÈTE.

Non, non.

TEXTOR.

Bicornis.

LE POÈTE.

Bicornis : optime. Jovisque bicornis.
Latonæ proles divina, Jovisque bicornis.

APOLLON.

Vous avez donc perdu l'esprit? Vous donnez des cornes à mon père?

LE POÈTE.

C'est pour finir le vers. J'ai pris la première épithète que Textor m'a donnée.

APOLLON.

Pour finir le vers, fallait-il dire une énorme sottise? Mais vous, Horace, faites aussi des vers français.

HORACE.

C'est-à-dire qu'il faut que je vous donne aussi une scène à mes dépens et aux dépens du sens commun.

APOLLON.

Ce ne sera qu'aux dépens de ces étrangers. Rimez toujours.

HORACE.

Sur quel sujet? Qu'importe? Rimons, puisque Apollon l'ordonne. Le sujet viendra après.

<small>Sur la rive du fleuve amassant de l'arène...</small>

UN POÈTE.

Alte là. On ne dit point en notre langue : sur *la rive du fleuve*, mais sur *le bord* de la rivière. Amasser *de l'arène* ne se dit pas non plus ; il faut dire *du sable*.

HORACE.

Vous êtes plaisant. Est-ce que *rive* et *bord* ne sont pas des mots synonymes aussi bien que *fleuve* et *rivière?* Comme si je ne savais pas que dans votre cité de Paris la Seine passe sous le Pont-nouveau! Je sais tout cela sur l'extrémité du doigt.

UN POÈTE.

Quelle pitié! Je ne conteste pas que toutes vos expressions ne soient françaises; mais je dis que vous les employez mal. Par exemple, quoique le mot de *cité* soit bon en soi, il ne vaut rien où vous le placez : on dit *la ville de Paris*. De même on dit *le Pont-neuf*, et non pas *le Pont-nouveau*; savoir une chose *sur le bout du doigt*, et non pas *sur l'extrémité du doigt*.

HORACE.

Puisque je parle si mal votre langue, croyez-vous, messieurs les faiseurs de vers latins, que vous soyez plus habiles dans la nôtre? Pour vous dire nettement ma pensée, Apollon devrait vous défendre aujourd'hui pour jamais de toucher plume ni papier.

APOLLON.

Comme ils ont fait des vers sans ma permission, ils en feraient encore malgré ma défense. Mais, puisque dans les grands abus il faut des remèdes violens, punissons-les de la manière la plus terrible. Je crois l'avoir trouvée. C'est qu'ils soient obligés désormais à [1] lire exactement les vers les uns des autres. Horace, faites-leur savoir ma volonté.

HORACE.

De la part d'Apollon, il est ordonné, etc.

SANTEUL. [2]

Que je lise le galimatias de Dupérier! Moi! je n'en ferai rien. C'est à lui de lire mes vers.

DUPÉRIER.

Je veux que Santeul commence par me reconnaître pour son maître, et après cela je verrai si je puis me résoudre à lire queìque chose de son phébus.

Ces poètes continuent à [3] se quereller; ils s'accablent réciproquement d'injures; et Apollon les fait chasser honteusement du Parnasse.

---

[1] Texte de Brossette. On peut dire *ils sont obligés* à *faire*, et *ils sont obligés* de *faire;* mais la dernière tournure vaut mieux. *Féraud* (la même remarque pourrait s'appliquer à l'expression *continuer à*, qui est à la fin du Dialogue).

[2] Ortographe de ce nom... *Voy.* tome II, p. 460, note 7.

[3] *Voy.* ci-dessus, note 1.

ARRÊT BURLESQUE.

OBSERVATIONS PRÉLIMINAIRES.

I. Cet opuscule porte la date du 12 août 1671 dans un manuscrit ancien communiqué par Goujet à Saint-Marc. On en fit dans ce temps beaucoup de copies. Dès le 6 septembre, madame de Sévigné, alors en Bretagne, en reçut une (*Lettres* de *id.*, II, 239 et 255). Il fut imprimé, 1° la même année, en Hollande, à la suite de la *Guerre des auteurs*, de Gueret; 2° en 1674, sur une feuille volante, édition que Brossette croyait, mal-à-propos, être la première; 3° en 1677, dans une relation faite à Angers. Réimprimé dans le Ménagiana, également en Hollande, en 1695 (tome II), il fut joint aux œuvres de Boileau dès 1697 (tome I, Notice Bibl., § 1, n° 76), et les auteurs qui reculent cette annexe à 1701 auraient dû seulement faire observer que Boileau le publiait alors lui-même pour la première fois.

Il est facile de concevoir que toutes ces éditions, excepté celle de 1701, ayant été faites sur des copies, doivent offrir bien des différences, et nous en avons la preuve dans un autre manuscrit d'un temps rapproché de la composition primitive, puisqu'il est de la main de Lamarre, conseiller à Dijon, mort en 1687. (Mss. *id.*, n° 409, f. 61, B. R.)

Saint-Marc a recueilli les variantes du manuscrit Goujet, de l'édition de 1674 (d'après Brossette), et de la relation d'Angers. M. de Saint-Surin s'est borné à celles de 1674, parce qu'il regarde le manuscrit et la relation comme des copies inexactes de l'édition de 1671 (il la reproduit toute entière.) Mais cette édition ayant dû elle-même être faite sur une copie [1] n'offre pas plus

---

[1] Ainsi on verra qu'on y a qualifié deux fois de *messire* un conseiller. A cette époque on ne les qualifiait, dans les arrêts, que de *maîtres*. Il y avait probablement dans la copie l'abréviation M^e, que l'éditeur aura traduite par *messire*.

d'authenticité que les manuscrits Goujet et Lamarre, ni que ceux qui ont dû servir aux éditeurs, soit du Ménagiana, soit de la relation, soit d'un recueil publié en 1702, que M. Barbier (*Revue*, xxv, 98) a indiqué, et que nous avons examiné.[1] Nous croyons donc devoir recueillir toutes ces variantes d'après le travail de Saint-Marc, en y joignant celles du manuscrit Lamarre et des éditions de 1697 et 1702, mais en omettant celles qui n'offrent que de simples transpositions de mots (par exemple *professeurs et régens*, pour *régens et professeurs*).

II. Saint-Marc et M. Daunou ont fait précéder l'arrêt de notices historiques très curieuses à consulter. Nous nous bornerons à en extraire les faits suivans.

En 1209, 1215, 1231 et 1265, un concile, deux légats et un pape défendirent sous peine d'excommunication, la lecture des livres philosophiques d'Aristote. Mais, dès 1366, deux cardinaux délégués d'Urbain V, ordonnèrent qu'on interrogerait les aspirans aux grades, sur tous les livres du même auteur.

En 1547, un ouvrage où Ramus reprochait des fautes à ces livres fut supprimé par le roi, et en 1624, le parlement de Paris condamna au bannissement trois auteurs qui en avaient contredit la doctrine (M. Daunou, III, 101, donne ces deux arrêts)...

III. Sur ces entrefaites, Descartes et Gassendi publièrent leurs ouvrages philosophiques, où, peu d'accord entre eux, ils attaquaient également les doctrines aristotéliques. Ils eurent beaucoup de partisans. L'université, suivant l'opinion la plus commune, ou seulement une partie de l'université, suivant Saint-Marc, voulut empêcher l'expansion de la philosophie nouvelle. Elle s'occupa d'une requête au parlement, et elle l'avait même, dit-on, rédigée, lorsque la publication de l'arrêt burlesque la détourna de la présenter.

IV. D'après le manuscrit Goujet, Boileau composa cette facétie

---

Il est donc clair que l'édition de 1671 n'a été revue ni par Despréaux ni par ceux qui l'avaient aidé dans la rédaction de l'arrêt.

[1] M. Daunou (1825) en a aussi, à quelques points près, cité les variantes. Il est intitulé : « Requête des maîtres-ès-arts, professeurs et régens de l'Université « de Paris, etc., ensemble l'arrêt intervenu, etc., Libreville, 1702 (in-12 de « 23 pages). »

sur la demande du premier président Lamoignon pour le délivrer, par la crainte du ridicule, des importunités universitaires. Selon le Ménagiana (1694, II, 9), Despréaux agit de lui-même et *Boileau, le greffier,* glissa l'arrêt parmi d'autres qu'il présentait à signer à Lamoignon, mais celui-ci s'aperçut de la ruse, et dit au greffier : « ah! voilà un tour de *ton* oncle. »

Malheureusement pour l'auteur de cette historiette, Jérôme Boileau, le greffier, était *frère* et non pas *neveu* du poète, et son fils (Gilles IV... Explicat. généal., n. 268 et 429) ne fut greffier qu'en 1679, huit ans après l'arrêt.

Cette circonstance, qui montrait la fausseté de l'anecdote, n'a pas rebuté Brossette; il eût été trop dur pour lui d'abandonner l'occasion de faire une longue note. Il a pris le parti de rectifier le récit primitif en substituant Dongois à Jérôme Boileau. Par malheur aussi, dans sa rectification, il a, à son tour, commis une bévue peu propre à lui mériter de la confiance. Il avance, en effet, que Dongois mêla l'arrêt parmi les expéditions qu'il avait à présenter à la signature de Lamoignon, et qu'il avait à dessein, laissé accumuler : Or les premiers présidens signaient, il est vrai, les minutes, mais non point les expéditions des arrêts.

ARRÊT BURLESQUE[1]

Donné en la grand'chambre du Parnasse, en faveur des maîtres-ès-arts, médecins et professeurs de l'Université de Stagyre[2], au pays des Chimères, pour le maintien de la doctrine d'Aristote.[3]

Vu par la cour la requête présentée[4] par les régens, maîtres-ès-arts, docteurs et professeurs[5] de l'Université[6], tant en leurs noms, que comme tuteurs et défenseurs de

---

[1] V... 1701, il y a simplement *arrêt*.

N. B. Nous citerons les éditions par leurs dates, et les manuscrits Goujet et Lamarre, par les initiales G et L; la relation d'Angers, par A; leurs omissions, par *om.*; leurs additions, par *ad*.

[2] Ville de Macédoine sur la mer Égée, et patrie d'Aristote. Boil., 1713.

[3] V... 1671, 1697 et 1702. *Extrait du registre de la cour souveraine du Parnasse.* — 1674. *Arrêt donné en faveur des maîtres-ès-arts, médecins et professeurs de l'Université pour le maintien de la doctrine d'Aristote.* — A. *Idem*, sauf les mots en romains. — G et L, point de titre; mais Lamarre a mis en marge: *C'est une Berne de Boileau.*

[4] L'Université avait présenté requête au parlement pour empêcher qu'on n'enseignât la philosophie de Descartes. La requête fut supprimée, et Bernier en fit imprimer une de sa façon (*voy.* p. 102, note 1). Boil., 1713.

F. N. R. Souchay (1735) a mis *qu'on enseignât*, ce qui a été imité dans un grand nombre d'éditions, telles que 1745, 1750, 1757, 1766, 1768, 1769 et 1793, P.; 1759, Gl.; 1788, 1789, 1800, 1815 et 1819, Did.; 1810, Ray.; 1815, Lécr.; 1820, Mé.; 1821 et 1824, Am.; 1824, Fro.; 1825, Aug. (in-32); 1826, Mar.; 1828, Thi.; 1829, B. ch. et A. L...

Saint-Marc (p. 108) observe, avec raison, que *avait présenté* est probablement une faute typographique de l'édition incorrecte de 1713, et qu'il faut lire *allait présenter*, comme Boileau l'avait dit, en 1701, dans son Discours sur l'ode (*voy.* tome II, p. 408).

[5] V. 1671, 1697, A, G et L; om... *Docteurs*. — 1702; ad... *par les médecins*.

[6] V. 1671, 1697, 1702, A, G, L; ad... *de Paris*.

la doctrine[1] de maître[2] *en blanc*[3] Aristote, ancien[4] professeur royal en grec dans le collège du Lycée[5], et précepteur du feu roi de querelleuse[6] mémoire, Alexandre dit le Grand, acquéreur[7] de l'Asie, Europe, Afrique[8], et autres lieux; contenant que, depuis quelques années[9], une inconnue, nommée la Raison, aurait entrepris d'entrer par force dans les écoles[10] de ladite Université; et pour cet effet, à l'aide de certains quidams factieux, prenant les surnoms de Gassendistes, Cartésiens, Malebranchistes et Pourchotistes[11], gens sans aveu, se serait mise en état d'en expulser ledit Aristote, ancien et paisible possesseur desdites écoles, contre lequel elle et ses consorts auraient déjà publié plusieurs livres, trai-

---

[1] A l'égard de la requête de Bernier, dont, suivant Brossette, Boileau faisait peu de cas, elle a été publiée dans le recueil de 1702 (cité page 99) et dans beaucoup d'éditions de Boileau, sans même annoncer que celui-ci n'en était pas l'auteur (nous les indiquons, tome I, Notice bibl., § 1er, n° 76); enfin M. Daunou (1825, III, 104) l'a donnée avec des variantes.

[2] V. 1671, 1697, 1702; ad... *de très haut, très admiré et très peu entendu philosophe messire.* — A; om... *de la doctrine.*

[3] V. Texte de 1701 et 1713. Dans l'édit. de 1674, il y a des points. — C'est pour suppléer au nom de baptême. *Brossette.*

[4] V... Au lieu d'*ancien*, 1697 a *ci-devant;* 1702, *autrefois.*

[5] V. 1671, 1697, 1702, A, G, L, *royal en langue grecque à Athènes.*

[6] V... 1671, 1697, A, G, L, *triomphante.* — 1674, *redoutable.*

[7] V... G. *Conquérant.*

[8] V... A, G, L; om. *Afrique.*

[9] V... 1671, 1674, 1697, 1702, A, G, L; ad. *en çà.*

[10] V... 1671, 1697, 1702, L.; ad. *de philosophie.*

[11] V... 1671, 1697, A, G, L; de Cartistes et Gassendistes. — 1702, *id.* et ad. *Malebranchistes.* — 1674, *de Cartésiens nouveaux philosophes, circulateurs et Gassendistes.*

Les sectateurs de Malebranche et de Pourchot ne pouvaient être désignés, en 1671, Malebranche n'ayant commencé à publier sa *Recherche de la vérité* qu'en 1673, et Pourchot étant à peine âgé de vingt ans. *Saint-Marc.* — Du

tés, dissertations[1] et raisonnemens diffamatoires, voulant assujétir ledit Aristote à subir devant elle[2] l'examen de sa doctrine; ce qui serait[3] directement opposé aux lois, us et coutumes[4] de ladite Université, où ledit Aristote aurait[5] toujours été reconnu pour juge sans appel et non comptable de ses opinions[6]. Que même, sans l'aveu d'icelui[7], elle aurait changé[8] et innové plusieurs choses en et[9] au-dedans de la nature, ayant ôté au cœur la prérogative d'être le principe des nerfs, que ce philosophe lui avait accordée libéralement et de son bon gré, et laquelle elle aurait cédée et transportée[10] au cerveau. Et ensuite, par une procédure nulle de toute nullité, aurait attribué audit cœur la charge de recevoir le chyle, appartenant[11] ci-devant[12] au foie, comme aussi de faire voiturer[13] le sang partout le corps, avec plein pouvoir audit sang d'y vaguer, errer et circuler impunément par les veines et artères[14], n'ayant autre droit ni titre

---

reste, selon M. Daunou, le seul mérite de Pourchot fut d'avoir l'un des premiers osé professer des opinions Cartésiennes.

[1] V... 1671, 1697, L; om. *traités, dissertations*.
[2] V... 1702; om. *devant elle*.
[3] V... 1671, 1697; *est*.
[4] V... A; om. *us.* — 1697; us, coutumes et *statuts* de ladite université.
[5] V... 1671, 1697, 1702; *a*.
[6] V... 1671, 1674, 1697; *argumens* (le mot *opinions* vaut mieux).
[7] V... 1671, 1697, 1702, G, L; ad. *Aristote*.
[8] V... 1671, 1697, 1702; ad. *mué*.
[9] V... 1697; *choses au dehors et*.
[10] V... 1671, 1697, 1702, G, L; *bon gré, pour la donner au.* — A; *bon gré l'ayant donné au.*
[11] V... 1671, 1697; *qui appartenait*. — 1702, *appartenante*.
[12] V... 1702; om. *ci-devant*.
[13] V... 1671, 1697, 1702, A, G, L; ad. *et circuler*.
[14] V... 1671, 1697, A, G, L; om. *avec* jusqu'à *artères*.

pour[1] faire lesdites vexations[2], que la seule[3] expérience, dont le témoignage n'a jamais été reçu dans lesdites écoles. Aurait[4] aussi attenté ladite Raison[5], par une entreprise inouie, de déloger[6] le feu de la plus haute région du ciel[7], et prétendu qu'il n'avait là aucun domicile, nonobstant les certificats dudit philosophe, et les visites et descentes faites par lui sur les lieux[8]. Plus, par un attentat et voie de fait énorme contre la Faculté de médecine, se serait ingérée de guérir, et aurait réellement et de fait guéri quantité de fièvres intermittentes, comme tierces, doubles-tierces, quartes, triple-quartes[9], et même continues, avec vin pur, poudre, écorce de quinquina et autres drogues inconnues audit Aristote et à Hippocrate son devancier, et ce sans saignée[10], purgation ni évacuation précédentes; ce qui est non-seulement irrégulier, mais tortionnaire et abu-

---

[1] V... G, L; *n'ayant aucun droit pour.* — A, *n'ayant aucun droit ni titre pour.*

[2] V... 1702; ad... *et innovations.*

[3] V... 1671, 1674, 1697. A, G, L; *que l'expérience* (om. *la seule...*).

[4] V... A, *ayant.*

[5] V... 1671, 1674, 1697, A, G, L; om. *la dite raison.*

[6] V... 1671, 1697, A, G, L; *d'ôter.*

[7] V... 1671, 1697; *de l'air.*

[8] V... 1671, 1697, A, G, L; *région du ciel, nonobstant les visites et descentes faites sur les lieux.* — Et de plus, toute cette phrase (depuis *aurait aussi*) y est placée avant le visa (ci-apr. p. 106, note 2) et tout ce qui suit depuis *plus, par,* jusques à *le diable,* p. 105, y est omis; d'où il résulte, comme l'avait observé Saint-Marc, que ce passage, où la faculté de médecine est le plus vivement attaquée, n'était point dans la première composition... Peut-être est-ce l'addition qui fait dire à d'Alembert (I, 70) que quand Boileau se sentit plus accrédité, il devint moins timide sur les ménagemens.

[9] V... 1702; *doubles-quartes* (voy. p. 108, note 1).

[10] V... 1702; ad. *ptisanes, juleps, apozèmes.*

sif; ladite Raison n'ayant jamais été admise ni agrégée au corps de ladite Faculté, et ne pouvant par conséquent [1] consulter avec les docteurs d'icelle, ni être consultée par eux, comme elle ne l'a en effet jamais été [2]. Nonobstant quoi, et malgré les plaintes et oppositions réitérées des sieurs Blondel, Courtois, Denyau [3] et autres défenseurs de la bonne doctrine, elle n'aurait pas laissé de se servir toujours desdites drogues, ayant eu la hardiesse de les employer sur les médecins même de ladite Faculté, dont plusieurs, au grand scandale des règles, ont été guéris par lesdits remèdes : ce qui est d'un exemple très dangereux, et ne peut avoir été fait que par mauvaises voies, sortilèges et pactes [4] avec le diable. Et non contente de ce, aurait entrepris [5] de diffamer et de bannir des écoles de philosophie les [6] formalités, matérialités, entités, identités, virtualités [7], eccéités, pétréités, polycarpéités et autres êtres imaginaires, tous enfans et ayans cause de défunt maître [8] Jean Scot, leur père; ce qui porterait un préjudice notable, et causerait la [9] to-

---

[1] V... 1702; ad. *selon les statuts.*

[2] V... 1674; *comme ils ne l'ont en effet jamais pratiqué.*

[3] Blondel a écrit que le bon effet du quinquina venait des pactes que les Américains avaient faits avec le diable. Courtois, médecin, aimait fort la saignée. Denyau, autre médecin, niait la circulation du sang. Boil., 1713 (*voy.* sat. v, vers 412, et pour le *quinquina*, tome IV, p. 205, note 3).

[4] V... 1702; sortilèges, *enchantement et pacte.*

[5] V... 1671, 1697, 1702; om. *diffamer.* — 1702; ad. *par une prévarication punissable et sans exemple* de bannir.

[6] V... 1671, 1697, A, G, L; *des dites écoles* les...

[7] V... 1697; ad. *velléités*...

[8] V... 1671, 1697, A, G, L; *et autres* (A, L, *tous*) *enfans et ayant cause* de défunt maître (1671, messire).

[9] V... 1671, 1697, 1702; *la totale ruine et subversion.* — A; causerait *une entière subversion.*

tale subversion de la philosophie scolastique, dont elles font tout le mystère[1], et qui tire d'elles toute sa subsistance, s'il n'y était par la cour pourvu[2]. Vu les libelles intitulés Physique de Rohault[3], Logique de Port-Royal, Traités du Quinquina, même[4] l'ADVERSUS ARISTOTELEOS de Gassendi[5], et autres pièces attachées à ladite requête, signée CHICANEAU[6], procureur de ladite Université : Ouï le rapport du conseiller-commis[7]; tout considéré :

LA COUR, ayant égard à ladite requête, a maintenu et gardé, maintient et garde ledit Aristote en la pleine et paisible possession et jouissance desdites écoles[8]. Ordonne qu'il sera[9] toujours suivi et enseigné par les régens,

---

[1] V... 1674, *tout le savoir*. — 1702, *tout le secret*. — 1671, 1697, A, G; om. *dont elles font tout le mystère*.

[2] V... 1671, 1697, A, G, L. Ici est la phrase indiquée ci-dev. p. 104, note 8. — 1702, ad. (qui pourrait bien n'être pas de Boileau) : « aurait de plus « fait des railleries contre les craintes du vide, les amours d'union, les sym- « pathies et les antipéristases, par le moyen desquelles Aristote explique tous « les changemens de la nature; et au lieu de mettre à couvert sous ces grands « mots l'ignorance des philosophes, se serait fait forte de rendre raison de tout « par le mouvement et la figure des parties matérielles, ce qui est manifeste- « ment avilir la philosophie en la rendant par trop sensible. »

[3] V... 1702, ad. *physique de Boyle*.

[4] V... 1671, 1697, A, G, L; om. *traités du quinquina, même*.

[5] V... 1702; ad. *avec les Mémoires de l'Académie des sciences* (ils n'avaient paru, sous ce titre, que peu de temps avant le Recueil de 1702).

[6] V... 1671, 1674, 1697, A, G, L, *Crotté*. — 1702, *Crotté et Chicaneau*.

[7] V... 1671, 1697, *de messire Jacques de la Poterie, conseiller en ladite cour* (1702, Jean-Baptiste de la Rue)... A, G, L, *maître Jacques de la Saloperie* (A... de la S...), *conseiller*. — A, L, *conseiller directeur du collège des Grassins* (*Crassins*, à L).

[8] V... 1671, 1702, G; ad. « fait défenses à ladite Raison de l'y troubler « ni l'inquiéter, à peine d'être déclarée hérétique et perturbatrice des dis- « putes publiques. »

[9] V... 1671, 1697, 1702, *que ledit Aristote sera*.

docteurs, maîtres-ès-arts¹ et professeurs de ladite Université² sans que pour ce ils soient obligés de le lire, ni de savoir sa langue et ses sentimens³. Et sur le fond de sa doctrine, les renvoie à leurs cahiers. Enjoint au cœur de continuer d'être⁴ le principe des nerfs, et à toutes personnes, de quelque condition⁵ et profession qu'elles soient, de le croire tel⁶, nonobstant⁷ toute expérience à ce contraire⁸. Ordonne pareillement au chyle d'aller droit au foie, sans plus passer par le cœur, et au foie de le recevoir. Fait défenses⁹ au sang d'être plus vagabond, errer ni circuler dans le corps, sous peine¹⁰ d'être entièrement livré et¹¹ abandonné à la Faculté de médecine¹². Défend à la Raison et à ses adhérens de plus s'ingérer à l'avenir de guérir les fièvres tierces, double-

---

¹ V... 1671, 1697, 1702, A, G; om. *docteurs et maîtres-ès-arts*. — L; om. *docteurs*.

² *V*... A; om. *de ladite université*.

³ V... 1671, 1697, A, G, L, *savoir son sentiment*.

⁴ V... 1671, 1697, *continuer à être*. — L, *d'être toujours le principe des*.

⁵ V... 1671, *quelque qualité et*.

⁶ V... 1671, *soient, le croire*. — G; om. *tel*.

⁷ V... 1671, 1697; ad. *et malgré*.

⁸ V... 1697, A, L, *toutes expériences à ce contraires*.

⁹ V... 1671, 1697, A, G, L, *fait* (1671, *aussi*) *très expresses inhibitions et défenses*.

¹⁰ V... 1671, 1697, A, G, *sur peine*.

¹¹ V. 1671, 1697, A, G, L; om. *livré et*.

¹² V... A, L; ad. « pour être incessamment tiré et évacué ». — 1671, 1697 et 1702; ad. (sauf les variantes qu'on indiquera). « Pour être tiré sans mesure, « et à cette fin seront tenus à l'avenir les chirurgiens, de lier le bras au-des- « sous de l'endroit où ils veulent faire l'ouverture de la veine sans qu'ils puis- « sent s'excuser sur la crainte de piquer l'artère. » — On lit à 1671, *les artères*, et on y omet, ainsi qu'à 1697 et A, G, L, tout ce qui suit jusques à *purgés et évacués* (*voy*. p. 104, note 3). — 1702. Après *médecine*, on lit *de Paris*, et *s'en excuser* au lieu de *s'excuser*.

tierces, quartes, triple-quartes[1] ni continues, par mauvais moyens et voies de sortilèges, comme vin pur, poudre, écorce de[2] quinquina et autres drogues non approuvées ni connues des anciens. Et en cas de guérisons irrégulières par icelles drogues, permet aux médecins de ladite Faculté de rendre, suivant leur méthode ordinaire, la fièvre aux malades, avec casse, séné, sirops, juleps[3] et autres remèdes propres à ce; et de remettre lesdits malades en tel et semblable état qu'ils étaient auparavant, pour être ensuite traités selon les règles; et, s'ils n'en réchappent, conduits du moins en l'autre monde suffisamment[4] purgés et évacués[5]. Remet les entités, identités[6], virtualités, eccéités[7] et autres pareilles formules[8] scotistes, en leur bonne fame et renommée. A donné acte aux sieurs Blondel, Courtois et Denyau de leur opposition au bon sens[9]. A réintégré le

---

[1] V... 1702, *Doubles-quartes* (cette leçon vaut mieux, parce qu'après avoir placé les *doubles-tierces* après les tierces, il était naturel de placer les *doubles-quartes* après les quartes; mais celle du texte est, ici et p. 104, dans tous les manuscrits et dans toutes les éditions).

[2] V... 1702; om. *écorce de...*

[3] V... 1702; ad. *petit-lait...*

[4] V... 1702; ad. *saignés...*

[5] V... Ici reprend le texte de 1671, 1697, A, G, L (*voy.* ci-dev. p. 107, note 12).

[6] V... 1702; ad., *pétréïtés, polycarpéïtés.*

[7] V... L.; om. *identités.* — G. et 1671 et 1697; om. *virtualités, eccéités.* — A; om. *eccéités...*

[8] V. E... Texte de toutes les éditions citées plus haut, et non pas *formalités*, comme Saint-Marc a mis.

[9] V... Phrase omise à 1671, 1697, A, G, L (*voy.* p. 104, note 8). — 1702; ad. « défend expressément à tous philosophes d'expliquer les changemens « naturels par d'autres termes que par la crainte du vide, l'amour d'union, « la sympathie et l'antipéristase. »

feu dans la plus haute région du ciel[1], suivant et conformément aux descentes faites sur les lieux[2]. Enjoint à tous[3] régens, maîtres-ès-arts et professeurs[4] d'enseigner comme ils ont accoutumé, et de se[5] servir, pour raison de ce, de[6] tel raisonnement qu'ils aviseront bon être[7], et aux répétiteurs hibernois[8] et autres leurs suppôts[9] de leur prêter main-forte, et de[10] courir sus aux contrevenans, à peine d'être privés du droit de dispu-

---

[1] V... 1671, 1697, *de l'air...*

[2] V. 1671, 1697, G, L, « aux dites (om. 1697) descentes. — 1671, 1697 « et 1702, a relégué les comètes aux cerceaux (1697 et 1702, au concave) de « la lune, avec défense de ne jamais (1702, *d'en jamais*) sortir pour aller « espionner ce qui se fait dans les cieux. » — 1702 (seul); ad. « et surtout, « fait ladite cour très étroite inhibition et défense auxdits professeurs de faire « dorénavant aucune expérience dans leurs écoles même secrètement et à huis- « clos, à peine de passer pour savans et éclairés dans la prétendue belle phi- « losophie; chose notoirement contraire et dérogeante aux droits dudit Aris- « tote. » — 1671, 1697 et 1702; ad. « Défend aussi à tous libraires et col- « porteurs de vendre et débiter à l'avenir le Journal des Savans et autres « libelles contenant de nouvelles découvertes, à moins qu'elles ne servent « pour faire entendre la matière première, la forme substantielle et autres « pareilles définitions d'Aristote qu'il n'a pas entendues lui-même. »

[3] V... 1702, *aux* pour *tous.*

[4] V... 1671, 1697, *à tous professeurs et régens.*

[5] V... G., *professeurs de tenir la main à l'exécution du présent arrêt et de se servir.*

[6] V... 1671, 1697, *pour ce, de.* — A, *pour raison, de tel.*

[7] V... 1702; ad. *et de tenir la main à l'exécution du présent arrêt.*

[8] *V. E.* Texte de 1671, 1697, 1701, A, G, L. On a mis ici, mal-à-propos, une virgule à 1713, 1735 et 1740, P, comme l'observe Saint-Marc, dont la remarque n'a point empêché de la mettre dans toutes les éditions postérieures à la sienne, même dans celle de M. de S.-S., et sous la seule exception des copies, soit de 1713, A, telles que 1749, 1751, 1762 et 1766, A, 1772 et 1789, Lond., etc. (tome 1, Notice Bibl., § 1, n° 109); soit de l'édition du même Saint-Marc, telles que 1821 et 1823, Viol...

[9] V... 1671, 1697, *et autres suppôts de l'université.*

[10] V... 1702, *et courir* (om. *de*).

ter sur les prolégomènes de la logique. Et[1] afin qu'à l'avenir il n'y soit contrevenu[2], a banni[3] à perpétuité la Raison des écoles de ladite Université[4]; lui fait défenses d'y entrer, troubler[5] ni inquiéter ledit Aristote en la possession et jouissance d'icelles[6], à peine d'être déclarée janséniste et amie des nouveautés[7]. Et à cet effet, sera[8] le présent arrêt lu et publié aux Mathurins de Stagyre[9], à la première assemblée qui sera faite[10] pour

[1] V... 1674, A; à peine *d'être chassés de l'université*, et.

[2] V... 1671, 1697, G, L; om. à *peine* jusqu'à *contrevenu*. — A; om. *et afin* jusqu'à *contrevenu*.

[3] V... 1671, 1697, G, A, *bannit*.

[4] V... G, A, des *dites* écoles. — 1671, G; om. de *ladite*. — 1671, 1697, G; ad. *la condamne en* (G, *à*) tous les (1697, om. *les*) *dépens, dommages et intérêts envers les supplians*... Saint-Marc blâme Boileau d'avoir supprimé dans la suite (en 1701) cette disposition. « Elle devait nécessairement, dit-il, se « trouver ici, ou au moins en d'autres termes équivalens, parce que tout juge- « ment définitif entre parties, statue sur les dépens, dommages et intérêts. »... Pour que cette véritable *chicane* de procureur eût quelque fondement, il faudrait que les régens, maîtres-ès-arts, docteurs et professeurs eussent demandé une condamnation à des dépens et à des dommages-intérêts, tandis qu'il n'en est pas question dans le résumé de leur requête qu'on lit au commencement de l'arrêt. Saint-Marc aura peut-être confondu cette requête avec celle que Bernier rédigea dans la suite (*voy*. p. 101, note 4; p. 102, note 1) et où l'on trouve en effet une demande de condamnation à des dépens et à des dommages, et même à des amendes.

[5] V... A, de troubler. — L, *de plus troubler*. — G. om. *d'y entrer*.

[6] V... L. om. *en la* jusqu'à *icelles*.

[7] V... 1674, A, G, L, *à peine d'être déclarée hérétique et perturbatrice des disputes publiques.* — 1674, 1697, A, G; om. *lui fait défenses* jusqu'à *nouveautés.* — La substitution du mot *janséniste* au mot *hérétique*, faite en 1701, est une nouvelle preuve du courage de Boileau (tome 1, Essai, n°s 140 et 141) et c'est peut-être un des changemens qui avaient frappé d'Alembert (ci-dev. p. 104, note 8).

[8] V... 1671, 1697, G; om. *à cet effet*. — A; om. *et*.

[9] V... 1671, 1674, 1697, 1702, A, G, L; om. *de Stagyre*.

[10] V... 1702, *qui se fera*.

la procession du recteur¹, et affiché aux portes de tous les collèges du Parnasse² et partout où besoin sera. Fait ce trente-huitième jour d'août³ onze mil six cent soixante et⁴ quinze.⁵

COLLATIONNÉ AVEC PARAPHE.⁶

¹ Quand le recteur faisait ses processions, l'université de Paris s'assemblait aux Mathurins. *Bross.*

² V... 1671, 1697, collèges *de la ville de Paris*, et. — G, collèges *de Paris*. Fait. — A, L, collèges *de cette ville de Paris*, et. — 1674, collèges *de cette ville* et.

³ V... 1702, collèges *de la ville de Paris. Donné itérativement en ladite cour de Parnasse, le 38 mars.*

⁴ *V. E.* Texte de 1701 et 1713, suivi par Brossette, Dumonteil, Souchay et Saint-Marc. Dans l'édition de Paris, de 1768, on a, sans en avertir, supprimé *et*, et mis selon l'usage moderne (*voy.* tome IV, p. 435 et 454, aux notes) *soixante-quinze;* ce qui a été imité dans toutes les suivantes, à l'exception de 1821 et 1823, Viol., et 1829, B. ch.

⁵ V... 1671, 1697, L, om. la date. — A, *fait à Paris le, etc.* — G, tout au long *fait le 12 jour d'août* 1671 (*voy.* ci-dev. Obs. prélim., n° 1, p. 98). — 1674, id., id., 11674. — 1702, id., id., 11702.

⁶ V... 1671, *collationné*, BON SENS. — 1697, *signé par collation*, BON SENS. — 1702, collationné, *signé* Opiniâtreté, *avec paraphe.*

A la suite de cet arrêt, M. Daunou (III, 123 à 126) donne un précis d'une philosophie nouvelle dont il dit que l'enseignement est peut-être aussi ridicule que celui dont Boileau vient de se moquer. Nous sommes incompétens pour émettre un avis sur ce point, le peu que nous avons lu de la même philosophie (deux ou trois leçons) étant tout-à-fait au-dessus de notre intelligence.

REMERCIEMENT

A MESSIEURS

DE L'ACADÉMIE FRANÇAISE.[1]

Messieurs,

L'honneur que je reçois aujourd'hui est quelque chose pour moi de si grand, de si extraordinaire, de si peu attendu[2], et tant de sortes de raisons semblaient devoir pour jamais m'en exclure[3], que, dans le moment même où je vous en fais mes remerciemens, je ne sais encore ce que je dois croire. Est-il possible, est-il bien vrai que vous m'ayez en effet jugé digne d'être admis dans cette illustre compagnie, dont le fameux établissement ne fait guère moins d'honneur à la mémoire du cardinal de Richelieu, que tant de choses merveilleuses qui ont été exécutées sous son ministère? Et que penserait ce grand homme, que penserait ce sage chancelier, qui a possédé après lui la dignité de votre protecteur[4], et après lequel vous avez jugé ne pouvoir choisir que le roi même;

---

[1] D'après les registres de l'Académie et la Gazette de France du 8 juillet 1684, ce discours fut prononcé, non le 3 de ce mois, comme le disent Brossette et d'Alembert, mais le premier. *M. Raynouard*, p. 154. — Il fut publié en 1685 (*voy.* tome I, notice Bibl., n° 48, et quant à l'élection de Boileau, ib., Essai, n° 137).

[2] Epigrammes, ou langage de récipiendaire.

[3] L'auteur avait écrit contre plusieurs académiciens. *Note de* 1713 (nous doutons qu'elle soit de Boileau).

[4] Séguier, mort en 1672. Louis XIV se déclara alors protecteur de l'Académie. *Bross.*

que penseraient-ils, dis-je, s'ils me voyaient aujourd'hui entrer dans ce corps si célèbre, l'objet de leurs soins et de leur estime, et où, par les lois qu'ils ont établies, par les maximes qu'ils ont maintenues, personne ne doit être reçu qu'il ne soit d'un mérite sans reproche, d'un esprit hors du commun, en un mot, semblable à vous[1]? Mais à qui est-ce encore que je succède dans la place que vous m'y donnez? N'est-ce pas à un homme[2] également considérable et par ses grands emplois et par sa profonde capacité dans les affaires[3]; qui tenait une des premières places dans le conseil; et qui en tant d'importantes occasions a été honoré de la plus étroite confiance de son prince; à un magistrat[4] non moins sage qu'éclairé, vigilant, laborieux, et avec lequel, plus je m'examine, moins je me trouve de proportion?

Je sais bien, messieurs, et personne ne l'ignore, que, dans le choix que vous faites des hommes propres à remplir les places vacantes de votre savante assemblée, vous n'avez égard ni au rang ni à la dignité[5], que la politesse, le savoir, la connaissance des belles-lettres ouvrent chez vous l'entrée aux honnêtes gens, et que

---

[1] Même observation qu'à note 2, p. 112. — Parmi les 39 immortels il y en avait quatre ou cinq hors de ligne (Corneille, Racine, Bossuet, Lafontaine...) et une douzaine qui, sans être du même rang en littérature, avaient des droits au fauteuil. Le reste ne vaut pas... — Voyez d'ailleurs ce qu'on remarque dans la note de la VIIIe description des médailles, p. 134, et les passages du tome IV auxquels elle renvoie.

[2] Monsieur de Bezons, conseiller d'état. Boil., 1685 à 1713 (il a laissé *dix-sept pages,* en deux ouvrages).

[3] *V. O.* 1685 (id. 1688, 1689 et 1692, A; 1692, CT); affaires; *à un magistrat* qui...

[4] *V. O.* 1685 (id. 1688, etc.); *à un magistrat* manque.

[5] Même observation qu'à note 2, p. 112.

vous ne croyez point remplacer indignement un magistrat du premier ordre, un ministre de la plus haute élévation, en lui substituant un poète célèbre, un écrivain illustre par ses ouvrages, et qui n'a souvent d'autre dignité que celle que son mérite lui donne sur le Parnasse. Mais, en qualité même d'homme de lettres, que puis-je vous offrir qui soit digne de la grâce dont vous m'honorez? Serait-ce un faible recueil de poésies, qu'une témérité heureuse et quelque adroite imitation des anciens ont fait valoir, plutôt que la beauté des pensées, ni la richesse des expressions? Serait-ce une traduction si éloignée de ces grands chefs-d'œuvres [1] que vous nous donnez tous les jours, et où vous faites si glorieusement revivre les Thucydide, les Xénophon, les Tacite, et tous ces autres célèbres héros de la savante antiquité [2]? Non, messieurs, vous connaissez trop bien la juste valeur des choses, pour payer d'un si grand prix des ouvrages aussi médiocres que les miens, et pour m'offrir de vous-mêmes, s'il faut ainsi dire, sur un si léger fondement, un honneur que la connaissance de mon peu de mérite ne m'a pas laissé seulement la hardiesse de demander.

Quelle est donc la raison qui vous a pu inspirer si heureusement pour moi en cette rencontre? Je commence à l'entrevoir, et j'ose me flatter que je ne vous ferai point souffrir en la publiant. La bonté qu'a eu [3]

---

[1] *V. O.* (en partie). 1685 à 1698, *chef-d'œuvres*.—A présent il faut *chefs-d'œuvre... Saint-Marc.*

[2] Même observation qu'à note 2, p. 112.

[3] Texte de 1685 à 1713, et de toutes les éditions jusques au milieu du xviiie siècle. L'éditeur de 1766 (Paris, 2 vol. in-12) a le premier, à ce que que nous croyons, substitué *qu'a eue*, comme il faudrait à présent, et a été

le plus grand prince du monde, en voulant bien que je m'employasse avec un de vos plus illustres écrivains[1] à ramasser en un corps le nombre infini de ses actions immortelles; cette permission, dis-je, qu'il m'a donnée, m'a tenu lieu auprès de vous de toutes les qualités qui me manquent. Elle vous a entièrement déterminés en ma faveur. Oui, messieurs, quelque juste sujet qui dût pour jamais m'interdire l'entrée de votre académie, vous n'avez pas cru qu'il fût de votre équité de souffrir qu'un homme destiné à parler de si grandes choses, fût privé de l'utilité de vos leçons, ni instruit en d'autre école qu'en la vôtre. Et en cela vous avez bien fait voir que, lorsqu'il s'agit de votre auguste protecteur, quelque autre considération qui vous pût retenir d'ailleurs, votre zèle ne vous laisse plus voir que le seul intérêt de sa gloire.

Permettez pourtant que je vous désabuse, si vous vous êtes persuadés que ce grand prince, en m'accordant cette grâce, ait cru rencontrer en moi un écrivain capable de soutenir en quelque sorte, par la beauté du style et par la magnificence des paroles, la grandeur de ses exploits. C'est à vous, messieurs, c'est à des plumes comme les vôtres, qu'il appartient de faire de tels chefs-d'œuvres; et il n'a jamais conçu de moi une si avantageuse pensée. Mais comme tout ce qui s'est fait sous son règne tient beaucoup du miracle et du prodige, il n'a pas trouvé mauvais qu'au milieu de tant d'écrivains

---

imité par presque tous les modernes; mais on aurait dû avertir que tel n'était pas le texte de l'auteur.

[1] Racine. *Voy.* tome I, *Essai*, n° 139.
[2] *V. O.* (en partie) 1685, etc. *Voy.* note 1, p. 114.

célèbres qui s'apprêtent à l'envi à peindre ses actions dans tout leur éclat et avec tous les ornemens de l'éloquence la plus sublime, un homme sans fard, et accusé plutôt de trop de sincérité que de flatterie, contribuât de son travail et de ses conseils à bien mettre[1] en jour, et dans toute la naïveté du style le plus simple, la vérité de ses actions, qui, étant si peu vraisemblables d'elles-mêmes, ont bien plus besoin d'être fidèlement écrites que fortement exprimées.[2]

En effet, messieurs, lorsque des orateurs et des poètes, ou des historiens même aussi entreprenans quelquefois que les poètes et les orateurs, viendront à déployer sur une matière si heureuse toutes les hardiesses de leur art, toute la force de leurs expressions; quand ils diront de Louis le Grand, à meilleur titre qu'on ne l'a dit d'un fameux capitaine de l'antiquité, qu'il a lui seul plus fait d'exploits que les autres n'en ont lu, qu'il a pris plus de villes que les autres rois n'ont souhaité d'en prendre[3]; quand ils assureront qu'il n'y a point de potentat sur la terre, quelque ambitieux qu'il puisse être, qui, dans les vœux secrets qu'il fait au ciel, ose lui demander autant de prospérités et de gloire que le ciel en a accordé libéralement à ce prince; quand ils écriront que sa conduite est maîtresse des évènemens, que la fortune n'oserait contredire ses desseins; quand ils le

---

[1] *V. O.* 1685 à 1698 (id., 1688, A, etc... dix éditions, dont trois originales), *à bien faire mettre...*

[2] V. 1685 à 1698 (id., 1688, A, etc...), *fortement* exagérées.

[3] *V. E.* Mot fameux de Cicéron en parlant de Pompée : *plura bella gessit quam cœteri legerunt.* Boil., 1713. — Brossette a ajouté une ligne à cette note, mais au moins il ne la donne pas comme étant de Boileau, ce qu'ont fait les éditeurs suivans.

peindront à la tête de ses armées, marchant à pas de géant au travers des fleuves et des montagnes, foudroyant les remparts, brisant les rocs, terrassant tout ce qui s'oppose à sa rencontre : ces expressions paraîtront sans doute grandes, riches, nobles, accommodées au sujet; mais, en les admirant, on ne se croira point obligé d'y ajouter foi, et la vérité sous ces ornemens pompeux pourra aisément être désavouée ou méconnue.

Mais lorsque des écrivains sans artifice, se contentant de rapporter fidèlement les choses, et avec toute la simplicité de témoins qui déposent, plutôt même que d'historiens qui racontent, exposeront bien tout ce qui s'est passé en France depuis la fameuse paix des Pyrénées[1], tout ce que le roi a fait pour rétablir dans ses états l'ordre, les lois, la discipline; quand ils compteront bien toutes les provinces que dans les guerres suivantes il a ajoutées à son royaume, toutes les villes qu'il a conquises, tous les avantages qu'il a eus[2], toutes les victoires qu'il a remportées sur ses ennemis, l'Espagne, la Hollande, l'Allemagne, l'Europe entière trop faible contre lui seul, une guerre toujours féconde en prospérités, une paix encore plus glorieuse; quand, dis-je, des plumes sincères et plus soigneuses de dire vrai que de se faire admirer, articuleront bien tous ces faits disposés dans l'ordre des temps, et accompagnés de leurs véritables circonstances : qui est-ce qui en pourra disconvenir, je ne dis pas de nos voisins, je ne dis pas de nos alliés, je dis de nos ennemis mêmes? Et quand ils n'en

---

[1] Signée le 7 novembre 1659, dans l'île des Faisans.
[2] *V. O.* 1685 (id., 1688, 1689 et 1692, A, 1692, CT) *tous les avantages, toutes les victoires.*

voudraient pas tomber d'accord, leurs puissances[1] diminuées, leurs états resserrés dans des bornes plus étroites, leurs plaintes, leurs jalousies, leurs fureurs, leurs invectives mêmes, ne les en convaincront-ils pas malgré eux? Pourront-ils nier que, l'année même où je parle, ce prince voulant les contraindre d'accepter la paix, qu'il leur offrait pour le bien de la chrétienté, il a tout-à-coup, et lorsqu'ils le publiaient entièrement épuisé d'argent et de forces, il a, dis-je, tout-à-coup fait sortir comme de terre, dans les Pays-Bas, deux armées de quarante mille hommes chacune, et les y a fait subsister abondamment, malgré la disette des fourrages et la sécheresse de la saison? Pouront-ils nier que, tandis qu'avec une de ses armées il faisait assiéger Luxembourg, lui-même avec l'autre, tenant toutes les villes du Hainaut et du Brabant comme bloquées, par cette conduite toute merveilleuse, ou plutôt par une espèce d'enchantement semblable à celui de cette tête si célèbre dans les fables, dont l'aspect convertissait les hommes en rochers, il a rendu les Espagnols immobiles spectateurs de la prise de cette place si importante, où ils avaient mis leur dernière ressource; que, par un effet non moins admirable d'un enchantement si prodigieux, cet opiniâtre ennemi de sa gloire, cet industrieux artisan de ligues et de querelles[2], qui travaillait depuis si long-temps à remuer contre lui toute l'Europe, s'est trouvé lui-même dans l'impuissance, pour ainsi dire,

---

[1] Texte de 1685 à 1713 (vingt éditions, dont sept originales)... Il faudrait *leur puissance... Saint-Marc.*

[2] Le prince d'Orange, depuis roi d'Angleterre. *Brossette.*

de se mouvoir, lié de tous côtés, et réduit pour toute vengeance à semer des libelles, à pousser des cris et des injures? Nos ennemis, je le répète, pourront-ils nier toutes ces choses? Pourront-ils ne pas avouer qu'au même temps que ces merveilles s'exécutaient dans les Pays-Bas, notre armée navale sur la mer Méditerranée, après avoir forcé Alger à demander la paix, faisait sentir à Gênes, par un exemple à jamais terrible, la juste punition de ses insolences et de ses perfidies, ensevelissait sous les ruines de[1] ses palais et de ses maisons cette superbe ville, plus aisée à détruire qu'à humilier? Non, sans doute, nos ennemis n'oseraient démentir des vérités si reconnues, surtout lorsqu'ils les verront écrites avec cet air simple et naïf, et dans ce caractère de sincérité et de vraisemblance, qu'au défaut des autres choses je ne désespère pas absolument de pouvoir, au moins en partie, fournir à l'histoire.

Mais comme cette simplicité même, toute[2] ennemie qu'elle est de l'ostentation et du faste, a pourtant son art, sa méthode, ses agrémens, où pourrais-je mieux puiser cet art et ces agrémens que dans la source même de toutes les délicatesses, dans cette académie qui tient depuis si long-temps en sa possession tous les trésors, toutes les richesses de notre langue? C'est donc, messieurs, ce que j'espère aujourd'hui trouver parmi vous, c'est ce que j'y viens étudier, c'est ce que j'y viens ap-

---

[1] *V. O.* 1685 (*idem*, 1688, 1689 et 1692, A.; et 1692, CT.), *sous la ruine de*...

[2] *V. E.* Texte de 1685 à 1713, suivi dans les éditions du xviiie siècle. On a mis *tout* dans l'édition de 1800 (Did.), ce qui a été imité dans presque toutes les suivantes (*voy.* tome I, sat. III, vers 117, et sat. IX, vers 135, aux notes).

prendre. Heureux si, par mon assiduité à vous cultiver[1], par mon adresse à vous faire parler sur ces matières, je puis vous engager à ne me rien cacher de vos connaissances et de vos secrets! Plus heureux encore si, par mes respects et par mes sincères soumissions, je puis parfaitement vous convaincre de l'extrême reconnaissance que j'aurai toute ma vie de l'honneur inespéré que vous m'avez fait![2]

[1] Nous montrons ailleurs (tome IV, p. 341, note 4; p. 346, note 1, et p. 503, n° 216), qu'il ne fut vraiment *assidu* qu'à l'académie des médailles (depuis, académie des inscriptions).

[2] Suivant Lenoir-Dulac (p. 216), ce discours est très estimable, plein d'excellentes réflexions, d'idées bien rapprochées, d'éloges convenables... Selon M. Daunou, si Boileau n'y avait pas glissé des traits épigrammatiques (*voy.* notes 2, p. 112; 1 et 5, p. 113; et 2, p. 114), ce même discours resterait confondu dans la foule des harangues insignifiantes. D'Alembert (III, 172), qui appelle les mêmes traits des *sarcasmes mal déguisés*, paraît aussi en faire peu de cas.

DISCOURS

SUR LE STYLE

DES INSCRIPTIONS.[1]

M[r][2] Charpentier, de l'Académie française, ayant composé des inscriptions pleines d'emphase, qui furent mises par ordre du roi au bas des tableaux des victoires de ce prince, peints dans la grande galerie de Versailles, par monsieur Le Brun, monsieur de Louvois, qui succéda à monsieur Colbert dans la charge de surintendant des bâtimens, fit entendre à sa majesté que ces inscriptions déplaisaient fort à tout le monde; et, pour mieux lui montrer que c'était avec raison, me pria de faire sur cela un mot d'écrit qu'il pût montrer au roi. Ce que je fis aussitôt. Sa majesté lut cet écrit avec plaisir, et l'approuva : de sorte que la saison l'appelant à Fontainebleau, il ordonna qu'en son absence on ôtât toutes ces pompeuses déclamations de Mr Charpentier[3], et qu'on y mît les inscriptions simples qui y sont, que nous composâmes presque sur-le-champ, monsieur Racine et moi, et qui furent approuvées de tout le monde. C'est cet écrit, fait à la prière de monsieur de Louvois, que je donne ici au public.

Les inscriptions doivent être simples, courtes et familières. La pompe ni la multitude des paroles n'y valent

---

[1] Publié pour la première fois en 1713.

[2] Dans les éditions de 1713 et dans toutes les suivantes, du xviiie siècle, on a placé cet avis, comme il est ici, en le distinguant du texte par des caractères particuliers. La plupart des éditeurs modernes l'ont mis en note; quelques-uns en ont fait un article séparé sous le titre d'Avertissement.

[3] Cette abréviation, pour désigner Charpentier, est assez singulière, lorsque Boileau emploie le *monsieur*, tout au long, pour Le Brun et Racine.

rien, et ne sont point propres au style grave, qui est le vrai style des inscriptions. Il est absurde de faire une déclamation autour d'une médaille ou au bas d'un tableau, surtout lorsqu'il s'agit d'actions comme celles du roi, qui, étant d'elles-mêmes toutes grandes et toutes merveilleuses, n'ont pas besoin d'être exagérées.

Il suffit d'énoncer simplement les choses pour les faire admirer. « Le passage du Rhin » dit beaucoup plus que « le merveilleux passage du Rhin ». L'épithète de MERVEILLEUX en cet endroit, bien loin d'augmenter l'action, la diminue, et sent son déclamateur qui veut grossir de petites choses. C'est à l'inscription à dire, « Voilà le passage du Rhin », et celui qui lit saura bien dire sans elle : « Le passage du Rhin est une des plus merveilleuses « actions qui aient jamais été faites dans la guerre ». Il le dira même d'autant plus volontiers que l'inscription ne l'aura pas dit avant lui, les hommes naturellement ne pouvant souffrir qu'on prévienne leur jugement, ni qu'on leur impose la nécessité d'admirer ce qu'ils admireront assez d'eux-mêmes.

D'ailleurs, comme les tableaux de la galerie de Versailles sont des espèces d'emblèmes héroïques des actions du roi, il ne faut, dans les règles, que mettre au bas du tableau le fait historique qui a donné occasion à l'emblème. Le tableau doit dire le reste, et s'expliquer tout seul. Ainsi, par exemple, lorsqu'on aura mis au bas du premier tableau : « Le roi prend lui-même la conduite « de son royaume, et se donne tout entier aux affaires, « 1661 », il sera aisé de concevoir le dessein du tableau, où l'on voit le roi fort jeune, qui s'éveille au milieu d'une foule de plaisirs dont il est environné, et qui, tenant de la main un timon, s'apprête à suivre la gloire qui l'appelle, etc.

Au reste, cette simplicité d'inscriptions est extrêmement du goût des anciens, comme on le peut voir dans les médailles, où ils se contentaient souvent de mettre pour toute explication la date de l'action qui est figurée, ou le consulat sous lequel elle a été faite; ou tout au plus deux mots qui apprennent le sujet de la médaille.

Il est vrai que la langue latine dans cette simplicité a une noblesse et une énergie qu'il est difficile d'attraper en notre langue; mais si l'on n'y peut atteindre, il faut s'efforcer d'en approcher[1], et tout du moins ne pas charger nos inscriptions d'un verbiage et d'une enflure de paroles, qui étant fort mauvaise partout ailleurs, devient surtout insupportable en ces endroits.

Ajoutez à tout cela que ces tableaux étant dans l'appartement du roi, et ayant été faits par son ordre, c'est en quelque sorte le roi lui-même qui parle à ceux qui viennent voir sa galerie. C'est pour ces raisons qu'on a cherché une grande simplicité dans les nouvelles inscriptions, où l'on ne met proprement que le titre et la date, et où l'on a surtout évité le faste et l'ostentation.

[1] Il est clair que, selon la remarque de M. Daunou, Boileau en avouant l'*infériorité* (*voy.* aussi tome IV, lett. du 15 mai 1705, p. 413 et 414), n'admettait point l'*incapacité,* si l'on peut parler ainsi, de la langue française en matière d'inscription.

DESCRIPTIONS

OU EXPLICATIONS DE MÉDAILLES.[1]

I. LA MORT DE LOUIS XIII.

Au mois de février le roi Louis XIII tomba malade d'une fièvre lente qui le consuma peu-à-peu, de sorte que vers la fin du mois d'avril on désespéra entièrement de sa guérison. Il vit bien lui-même qu'il n'avait pas encore long-temps à vivre, et songea à prévenir les désordres que sa mort pourrait causer. Sa majesté pourvut à tous les besoins de ses armées; nomma à toutes les charges et à toutes les places vacantes; et par une

---

[1] L'académie des médailles, ou petite académie, avait été chargée d'imaginer et de faire exécuter des médailles sur les principaux évènemens du règne de Louis XIV. Les projets, soit pour les types, soit pour les légendes, en étaient discutés dans ses assemblées, et les dessins faits par Noël Coypel. Lorsqu'il les rapportait, un des académiciens se chargeait de rédiger la *description* de la médaille, description qui, lorsqu'elle obtenait l'approbation de l'académie, était transcrite sur ses registres. Toutes ces descriptions, au nombre de 286, ont été réunies et publiées par ordre chronologique des faits, dans l'ouvrage intitulé : *Médailles sur les principaux évènemens du règne de Louis-le-Grand, avec des explications historiques, par l'académie royale des médailles et des inscriptions*, in-fol. et in-4°, Paris, 1702.

On conçoit, d'après ce titre, que les rédacteurs des descriptions ou explications ne soient point nommés dans l'ouvrage; mais ils le sont souvent dans les registres, et c'est là que nous avons découvert que Boileau est l'auteur des onze que nous donnons ici (c'est la première fois qu'elles sont jointes à ses OEuvres) d'après le même ouvrage, et en indiquant la séance d'approbation.

Il a même, selon toute apparence, rédigé plusieurs des descriptions dont les auteurs ne sont pas nommés; mais nous avons dû nous restreindre à celles sur lesquelles il ne pouvait s'élever aucun doute.

déclaration expresse, qu'il fit lire en présence de tous les grands du royaume, assemblés par son ordre dans la chambre où il était malade, il établit la reine sa femme, régente après sa mort[1]. Ensuite il ne pensa plus qu'à bien mourir. Il avait été, durant sa maladie, en de continuels exercices de piété; il les redoubla encore dans les derniers jours de sa vie; montra une entière résignation à la volonté de Dieu; reçut les sacremens avec une ferveur singulière, et le 14e jour de mai il mourut à Saint-Germain-en-Laye, regretté de tous ses sujets, dont il était tendrement aimé. Il s'est fait sous son règne un nombre infini d'actions à jamais mémorables; et on peut dire que c'est lui qui a jeté les premiers fondemens de cette grandeur où l'on voit aujourd'hui la France sous le roi son fils. C'était un prince plein de valeur, modéré, vertueux, et si ami de la justice, qu'on lui donna par excellence le surnom de *Juste*.[2]

C'est le sujet de cette médaille. On y voit sur un piédestal la Justice debout, qui couronne ce prince. Les mots de la légende, LUDOVICO JUSTO PARENTI OPTIME MERITO, signifient que le roi a fait frapper cette médaille *à l'honneur de Louis le juste, par un sentiment de reconnaissance pour un si bon père*. On lit à l'exergue, OBIIT XIV. MAII. M. DC. XLIII. *Il mourut le 14 mai 1643 (Médailles, etc., p. 3... Séance du 16 mars 1697).*

---

[1] *Voyez* à ce sujet, page 126, n° 11, et la note 1, *ibid.*
[2] Selon Vittorio-Siri (*Mercure*, 1652, III, 628), on lui donna le surnom de *juste*, parce qu'il était né sous le signe de la Balance, symbole de la justice, et que, dès son enfance, il avait montré une inclination naturelle pour l'exercice de cette vertu. — Comme il était fort adroit à la chasse, un plaisant disait de lui, *juste à tirer de l'arquebuse.*

II. LA RÉGENCE DE LA REINE-MÈRE.

Louis XIII, en mourant, avait déclaré la reine, sa femme, régente, et lui avait nommé un conseil, dont le duc d'Orléans, oncle du roi, serait le chef, et sans lequel elle ne pourrait agir. Quatre jours après, le roi tint, pour la première fois, son lit de justice au parlement, où il entra porté par son grand chambellan et par l'un de ses capitaines des gardes, et fut mis sur un trône qu'on lui avait préparé. La reine sa mère était assise à la droite sous le dais. Le roi dit qu'il était venu pour témoigner sa bonne volonté à la compagnie, et que son chancelier expliquerait le reste. Ensuite la reine recommanda au parlement de donner au roi son fils les conseils les plus convenables. Le duc d'Orléans dit qu'il ne voulait point se prévaloir de la disposition du feu roi, et qu'il ne prétendait d'autre part au gouvernement que celle que voudrait bien lui donner la reine, qui méritait d'avoir seule la régence sans aucun partage. Le prince de Condé ajouta qu'une autorité partagée ne pouvait que préjudicier à l'état. Le chancelier, ayant demandé au roi l'ordre de parler, appuya ce sentiment, et l'avocat général Talon donna des conclusions conformes. Après quoi le chancelier, ayant de nouveau reçu l'ordre de sa majesté, et la reine témoignant que son intention était de s'en remettre à la résolution de la compagnie, il alla aux opinions. Elles se trouvèrent uniformes[1], et le chancelier prononça l'arrêt par lequel le

---

[1] « Anne d'Autriche s'adressa au parlement parce que Marie de Médicis s'était servie du même tribunal après la mort de Henri IV ; et Marie de Médicis avait donné cet exemple, parce que toute autre voie eût été longue

roi déclarait la reine seule régente, avec plein pouvoir de se choisir tels ministres qu'il lui plairait.

C'est le sujet de cette médaille. On y voit le roi sur son trône, et la reine sa mère à ses côtés, soutenant la main dont il tient son sceptre. Les mots de la légende, ANNÆ AUSTRIACÆ REGIS ET REGNI CURA DATA, signifient *le soin du roi et du royaume confié à Anne d'Autriche.* L'exergue marque la date 1643 (*Médailles, etc., p.* 5... *Séance du* 20 *juillet* 1697).

III. LA PRISE DE PIOMBINO ET DE PORTOLONGONE.

CETTE campagne, fort glorieuse dans les Pays-Bas et en Catalogne[1], n'avait pas eu le même succès en Italie, où la levée du siège d'Orbitelle avait déjà ébranlé les alliés de la France. Une si légère disgrâce fut presque aussitôt réparée par la prise de Piombino et de Portolongone, situées, la première sur la côte de Toscane,

---

et incertaine ; que le parlement, entouré de ses gardes, ne pouvait résister à ses volontés, et qu'un arrêt rendu au parlement et par les pairs semblait assurer un droit incontestable. » *Voltaire, Siècle de Louis XIV,* ch. III.

D'ailleurs, Anne d'Autriche avait commencé par gagner, en leur donnant des gouvernemens, le duc d'Orléans et le prince de Condé, et détourné par ses intrigues quelques membres du parlement de faire des représentations. *Voir* Larrey, I, 35 et suiv. ; Reboulet, I, 27 et suiv.

[1] Erreur... Si la campagne de 1646 avait été, en effet, fort glorieuse dans les Pays-Bas, par la prise de Courtray, de Bergues, de Mardick, de Furnes, de Dunkerke et de Longwy, et par la victoire de Courtray (31 octobre), elle avait été désastreuse en Catalogne, où le comte d'Harcourt avait été forcé de lever le siège de Lérida. *Riencourt,* I, 177 et 196; *Larrey,* I, 267 et 269. — L'académie et Boileau ont confondu la campagne de 1646 avec celle de 1645, où l'armée française s'était emparée de Roses et de Balaguer, et avait remporté la victoire de Llorens. *Riencourt,* I, 161 ; *Larrey,* I, 139 ; *Reboulet,* I, 100.

et l'autre tout proche, dans l'île d'Elbe. Le maréchal de la Meilleraye et le maréchal du Plessis[1] y étant arrivés sur la fin de septembre avec une flotte considérable, qui, quelques jours après, fut suivie de quinze galères, et ayant débarqué leurs troupes, assiégèrent successivement ces deux places par terre et par mer, sans que les Espagnols, à qui il importait extrêmement de les conserver, osassent tenter d'y envoyer du secours. Piombino fut prise en deux jours, mais Portolongone fit une plus longue résistance; elle ne se rendit que le dix-huitième jour de tranchée ouverte, après avoir soutenu un grand assaut sur la brèche du bastion[2]. Ces deux conquêtes rassurèrent les alliés du roi, et ils demeurèrent fermes dans son alliance.

C'est le sujet de cette médaille. L'Italie y est représentée à l'antique, et la Victoire lui montre deux couronnes murales. Les mots de la légende, FIRMATA SOCIORUM FIDES, signifient *la fidélité des alliés affermie.* Ceux de l'exergue, PIUMBINO ET PORTULONGO EXPUGNATIS, M. DC. XLVI, veulent dire : *La prise de Piombino et de Portolongone,* 1646 (*Médailles, etc., p.* 22... Séance du 20 décembre 1695).

IV. LA BATAILLE DE RETEL.

LE maréchal du Plessis, avec le peu de troupes qu'il avait, ne se trouvant pas en état de faire tête aux Espa-

---

[1] Charles de La Porte de la Meilleraie, maréchal de France depuis 1639, fait duc et pair en 1663, mort en 1664, père du duc de Mazarin. — César de Choiseul, comte du Plessis-Praslin, maréchal de France depuis 1645. *Moréri* et *Gazette de France.*

[2] Piombino fut pris le 8, et Portolongone, le 28 octobre. *Gaz. de Fr.*

gnols, s'était enfermé dans Reims. Mais au commencement de décembre, il reçut un gros détachement de l'armée qui avait accompagné le roi en Guyenne, où les désordres étaient enfin apaisés. Avec ce renfort, malgré l'hiver, il alla mettre le siège devant Rétel, dont les ennemis s'étaient emparés, et d'où ils pouvaient faire des courses jusqu'à Paris. Il pressa si vivement le siège, que le maréchal de Turenne, qui était alors dans leur parti, et qu'ils avaient laissé dans la Champagne avec un corps d'armée de treize à quatorze mille hommes, s'avança inutilement pour secourir la place. Il la trouva prise[1], et se retira en diligence. Mais le maréchal du Plessis, qui voulait l'empêcher d'hiverner dans cette province, le suivit aussitôt; et quoique plus faible de moitié en cavalerie, il résolut, à quelque prix que ce fût, de le combattre. Les deux armées marchèrent quelque temps à la vue l'une de l'autre sur deux hauteurs opposées, et seulement séparées par un vallon. Le maréchal du Plessis, pour ne les pas laisser échapper, se préparait à descendre, lorsqu'il s'aperçut que les ennemis eux-mêmes descendaient et venaient à lui. Il rangea son armée en bataille sur la colline qu'il occupait, et se servant de l'avantage que lui donnait la hauteur, il fondit sur eux avec tant de succès, qu'après un combat fort opiniâtre[2], il les rompit, leur tua deux mille hommes, prit leur canon et leur bagage, et fit trois mille prisonniers.

C'est le sujet de cette médaille. La Victoire tenant un javelot et un bouclier, foule aux pieds la Discorde. Les

---

[1] Le 13 décembre 1650 (le dixième jour du siège). *Gazette de France.*
[2] Le 15 décembre 1650. *Gazette de France.*

mots de la légende, VICTORIA RETELENSIS, signifient *la victoire de Rétel*. On lit sur le bouclier : DE HISPANIS, c'est-à-dire, *Victoire remportée sur les Espagnols*. A l'exergue est la date 1650... (*Médailles*, etc., *p*. 31... *Séance du* 26 *mars* 1697).

V. LA MAJORITÉ DU ROI.

DÈS que le roi fut entré dans sa quatorzième année, qui est l'âge que la loi prescrit en France pour la majorité des rois, la reine-mère crut qu'il fallait déclarer au plutôt le roi son fils majeur. Le roi partit du Palais-Royal sur les neuf heures du matin; il était à cheval, précédé de toutes les troupes et de tous les officiers de sa maison, et accompagné des seigneurs de sa cour, qui étaient aussi à cheval, et tous superbement vêtus. Une multitude incroyable de peuple était dans les rues, aux fenêtres, et jusque sur les toits. Sa majesté alla au parlement, et assis sur son lit de justice, il exposa en peu de mots le sujet de sa venue, qui fut expliqué plus au long par le chancelier. La reine sa mère, assise à sa droite, un peu au-dessous, lui dit que les lois du royaume l'appelant au gouvernement de l'état, elle lui remettait avec joie la puissance dont elle avait été dépositaire durant sa minorité. Le roi se leva, l'embrassa, et s'étant remis à sa place, la remercia en des termes pleins de majesté et de tendresse. Aussitôt le duc d'Anjou son frère, le duc d'Orléans son oncle, et le prince de Conti[1] le saluèrent avec un profond respect; tous les seigneurs

---

[1] Le prince de Condé refusa d'y paraître, et se retira bientôt de la cour pour s'allier avec l'Espagne contre Louis XIV. *Riencourt*, II, 21; *Reboulet*, II, 129; *Larrey*, II, 230.

de la cour firent de même. Le premier président et les présidens le saluèrent aussi, mais un genou à terre[1], et le premier président l'assura du zèle et de la fidélité de la compagnie. Alors on ouvrit les portes, et sa majesté, après avoir fait enregistrer un édit contre les duels, et une déclaration contre les blasphémateurs[2], s'en retourna au milieu des acclamations du peuple.

C'est le sujet de cette médaille. La reine-mère y présente au roi un gouvernail orné de fleurs de lis. La légende, REGE LEGITIMAM ÆTATEM ADEPTO, signifie, *le roi parvenu à l'âge de majorité*. A l'exergue est la date, *le* VII *de septembre* 1651... (*Médailles, etc., p.* 32... *Séance du* 16 *juillet* 1695).

VI. LA BATAILLE DES DUNES.

L'ARMÉE de France, commandée par le maréchal de Turenne, et grossie du secours des Anglais, assiégeait Dunkerque, et il y avait déjà dix jours que la tranchée était ouverte, lorsque don Juan d'Autriche, gouverneur des Pays-Bas, et le prince de Condé, s'avancèrent à la tête de vingt mille hommes pour secourir la place. Ils vinrent d'abord se camper aux Dunes : on appelle ainsi de petites montagnes de sable qui s'élèvent près de cette

---

[1] On pourrait induire de cette tournure que les magistrats seuls mirent un genou à terre, tandis que d'après le récit de Riencourt (II, 20) et de Larrey (II, 232), les trois princes, même le frère du roi, firent aussi une génuflexion.

[2] Elle confirme une ordonnance de Louis XII, qui les punit pour la première fois d'une amende arbitraire, laquelle sera toujours doublée jusques à la quatrième... A la cinquième fois, le carcan ; à la sixième, amputation de la lèvre supérieure ; à la septième, amputation de la lèvre inférieure. Louis XIV ajoute qu'un tiers de l'amende sera pour le dénonciateur. *Répertoire de jurispr.*, mot *Blasphème*.

ville et en quelques autres endroits le long des côtes de la mer. Ils étaient résolus d'attaquer les assiégeans dans leurs lignes. Le maréchal de Turenne, après avoir assuré les postes de la tranchée, fit sortir ses troupes dès le grand matin, et marcha en bataille aux ennemis. Il ne leur donna pas le temps d'attendre leur canon, et les ayant ébranlés avec le sien, il les chargea tout-à-coup si à propos qu'il les fit plier[1]. Leur aile gauche, que commandait le prince de Condé se rallia plusieurs fois et fit plusieurs charges, soutenue du nom et de la valeur de ce général. Mais enfin tout prit la fuite, et ce prince lui-même eut assez de peine à se sauver avec quelque reste de cavalerie. Toute l'infanterie fut prise ou taillée en pièces, et la défaite fut si entière, qu'elle fit perdre aux Espagnols l'espérance de se remettre, et les détermina à la paix, qui se fit l'année suivante.

C'est le sujet de cette médaille, où l'on voit la Victoire qui, un caducée à la main, marche sur des ennemis terrassés. Les mots de la légende, Victoria pacifera, signifient, *la Victoire apportant la paix.* Ceux de l'exergue, Hispanis cæsis ad Dunkercam. m. dc. lviii, *les Espagnols défaits près de Dunkerque,* 1658... (*Médailles, etc., p.* 48... *Séance du* 17 *août* 1694).

VII. LA PRISE DE L'ISLE.[2]

Le roi était allé camper devant Dendermonde, dans le dessein de l'assiéger. Les habitans ayant aussitôt lâché leurs écluses, sa majesté tourna ses armes ailleurs; et,

---

[1] Le 14 juin 1658. *Riencourt,* II, 233; *Gaz. de France.*
[2] On écrit à présent *Lille.*

quoique la saison fût déjà fort avancée, et son armée diminuée considérablement, il alla mettre le siège devant l'Isle, ancienne capitale de la Flandre française. Elle était dès-lors extrêmement forte, et il y avait une garnison de six mille hommes[1] de vieilles troupes, qui, secondés des habitans, firent une belle résistance. Cependant la présence du roi, et l'activité avec laquelle, à la tête de toutes les attaques, il hâtait sans cesse les travaux, encouragèrent si bien les soldats que cette grande ville, après neuf jours de tranchée ouverte, fut réduite à capituler. Il y entra le 28 août, d'autant plus satisfait, qu'il s'était engagé à ce siège contre le sentiment de la plupart des principaux officiers de son armée, qui jugeaient l'entreprise trop hasardeuse. Sa majesté, non-seulement accorda à la ville la continuation de tous ses privilèges; mais dans la suite, par les grâces qu'il lui a faites, et par le soin qu'il a pris d'y attirer et d'y maintenir le commerce, il l'a rendu une des plus riches villes de l'Europe.

C'est le sujet de cette médaille. La ville de l'Isle, sous la figure d'une femme suppliante, présente ses clefs à la Victoire, qui les reçoit, et qui tient une corne d'abondance à la main. Les mots de la légende, REX VICTOR ET LOCUPLETATOR, signifient, *le roi vainqueur et bienfacteur*. L'exergue, INSULA CAPTA. M. DC. LXVII, *Prise de l'Isle*, 1667... (*Médailles, etc., p.* 99... *Séance du 26 mars* 1695).

---

[1] C'est aussi l'évaluation de Voltaire (chap. VIII), tandis que selon Riencourt (II, 391), et Larrey (VI, 491), il y avait seulement deux mille hommes de pied et 500 chevaux; selon Reboulet (III, 383), trois mille hommes de pied et 1200 chevaux; et selon Légendre (Essai du règne de Louis XIV, in-4°, p. 66), quatre mille hommes (sans distinction d'armes).

VIII. LE ROI PROTECTEUR DE L'ACADÉMIE FRANÇAISE.

Lorsque Louis XIII établit l'Académie Française par des lettres patentes qui lui accordent de grands priviléges, il déclara le cardinal de Richelieu protecteur de cette illustre compagnie, et le cardinal, toute sa vie, lui accorda une singulière protection. L'Académie, après l'avoir perdu, élut à sa place le chancelier Séguier, personnage d'un mérite extraordinaire, et l'un des quarante qui la composaient. Mais le chancelier étant mort, tous les académiciens, d'un commun consentement, résolurent de ne plus reconnaître d'autre protecteur que le roi même, et sa majesté ne dédaigna pas d'agréer leur résolution. Cette insigne faveur fut également utile et glorieuse à la compagnie. Le roi la combla aussitôt de ses grâces, et ordonna qu'elle tiendrait désormais ses séances dans le Louvre, où il lui donna un appartement magnifique, et tout ce qu'elle pouvait désirer pour la commodité de ses assemblées. Les bontés de sa majesté pour elle ont toujours augmenté depuis, et l'ont enfin portée au degré de splendeur où on la voit aujourd'hui.[1]

C'est le sujet de cette médaille. Apollon tient sa lyre appuyée sur le trépied d'où sortaient ses oracles. Dans le fond paraît la principale face du Louvre. La légende,

---

[1] Il est à présumer que Boileau exprime ici les sentimens de l'académie des médailles plutôt que les siens propres, puisque, en 1700, trois ans après la rédaction de cette inscription (lett. xcvi, tome IV, p. 326), il ne comptait dans l'académie française que deux ou trois hommes de mérite, et que dans cet intervalle elle n'avait perdu que trois membres, Chaumont, Boyer et Racine. Voir toutefois la note 4 de la page 341 du même tome, où nous cherchons à expliquer son opinion.

Apollo palatinus, signifie *Apollon dans le palais d'Auguste*, et fait allusion au temple d'Apollon bâti dans l'enceinte du palais de cet empereur. L'exergue, Academia gallica intra regiam excepta. m. dc. lxxii, *l'Académie française dans le Louvre*, 1672... (*Médailles*, etc., p. 119... *Séance du 2 juillet* 1697).

IX. L'ARMÉE ALLEMANDE CHASSÉE DE L'ALSACE, ET OBLIGÉE A REPASSER LE RHIN.

Les Allemands n'eurent pas plus tôt reçu le gros renfort que l'électeur de Brandebourg et quelques autres princes de l'empire leur amenaient, qu'ils marchèrent vers la haute Alsace, où ils se répandirent et prirent des quartiers d'hiver. Le maréchal de Turenne, considérablement affaibli par les trois batailles qu'il avait gagnées[1], s'établit à Detwiller, fit fortifier Saverne et Haguenau, et ayant semé le bruit qu'il avait ordre d'aller couvrir la Lorraine et les Trois-Évêchés, il partit au mois de décembre et entra en Lorraine. Mais au lieu de continuer sa marche de ce côté-là, il sépara ses troupes par petits corps, et leur marqua un rendez-vous où elles devaient l'attendre. Aussitôt il prit les devans avec quelque cavalerie, joignit le détachement que le roi lui envoyait de Flandre, et rentra brusquement en Alsace par Beffort. En arrivant, il défit à Mulhausen six mille chevaux et deux mille cinq cents hommes d'infanterie[2], reprit divers postes qu'ils occupaient, et fit pri-

---

[1] Sentzheim, Ladenbourg et Ensheim, 16 juin, 5 juillet et 4 octobre 1674. *Médailles*, etc., p. 136, 137 et 141.
[2] 29 décembre 1674. *Gazette de France*.

sonniers de guerre des régimens entiers. Les ennemis, surpris de le voir au milieu de leurs quartiers, lorsqu'ils le croyaient en Lorraine, rassemblèrent leur armée derrière la rivière de Turkeim, où le maréchal de Turenne les attaqua et les défit[1]. La nuit survint et favorisa leur retraite; ils se sauvèrent du côté de Strasbourg. Enfin cette armée si nombreuse, commandée par tant de princes de l'empire, qui ne se proposaient pas moins que d'envahir les provinces du royaume, repassa le Rhin et alla hiverner en Allemagne.

C'est le sujet de cette médaille. On voit un trophée que deux soldats qui fuient regardent avec effroi. La légende, SEXAGINTA MILLIA GERMANORUM ULTRA RHENUM PULSA, signifie, *Soixante mille Allemands obligés à repasser le Rhin*[2]. L'exergue marque la date 1675. (*Médailles, etc., p.* 143...*Séance du* 13 *mars* 1696).

X. PRISE DU PORT DE TABAGO.

QUOIQUE le comte d'Estrées eût remporté une victoire entière sur les Hollandais dans le port de Tabago, et qu'il eût brûlé tous leurs vaisseaux[3], il n'osa néanmoins, avec le peu de troupes qu'il avait, entreprendre le siège du fort[4]. Mais au mois d'octobre de cette même année,

---

[1] Le 5 janvier 1675 (le 6, selon Riencourt). *Gazette de France.*

[2] Le récit de Reboulet (IV, 238) ne s'accorde pas avec cette légende, et est d'ailleurs plus vraisemblable. Ils repassèrent le Rhin, dit-il, avec vingt mille hommes restant d'une armée de soixante mille..., le surplus ayant été tué, dissipé ou fait prisonnier.

[3] Le 3 mars 1677. *Médailles*, etc., p. 159; *Larrey*, IV, 358 et suiv.

[4] Pourquoi dénaturer ainsi les faits? Les Français donnèrent au contraire l'assaut à ce fort, et furent repoussés à trois reprises différentes... Enfin, leur vaisseau amiral coula à fond, et d'Estrées, blessé à la tête et à la jambe, se

étant reparti de Brest mieux accompagné, il mouilla à la rade de l'île de Tabago, au commencement de décembre, fit sa descente, s'approcha de la place et la fit attaquer. Il y avait une garnison assez considérable, et on ne doutait point que le siège ne fût long. Heureusement, le second jour du siège, la troisième bombe que l'on tira tomba sur le magasin à poudre, y mit le feu, et fit un débris horrible. Bink, vice-amiral hollandais, quinze officiers et plus de trois cents soldats périrent dans l'embrasement[1]. Le reste de la garnison, tout effrayé, s'enfuit dans les bois. Les Français, qui n'entendirent plus tirer, s'avancèrent vers le fort, l'escaladèrent, n'y trouvèrent personne, et en demeurèrent les maîtres[2]. Quatre vaisseaux, qui étaient dans le port, se rendirent en même temps.

C'est le sujet de cette médaille. On voit l'élévation du fort et la bombe tombant au milieu. Au bas, est la flotte du roi rangée en bataille. Les mots de la légende, TABAGUM EXPUGNATUM, signifient, *prise de Tabago.* L'exergue marque la date 1677... (*Médailles, etc., p.* 167... *Séance du* 19 *juin* 1696).

XI. COMBAT DE SAINT-DENIS.

L'ARMÉE française attendait, aux portes de Bruxelles, la conclusion de la paix. Le maréchal de Luxembourg,

---

retira, à la faveur de la nuit, avec le reste de son escadre et fit voile pour la France. *Larrey, ibid.*

[1] Le 11 décembre 1677. *Larrey, ibid.*

[2] On serait tenté d'induire de cette expression qu'ils conservèrent la place et l'île : loin de là, d'Estrées fit « démolir le fort et ruiner toutes les habitations » et repartit, le 27, pour la France. *Larrey, ibid.*

qui la commandait, fut averti que les troupes confédérées s'assemblaient, au-dessus de cette place, pour tomber sur le comte de Montal et sur le baron de Quincy, qui, depuis deux mois, tenaient la ville de Mons bloquée. Il se rapprocha d'eux, et se posta fort avantageusement. Le prince d'Orange, avec cinquante mille hommes et quarante pièces de canon, parut le 14 d'août dans la plaine d'Havré, fort près de la droite de l'armée française. Comme le maréchal se disposait au combat, il reçut le traité de paix signé le 11 à Nimègue[1], et ne doutant point que le prince d'Orange ne l'eût reçu avant lui, il demeurait tranquille dans son camp. Mais sur l'avis que les ennemis paraissaient déjà sur la hauteur de l'abbaye Saint-Denis, il jugea d'abord que, la paix s'étant faite malgré ce prince, il avait pris le parti de la tenir secrète, et de tenter un combat, dans la pensée que s'il le gagnait, il trouverait le moyen de la rompre, et que, s'il le perdait, il n'aurait, pour arrêter les progrès du vainqueur, qu'à la publier. On se mit promptement en bataille. L'armée ennemie passa les défilés sur les onze heures, et commença le combat. Il fut des plus sanglans et des plus terribles. Les ennemis enfin furent repoussés avec perte, et le lendemain, dès la pointe du jour[2], le prince d'Orange envoya communiquer au maréchal de Luxembourg le traité de paix, pour convenir avec lui d'une suspension d'armes jusqu'à la ratification.

---

[1] Selon Larrey, IV, 411, Luxembourg avait reçu le traité de paix et, supposant avec raison que le prince d'Orange, placé plus près de Nimègue, devait le connaître, dînait tranquillement lorsqu'on sonna l'alarme.

[2] Il assura qu'il n'en avait reçu la nouvelle que la nuit, mais on ajouta peu de confiance à cette assertion. *Larrey, ibid.*

C'est le sujet de cette médaille. On y voit Mars, qui d'une main porte un trophée, et de l'autre, une branche d'olivier. Les mots de la légende, MARS PACIS VINDEX, signifient, *Mars vengeur de la paix.* Ceux de l'exergue, PUGNA AD FANUM SANCTI DIONYSII, XIV. AUG. M. DC. LXXVIII, *le combat de Saint-Denys, le 14 d'août* 1678. (*Médailles, etc.*, *p.* 176... *Séance du* 10 *mai* 1698).[1]

[1] Si l'on jette un coup-d'œil sur les remarques précédentes, on sera forcé d'avouer que les médailles ne sont pas toujours des guides bien sûrs pour l'histoire, et qu'il en est de même des explications qu'on y joint; du moins la plupart de celles que l'Académie a données dans l'ouvrage où nous avons puisés les articles précédens ont-elles été critiquées par un écrivain comme contenant des récits faux ou exagérés (*voy.* La Hode, Hist. de Louis XIV, in-4°, V, 9, 15, 61, 71, 149, etc.).

ÉPITAPHE

DE J. RACINE.[1]

D. O. M.

Hic jacet nobilis[2] vir Joannes[3] RACINE, Franciæ thesauris præfectus, Regi[4] a secretis atque a cubiculo, nec non unus e quadraginta gallicanæ academiæ viris; qui postquam profana[5] tragœdiarum argumenta diu

---

[1] Cette épitaphe et la seconde des traductions suivantes, publiées, en 1723, dans le Nécrologe de Port-Royal, furent jointes par Souchay à son édition de 1735, où il assura qu'elles étaient de Boileau, ce qui fut confirmé, d'après diverses recherches, par Saint-Marc (III, 199), en 1747, mais nié presque aussitôt, quant à la traduction, par Louis Racine (p. 314), qui donna, avec l'épitaphe, une autre traduction (la première) comme étant seule de notre poète. Presque tous les éditeurs de Boileau suivirent l'exemple de Souchay jusques à M. de Saint-Surin qui a publié les deux épitaphes (car le texte de Louis Racine offre quelques différences) et les deux traductions. Enfin M. Daunou a donné, en 1825, et les traductions, et le texte de l'épitaphe, mais celui-ci, d'après le monument lui-même (il est à Saint-Étienne-du-Mont, où nous l'avons examiné), en y joignant des variantes. C'est aussi ce que nous allons faire, et nous indiquerons, en outre, par les signes suivans, les ouvrages où elles se trouvent... D., pour l'édition de M. Daunou (elle a quelques fautes)... S., pour celle de M. de Saint-Surin... N., pour le Nécrologe et les éditions qui en ont suivi le texte, telles que celles de Souchay, de Saint-Marc, de Didot (1788, 1789 et 1800) et de Ménard... R., pour les mémoires de Louis Racine et les éditions qui en ont également suivi le texte, telles que celles de MM. Amar, Froment, Auger (1825), Martin et de la Bibliothèque choisie..., en observant que les éditeurs qui ont suivi le texte, soit du Nécrologe, soit des mémoires de Racine, se sont écartés une ou deux fois de leurs modèles. — A l'égard de l'original latin et des traductions françaises, *voyez* p. 142, note 5, et p. 144, note 4.

[2] R. *Vir nobilis.* — [3] D. *Johannes.* — [4] Louis Racine seul. *Regis.*
[5] N. omet *profana.*

cum ingenti hominum admiratione tractâsset, musas tandem suas uni deo consecravit, omnemque ingenii vim in eo laudando contulit, qui solus laude dignus[1]. Cum eum vitæ negotiorumque rationes multis nominibus[2] aulæ tenerent addictum, tamen in frequenti hominum consortio[3] omnia pietatis ac religionis officia coluit. A christianissimo[4] rege Ludovico magno selectus, una cum familiari ipsius amico fuerat, qui res, eo regnante, præclare ac mirabiliter gestas perscriberet. Huic intentus operi repente in gravem æque et[5] diuturnum morbum implicitus est : tandem[6] ab hac sede miseriarum in melius domicilium translatus, anno ætatis suæ LIX[7], qui mortem longiori[8] adhuc intervallo remotam valde horruerat, ejusdem præsentis aspectum[9] placida fronte sustinuit, obiitque spe multo[10] magis et pia in Deum fiducia erectus, quam fractus metu. Ea jactura omnes[11] illius amicos, e quibus[12] nonnulli inter regni primores eminebant, acerbissimo dolore perculit. Manavit etiam ad ipsum regem tanti viri desiderium. Fecit[13] modestia ejus singularis, et præcipua in hanc portus regii domum benevolentia, ut in isto cæmeterio pie magis quam magnifice[14] sepeliri vellet, adeoque[15] testamento cavit, ut cor-

---

[1] R. *Dignus est.* — S. (p. 150). *Dignus est cùm*, sans point ni capitale.
[2] R. *Nobilibus.* — [3] R. *Commercio.* — [4] R. *Christiano.*
[5] N. *Atque...* R. *ac.* — [6] N. et R. *Tandemque.*
[7] D. *Quinquagesimo nono.* — [8] R. *Longo.*
[9] S. *Adspectum.* — [10] N. omet *multo.*
[11] S. (p. 150). *Omnis.* — [12] R. *Quorum.*
[13] V. E. On a retranché cette phrase (depuis *fecit* jusqu'à *humaretur*) dans le Boileau de la jeunesse (sans doute pour ne pas parler de Port-Royal).
[14] S. et D. *Cœmeterio...* R. *Ut in ea sepeliri.*
[15] R. *Ideoque.*

pus suum, juxta piorum hominum, qui hic jacent[1], corpora humaretur.

Tu vero, quicumque es, quem in hanc domum pietas adducit, tuæ ipse[2] mortalitatis ad hunc aspectum[3] recordare, et clarissimam tanti viri memoriam precibus potius quam elogiis prosequere.[4]

PREMIÈRE TRADUCTION.[5]

Ici repose le corps de messire JEAN RACINE, trésorier de France, secrétaire du roi, gentilhomme ordinaire de sa chambre, et l'un des quarante de l'académie française ; qui, après avoir long-temps charmé la France

---

[1] R. *Sunt.* — [2] N. *Ipsius.* — [3] R. *Adspectum.*

[4] L'inscription a quelques fautes de gravure, comme l'omission de l'*h* à *christianissimo...*, *mutu* pour *metu...*, *hunc* pour *hanc* (domum).

ADDITION MODERNE.

« Epitaphium quod Nicolaus Boileau ad amici memoriam recolendam monumento ejus in Portus regii ecclesia inscripserat ex illarum ædium ruderibus anno MDCCCVIII effossum, G. J. C. comes Chabrol de Volvic præfectus urbi heic ubi summi viri reliquiæ denuo depositæ sunt instauratum transferri et locari curavit. A. R. S. MDCCCXVIII. »

D'après cette rédaction l'on serait porté à croire ; 1° que l'apport du corps de Racine venait d'être fait depuis peu, tandis qu'il avait eu lieu plus d'un siècle auparavant (tome IV, p. 491, Pi.-just. 196, et Louis Racine, p. 314).

2° Que ses cendres sont auprès de l'inscription précédente tandis qu'elles doivent être derrière le maître autel (même p. 314) et au-dessous de l'inscription funéraire d'un curé, sans doute très vénérable, mais qui enfin n'a fait ni Iphigénie, ni Athalie... C'est que vers 1821 à 1824, on fit quelques réparations à une chapelle voisine, à la suite desquelles on déplaça l'inscription de Racine et on la fixa (ainsi que celle de Pascal) contre le mur de l'une des portes d'entrée, à l'extrémité opposée de l'église.

[5] MM. de Saint-Surin et Daunou ont publié cette traduction et la suivante : nous croyons devoir suivre leur exemple, quoiqu'il nous paraisse fort douteux que Boileau soit auteur de la seconde, tandis qu'il est bien certain que la

par ses excellentes[1] poésies profanes, consacra ses muses à Dieu, et les employa uniquement à louer le seul objet digne de louange. Les raisons[2] indispensables qui l'attachaient à la cour l'empêchèrent de quitter le monde; mais elles ne l'empêchèrent pas de s'acquitter exactement[3], au milieu du monde, de tous les devoirs de la piété et de la religion. Il fut choisi avec un de ses amis[4] par le roi Louis-le-Grand pour rassembler en un corps d'histoire les merveilles de son règne, et il était occupé à ce grand ouvrage, lorsque tout-à-coup il fut attaqué d'une longue et cruelle maladie, qui à la fin l'enleva de ce séjour de misères, en sa cinquante-neuvième[5] année. Bien qu'il eût extrêmement redouté la mort, lorsqu'elle était encore loin de lui, il la vit de près sans s'étonner, et mourut beaucoup plus rempli d'espérance que de crainte, dans une entière résignation à la volonté de Dieu. Sa perte affligea[6] sensiblement ses amis,

---

première lui appartient. On la trouve, en effet, dans les manuscrits de Brossette, écrite, en entier, 1° de sa main avec quelques corrections; 2° de celle de son frère, l'abbé, avec d'autres corrections faites également par le poète. C'est même sur une copie de cette dernière version que Louis Racine a publié cette traduction, mais avec quelques changemens inconnus jusques à ce jour (nous indiquerons et ces changemens et les premières compositions effacées dans le texte écrit par Despréaux lui-même, et qui étaient également inconnues).

[1] *P. C. O... Long-temps* brillé aux yeux des hommes *par ses...*

[2] *P. C. O... Poésies profanes*, renonça à cette vaine gloire et employa uniquement ses vers à célébrer les louanges de Dieu. *Les raisons...*

[3] *V. E.* Autographe et copie de l'abbé Boileau. Il est singulier que le janséniste Louis Racine ait omis le mot *exactement*.

[4] *V. E.* C'était l'auteur (Boileau). *Note de l'autographe* (*voy.* tome I, Essai, n° 139 et ci-après p. 144, note 4).

[5] Boileau avait d'abord mis *cinquante-huitième*.

[6] *V. E.* Texte de l'autographe et de la copie de l'abbé Boileau, et non pas *toucha*, comme met Louis Racine.

entre lesquels il pouvait compter les plus considérables[1] personnes du royaume, et il fut regretté du roi même[2]. Son humilité et l'affection particulière qu'il eut toujours[3] pour cette maison de Port-Royal-des-Champs, « où il avait reçu dans sa jeunesse les premières instructions du christianisme[4] », lui firent souhaiter d'être enterré sans aucune pompe dans ce cimetière[5] avec les humbles serviteurs de Dieu qui y reposent, et auprès desquels il a été mis, selon qu'il l'avait ordonné par son

---

[1] *V. E.* Mêmes textes, au lieu de *les* premières *personnes...*

[2] Nous parlons des singuliers regrets de Louis, au tome IV, p. 312, note 2.

[3] Autographe. On lit dans la copie de l'abbé Boileau, *qu'il avait pour.*

[4] *V. E.* La ligne guillemetée qui est dans l'autographe et dans la copie de l'abbé Boileau a été supprimée par Louis Racine et ne correspond à aucun passage du texte latin. On pourrait induire de là que ce texte n'est pas l'original, mais la traduction de l'épitaphe, d'autant plus que, soit dans l'autographe, soit dans la copie de l'abbé Boileau, cette pièce ne porte point pour titre *Traduction*, mais *Épitaphe de M. Racine.* Si, comme l'assurent Louis Racine et Saint-Marc, Boileau est l'auteur du texte latin, il put, en le rédigeant, ne pas y traduire la même ligne parce qu'il s'aperçut qu'elle énonçait un fait peu exact. Jean Racine, en effet, ayant atteint l'âge de quinze ans lorsqu'il entra à Port-Royal (*Louis Rac.*, p. 16 et 18), ce n'est pas dans ce monastère qu'il avait pu recevoir les premières instructions du christianisme.

Mais, dès que cette différence entre le texte latin et la traduction s'explique facilement comme on le voit, on ne saurait en induire que Boileau n'est pas l'auteur de ce texte. Germain Garnier prétend, il est vrai (OEuv. de Racine, I, 47) que c'est l'œuvre d'un chanoine nommé Tronchon, mais, outre qu'il ne cite aucune autorité, on pressent qu'il est à-peu-près impossible que Tronchon se fût rencontré avec Boileau dans toutes les idées et, du moins à peu de chose près, dans toutes les expressions d'une épitaphe de plus de trente lignes... Si d'ailleurs notre poète n'eût été qu'un simple traducteur de Tronchon, se serait-il qualifié *auteur* comme on l'a vu p. 143, note 4 ?

[5] *P. C. O.* Autographe et même copie : *dans le cimetière.* Le changement fait ici dans le texte latin (*in hoc cœmeterio*) fortifie la conjecture précédente.

ÉPITAPHE DE J. RACINE.   145

testament¹. O toi, qui que tu sois, que la piété attire en ce saint lieu, plains dans un si excellent homme la triste destinée de tous les mortels, et quelque grande idée que te puisse donner² de lui sa réputation, souviens-toi que ce sont des prières, et non pas de vains éloges³ qu'il te demande.

SECONDE TRADUCTION.

A LA GLOIRE DE DIEU, TRÈS BON ET TRÈS GRAND.

Ci-gît messire Jean Racine, trésorier de France, secrétaire du roi, gentilhomme de la chambre, l'un des quarante de l'académie française. Il s'appliqua longtemps à composer des tragédies, qui firent l'admiration de tout le monde; mais enfin il quitta ces sujets profanes, pour ne plus employer son esprit et sa plume qu'à louer celui qui seul mérite nos louanges. Les engagemens de son état et la situation de ses affaires le tinrent attaché à la cour; mais, au milieu du commerce des hommes, il sut remplir tous les devoirs de la piété et de la

---

¹ *V. E.* Louis Racine (p. 294) le rapporte et ajoute, ainsi que presque tous les annotateurs de notre poète, que le transport de Saint-Sulpice à Port-Royal eut lieu le 22 avril 1699; en quoi il se trompe (*V.* tome IV, Pi-just. 195, p. 493); mais l'éditeur du Boileau de la jeunesse n'a pu tomber dans cette erreur, car il a supprimé toute la phrase précédente.

² *V. E.* Même autographe et même copie, au lieu de *que puisse te...*

³ *V. E.* Texte des mêmes et de Louis Racine (p. 319). On a mis simplement et *non pas des éloges*, dans plusieurs éditions modernes, telles que 1809 et 1825, Daun.; 1815 et 1819, Did.; 1821 et 1824, Am.; 1824, Fro.; 1825, Aug.; 1826, Mar.; 1829, B. Ch. — On s'est sans doute déterminé à supprimer le mot *vains*, parce que dans l'épitaphe latine, il n'a point de correspondant... Cette dernière circonstance vient encore à l'appui de la conjecture proposée à la note 4, p. 144.

religion chrétienne. Le roi Louis-le-Grand le choisit lui et un de ses intimes amis, pour écrire l'histoire et les évènemens admirables de son règne. Pendant qu'il travaillait à cet ouvrage, il tomba dans une longue et grave[1] maladie qui le retira de ce lieu de misères pour l'établir dans un séjour plus heureux, la cinquante-neuvième année de son âge. Quoiqu'il eût eu autrefois des frayeurs horribles de la mort, il l'envisagea alors avec beaucoup de tranquillité; et il mourut, non abattu par la crainte, mais soutenu par une ferme espérance et une grande confiance en Dieu. Tous ses amis, entre lesquels il comptait plusieurs grands seigneurs, furent extrêmement sensibles à la perte de ce grand homme. Le roi même témoigna le regret qu'il en avait. Sa grande modestie et son affection singulière pour cette maison de Port-Royal lui firent choisir une sépulture pauvre, mais sainte, dans ce cimetière; et il ordonna par son testament qu'on enterrât son corps auprès des gens de bien qui y reposent. Qui que vous soyez, qui venez ici par un motif de piété, souvenez-vous, en voyant le lieu de sa sépulture, que vous êtes mortel; et pensez plutôt à prier Dieu pour cet homme illustre, qu'à lui donner des éloges.

---

[1] On lit *grande*, dans l'édition de Souchay, de 1735 (copiée par les suivantes); mais c'est évidemment une faute d'impression.

RÉFLEXIONS CRITIQUES

SUR QUELQUES PASSAGES

DU RHÉTEUR LONGIN,[a]

OÙ, PAR OCCASION, ON RÉPOND A PLUSIEURS OBJECTIONS DE MONSIEUR P***[b] CONTRE HOMÈRE ET CONTRE PINDARE[c], ET TOUT NOUVELLEMENT A LA DISSERTATION DE MONSIEUR LECLERC CONTRE LONGIN, ET A QUELQUES CRITIQUES FAITES[d] CONTRE MONSIEUR RACINE.

AVIS AUX LECTEURS.

On a jugé à propos de mettre ces Réflexions avant la traduction du Sublime de Longin, parce qu'elles n'en sont point une suite, faisant elles-mêmes un corps de critique à part, qui n'a souvent aucun rapport avec cette traduction, et que d'ailleurs, si on les avait mises à la suite de Longin, on les aurait pu confondre avec les notes grammaticales qui y sont, et qu'il n'y a ordinairement que les savans qui lisent, au lieu que ces réflexions sont propres à être lues de tout le monde et même des femmes ; témoin plusieurs dames de mérite qui les ont lues avec un très grand plaisir, ainsi qu'elles me l'ont assuré elles-mêmes.[e]

RÉFLEXIONS CRITIQUES

SUR QUELQUES PASSAGES

DU RHÉTEUR LONGIN.

RÉFLEXION PREMIÈRE.

Mais c'est à la charge, mon cher Térentianus, que nous reverrons ensemble exactement mon ouvrage, et que vous m'en direz votre sentiment avec cette sincérité que nous devons naturellement à nos amis (*Paroles de Longin, chap. 1*).

Longin nous donne ici, par son exemple, un des plus importans préceptes de la rhétorique, qui est de consul-

---

Notes du Faux-Titre et de l'Avis au lecteur (p. 147 et 148).

[a] *V. E.* Ce qui suit fait partie du faux titre des éditions de 1694 à 1713, de toutes celles du xviiie siècle (même des éditions Didot, 1788, 1789 et 1800) et de plusieurs du xixe, telles que 1810, Ray.; 1815, Lécr.; 1820, Mén... Des éditeurs modernes l'ont transporté, sans en avertir, à la suite du titre... d'autres (1821, Am.; 1829, B. ch...) l'ont supprimé.

[b] *V. O.* Texte de 1694 à 1713, suivi par Brossette. Mais dès 1695, on avait, en Hollande, imprimé, tout au long, le nom de Perrault (édit. 1695, 1697, 1702 et 1707, A, etc..., tome I, Essai, n° 55), ce qu'ont fait depuis, Dumonteil et les éditeurs suivans.

[c] *V. O.* La phrase suivante (omise par Saint-Marc) fut ajoutée en 1713, ce que tous les éditeurs ont oublié d'indiquer.

[d] *V. E. Faites* est omis dans plusieurs éditions modernes, telles que 1809 et 1825, Daun.; 1821, S.-S.; 1824, Fro.; 1826, Mart.; 1828, Thi...

[e] *V. E.* Cet avis essentiel, où l'auteur justifie le nouvel ordre adopté dans son édition favorite de 1701, est placé dans celle de 1713, au revers du faux titre. Plusieurs éditeurs en ont fait une note du titre. Brossette a pris le parti assez commode de le supprimer parce que la licence qu'il s'est donnée de

ter nos amis sur nos ouvrages, et de les accoutumer de bonne heure à ne nous point flatter. Horace et Quintilien nous donnent le même conseil en plusieurs endroits; et Vaugelas, le plus sage, à mon avis, des écrivains de notre langue, confesse que c'est à cette salutaire pratique qu'il doit ce qu'il a de meilleur dans ses écrits. Nous avons beau être éclairés par nous-mêmes, les yeux d'autrui voient toujours plus loin que nous dans nos défauts; et un esprit médiocre fera quelquefois apercevoir le plus habile homme d'une méprise qu'il ne voyait pas. On dit que Malherbe consultait sur ses vers jusqu'à l'oreille de sa servante; et je me souviens que

changer le nouvel ordre y était indirectement condamnée, et il a été imité, 1° par Dumonteil, Souchay et leurs copistes; 2° par les siens propres; 3° par quelques modernes (1821 et 1824, Am.; 1824, Fro...). En un mot la supression a été faite dans près de *trente* éditions.

Ces réflexions sont un chef-d'œuvre et un modèle dans leur genre. *Desmaiseaux*, p. 185. — On y trouve, ainsi que dans la traduction de Longin, les principes les plus solides du bon goût, mais le style n'en a pas la pureté, l'élégance, l'aisance de celui de Racine et de Voltaire, auquel Clément l'a comparé. On peut en juger par les nombreux *qui* et *que* dont plusieurs phrases sont entrelacées. *Lenoir-Dulac*, p. 217 (il en donne des exemples, que nous citerons dans les notes).

Les neuf premières réflexions ont été composées vers 1693 et publiées en 1694 (tome I, Not. bibl., § 1, n° 66). On sait que ce qui y donna lieu fut d'abord le poème du Siècle de Louis-le-Grand, lu par Perrault à l'Académie, le 27 janvier 1687, et où, au rapport de Montchesnay (p. 22), il débutait ainsi:

> La docte antiquité fut toujours vénérable,
> Je ne la trouve pas cependant adorable;

Ou, suivant les éditions que nous avons vues,

> Mais je ne crus jamais qu'elle fût adorable;

ce qui est tout aussi poétique... et ensuite ses *Parallèlles*, etc. (*ib.*, §. 2, n°s 27 et 28) où les anciens étaient sacrifiés aux modernes et en général à ce qu'il y avait de plus médiocre parmi les modernes.

Molière m'a montré aussi plusieurs fois une vieille servante qu'il avait chez lui, à qui il lisait, disait-il, quelquefois[1] ses comédies; et il m'assurait que lorsque des endroits de plaisanterie ne l'avaient point frappée, il les corrigeait, parce qu'il avait plusieurs fois éprouvé sur son théâtre que ces endroits n'y réussissaient point. Ces exemples sont un peu singuliers; et je ne voudrais pas conseiller à tout le monde de les imiter. Ce qui est de certain, c'est que nous ne saurions trop consulter nos amis.

Il paraît néanmoins que monsieur P. n'est pas de ce sentiment. S'il croyait ses amis, on ne les verrait pas tous les jours dans le monde nous dire comme ils font : « Monsieur P. est de mes amis, et c'est un fort honnête « homme; je ne sais pas comment il s'est allé mettre en « tête de heurter si lourdement la raison, en attaquant « dans ses Parallèles tout ce qu'il y a de livres anciens « estimés et estimables. Veut-il persuader à tous les « hommes que depuis deux mille ans ils n'ont pas eu le « sens commun? Cela fait pitié. Aussi se garde-t-il bien « de nous montrer ses ouvrages. Je souhaiterais qu'il se « trouvât quelque honnête homme qui lui voulût sur « cela charitablement ouvrir les yeux. »[2]

Je veux bien être cet homme charitable. Monsieur P*** m'a prié de si bonne grâce lui-même de lui montrer ses erreurs[3], qu'en vérité je ferais conscience de ne lui pas donner sur cela quelque satisfaction. J'espère donc de[4] lui

---

[1] *V. O.* 1701, in-12... chez lui, à qui, disait-il, il lisait quelquefois...
[2] Ce passage n'est guillemeté que dans l'édition de 1713.
[3] Perrault, Lettr., p. 9 et 19 (même § 2, n° 34).
[4] *V. E.* On a omis ce *de* dans quelques éditions modernes.

en faire voir plus d'une dans le cours de ces remarques. C'est la moindre chose que je lui dois, pour reconnaître les grands services que feu monsieur son frère[1] le médecin, m'a, dit-il, rendus en me guérissant de deux grandes maladies[2]. Il est certain pourtant[3] que monsieur son frère ne fut jamais mon médecin. Il est vrai que lorsque j'étais encore tout jeune, étant tombé malade d'une fièvre assez peu dangereuse, une de mes parentes[4] chez qui je logeais, et dont il était médecin, me l'amena, et qu'il fut appelé deux ou trois fois en consultation par le médecin qui avait soin de moi. Depuis, c'est-à-dire trois ans après, cette même parente me l'amena une seconde fois, et me força de le consulter sur une difficulté de respirer[5] que j'avais alors, et que j'ai encore; il me tâta le pouls, et me trouva la fièvre, que sûrement je n'avais point. Cependant il me conseilla de me faire saigner du pied, remède assez bizarre pour l'asthme dont j'étais menacé. Je fus toutefois assez fou pour faire son ordonnance dès le soir même. Ce qui arriva de cela, c'est que ma difficulté de respirer ne diminua point, et que[6] le lendemain, ayant marché mal-à-propos, le pied m'enfla de telle sorte, que j'en fus trois semaines dans

---

[1] Texte de 1701, in-12. — Il y a M^r, à 1694 et 1701, in-4°.

[2] Il vous a tiré, dit Perrault, de son frère Claude (Lett., p. 15), de deux dangereuses maladies avec un soin et une application inconcevables.

[3] V. 1694. *La vérité est* pourtant...

[4] *Voy.* l'art. des Erreurs de Brossette, n° 14.

[5] V. 1694. Il n'y est pas question de la première maladie, et on y lit : il est vrai qu'*étant encore tout jeune, une de mes parentes chez qui je logeais, et dont il était médecin, me l'amena malgré moi, et me força* de le consulter sur...

[6] V. 1694... *De respirer* augmenta considérablement, *et que*...

le lit. C'est là toute la cure qu'il m'a jamais faite, que je prie Dieu de lui pardonner en l'autre monde.[1]

Je n'entendis plus parler de lui depuis cette belle consultation, sinon lorsque mes Satires parurent, qu'il me revint de tous côtés que, sans que j'en aie jamais pu savoir la raison[2], il se déchaînait à outrance contre moi : ne m'accusant pas simplement d'avoir écrit contre des auteurs, mais d'avoir glissé dans mes ouvrages des choses dangereuses, et qui regardaient l'état[3]. Je n'appréhen-

---

[1] Claude Perrault était mort six ans auparavant (9 octobre 1688).

[2] V. 1694... *côtés qu'il se déchaînait* (ainsi l'incise n'y est pas).

Voilà une des phrases citées par Lenoir-Dulac (ci-dev., p. 150, noté *c*) comme trop entrelacée de *que*, *qu'il*...

[3] Cette phrase, surtout rapprochée de la suivante, rappelle le fameux mot de Louis XIV, *l'état, c'est* moi *, et, en effet, la chose dangereuse qui regardait l'état, n'est rien autre qu'une allusion injurieuse à Louis. Cette anecdote ignorée de tous les commentateurs, est trop curieuse et trop importante d'ailleurs pour ne pas la rapporter. Boileau et Charles Perrault étaient tous les deux admirateurs du patriarche des jansénistes, du grand Arnauld. Perrault lui ayant envoyé son *Apologie des femmes*, qui est au fond une critique de la satire x, Arnauld répondit, le 5 mai 1694, par sa fameuse lettre apologétique de la même satire, que nous donnons dans le tome IV (p. 29 à 56). Mais, avant de la lui envoyer, il la communiqua à quelques jansénistes de Paris. Tous n'en furent pas contens. Quelques-uns même lui demandèrent de la retirer, parce que selon eux Despréaux y était trop favorablement traité. Denis Dodart, de l'Académie des Sciences, ancien ami du médecin Perrault, fut de ce nombre, prétendant que, dans ses démêlés avec Boileau, celui-ci avait été l'agresseur. Voici la réponse d'Arnauld, écrite le 10 juillet 1694, vingt-cinq jours avant sa mort et tirée de sa correspondance (nous en avons aussi extrait le récit précédent) telle qu'elle a été publiée, non dans la grande édition de ses Œuvres où cette correspondance est rendue avec peu d'exactitude, mais dans le recueil de ses lettres imprimé à Nancy (tome VII, 1727, p. 512). Il y convient d'abord que Boileau et Perrault peuvent avoir tort tous les deux ; ensuite il ajoute :

« Mais je ne puis convenir que ce soit M. Despréaux qui ait le plus de tort.

* Lémontey, Monarchie de Louis XIV, 1818, p. 327.

dais guère ces calomnies, mes satires n'attaquant que les
méchans livres, et étant toutes pleines des louanges du

Votre récit me fait paraître le contraire, pourvu que l'on en corrige deux endroits. Le premier est ce que vous dites avoir été la première cause de leur querelle, car vous prétendez que M. Despréaux n'a pu souffrir que M. Perrault trouvât mauvais ce qu'il avait dit contre M. Chapelain. Or je sais certainement que ce n'est point cela; mais une autre chose tout autrement outrageuse, et qui allait à le perdre sans ressource, si on y avait ajouté quelque foi. M. Despréaux l'a fait assez entendre dans la page 138 de ses Réflexions [*], quand il dit, qu'il lui était revenu de tous côtés que M. Perrault le médecin se déchaînait à toute outrance contre lui, ne l'accusant pas simplement d'avoir écrit contre des auteurs (voilà ce qui regardait M. Chapelain), mais d'avoir glissé dans ses ouvrages des choses dangereuses et qui regardaient l'état... « Quoique mes satires, ajoute-t-il, fussent toutes pleines des louanges
« du roi et que ces louanges mêmes en fissent le plus bel ornement... » Je sus dès ce temps-là, que ce qu'il marque par là est que M. Perrault avait dit, que ce vers d'une des satires (*sat.* ix, *v.* 224):

Midas, le roi Midas a des oreilles d'âne,

regardait le roi... Et je ne puis douter que cela ne soit vrai, puisque je vous prie de vous ressouvenir, que vous en ayant parlé en ce temps-là, vous ne me l'avez pas nié. Or peut-on trouver étrange qu'une calomnie si horrible ait produit la métamorphose du médecin en architecte, que vous savez bien cependant que je n'ai jamais approuvée?... »

Ce suffrage est d'autant plus décisif en faveur de Boileau, qu'Arnauld ne dissimulait pas non plus les torts de notre poète. « Pour moi, écrivait-il, deux mois auparavant (10 mai 1694, p. 412), si j'étais à la place de monsieur Perrault, je me condamnerais à ne faire jamais imprimer la préface de l'Apologie; et si j'étais M. Despréaux, je retrancherais, dans une nouvelle édition, ce qui est dit dans les Réflexions critiques contre l'honneur du médecin. »

Enfin, dans la même lettre du 10 juillet (p. 511), il annonce lui avoir fait dire qu'il n'approuvait pas que, dans son ode et la satire x, il eût parlé de l'auteur du Saint-Paulin.

On peut juger par-là si le seul tort du médecin fut, comme on pourrait l'induire du récit de Condorcet (*Eloges des Académic.*, 1799, I, 112), d'avoir parlé des satires de Boileau avec mépris... et si les trois frères Perrault (*ibid*, p. 127) « n'opposèrent jamais qu'une sage modération aux em-
« portemens du poète. »

---

[*] Cela est en effet à la page 138, tome II de l'édition de 1694.

roi, et ces louanges même[1] en faisant le plus bel ornement. Je fis néanmoins avertir monsieur le médecin qu'il prît garde à parler avec un peu plus de retenue; mais cela ne servit qu'à l'aigrir encore davantage. Je m'en plaignis même alors à monsieur[2] son frère l'académicien, qui ne me jugea pas digne de réponse. J'avoue que c'est ce qui me fit faire dans mon Art poétique la métamorphose du médecin de Florence en architecte; vengeance assez médiocre de toutes les infamies que ce médecin avait dites de moi. Je ne nierai pas cependant qu'il ne fût homme de très grand[3] mérite, et[4] fort savant, surtout dans les matières de physique[5]. Messieurs de l'académie des sciences néanmoins ne conviennent pas tous de[6] l'excellence de sa traduction de Vitruve, ni de toutes les choses avantageuses que monsieur son frère[7]

[1] *V. E.* Texte de 1694 à 1713. Quelques éditeurs lisent *mêmes*.

[2] *V. O.* Texte de 1701, in-12 (*monsieur le médecin... monsieur son frère*)... Il y a simplement M^r, dans les éditions de 1694 à 1701, in-4°.

[3] *V. O.* 1694. Il y a seulement *homme de mérite. Messieurs...* — Le changement fait au texte, en 1701, avait été promis à Arnauld (lettre de juin 1694, au tome IV, p. 62).

[4] *V. E.* Texte de 1701 et 1713, suivi par Dumonteil et Saint-Marc... On a omis *et* (quoique assez nécessaire) dans une foule d'éditions, telles que 1716, in-4° et in-12, Bross.; 1717 et 1720, Vest.; 1721, Bru.; 1735, Souch.; 1745, P.; 1749, A.; 1750, 1757, 1766, 1768, 1769 et 1793, P.; 1809 et 1825, Dau.; 1821, S.-S. et Viol.; 1824, Fro.; etc.

[5] V... *Et fort* jusqu'à *physique;* addition faite en 1701 (autre changement promis à Arnauld... Même lettre et même page).

[6] V. 1694. Sciences *ne conviennent pas pourtant* de... — Le mot *tous* a été ajouté en 1701, d'où l'on peut induire qu'après 1694, des académiciens avaient fait à Boileau l'éloge de la traduction, éloge répété depuis par Condorcet (*Élog. des académic.*, 1799, I, 125).

[7] Perrault (*Lett.*, p. 14 et 15) vante, en effet, beaucoup son frère pour sa Traduction annotée de Vitruve, ses Essais de physique, ses Mémoires d'histoire naturelle (matières, dit-il à Boileau, dont vous n'avez presque

rapporte de lui. Je puis[1] même nommer un des plus célèbres de l'académie d'architecture[2], qui s'offre de lui faire voir, quand il voudra, papiers[3] sur table, que c'est le dessin du fameux M. Le Vau[4] qu'on a suivi dans la façade du Louvre; et qu'il n'est point vrai que ni ce grand ouvrage d'architecture, ni l'observatoire, ni l'arc de triomphe, soient des ouvrages d'un médecin de la faculté. C'est une querelle que je leur laisse démêler entre eux, et où je déclare que je ne prends aucun intérêt, mes vœux même, si j'en fais quelques-uns, étant pour le médecin[5]. Ce qu'il y a de vrai, c'est que ce médecin était de même goût que monsieur son frère sur les anciens, et qu'il avait pris en haine, aussi bien que lui, tout ce qu'il y a de grands personnages dans l'antiquité. On assure que ce fut lui qui composa cette belle *Défense*

aucune connaissance, et où il ne s'agit ni d'Horace ni de Pindare), ses dessins de la façade du Louvre et de l'Observatoire, enfin « son goût et son « génie universel pour tous les arts et toutes les sciences. »

[1] V. O. 1694... Je *lui* puis...

[2] Monsieur D'Orbay. Boil., 1713. — Il était élève de Levau et il mourut en 1689. *Brossette*. — Erreur : c'est en 1697 (*Dict.* de Goigoux), date qui s'accorde d'ailleurs avec le texte ci-dessus, où, comme Dumonteil (1729) l'avait déjà remarqué, on suppose que Dorbay existait en 1694.

[3] V. 1694... Voudra *démonstrativement et* papiers...

[4] Directeur des bâtimens royaux, mort, en 1670, pendant qu'on travaillait à la façade du Louvre. *Brossette*. — Condorcet, dans son éloge de Claude Perrault (*Élog. des académic.*, 1799, I, 113 à 116), nous paraît l'avoir justifié de cette imputation faite par divers architectes ses émules, dont Boileau est ici l'écho.

[5] V... *Et où* jusqu'à *médecin* ; addition de 1701.

Ce changement avait été fait avant l'impression de l'édition in-4° de 1701, tandis que plusieurs des précédens (pages 152, notes 4 et 5; 155, notes 2, 4 et 5, et 156, note 3) qui, comme celui-ci, avaient pour but d'adoucir ce que Boileau avait dit, en 1694, de trop dur pour les Perrault, ne le furent qu'après le tirage (ils sont sur un carton).

de l'opéra d'Alceste, où voulant tourner Euripide en ridicule, il fit ces étranges bévues que M. Racine a si bien relevées dans la préface de son Iphigénie. C'est donc de lui et d'un autre frère[1] encore qu'ils avaient, grand ennemi comme eux de Platon, d'Euripide et de tous les autres bons auteurs, que j'ai voulu parler, quand j'ai dit qu'il y avait de la bizarrerie d'esprit dans leur famille, que je reconnais d'ailleurs pour une famille pleine d'honnêtes gens[2], et où il y en a même plusieurs, je crois, qui souffrent Homère et Virgile.

On me pardonnera, si je prends encore ici l'occasion de désabuser le public d'une autre fausseté que M. P** a avancée dans la Lettre bourgeoise[3] qu'il m'a écrite, et qu'il a fait imprimer, où il prétend qu'il a autrefois beaucoup servi à un de mes frères[4] auprès de M. Colbert, pour lui faire avoir l'agrément de la charge de contrôleur de l'argenterie. Il allègue pour preuve, que mon frère, depuis qu'il eut cette charge, venait tous les ans lui rendre une visite, qu'il appelait de devoir, et non

---

[1] Pierre Perrault, traducteur de la Secchia rapita (1678). C'est lui, selon Brossette, et non Claude, qui est l'auteur de la *Défense d'Alceste*. Quoi qu'il en soit, il y professe, dit Saint-Marc (I, 327), les mêmes doctrines que Charles sur les anciens.

[2] Excuse de ce qu'il avait dit dans la première édition du Discours sur l'ode, et adouci dans la deuxième (tome II, p. 406, note 4). Arnauld trouve même que la fin du passage ci-dessus met Boileau à l'abri de tout reproche à cet égard. « N'est-ce pas, mande-t-il à Dodart (lett. citée à p. 153, note 3), n'est-ce pas là un correctif... et n'est-ce pas restreindre ce qu'il reprend dans cette famille, au mauvais jugement qu'ils faisaient des anciens, ce que vous reconnaissez vous-même être tout-à-fait déraisonnable, parce que c'est combattre le goût universel qui est une marque de vérité ! »

[3] Perrault, Lett., p. 16 (citée déjà à p. 151, note 4, etc.).

[4] Gilles Boileau II (Explic. général., n° 282).

pas d'amitié. C'est une vanité dont il est aisé de faire voir le mensonge, puisque mon frère mourut dans l'année qu'il obtint cette charge, qu'il n'a possédée, comme tout le monde sait [1], que quatre mois [2]; et que même, en considération de ce qu'il n'en avait point joui, mon autre frère [3], pour qui nous obtînmes l'agrément de la même charge, ne paya point le marc d'or [4], qui montait à une somme assez considérable [5]. Je suis honteux de conter de si petites choses au public [6], mais mes amis m'ont fait entendre que ces reproches de monsieur P** regardant l'honneur, j'étais obligé d'en faire voir la fausseté.

[1] *V. E.* Texte de 1694 à 1713. On a mis *le sait*, dans l'édition de 1788 (Did.), ce qui a été imité dans presque toutes les suivantes.

[2] Si cela est exact Gilles ne put même faire aucune visite de *bonne année* à Perrault, puisqu'il mourut le 22 octobre (tome IV, Pi.-just. 36, p. 472)... Mais quoique Perrault ait commis cette erreur on ne saurait en conclure qu'il n'ait point, comme il le dit (même lettre), rendu service à Gilles pour l'obtention de la charge, point important sur lequel Despréaux garde et n'aurait pas dû garder le silence.

[3] Boileau-Puymorin (même Explicat., n° 279).

[4] Droit que devait payer le nouveau titulaire d'une charge, d'un office... Il était fixé au quarantième des finances excédant cent mille francs (*Encycl.*, *Financ.*, *h. v.*), et telle était probablement celle du Contrôle de l'argenterie, puisque, au bout de treize ans, cette charge fut vendue 180,000 francs (tome IV, Pi.-just. 33, p. 471)... Le droit eut donc été au moins de deux mille cinq cents francs.

[5] Autre phrase trop entrelacée de *qui*, *que*, *qu'il* (voy. p. 150, note *e*).

[6] Peut-être le même motif a-t-il engagé Boileau à ne pas relever cette autre erreur de Perrault. « L'exercice, dit-il (*Lett.*, p. 17), de cette charge pendant « une longue suite d'années, leur fut utile, et n'a point diminué leur succes- « sion *que vous avez recueillie.* » Il résulte assez clairement de là que Boileau fut l'unique héritier de Gilles et de Puymorin, tandis qu'il ne le fut réellement que pour un cinquième; encore la succession du premier paraît-elle avoir été peu avantageuse (tome I, *Essai*, n° 18 *et ses renvois*).

RÉFLEXION II.

Notre esprit, même dans le sublime, a besoin d'une méthode pour lui enseigner à ne dire que ce qu'il faut, et à le dire en son lieu (*Paroles de Longin, chap. II*).

Cela est si vrai, que le sublime hors de son lieu, non-seulement n'est pas une belle chose, mais devient quelquefois une grande puérilité. C'est ce qui est arrivé à Scudéri, dès le commencement de son poème d'Alaric, lorsqu'il dit :

Je chante le vainqueur des vainqueurs de la terre.[1]

Ce vers est assez noble, et est peut-être le mieux tourné de tout son ouvrage; mais il est ridicule de crier si haut, et de promettre de si grandes choses dès le premier vers. Virgile aurait bien pu dire, en commençant son Énéide : « Je chante ce fameux héros, fondateur « d'un empire qui s'est rendu maître de toute la terre. » On peut croire qu'un aussi grand maître que lui aurait aisément trouvé des expressions pour mettre cette pensée en son jour; mais cela aurait senti son déclamateur. Il s'est contenté de dire : « Je chante cet homme « rempli de piété, qui, après bien des travaux, aborda « en Italie. » Un exorde doit être simple et sans affectation. Cela est aussi vrai dans la poésie que dans les discours oratoires, parce que c'est une règle fondée sur la nature, qui est la même partout; et la comparaison du frontispice d'un palais, que Monsieur P** allègue

---

[1] Vers déjà critiqué (Art poét., III, 272, tome II, p. 233).

pour défendre ce vers de l'Alaric[1], n'est point juste.[2]. Le frontispice d'un palais doit être orné, je l'avoue; mais l'exorde n'est point le frontispice d'un poème. C'est plutôt une avenue, une avant-cour qui y conduit, et d'où on le découvre. Le frontispice fait une partie essentielle du palais, et on ne le saurait ôter qu'on n'en détruise toute la symétrie; mais un poème subsistera fort bien sans exorde, et même nos romans, qui sont des espèces de poèmes, n'ont point d'exorde.

Il est donc certain qu'un exorde ne doit point trop promettre; et c'est sur quoi j'ai attaqué le vers d'Alaric, à l'exemple d'Horace, qui a aussi attaqué dans le même sens le début du poème d'un Scudéri de son temps, qui commençait par

Fortunam Priami cantabo, et nobile bellum.[3]

« Je chanterai les diverses fortunes de Priam, et toute la noble guerre de Troie ». Car le poète, par ce début, promettait plus que l'Iliade et l'Odyssée ensemble. Il est vrai que, par occasion, Horace se moque aussi fort plaisamment de l'épouvantable ouverture de bouche qui se fait en prononçant ce futur CANTABO; mais, au fond,

---

[1] *V. E.* Texte de 1694 à 1713, suivi par Brossette, Souchay, Dumonteil, Saint-Marc et l'éditeur d'Amsterdam, 1772 et 1775. ...Dans la médiocre édition de Paris de 1768 (tome I, Notice bibl., §. 1, n° 158), on a mis simplement d'*Alaric*, ce qui a été imité dans les plus récentes, telles que 1788, 1789, 1800, 1815 et 1819, Did.; 1793, P.; 1809 et 1825, Daun.; 1820, Mé.; 1821, S.-S.; 1821 et 1823, Viol.; 1821 et 1824, Am.; 1824, Fro.; 1826, Mar.; 1828, Thi.; 1829, B. ch.

[2] « A-t-on jamais blâmé le frontispice d'un temple ou d'un palais pour « être magnifique? Si le palais n'y répond pas, c'est le palais qu'il faut blâmer. » *Parall.*, III, 267.

[3] Horace, Art poét., v. 137.

c'est de trop promettre qu'il accuse ce vers. On voit donc où se réduit la critique de Monsieur P**, qui suppose que j'ai accusé le vers d'Alaric d'être mal tourné, et qui n'a entendu ni Horace ni moi. Au reste, avant que de finir cette remarque, il trouvera bon que je lui apprenne qu'il n'est pas vrai que l'A de CANO, dans ARMA VIRUMQUE CANO, se doive prononcer comme l'A de CANTABO; et que c'est une erreur qu'il a sucée dans le collège, où l'on a cette mauvaise méthode de prononcer les brèves dans les dissyllabes latins, comme si c'étaient des longues. Mais c'est un abus qui n'empêche pas le bon mot d'Horace : car il a écrit pour des Latins qui savaient prononcer leur langue, et non pas pour des Français.

RÉFLEXION III.

Il était enclin naturellement à reprendre les vices des autres, quoique aveugle pour ses propres défauts (*Paroles de Longin, chap. III*).

Il n'y a rien de plus [1] insupportable qu'un auteur médiocre qui, ne voyant point ses propres défauts, veut trouver des défauts dans tous les plus habiles écrivains; mais c'est encore bien pis lorsque accusant ces écrivains de fautes qu'ils n'ont point faites, il fait lui-même des fautes, et tombe dans des ignorances grossières. C'est ce qui était arrivé quelquefois à Timée, et ce qui arrive toujours à Monsieur P**. Il commence la

---

[1] V. E. Texte de 1694 à 1713, et non pas *de si*, comme ont mis Saint-Marc et l'éditeur de 1772, A.

censure qu'il fait d'Homère par la chose du monde la plus fausse [1], qui est que beaucoup d'excellens critiques soutiennent qu'il n'y a jamais eu au monde un homme nommé Homère, qui ait composé l'Iliade et l'Odyssée; et que ces deux poèmes ne sont qu'une collection de plusieurs petits poèmes de différens auteurs, qu'on a joints ensemble. [2] Il n'est point vrai que jamais personne ait avancé, au moins sur le papier, une pareille extravagance; et Élien, que Monsieur P. cite pour son garant, dit positivement le contraire, comme nous le ferons voir dans [3] la suite de cette remarque.

Tous ces excellens critiques donc se réduisent à feu M. l'abbé d'Aubignac qui avait, à ce que prétend Monsieur P**[4], préparé des mémoires pour prouver ce beau paradoxe. J'ai connu M. l'abbé d'Aubignac. Il était homme de beaucoup de mérite, et fort habile en matière de poétique, bien qu'il sût médiocrement le grec. Je suis sûr qu'il n'a jamais conçu un si étrange dessein [5], à moins qu'il ne l'ait conçu les dernières années de sa vie, où l'on sait qu'il était tombé en une espèce d'enfance. Il savait trop qu'il n'y eut jamais deux poèmes si bien suivis et si bien liés que l'Iliade et l'Odyssée, ni où le même génie éclate davantage par-

---

[1] Parall. de M. P**, t. III, p. 33 (c'est la p. 32. *S.-M.*). Boil., 1694 à 1713.

[2] Phrase trop entrelacée de *que*, *qui*, *qu'il* (voy. p. 150, note *e*).

[5] *V. E.* Texte de 1694 à 1713, et non *par*, comme dans quelques éditions.

[4] Parallèles, t. III, p. 86.

[3] Boileau se trompe; du moins une dissertation anonyme sur l'Iliade qui parut après sa mort, en 1715, et où l'on soutient ce système, est, suivant Goujet (Biblioth. française, IV, 104), l'ouvrage de D'Aubignac. Au reste le même système a été soutenu dans la suite par plusieurs savans, tels que Vico et Wolf, et combattu par d'autres, tels que M. Payne-Knight.

tout, comme tous ceux qui les ont lus en conviennent. Monsieur P** prétend néanmoins [1] qu'il y a de fortes conjectures pour appuyer le prétendu paradoxe [2] de cet abbé; et ces fortes conjectures se réduisent à deux, dont l'une est, qu'on ne sait point la ville qui a donné naissance à Homère. L'autre est que ses ouvrages s'appellent *ra*υ*odies*, mot qui veut dire un amas de chansons cousues ensemble; d'où il conclut que les ouvrages d'Homère sont des pièces ramassées de différens auteurs, jamais aucun poëte n'ayant intitulé, dit-il, ses ouvrages *rapsodies*. Voilà d'étranges preuves; car, pour le premier point, combien n'avons nous pas d'écrits fort célèbres qu'on ne soupçonne point d'être faits par plusieurs écrivains différens, bien qu'on ne sache point les villes où sont nés les auteurs [3], ni même le temps où ils vivaient! Témoin Quinte-Curce, Pétrone, etc. A l'égard du mot de RAPSODIES, on étonnerait peut-être bien Monsieur P** si on lui faisait voir que ce mot ne vient point de ῥάπτειν, qui signifie JOINDRE, COUDRE ENSEMBLE; mais de ῥάβδος, qui veut dire UNE BRANCHE; et que les livres de l'Iliade et de l'Odyssée ont été ainsi appelés, parce qu'il y avait autrefois des gens qui les chantaient, une branche de laurier à la main, et qu'on appelait à cause de cela les CHANTRES DE LA BRANCHE. [4]

---

[1] V. O. 1694... Monsieur P** *néanmoins prétend* qu'il y a de...

[2] Expression peu claire : en mettant *le paradoxe qu'il prétend être de cet abbé*, on évitait l'ambiguïté. *Saint-Marc*.

[3] V. 1694... Nés *leurs* auteurs...

[4] *V. E.* Ῥαβδῳδοις. *Boil.*, 1694 à 1713. — Dans quelques éditions, telles que celle de M. de S.-S., on a intercalé ce mot grec dans le texte; dans d'autres, telles que celles de Souchay, 1735, et Paris, 1745, on l'a supprimé.

La plus commune opinion pourtant est que ce mot vient de ῥάπτειν ᾠδάς, et que RAPSODIE veut dire un amas de vers d'Homère qu'on chantait, y ayant des gens qui gagnaient leur vie à les chanter, et non pas à les composer, comme notre censeur se le veut bizarrement persuader. Il n'y a qu'à lire sur cela Eustathius[1]. Il n'est donc pas surprenant qu'aucun autre poète qu'Homère n'ait intitulé ses vers RAPSODIES, parce qu'il n'y a jamais eu proprement [2] que les vers d'Homère qu'on ait chantés de la sorte. Il paraît néanmoins que ceux qui dans la suite ont fait de ces parodies, qu'on appelait Centons d'Homère[3], ont aussi nommé ces centons RAPSODIES; et c'est peut-être ce qui a rendu le mot de RAPSODIE odieux en français, où il veut dire un amas de méchantes pièces recousues. Je viens maintenant au passage d'Élien, que cite Monsieur P**; et afin qu'en faisant voir sa méprise et sa mauvaise foi sur ce passage, il ne m'accuse pas, à son ordinaire, de lui imposer, je vais rapporter ses propres mots. Les voici : « Élien, dont le témoignage n'est pas frivole, dit formellement que l'opinion des anciens critiques était « qu'Homère n'avait jamais composé l'Iliade et l'Odyssée « que par morceaux, sans unité de dessein; et qu'il n'a-« vait point donné d'autres noms à ces diverses parties « qu'il avait composées sans ordre et sans arrangement « dans la chaleur de son imagination, que les noms des « matières dont il traitait; qu'il avait intitulé la Colère

---

[1] Ancien commentateur grec d'Homère.... Il florissait au XIIe siècle.
[2] V. 1694... *Proprement* n'y est pas.
[3] V. E. Ὁμηρόκεντρα. Boil., 1694 à 1713. — Même observation qu'à note 4, p. 163.

« d'Achille, le chant qui a depuis été le premier livre
« de l'Iliade ; le Dénombrement des vaisseaux, celui qui
« est devenu le second livre ; le Combat de Paris et de
« Ménélas, celui dont on a fait le troisième, et ainsi
« des autres. Il ajoute que Lycurgue de Lacédémone fut
« le premier qui apporta d'Ionie dans la Grèce ces di-
« verses parties séparées les unes des autres ; et que ce
« fut Pisistrate qui les arrangea, comme je viens de
« dire, et qui fit les deux poèmes de l'Iliade et de l'O-
« dyssée, en la manière que nous les voyons aujour-
« d'hui, de vingt-quatre livres chacun, en l'honneur
« des vingt-quatre lettres de l'alphabet. »[1]

A en juger par la hauteur dont Monsieur P** étale
ici toute cette belle érudition, pourrait-on soupçonner
qu'il n'y a rien de tout cela dans Élien ? Cependant il
est très véritable qu'il n'y en a pas un mot, Élien ne disant autre chose, sinon que les œuvres d'Homère, qu'on
avait complètes en Ionie, ayant couru d'abord par
pièces détachées dans la Grèce, où on les chantait sous
différens titres, elles furent enfin apportées toutes entières[2] d'Ionie par Lycurgue, et données au public par
Pisistrate, qui les revit. Mais pour faire voir que je dis
vrai, il faut rapporter ici les propres termes d'Élien :[3]

---

[1] *Parallèles* de M. P**, T. III. *Boil.*, 1694 à 1713. — C'est à la page 36.
M. Perrault a copié ce passage dans Baillet (*Jugemens des sav.*, V, 76), et
celui-ci l'avait pris dans le P. Rapin, etc. *Brossette.*—Ceci expliquerait l'erreur
relevée ci-après, p. 166, par Boileau, dont la traduction est assez conforme
à celle de Dacier (M. Daunou donne un extrait de celle-ci).

[2] *V. E.* Texte de 1694 à 1713, suivi jusques vers la fin du xviiie siècle. On
a mis *tout entières* dans l'édition de 1788 (Did.), ce qu'on a imité dans presque toutes les suivantes (*V.* sat. III, v. 117, et sat. IX, v. 135, aux notes).

[3] Liv. XIII des *diverses histoires*, ch. 14. *Boil.*, 1694 à 1713.

« Les poésies d'Homère, dit cet auteur, courant d'abord
« en Grèce par pièces détachées, étaient chantées chez
« les anciens Grecs sous de certains titres qu'ils leur
« donnaient. L'une s'appelait le Combat proche des vais-
« seaux; l'autre, Dolon surpris; l'autre, la Valeur d'A-
« gamemnon; l'autre, le Dénombrement des vaisseaux;
« l'autre, la Patroclée; l'autre, le Corps d'Hector racheté;
« l'autre, les Combats faits en l'honneur de Patrocle;
« l'autre, les Sermens violés. C'est ainsi à-peu-près que
« se distribuait l'Iliade. Il en était de même des parties de
« l'Odyssée: l'une s'appelait le Voyage à Pyle; l'autre, le
« Passage à Lacédémone, l'Antre de Calypso, le Vais-
« seau, la Fable d'Alcinoüs, le Cyclope, la Descente aux
« enfers, les Bains de Circé, le Meurtre des Amans de Pé-
« nélope, la Visite rendue à Laërte dans son champ, etc.
« Lycurgue, Lacédémonien, fut le premier qui, venant
« d'Ionie, apporta assez tard en Grèce toutes les œu-
« vres complètes d'Homère; et Pisistrate, les ayant ra-
« massées ensemble dans un volume, fut celui qui donna
« au public l'Iliade et l'Odyssée, en l'état que nous les
« avons. » Y a-t-il là un seul mot dans le sens que lui
donne Monsieur P**? Où Élien dit-il formellement que
l'opinion des anciens critiques était qu'Homère n'avait
composé l'Iliade et l'Odyssée que par morceaux, et
qu'il n'avait point donné d'autres noms à ces diverses
parties qu'il avait composées sans ordre et sans arrangement dans la chaleur de son imagination, que les
noms des matières dont il traitait? Est-il seulement
parlé là de ce qu'a fait ou pensé Homère en composant
ses ouvrages? Et tout ce qu'Élien avance ne regarde-t-il
pas simplement ceux qui chantaient en Grèce les poésies

de ce divin poète, et qui en savaient par cœur beaucoup de pièces détachées, auxquelles ils donnaient les noms qu'il leur plaisait, ces pièces y étant toutes long-temps même avant l'arrivée de Lycurgue? Où est-il parlé que Pisistrate fit l'Iliade et l'Odyssée? Il est vrai que le traducteur latin a mis CONFECIT; mais outre que CONFECIT en cet endroit ne veut point dire FIT, mais RAMASSA, cela est fort mal traduit; et il y a dans le grec ἀπέφηνε, qui signifie, « les montra, les fit voir au public ». Enfin, bien loin de faire tort à la gloire d'Homère, y a-t-il rien de plus honorable pour lui que ce passage d'Élien, où l'on voit que les ouvrages de ce grand poète avaient d'abord couru en Grèce dans la bouche de tous les hommes, qui en faisaient leurs délices, et se les apprenaient les uns aux autres, et qu'ensuite ils furent donnés complets au public par un des plus galans hommes de son siècle, je veux dire par Pisistrate, celui qui se rendit maître [1] d'Athènes? Eustathius cite encore, outre Pisistrate, deux [2] des plus fameux grammairiens [3] d'alors [4], qui contribuèrent, dit-il, à ce travail; de sorte qu'il n'y a peut-être point d'ouvrages de l'antiquité qu'on soit si sûr d'avoir complets et en bon ordre [5], que

---

[1] *V. O.* (du moins par Saint-Marc et les éditeurs suivans, jusques à MM. de S.-S. et D., car elle est notée par Brossette et Dumonteil) 1694... Maître *de la ville* d'Athènes.

[2] *V. O.* (même observation qu'à la note précédente) 1694 et 1701... Pisistrate, *trois* des plus...

[3] Aristarque et Zénodote. *Eustath., préf.,* p. 5... *Boil.*, 1713.

[4] Il semble par-là que Boileau les fasse contemporains de Pisistrate, tandis qu'ils étaient plus anciens, l'un de deux siècles, et l'autre, de quatre siècles. *Saint-Marc...*

[5] Saint-Marc le nie, et entre à ce sujet dans d'assez grands détails.

l'Iliade et l'Odyssée. Ainsi voilà plus de vingt bévues que Monsieur P** a faites sur le seul passage d'Élien. Cependant c'est sur ce passage qu'il fonde toutes les absurdités qu'il dit d'Homère. Prenant de là occasion de traiter de haut en bas l'un des meilleurs livres de poétique qui, du consentement de tous les habiles gens, aient été faits en notre langue, c'est à savoir le Traité du poème épique du père Le Bossu[1], et où ce savant religieux fait si bien voir l'unité, la beauté et l'admirable construction des poèmes de l'Iliade, de l'Odyssée et de l'Énéide; Monsieur P**, sans se donner la peine de réfuter toutes les choses solides que ce père a écrites sur ce sujet, se contente de le traiter d'homme à chimères et à visions creuses. On me permettra d'interrompre ici ma remarque, pour lui demander de quel droit il parle avec ce mépris d'un auteur approuvé de tout le monde, lui qui trouve si mauvais que je me sois moqué de Chapelain et de Cotin, c'est-à-dire, de deux auteurs universellement décriés. Ne se souvient-il point que le père Le Bossu est un auteur moderne, et un auteur moderne excellent? Assurément il s'en souvient, et c'est vraisemblablement ce qui le lui rend insupportable; car ce n'est pas simplement aux anciens qu'en veut Monsieur P**, c'est à tout ce qu'il y a jamais eu d'écrivains d'un mérite élevé dans tous les siècles, et même dans le nôtre; n'ayant d'autre but que de placer, s'il lui était possible, sur le trône des belles-lettres ses chers amis, les auteurs médiocres, afin d'y trouver sa place[2]

---

[1] Il avait paru en 1675 (in-12); il a eu depuis plusieurs éditions... La Harpe en fait mention (*Lyc.*, 1820, I, 195).

[2] Je suis étonné qu'Arnauld n'ait pas blâmé particulièrement cette allu-

avec eux. C'est dans cette vue qu'en son dernier dialogue[1] il a fait cette belle apologie de Chapelain, poète à la vérité un peu dur dans ses expressions, et dont il ne fait point, dit-il, son héros; mais qu'il trouve pourtant beaucoup plus sensé qu'Homère et que Virgile, et qu'il met du moins en même rang que le Tasse, affectant de parler de la Jérusalem délivrée et de la Pucelle comme de deux ouvrages modernes qui ont la même cause à soutenir contre les poèmes anciens.

Que s'il loue en quelques endroits Malherbe, Racan, Molière et Corneille, et s'il les met au-dessus de tous les anciens, qui ne voit que ce n'est qu'afin de les mieux avilir dans la suite, et pour rendre plus complet le triomphe de M. Quinault, qu'il met beaucoup au-dessus d'eux, et « qui est, dit-il en propres termes, le plus grand poète « que la France ait jamais eu pour le lyrique et pour le « dramatique[2]? » Je ne veux point ici offenser la mé-

---

sion injurieuse; plus Boileau sentait, et avait raison de sentir, qu'il était supérieur à Perrault, moins il aurait dû se la permettre.

[1] Parallèles, T. III, publié en 1692. *Bross.*

[2] Voici tout le passage de Perrault (*Lett.*, p. 25): « Les traits de votre « satire ne sont pas aussi mortels que vous le pensez; on en voit un exemple « dans M. Quinault que toute la France regarde présentement, malgré tout « ce que vous avez dit contre lui, comme le plus excellent poète lyrique et « dramatique tout ensemble, que la France ait jamais eu... »

Saint-Marc (II, 347), à cette occasion, reproche à Boileau de la mauvaise foi, ou au moins une inattention inexcusable, parce que les mots *tout ensemble* omis par celui-ci, montrent que son adversaire voulait dire seulement que Quinault était le meilleur de nos poètes pour le *dramatique-lyrique*... L'inattention nous semble au contraire fort excusable surtout dans un ouvrage, tel que celui-ci, rédigé à la hâte. Comme dans ses satires Boileau n'avait lancé ni pu lancer aucun trait contre les opéras de Quinault, tandis qu'il en avait lancé contre ses autres ouvrages dramatiques et en particulier contre ses tragédies (Sat. III, vers 179 à 200, et notes *ib.*), il était naturel de penser que

moire de M. Quinault, qui, malgré tous nos démêlés poétiques, est mort mon ami.[1] Il avait, je l'avoue, beaucoup d'esprit, et un talent tout particulier pour faire des vers bons à mettre en chant : mais ces vers n'étaient pas d'une grande force, ni d'une grande élévation[2]; et c'était leur faiblesse même qui les rendait d'autant plus propres pour le musicien, auquel ils doivent leur principale gloire[3], puisqu'il n'y a en effet de tous ses ouvrages que les opéra[4] qui soient recherchés. Encore est-il bon que les notes de musique les accompagnent : car, pour les autres pièces de théâtre, qu'il a faites en fort grand nombre, il y a long-temps qu'on ne les joue plus[5], et on ne se souvient pas même qu'elles aient été faites.[6]

Du reste, il est certain que M. Quinault était un très

l'éloge de Perrault se rapportait au talent de Quinault pour ces sortes d'ouvrages; d'autant plus que, comme à l'époque où Quinault composa pour la scène lyrique, l'opéra ne faisait que de naître en France (*d'Olivet*, II, 244), l'expression LE PLUS GRAND *de nos poètes* ne devait paraître avoir aucun sens si on la restreignait aux seuls poètes dramatico-lyriques.

[1] Époque de leur réconciliation, *V*. sat. IX, v. 98, à la note.

[2] Jusqu'ici, observe La Harpe, en rapportant ce passage (Lyc., 1820, in-12, VII, 161), il n'y a rien à redire, c'est la vérité.

[3] La première moitié de cette phrase, continue La Harpe (*ibid.*), est encore généralement vraie ; le temps a démontré combien la seconde est fausse... On avait, au contraire (*ib.*, p. 158), dit la vérité dans les vers où l'on a retourné la pensée de Boileau (nous les rapportons au tome I, sat. x, note du vers 149).

[4] Sur cette orthographe, *voy.* VIIIe réflexion critique, vers la fin.

[5] Erreur quant à la *Mère coquette*, comédie qui s'est soutenue au théâtre et dont La Harpe (Lyc., 1820, VII, 107) fait l'éloge (copié sans citation par un éditeur de Boileau).

[6] Ce jugement de Boileau a singulièrement partagé les écrivains. Plusieurs, tels que Voltaire (cité tome I, sat. x, note du vers 141) et Dubois-Fontanelle (III, 145), le lui ont vivement reproché... D'autres, tels que Clément (Nouv. obs., p. 489 et suiv.) et M. Amar, l'ont trouvé plein de goût, de justesse et

honnête homme, et si modeste, que je suis persuadé que s'il était encore en vie, il ne serait guère moins choqué des louanges outrées que lui donne ici monsieur P**, que des traits qui sont contre lui dans mes satires. Mais, pour revenir à Homère, on trouvera bon, puisque je suis en train, qu'avant que de finir cette remarque, je fasse encore voir ici cinq énormes bévues que notre censeur a faites en sept ou huit pages, voulant reprendre ce grand poète.

La première est à la page 72, où il le raille d'avoir, par une ridicule observation anatomique, écrit, dit-il, dans le quatrième livre de l'Iliade[1], que Ménélas avait les talons à l'extrémité des jambes. C'est ainsi qu'avec son agrément ordinaire il traduit un endroit très sensé et très naturel d'Homère, où le poète, à propos du sang qui sortait de la blessure de Ménélas, ayant apporté la comparaison de l'ivoire qu'une femme de Carie a teint en couleur de pourpre : « De même, dit-il, Ménélas, ta
« cuisse et ta jambe, jusqu'à l'extrémité du talon, furent
« alors teintes de ton sang. »

Τοῖοοί τοι, Μενέλαε, μιάνθην αἵματι μηροὶ
Εὐφυέες, κνῆμαί τ' ἠδὲ σφυρὰ καλ' ὑπένερθε.

d'impartialité; et cette dernière opinion a été développée avec beaucoup de détails par deux littérateurs modernes (*Archives littéraires*, 1804, IX, 271 à 292, et 391 à 404). D'autres enfin, tels que La Harpe (Lycée, article de l'opéra sous Louis XIV et sous Louis XV, 1820, VII, 158 à 170, et XIII, 300 et 321), et, à ce qu'il paraît, M. Daunou, l'ont approuvé sous un rapport, et (en avouant néanmoins que Boileau était de bonne foi) condamné sous un autre (*V*. ci-dev. notes 2 et 3). Enfin on peut consulter un grand article dans la Semaine, 1824 (T. II, p. 206 à 217), où l'on fait une histoire curieuse, et, à quelques exceptions près, assez exacte des démêlés de Quinault et de Boileau (*voy*. aussi les remarques des vers cités aux notes précédentes).

[1] Vers 146. *Boil.*, 1713.

> Talia tibi, Menelae, fœdata sunt cruore femora
> Solida, tibiæ, talique pulchri, infra.

Est-ce là dire anatomiquement que Ménélas avait les talons à l'extrémité des jambes, et le censeur est-il excusable de n'avoir pas au moins vu dans la version latine que l'adverbe INFRA ne se construisait pas avec TALUS, mais avec FOEDATA SUNT? Si monsieur P** veut voir de ces ridicules observations anatomiques, il ne faut pas qu'il aille feuilleter l'Iliade, il faut qu'il relise la Pucelle. C'est là qu'il en pourra trouver un bon nombre; et entre autres celle-ci, où son cher M. Chapelain met au rang des agrémens de la belle Agnès, qu'elle avait les doigts inégaux; ce qu'il exprime en ces jolis termes :[1]

> On voit hors des deux bouts de ses deux courtes manches,
> Sortir à découvert deux mains longues et blanches,
> Dont les doigts inégaux, mais tout ronds et menus,
> Imitent l'embonpoint des bras ronds et charnus.

La seconde bévue est à la page suivante[2], où notre censeur accuse Homère de n'avoir point su les arts; et cela, pour avoir dit, dans le troisième[3] de l'Odyssée[4], que le fondeur que Nestor fit venir pour dorer les cornes du taureau qu'il voulait sacrifier, vint avec son enclume, son marteau et ses tenailles. A-t-on besoin, dit monsieur P**, d'enclume ni de marteau pour dorer? Il est bon premièrement de lui apprendre qu'il n'est point parlé

---

[1] Citation empruntée à Arnauld. *Voy.* sa lettre à Perrault, et nos remarques sur cette lettre, tome IV, p. 51, note 3.

[2] C'est quatre pages plus loin, ou à la page 76. *Saint-Marc.*

[3] Texte de 1694 à 1713 : le mot *livre* y manque.

[4] Vers 425 et suiv... *Boil.*, 1713.

là d'un fondeur, mais d'un forgeron[1]; et que[2] ce forgeron, qui était en même temps et le fondeur et le batteur d'or de la ville de Pyle[3], ne venait pas seulement pour dorer les cornes du taureau, mais pour battre l'or dont il les devait dorer, et que c'est pour cela qu'il avait apporté ses instrumens; comme le poète le dit en propres termes: οἷσίν τε χρυσὸν ῥιγάζετο INSTRUMENTA QUIBUS AURUM ELABORABAT[4]. Il paraît même que ce fut Nestor qui lui fournit l'or qu'il battit. Il est vrai qu'il n'avait pas besoin pour cela d'une fort grosse enclume; aussi celle qu'il apporta était-elle si petite qu'Homère assure qu'il la tenait entre ses mains[5]. Ainsi on voit qu'Homère a parfaitement entendu l'art dont il parlait. Mais comment justifierons-nous monsieur P., cet homme d'un si grand goût, et si habile en toutes sortes d'arts, ainsi qu'il s'en vante lui-même dans la lettre qu'il m'a écrite[6]; comment, dis-je, l'excuserons-nous, d'être encore à apprendre que les feuilles d'or dont on se sert pour dorer ne sont que de l'or extrêmement battu?

La troisième bévue est encore plus ridicule. Elle est à la même page[7] où il traite notre poète de grossier, d'avoir fait dire à Ulysse par la princesse Nausicaa, dans l'O- « dyssée[8], qu'elle n'approuvait point qu'une fille couchât

---

[1] Χαλκεύς. *Boil.*, 1694 à 1713.

[2] *V. E.* Texte de 1694 à 1713. Ce *que* (il est pourtant nécessaire) a été omis dans plusieurs éditions, telles que 1809 et 1825, Daun.; 1821, S.-S...

[3] V. 1694 à 1701... *de la* petite *ville* (Pyle, aujourd'hui Navarin)...

[4] V. 1694 à 1701... *Aurum* fabricabat. *Il*...

[5] V. 1694... *tenait à la main. Ainsi*...

[6] Perrault, Lettre, page 18 (il ne l'y dit pas formellement).

[7] Non; c'est à la page 79. *Bross.* (autre erreur : c'est à la page 78).

[8] Liv. Z (vi). *Boil.*, 1713.

« avec un homme avant que[1] de l'avoir épousé ». Si le mot grec, qu'il explique de la sorte, voulait dire en cet endroit COUCHER, la chose serait encore bien plus ridicule que ne dit notre critique, puisque ce mot est joint en cet endroit à un pluriel; et qu'ainsi la princesse Nausicaa dirait : « qu'elle n'approuve point qu'une fille couche avec « plusieurs hommes avant que d'être mariée ». Cependant c'est une chose très honnête et pleine de pudeur qu'elle dit ici à Ulysse : car, dans le dessein qu'elle a de l'introduire à la cour du roi son père, elle lui fait entendre qu'elle va devant préparer toutes choses; mais qu'il ne faut pas qu'on la voie entrer avec lui dans la ville, à cause des Phéaques[2], peuple fort médisant, qui ne manqueraient pas d'en faire de mauvais discours; ajoutant qu'elle n'approuverait pas elle-même la conduite d'une fille qui, sans le congé de son père et de sa mère, fréquenterait des hommes avant que d'être mariée. C'est ainsi que tous les interprètes ont expliqué en cet endroit les mots ἀνδράσι μίσγεσθαι, MISCERI HOMINIBUS, y en ayant même qui ont mis à la marge du texte grec, pour prévenir les P**[3] : « Gardez-vous bien de[4] croire « que μίσγεσθαι en cet endroit veuille dire COUCHER ». En effet, ce mot est presque employé partout dans l'Iliade et dans l'Odyssée pour dire FRÉQUENTER; et il ne veut dire COUCHER AVEC QUELQU'UN, que lorsque la suite naturelle du discours, quelque autre mot qu'on y joint, et la qualité de la personne qui parle ou dont on parle, le

---

[1] *V. E.* Autre *que*, également omis dans plusieurs éditions.
[2] V. 1694... *des* Phéaciens, *peuple*...
[3] L'éditeur de 1702 (A) a mis le premier, *Perrault* (*voy.* p. 149, note *b*).
[4] *V. O.* 1694 à 1701. Gardez-vous de... (*bien* n'y est pas).

déterminent infailliblement à cette signification, qu'il ne peut jamais avoir dans la bouche d'une princesse aussi sage et aussi honnête qu'est représentée Nausicaa.

Ajoutez l'étrange absurdité qui s'ensuivrait de son discours, s'il pouvait être pris ici dans ce sens; puisqu'elle conviendrait en quelque sorte, par son raisonnement, qu'une femme mariée peut coucher honnêtement avec tous les hommes qu'il lui plaira. Il en est de même de μίσγεσθαι en grec, que des mots COGNOSCERE et COMMISCERI dans le langage de l'Écriture, qui ne signifient d'eux-mêmes que CONNAÎTRE et SE MÊLER, et qui ne veulent dire figurément COUCHER que selon l'endroit où on les applique; si bien que toute la grossièreté prétendue du mot d'Homère appartient entièrement à notre censeur, qui salit tout ce qu'il touche, et qui n'attaque les auteurs anciens que sur des interprétations fausses, qu'il se forge à sa fantaisie, sans savoir leur langue, et que personne ne leur a jamais données.[1]

La quatrième bévue est aussi sur un passage de l'Odyssée.[2] Eumée, dans le quinzième[3] livre de ce poème, raconte qu'il est né dans une petite île appelée Syros[4], qui est au couchant de l'île d'Ortygie.[5] Ce qu'il explique par ces mots :

---

[1] *Voy.* tome IV, lettre de Racine de 1693, n° LXXXI, p. 284.
[2] Parallèles, tome III, pag. 90, 92 et 95.
[3] *V. O.* (en partie). 1694 à 1713... *Le* neuvième *livre*, et, en marge, à 1713, liv. O (c'est le xve), vers 403 (note omise dans plusieurs éditions modernes). Il est étonnant que les éditeurs de 1713 aient laissé subsister la faute du texte, lorsque la note marginale les avertissait que Boileau avait reconnu son erreur (Brossette lui en avait parlé... *Voy.* tome IV, p. 353, note 5).
[4] Ile de l'archipel, du nombre des Cyclades. *Boil.*, 1713.
[5] Cyclade, nommée depuis Délos. *Boil.*, 1713.

Ὀρτυγίας καθύπερθεν, ὅθι τροπαὶ ἠέλιοιο.

Ortygia desuper, qua parte sunt conversiones solis.

« Petite île située au-dessus de l'île d'Ortygie, du côté que le soleil se couche. » Il n'y a jamais eu de difficulté sur ce passage : tous les interprètes l'expliquent de la sorte; et Eustathius même apporte des exemples où il fait voir que le verbe τρέπεσθαι, d'où vient τροπαί, est employé dans Homère pour dire que le soleil se couche. Cela est confirmé par Hésychius[1], qui explique le terme de τροπαί par celui de δύσεις, qui signifie incontestablement le couchant. Il est vrai qu'il y a un vieux commentateur[2] qui a mis dans une petite note, qu'Homère, par ces mots, a voulu aussi marquer « qu'il y avait dans cette île un antre où « l'on faisait voir les tours ou conversions du soleil. » On ne sait pas trop bien ce qu'a voulu dire par-là ce commentateur, aussi obscur qu'Homère est clair. Mais ce qu'il y a de certain, c'est que ni lui ni pas un autre n'ont jamais prétendu qu'Homère ait voulu dire que l'île de Syros était située sous le tropique; et que l'on n'a jamais attaqué ni défendu ce grand poète sur cette erreur, parce qu'on ne la lui a jamais imputée. Le seul Monsieur P**, qui, comme je l'ai montré par tant de preuves, ne sait point le grec[3], et qui sait si peu la géographie, que dans un de ses ouvrages il a mis le fleuve de Méandre[4], et par conséquent la Phrygie et Troie, dans la

---

[1] Grammairien et lexicographe grec... Il florissait au VIe siècle.

[2] Didymus. *Brossette.*

[3] V. O. 1694 à 1701... *Point de grec.*

[4] *V. E.* Fleuve dans la Phrygie. *Boil.*, 1713. — Presque tous les éditeurs ont changé la rédaction de cette note (ils écrivent *fleuve de la Phrygie*, ou de *Phrygie*, etc.); quelques-uns l'ont même omise... Perrault avait en effet

RÉFLEXION III.

Grèce ; le seul Monsieur P**, dis-je, vient, sur l'idée chimérique qu'il s'est mise dans l'esprit, et peut-être sur quelque misérable note d'un pédant, accuser un poète regardé par tous les anciens géographes comme le père de la géographie, d'avoir mis l'île de Syros et la mer Méditerranée sous le tropique ; faute qu'un petit écolier n'aurait pas faite : et non-seulement il l'en accuse, mais il suppose que c'est une chose reconnue de tout le monde, et que les interprètes ont tâché en vain de sauver, en expliquant, dit-il, ce passage du cadran que Phérécydes, qui vivait trois cents ans depuis Homère, avait fait dans l'île de Syros, quoique Eustathius, le seul commentateur qui a bien entendu Homère, ne dise rien de cette interprétation, qui ne peut avoir été donnée à Homère que par quelque commentateur [1] de Diogène Laërce [2], lequel [3] commentateur je ne connais point. [4] Voilà les belles preuves par où notre censeur prétend faire voir qu'Homère ne savait point les arts ; et qui ne font voir autre chose sinon que Monsieur P** ne sait

---

mis *de la Grèce* dans une note des deux premières éditions (in-4° et in-12, p. 4) de son poème de Louis-le-Grand... Furetière le lui ayant reproché en 1687, il chercha d'abord à s'excuser (Parallèles, tome I, préface), en disant qu'il avait voulu parler de la Grèce asiatique, mais dans la suite (même poème, édit. de 1698) il rectifia sa note.

[1] V. O. 1694 et 1701... *Quelque* ridicule *commentateur*.
[2] V. Diog. Laërce de l'édit. de M. Ménage, pag. 76 du texte, et pag. 68 des observations. *Boil.*, 1713.
[3] *V. O.* (du moins dans des éditions modernes, telles que celles de MM. de S.-S. et D., car Brossette, Dumonteil, Saint-Marc, etc., la donnent) 1694 à 1701... *Laërce, que je ne...*
[4] Ce commentateur n'est autre que Ménage lui-même, dit Saint-Marc (III, 254, note 48), qui donne en même temps de grands détails sur l'interprétation d'Homère.

point de grec, qu'il[1] entend médiocrement le latin, et ne connaît lui-même en aucune sorte les arts.

Il a fait les autres bévues pour n'avoir pas entendu le grec; mais il est tombé dans la cinquième erreur pour n'avoir pas entendu le latin. La voici : « Ulysse, « dans l'Odyssée[2], est, dit-il, reconnu par son chien, « qui ne l'avait point vu depuis vingt ans. Cependant « Pline assure que les chiens ne passent jamais quinze « ans. » Monsieur P** sur cela fait le procès à Homère, comme ayant infailliblement tort d'avoir fait vivre un chien vingt ans, Pline assurant que les chiens n'en peuvent vivre que quinze. Il me permettra de lui dire que c'est condamner un peu légèrement Homère, puisque non-seulement Aristote, ainsi qu'il l'avoue lui-même, mais tous les naturalistes modernes, comme Jonston, Aldroande[3], etc., assurent qu'il y a des chiens qui vivent vingt années; que même je pourrais lui citer des exemples, dans notre siècle, de chiens qui en ont vécu jusqu'à vingt-deux[4]; et qu'enfin Pline, quoique écrivain admirable, a été convaincu, comme chacun sait, de s'être trompé plus d'une fois sur les choses de la nature, au lieu qu'Homère, avant les Dialogues de Monsieur P**,

---

[1] V. 1694 à 1701... *De grec, entend* (*qu'il* est omis).

[2] Liv. 17, v. 300 et suiv. *Boil.*, 1713.

[3] *V. E.* Texte de 1694 à 1713, suivi par Brossette, Dumonteil, Souchay Saint-Marc et l'éditeur de 1772, A.. Dans la plupart des éditions modernes telles que 1788, 1789, 1800, 1815 et 1819, Did.; 1809 et 1825, Daun.; 1820, Mé.; 1821, S.-S.; 1823, Viol.; 1821 et 1824, Am.; 1824, Fro.; 1825, Aug.; 1826, Mart.; 1828, Thi.; 1829, B. ch.; on a mis *Aldrovande*, ce qui vaut mieux, mais il aurait fallu avertir de ce changement.

[4] *V. O.* 1701, in-12.. *qui ont vécu jusqu'à vingt-deux ans; et...* — *Voy.* au reste, tome IV, p. 354, lett. du 29 décembre 1701.

n'a jamais été même accusé sur ce point d'aucune erreur. Mais quoi ! Monsieur P** est résolu de ne croire aujourd'hui que Pline, pour lequel il est, dit-il, prêt à parier. Il faut donc le satisfaire, et lui apporter l'autorité de Pline lui-même, qu'il n'a point lu ou qu'il n'a point entendu, et qui dit positivement la même chose qu'Aristote et tous les autres naturalistes ; c'est à savoir, que les chiens ne vivent ordinairement que quinze ans, mais qu'il y en a quelquefois qui vont jusqu'à vingt[1]. Voici ses termes[2] : « Cette espèce de chiens, qu'on appelle chiens
« de Laconie, ne vivent que dix ans. Toutes les autres
« espèces de chiens vivent ordinairement quinze ans,
« et vont quelquefois jusqu'à vingt... *Canes laconici*
« *vivunt annis denis... cætera genera quindecim annos,*
« *aliquando viginti*[3]. » Qui pourrait croire que notre censeur, voulant, sur l'autorité de Pline, accuser d'erreur un aussi grand personnage qu'Homère, ne se donne pas la peine de lire le passage de Pline, ou de se le faire expliquer ; et qu'ensuite, de tout ce grand nombre de bévues entassées les unes sur les autres dans un si petit nombre de pages, il ait la hardiesse de conclure, comme

---

[1] *V. O.* 1701, in-12... *Jusques à vingt* ans... *Voici...*

[2] Pline, Hist. nat., liv. x. *Boil.*, 1694 à 1713 (cap. 63, sect. 73).

[3] *V. E.* (en partie). Texte de 1694 à 1713, suivi par Brossette, etc... Dans les éditions modernes citées note 3, page 178 ; 1° on a fait des alinéa distincts de la traduction et du texte latin ; 2° on a mis plusieurs points après le mot *denis;* 3° on a (excepté dans celle de M. de S.-S.) placé le latin avant la traduction.

La citation que Boileau fait de Pline n'est pas littéralement exacte, selon un éditeur; Pline dit : *Vivunt laconici annis denis, fœminæ duodenis; cætera genera quindecim annos, aliquando et vicenos...* — Cette observation est juste si l'on s'en rapporte au texte de l'édition du Père Hardoin, adopté par Brottier; mais la citation de Boileau est conforme à celui des éditions anciennes

il a[1] fait, « qu'il ne trouve point d'inconvénient (ce « sont ses termes), qu'Homère, qui est mauvais astro- « nome et mauvais géographe, ne soit pas bon natu- « raliste[2]? Y a-t-il un homme sensé qui, lisant ces absurdités, dites avec tant de hauteur dans les Dialogues de Monsieur P., puisse s'empêcher de jeter de colère le livre, et de dire comme Démiphon dans Térence[3] : « *ipsum gestio dari mí in conspectum.* »[4]

Je ferais un gros volume, si je voulais lui montrer toutes les autres bévues qui sont dans les sept ou huit pages que je viens d'examiner, y en ayant presque encore un aussi grand nombre que je passe, et que peut-être je lui ferai voir dans la première édition de mon livre, si je vois que les hommes daignent jeter les yeux sur ces éruditions grecques, et lire des remarques faites sur un livre que personne ne lit.

---

qu'il a dû suivre, et notamment de l'édition de Francfort (1599, in-fol., page 258). Aussi Saint-Marc, si rigoureux sur les citations de notre auteur, loin de le reprendre à ce sujet, blâme Perrault de n'avoir pas lu tout ce passage de Pline.

[1] V. O. 1694... Comme il fait (sans *a*)...

[2] Parallèles, T. II. Boil., 1694 à 1713. — Le rigoriste Saint-Marc reproche à Brossette d'avoir supprimé cette citation parce qu'il ne l'avait pas trouvée au tome II, en quoi, ajoute-t-il, il a été suivi par Dumonteil. Le censeur se trompe; c'est le seul Dumonteil qui a fait la suppression : Brossette (in-4°, II, 131, et in-12, III, 269) indique, comme Saint-Marc, la véritable citation, ou le tome III, p. 97; il a eu seulement le tort de ne pas mentionner l'erreur de Boileau.

[3] Phorm., act. I, scène v, vers 30. Boil., 1713.

[4] V. 1694 à 1701... Térence : *Cuperem mihi dari in conspectum...* — La citation était sans doute faite de mémoire, observe Saint-Marc. Au reste, le sens du passage est « je desirerais voir cet homme pour lui témoigner ma colère. »

RÉFLEXION IV.

C'est ce qu'on peut voir dans la description de la déesse Discorde, qui a, dit-il, la tête dans les cieux et les pieds sur la terre [1] (*Paroles de Longin, chap. VII*).

Virgile a traduit ce vers presque mot pour mot dans le quatrième livre de l'Énéide [2], appliquant à la Renommée ce qu'Homère dit de la Discorde :

> Ingrediturque solo, et caput inter nubila condit.

Un si beau vers imité par Virgile, et admiré par Longin, n'a pas été néanmoins à couvert de la critique de Monsieur P., qui trouve cette hyperbole outrée, et la met au rang des contes de Peau-d'Ane [3]. Il n'a pas pris garde que, même dans le discours ordinaire, il nous échappe tous les jours des hyperboles plus fortes que celle-là, qui ne dit au fond que ce qui est très véritable ; c'est à savoir que la Discorde règne partout sur la terre, et même dans le ciel entre les dieux, c'est-à-dire entre les dieux d'Homère. Ce n'est donc point la description d'un géant, comme le prétend notre censeur, que fait ici Homère, c'est une allégorie très juste ; et bien qu'il

---

[1] Iliade, liv. IV, v. 443. *Boil.*, 1713.

[2] On lit dans Saint-Marc (III, 258) : vers 117. *Brossette.* — Saint-Marc commet ici deux fautes : la première d'attribuer à Brossette une note qu'il n'a point faite ; la seconde d'indiquer le vers 117 au lieu du vers 177 que Dumonteil et ses copistes avaient déjà cité ; et l'on s'est approprié la seconde faute en indiquant (sans citer Saint-Marc) le vers 117, dans plusieurs éditions, telles que 1772 et 1775, A.; 1821, S.-S.; 1821 et 1824, Am.; 1825, Daun. et Aug.

[3] Parallèles, tome III. *Boil.*, 1701 à 1713 (p. 118. *Bross.*).

fasse de la Discorde un personnage, c'est un personnage allégorique qui ne choque point, de quelque taille qu'il le fasse, parce qu'on le regarde comme une idée et une imagination de l'esprit, et non point comme un être matériel subsistant dans la nature. Ainsi cette expression du psaume : « J'ai vu l'impie élevé comme « un cèdre du Liban [1], » ne veut pas dire que l'impie était un géant grand comme un cèdre du Liban. Cela signifie que l'impie était au faîte des grandeurs humaines; et Monsieur Racine est fort bien entré dans la pensée du psalmiste par ces deux vers de son Esther, qui ont du rapport au vers d'Homère :

> Pareil au cèdre, il cachait dans les cieux
> Son front audacieux. [2]

Il est donc aisé de justifier les paroles avantageuses que Longin dit du vers d'Homère sur la Discorde. La vérité est pourtant que ces paroles ne sont point de Longin, puisque c'est moi qui, à l'imitation de Gabriel de Pétra [3], les lui ai en partie prêtées, le grec en cet endroit étant fort défectueux, et même le vers d'Homère n'y étant point rapporté. C'est ce que Monsieur P. n'a eu garde de voir, parce qu'il n'a jamais lu Longin, selon toutes les apparences, que dans ma traduction. Ainsi, pensant contredire Longin, il a fait mieux qu'il ne pensait, puisque c'est moi qu'il a contredit. Mais, en m'attaquant, il ne saurait nier qu'il n'ait aussi atta-

---

[1] Psal. XXXVI, v. 35. Vidi impium super exaltatum et elevatum sicut cedros Libani... *Boil.*, 1713.
[2] Act. III, sc. dernière, vers 10 et 11.
[3] *Voy.* ci-après, Préface et Remarque 26 du Traité du Sublime.

qué Homère, et surtout Virgile, qu'il avait tellement dans l'esprit quand il a blâmé ce vers sur la Discorde, que dans son discours, au lieu de la Discorde, il a écrit, sans y penser, la Renommée.

C'est donc d'elle qu'il fait cette belle critique : [1] « Que « l'exagération du poète en cet endroit ne saurait faire « une idée bien nette. Pourquoi ? C'est, ajoute-t-il, que « tant qu'on pourra voir la tête de la Renommée, sa « tête ne sera point dans le ciel; et que si sa tête est « dans le ciel, on ne sait pas trop bien ce que l'on voit. » O l'admirable raisonnement! Mais où est-ce qu'Homère et Virgile disent qu'on voit la tête de la Discorde ou[2] de la Renommée? Et afin qu'elle ait la tête dans le ciel, qu'importe qu'on l'y voie ou qu'on ne l'y voie pas? N'est-ce pas ici le poète qui parle, et qui est supposé voir tout ce qui se passe même dans le ciel, sans que pour cela les yeux des autres hommes le découvrent? En vérité, j'ai peur que les lecteurs ne rougissent pour moi de me voir réfuter de si étranges raisonnemens. Notre censeur attaque ensuite une autre hyperbole d'Homère, à propos des chevaux des dieux[3]. Mais comme ce qu'il dit contre cette hyperbole n'est qu'une fade plaisanterie, le peu que je viens de dire contre l'objection précédente suffira, je crois, pour répondre à toutes les deux.

---

[1] Parallèles, tom. III, p. 118. *Boil.*, 1694 à 1713.
[2] *V. E.* Texte de 1694 à 1713, au lieu de *et*, qu'on lit à 1809 et 1825, Dau.; 1821, S.-S.; 1821 et 1823, Viol.; 1824, Fr.; 1826, Mar.; 1829, B. ch.
[3] Il s'agit de leur saut, qui, selon Homère, s'étend jusques au point le plus éloigné que pourrait découvrir un homme placé sur une partie fort élevée du rivage de la mer (*voy. Sublime*, ch. vii). Perrault, p. 120, compare cette *imagination* à celle de donner aux ogres des bottes de sept lieues.

RÉFLEXION V.

Il en est de même de ces compagnons d'Ulysse changés en pourceaux[1], que Zoïle appelle de petits cochons larmoyans (*Paroles de Longin, chap. VII*[2]).

Il paraît par ce passage de Longin que Zoïle, aussi bien que Monsieur P., s'était égayé à faire des railleries sur Homère : car cette plaisanterie des « petits cochons larmoyans » a assez de rapport avec les « comparaisons à longue queue », que notre critique moderne reproche à ce grand poète. Et puisque, dans notre siècle, la liberté que Zoïle s'était donnée de parler sans respect des plus grands écrivains de l'antiquité, se met aujourd'hui[3] à la mode parmi beaucoup de petits esprits, aussi ignorans qu'orgueilleux et pleins d'eux-mêmes, il ne sera pas hors de propos de leur faire voir ici de quelle manière cette liberté a réussi autrefois à ce rhéteur, homme fort savant, ainsi que le témoigne Denys d'Halicarnasse[4], et à qui je ne vois pas qu'on puisse rien reprocher sur les mœurs, puisqu'il fut toute sa vie très pauvre[5], et que, malgré l'animosité que ses critiques

---

[1] Odyss., liv. x, v. 239 et suiv... *Boil.*, 1713.

[2] *V. O.* Texte de 1694, 1701 et 1713, in-4°, et non pas *chap. VIII*, comme à 1713, in-12. — Du reste, le fragment ci-dessus est une abréviation du passage cité.

[3] *Aujourd'hui* signifiant la même chose que *dans notre siècle*, qui est plus haut, Boileau aurait dû effacer ces trois mots. *Brossette* et *Saint-Marc*.

[4] C'est ce que nie Saint-Marc, et il paraît qu'il y a sur ce point une contradiction entre les anciens, qu'on a cherché à lever en imaginant qu'il a existé deux Zoïles. *Voir* Hardion, Académ. inscr., VIII, 178 à 187.

[5] Brossette et Saint-Marc objectent qu'on peut être pauvre et malhonnête homme... Mais, selon la remarque de MM. de S.-S. et Daunou, Boileau n'in-

sur Homère et sur Platon avaient excitée contre lui, on ne l'a jamais accusé d'autre crime que de ces critiques mêmes, et d'un peu de misanthropie.

Il faut donc premièrement voir ce que dit de lui Vitruve, le célèbre architecte; car c'est lui qui en parle le plus au long; et afin que Monsieur P. ne m'accuse pas d'altérer le texte de cet auteur, je mettrai ici les mots mêmes de monsieur son frère le médecin, qui nous a donné Vitruve en français [1]. « Quelques années « après (c'est Vitruve qui parle dans la traduction de « ce médecin), Zoïle, qui se faisait appeler le fléau « d'Homère, vint de Macédoine à Alexandrie, et pré- « senta au roi les livres qu'il avait composés contre « l'Iliade et contre l'Odyssée. Ptolémée [2], indigné que « l'on attaquât si insolemment le père de tous les poètes, « et que l'on maltraitât ainsi celui que tous les savans « reconnaissent pour leur maître, dont toute la terre « admirait les écrits, et qui n'était pas là pour se dé- « fendre, ne fit point de réponse. Cependant Zoïle ayant « long-temps attendu, et étant pressé de la nécessité, « fit supplier le roi de lui faire donner quelque chose. « A quoi l'on dit qu'il fit cette réponse : Que puisque Ho- « mère, depuis mille ans qu'il y avait qu'il était mort, « avait nourri plusieurs milliers de personnes, Zoïle de- « vait bien avoir l'industrie de se nourrir, non-seule- « ment lui, mais plusieurs autres encore, lui qui faisait

---

duit point la probité du seul fait de la pauvreté; il veut dire qu'étant pauvre, Zoïle n'eut point été ménagé par ses ennemis, s'ils avaient eu des reproches à lui faire.

[1] *Voy.* p. 155, note 6.
[2] Ptolémée-Philadelphe. *Moréri*, mot *Zoïle.*

« profession d'être beaucoup plus savant qu'Homère.
« Sa mort se raconte diversement. Les uns disent que
« Ptolémée le fit mettre en croix ; d'autres, qu'il fut la-
« pidé ; et d'autres qu'il fut brûlé tout vif à Smyrne.
« Mais de quelque façon que cela soit, il est certain qu'il
« a bien mérité cette punition [1] puisqu'on ne la peut pas
« mériter pour un crime plus odieux qu'est celui de re-
« prendre un écrivain, qui n'est pas en état de rendre
« raison de ce qu'il a écrit. »

Je ne conçois pas comment Monsieur P. le médecin, qui pensait d'Homère et de Platon à-peu-près les mêmes choses que monsieur son frère et que Zoïle, a pu aller jusqu'au bout en traduisant ce passage. La vérité est qu'il l'a adouci autant qu'il lui a été possible, tâchant d'insinuer que ce n'était que les savans, c'est-à-dire, au langage de Messieurs P., les pédans, qui admiraient les ouvrages d'Homère; car dans le texte latin il n'y a pas un seul mot qui revienne au mot de savant; et à l'endroit où monsieur le médecin traduit : « Celui que tous
« les savans reconnaissent pour leur maître, » il y a,
« celui que tous ceux qui aiment les belles-lettres re-
« connaissent pour leur chef [2]. » En effet, bien qu'Ho-

---

[1] Saint-Marc et M. Daunou se récrient contre ce monstrueux excès d'intolérance. Le bénédictin Chaudon, au contraire, paraît l'approuver, puisqu'il répète le passage ci-dessus (mot *Zoïle*) sans citer Vitruve. D'Alembert (II, 184) frappé de ce que Boileau rapporte ce passage sans y joindre une désapprobation, est tenté de croire qu'il « aurait fait un mauvais parti à Perrault s'il eût
« été chargé de lui infliger quelque peine pour ses blasphèmes contre le prince
« des poètes... » Mais comment a-t-il pu concevoir une telle idée d'un homme dont la bonté et la douceur sont attestées par tant de témoignages irrécusables (*V.* tome I, Essai, n° 157)?

[2] Philologiæ omnis ducem. *Boil.*, 1694 à 1713.

mère ait su beaucoup de choses, il n'a jamais passé pour le maître des savans. Ptolémée ne dit point non plus à Zoïle dans le texte latin : « Qu'il devait bien avoir l'in-
« dustrie de se nourrir, lui qui faisait profession d'être
« beaucoup plus savant qu'Homère : » il y a, « lui qui
« se vantait d'avoir plus d'esprit qu'Homère [1]. » D'ailleurs Vitruve ne dit pas simplement que Zoïle présenta ses livres contre Homère à Ptolémée, mais « qu'il les lui
« récita [2] : » ce qui est bien plus fort, et qui fait voir que ce prince les blâmait avec connaissance de cause.

Monsieur le médecin ne s'est pas contenté de ces adoucissemens : il a fait une note où il s'efforce d'insinuer qu'on a prêté ici beaucoup de choses à Vitruve, et cela fondé sur ce que c'est un raisonnement indigne de Vitruve, de dire qu'on ne puisse reprendre un écrivain qui n'est pas en état de rendre raison de ce qu'il a écrit; et que par cette raison ce serait un crime digne du feu que de reprendre quelque chose dans les écrits que Zoïle a faits contre Homère, si on les avait à présent [3]. Je réponds premièrement que dans le latin il n'y a pas simplement, reprendre un écrivain, mais citer [4], appeler en jugement des écrivains, c'est-à-dire les attaquer dans les formes sur tous leurs ouvrages ; que d'ailleurs, par ces écrivains, Vitruve n'entend pas des écrivains ordinaires, mais des écrivains qui ont été l'admiration de tous les siècles, tels que Platon et Homère, et

---

[1] Qui meliori ingenio se profiteretur. *Boil.*, 1694 à 1713.
[2] Regi recitavit. *Boil.*, id.
[3] Phrase trop entrelacée de *que, qu'on, qui, qu'il... Lenoir-Dulac (voy.* p. 150, note *e*).
[4] Qui citat eos quorum, etc. *Boil.*, 1694 à 1713.

dont nous devons présumer, quand nous trouvons quelque chose à redire dans leurs écrits, que s'ils étaient là présens pour se défendre, nous serions tout étonnés que c'est nous qui nous trompons [1]; qu'ainsi il n'y a point de parité avec Zoïle, homme décrié dans tous les siècles, et dont les ouvrages n'ont pas même eu la gloire que, grâce à mes remarques, vont avoir les écrits de Monsieur P**, qui est qu'on leur ait répondu quelque chose.

Mais, pour achever le portrait de cet homme, il est bon de mettre aussi en cet endroit ce qu'en a écrit l'auteur que Monsieur P** cite le plus volontiers, c'est à savoir Élien. C'est au livre XIe de ses *Histoires diverses*: « Zoïle, celui qui a écrit contre Homère, contre Platon
« et contre plusieurs autres grands personnages, était
« d'Amphipolis [2], et fut disciple de ce Polycrate qui a
« fait un discours en forme d'accusation contre Socrate.
« Il fut appelé le chien de la rhétorique. Voici à-peu-
« près sa figure. Il avait une grande barbe qui lui des-
« cendait sur le menton, mais nul poil à la tête, qu'il se
« rasait jusqu'au cuir. Son manteau lui pendait ordinai-
« rement sur les [3] genoux. Il aimait à mal parler de tout,
« et ne se plaisait qu'à contredire. En un mot, il n'y eut
« jamais d'homme si hargneux que ce misérable. Un très
« savant homme lui ayant demandé un jour pourquoi il
« s'acharnait de la sorte à dire du mal de tous les grands
« écrivains; c'est, répliqua-t-il, que je voudrais bien leur
« en faire, mais je n'en puis venir à bout. »

---

[1] Autre phrase trop entrelacée de *qui*, *que*, etc. (*V*. note 3, p. 187).
[2] Ville de Thrace. *Boil.*, 1694 à 1713.
[3] *V. E.* Texte de 1694 à 1713, au lieu de *ses*, qu'on lit dans l'édition de 1766 et les suivantes (près de *vingt*), une seule exceptée (B. ch.).

Je n'aurais jamais fait, si je voulais ramasser ici toutes les injures qui lui ont été dites dans l'antiquité, où il était partout connu sous le nom du vil [1] « esclave » de Thrace. On prétend que ce fut l'envie qui l'engagea à écrire contre Homère, et que c'est ce qui a fait que tous les envieux ont été depuis appelés du nom de Zoïles, témoin ces deux vers d'Ovide :

> Ingenium magni livor detrectat Homeri :
> Quisquis es, ex illo, Zoïle, nomen habes. [2]

Je rapporte ici tout exprès ce passage, afin de faire voir à Monsieur P. qu'il peut fort bien arriver, quoi qu'il en puisse dire, qu'un auteur vivant soit jaloux d'un écrivain mort plusieurs siècles avant lui. Et, en effet, je connais plus d'un demi-savant qui rougit lorsqu'on loue devant lui avec un peu d'excès ou Cicéron ou Démosthène, prétendant qu'on lui fait tort [3].

Mais, pour ne me point écarter de Zoïle, j'ai cherché plusieurs fois en moi-même ce qui a pu attirer contre lui cette animosité et ce déluge d'injures ; car il n'est pas le seul qui ait fait des critiques sur Homère et sur Platon. Longin, dans ce traité même, comme nous le voyons, en a fait plusieurs ; et Denys d'Halicarnasse n'a pas plus épargné Platon que lui. Cependant on ne voit point que ces critiques aient excité contre eux l'indignation des hommes. D'où vient cela ? En voici la raison, si je ne me trompe. C'est qu'outre que leurs critiques sont fort sensées, il paraît visiblement qu'ils ne les font point

---

[1] *Id., id.*, et non pas *de vil*, comme on lit à 1809, Dau.; 1821, S.-S., etc.
[2] De Remed. amor., liv. I, v. 365.
[3] Brossette cite à ce sujet une anecdote arrivée anciennement à un C***, académicien (Charpentier, selon M. de S.-S.).

pour rabaisser la gloire de ces grands hommes, mais pour établir la vérité de quelque précepte important; qu'au fond, bien loin de disconvenir du mérite de ces héros (c'est ainsi qu'ils les appellent), ils nous font partout comprendre, même en les critiquant, qu'ils les reconnaissent pour leurs maîtres en l'art de parler, et pour les seuls modèles que doit suivre tout homme qui veut écrire; que s'ils nous y découvrent quelques taches, ils nous y font voir en même temps un nombre infini de beautés : tellement qu'on sort de la lecture de leurs critiques convaincu de la justesse d'esprit du censeur, et encore plus de la grandeur du génie de l'écrivain censuré. Ajoutez qu'en faisant ces critiques ils s'énoncent toujours avec tant d'égards, de modestie et de circonspection, qu'il n'est pas possible de leur en vouloir du mal.

Il n'en était pas ainsi de Zoïle, homme fort atrabilaire, et extrêmement rempli de la bonne opinion de lui-même; car, autant que nous en pouvons juger par quelques fragmens qui nous restent de ses critiques, et par ce que les auteurs nous en disent, il avait directement entrepris de rabaisser les ouvrages d'Homère et de Platon, en les mettant l'un et l'autre au-dessous des plus vulgaires écrivains. Il traitait les fables de l'Iliade et de l'Odyssée de contes de vieille, appelant Homère un diseur de sornettes [1]. Il faisait de fades plaisanteries des plus beaux endroits de ces deux poèmes, et tout cela avec une hauteur si pédantesque, qu'elle révoltait tout le monde contre lui. Ce fut, à mon avis, ce qui lui at-

---

[1] Φιλόμυθον. *Boil.*, 1694 à 1713.

tira cette horrible diffamation, et qui lui fit faire une fin si tragique.

Mais, à propos de hauteur pédantesque, peut-être ne sera-t-il pas mauvais d'expliquer ici ce que j'ai voulu dire par là, et ce que c'est proprement qu'un pédant; car il me semble que Monsieur P. ne conçoit pas trop bien toute l'étendue de ce mot. En effet, si l'on en doit juger par tout ce qu'il insinue dans ses Dialogues, un pédant, selon lui, est un savant nourri dans un collège, et rempli de grec et de latin; qui admire aveuglément tous les auteurs anciens; qui ne croit pas qu'on puisse faire de nouvelles découvertes dans la nature, ni aller plus loin qu'Aristote, Épicure, Hippocrate, Pline; qui croirait faire une espèce d'impiété s'il avait trouvé quelque chose à redire dans Virgile; qui ne trouve pas simplement Térence un joli auteur, mais le comble de toute perfection; qui ne se pique point de politesse; qui non-seulement ne blâme jamais aucun auteur ancien, mais qui respecte surtout les auteurs que peu de gens lisent, comme Jason, Barthole, Lycophron, Macrobe [1], etc.

Voilà l'idée du pédant qu'il paraît que Monsieur P. s'est formée. Il serait donc bien surpris si on lui disait qu'un pédant est presque tout le contraire de ce tableau; qu'un pédant est un homme plein de lui-même, qui, avec un médiocre savoir, décide hardiment de toutes choses; qui se vante sans cesse d'avoir fait de nouvelles découvertes; qui traite de haut en bas Aristote, Épicure, Hippocrate, Pline; qui blâme tous les auteurs anciens; qui publie que Jason et Barthole étaient deux ignorans,

---

[1] *Voy.* la note suivante.

Macrobe un écolier; qui trouve à la vérité quelques endroits passables dans Virgile, mais qui y trouve aussi beaucoup d'endroits dignes d'être sifflés; qui croit à peine Térence digne du nom de joli; qui, au milieu de tout cela, se pique surtout de politesse; qui tient que la plupart des anciens n'ont ni ordre ni économie dans leurs discours; en un mot, qui compte pour rien de heurter sur cela le sentiment de tous les hommes [1].

Monsieur P. me dira peut-être que ce n'est point là le véritable caractère d'un pédant. Il faut pourtant lui montrer que c'est le portrait qu'en fait le célèbre Régnier, c'est-à-dire le poète français qui, du consentement de tout le monde, a le mieux connu, avant Molière, les mœurs et le caractère des hommes. C'est dans sa dixième satire, où décrivant cet énorme pédant qui, dit-il [2],

---

[1] Cette allusion directe à Perrault serait inexcusable, si elle n'avait pas été provoquée. Le portrait du pédant que Boileau, dans l'alinéa précédent, cherche à tirer des *Parallèles* de Perrault est dans un couplet de son *Apologie des femmes*, qui parut quelque temps avant les *Réflexions critiques* (tome I, Notice bibl., § 2, n° 35); couplet qui contient évidemment une allusion à notre poète; le voici:

> Regarde un peu de près celui qui loup garou,
> Loin du sexe a vécu renfermé dans son trou,
> Tu le verras crasseux, mal adroit et sauvage,
> Farouche dans ses mœurs, rude dans son langage;
> Ne pouvoir rien penser de fin, d'ingénieux,
> Ni dire jamais rien que de dur ou de vieux.
> S'il joint à ses talens l'amour de l'anticaille,
> S'il trouve qu'en nos jours on ne fait rien qui vaille,
> Et qu'à tout bon moderne il donne un coup de dent,
> De ces dons rassemblés se forme le pédant,
> Le plus fastidieux, comme le plus immonde,
> De tous les animaux qui rampent dans le monde.

[2] Régnier, satire x, vers 119 et 120, édition de 1613, feuillet 44.

> Faisait par son savoir, comme il faisait entendre,
> La figue sur le nez au pédant d'Alexandre;

il lui donne ensuite ces sentimens :

> Qu'il a, pour enseigner, une belle manière [1];
> Qu'en son globe il a vu la matière première;
> Qu'Épicure est ivrogne [2], Hippocrate un bourreau;
> Que Barthole et Jason ignorent le barreau;
> Que Virgile est passable, encor qu'en quelques pages
> Il méritât au Louvre être sifflé [3] des pages;
> Que Pline est inégal, Térence un peu joli;
> Mais surtout il estime un langage poli.
> Ainsi sur chaque auteur il trouve de quoi mordre :
> L'un n'a point de raison, et l'autre n'a point d'ordre;
> L'un [4] avorte avant temps des œuvres qu'il conçoit;
> Souvent il prend [5] Macrobe et lui donne le fouet [6]; etc.

Je laisse à Monsieur P. le soin de faire l'application de cette peinture, et de juger qui Régnier a décrit par ces vers; ou un homme de l'Université, qui a un sincère respect pour tous les grands écrivains de l'antiquité, et qui en inspire, autant qu'il peut, l'estime à la jeunesse qu'il instruit; ou un auteur présomptueux qui traite tous les anciens d'ignorans, de grossiers, de visionnaires, d'insensés, et qui, étant déjà avancé en âge, emploie le reste de ses jours et s'occupe uniquement à contredire le sentiment de tous les hommes.

---

[1] Regnier, satire x, vers 223 à 234. — Il a fait auparavant (vers 121 et suiv.) le portrait de ce *pédant*, qu'il qualifie d'*animal domestique*...

[2] *Id.*, il écrit *ivrongne*.

[3] *Id.*, *id.*, *chifflé*.

[4] *Id.*, il y a *l'autre* avorte...

[5] *Id.*, *id.*, *Or* (pour *ores*... maintenant) il *vous* prend Macrobe et lui...

[6] *Id.*, *id.*, le *foit*.

RÉFLEXION VI.

En effet, de trop s'arrêter aux petites choses, cela gâte tout
(*Paroles de Longin*, *chap. VIII*).

Il n'y a rien de plus vrai, surtout dans les vers; et c'est un des grands défauts de Saint-Amant[1]. Ce poète avait assez de génie pour les ouvrages de débauche et de satire outrée ; et il a même quelquefois des boutades assez heureuses dans le sérieux ; mais il gâte tout par les basses circonstances qu'il y mêle. C'est ce qu'on peut voir dans son ode intitulée LA SOLITUDE, qui est son meilleur ouvrage, où, parmi un fort grand nombre d'images très agréables, il vient présenter mal-à-propos aux yeux les choses du monde les plus affreuses, des crapauds et des limaçons qui bavent, le squelette d'un pendu, etc.

> Là branle le squelette horrible
> D'un pauvre amant qui se pendit.

Il est surtout bizarrement tombé dans ce défaut en son MOÏSE SAUVÉ, à l'endroit du passage de la mer Rouge : au lieu[2] de s'étendre sur tant de grandes circonstances qu'un sujet si majestueux lui présentait, il perd le temps à peindre le petit enfant qui va, saute, revient, et ramassant une coquille, la va montrer à sa mère, et met en quelque sorte, comme j'ai dit dans ma poétique[3], les poissons aux fenêtres, par ces deux vers :

---

[1] *Voy.* satire I, vers 97 à 108 et la note du vers 97, tome I.
[2] V. O. 1694 à 1701... *Rouge, où au lieu...*
[3] Ch. III, v. 264, tome II, p. 233... On voit que Boileau a encore profité ici de la leçon de Perrault (même tome, p. 406, note 2).

RÉFLEXION VI. 195

> Et là, près des remparts que l'œil peut transpercer,
> Les poissons ébahis les regardent passer.

Il n'y a que monsieur P. au monde qui puisse ne pas sentir le comique qu'il y a dans ces deux vers, où il semble en effet que les poissons aient loué des fenêtres pour voir passer le peuple hébreu. Cela est d'autant plus ridicule que les poissons ne voient presque rien au travers de l'eau, et ont les yeux placés d'une telle manière, qu'il était bien difficile, quand ils auraient eu la tête hors de ces remparts, qu'ils pussent bien [1] découvrir cette marche. Monsieur P. prétend néanmoins justifier ces deux vers ; mais c'est par des raisons si peu sensées [2], qu'en vérité je croirais abuser du papier, si je l'employais à y répondre. Je me contenterai donc de le renvoyer à la comparaison que Longin rapporte ici d'Homère. Il y pourra voir l'adresse de ce grand poète à choisir et à ramasser les grandes circonstances. Je doute pourtant qu'il convienne de cette vérité ; car il en veut surtout aux comparaisons d'Homère, et il en fait le principal objet de ses plaisanteries dans son dernier dialogue. On me demandera peut-être ce que c'est que ces plaisanteries, monsieur P. n'étant pas en réputation d'être fort plaisant ; et comme vraisemblablement on n'ira pas les chercher dans l'original, je veux bien, pour la curiosité des lecteurs, en rapporter ici quelques traits. Mais pour cela il faut commencer par faire entendre ce que c'est que les Dialogues de monsieur P.

C'est une conversation qui se passe entre trois person-

---

[1] V. O. 1694 (*id.*, 1695 à 1700, A.); *pussent découvrir* (*bien* est omis).
[2] Parallèles, tome III, p. 262 à 265.

nages, dont le premier, grand ennemi des anciens et surtout de Platon, est monsieur P. lui-même, comme il le déclare dans sa préface. Il s'y donne le nom d'abbé; et je ne sais pas trop pourquoi il a pris ce titre ecclésiastique, puisqu'il n'est parlé dans ce dialogue que de choses très profanes; que les romans y sont loués par excès [1], et que l'opéra y est regardé comme le comble de la perfection où la poésie pouvait arriver en notre langue [2]. Le second de ces personnages est un chevalier, admirateur de M. l'abbé, qui est là comme son Tabarin pour appuyer ses décisions, et qui le contredit même quelquefois à dessein, pour le faire mieux valoir. Monsieur P. ne s'offensera pas sans doute de ce nom de Tabarin que je donne ici à son chevalier, puisque ce chevalier lui-même déclare en un endroit qu'il estime plus les dialogues de Mondor et de Tabarin que ceux de Platon [3]. Enfin le troisième de ces personnages, qui est beaucoup le plus sot des trois, est un président, pro-

---

[1] « Nos bons romans, comme l'*Astrée*, où il y a dix fois plus d'invention « que dans l'Iliade, la *Cléopâtre*, le *Cyrus*, la *Clélie* et plusieurs autres, non- « seulement n'ont aucun des défauts que j'ai remarqués dans les anciens poë- « tes; mais ont, de même que nos poèmes en vers, une infinité de beautés « toutes nouvelles » (*Ibid.*, page 149). — Quelques éditeurs indiquent la page 148, parce qu'ils ont copié, sans vérification, les fragmens des Parallèles rapportés par Saint-Marc; mais alors ils auraient dû citer Saint-Marc, et non point les *Parallèles*.

[2] Perrault dit seulement (il est vrai après un grand éloge des opéra) que leur « invention ingénieuse n'est pas un accroissement peu considérable à la « belle et grande poésie » (*Ib.*, p. 284).

[3] « Les dialogues de Mondor et de Tabarin, tout impertinens qu'ils étaient, « avaient de ce côté-là plus de raison et plus d'entente. » *Parallèles*, p. 116 du tome II, et non pas tome III, comme disent les mêmes éditeurs en copiant encore Saint-Marc et sans le citer (*voy.* quant à Tabarin, Art poét., I, 86, et III, 398, T. II, p. 179 et 245).

tecteur des anciens, qui les entend encore moins que l'abbé ni que [1] le chevalier, qui ne saurait souvent répondre aux objections du monde les plus frivoles, et qui défend quelquefois si sottement la raison, qu'elle devient plus ridicule dans sa bouche que le mauvais sens. En un mot, il est là comme le faquin de la comédie, pour recevoir toutes les nasardes. Ce sont là les acteurs de la pièce. Il faut maintenant les voir en action.

M. l'abbé, par exemple, déclare en un endroit [2] qu'il n'approuve point ces comparaisons d'Homère où le poète, non content de dire précisément ce qui sert à la comparaison, s'étend sur quelque circonstance historique de la chose dont il est parlé, comme lorsqu'il compare la cuisse de Ménélas blessé à de l'ivoire teint en pourpre par une femme de Méonie ou de Carie, etc. Cette femme de Méonie ou de Carie déplaît à M. l'abbé [3], et il ne saurait souffrir ces sortes de *comparaisons à longue queue* : mot agréable, qui est d'abord admiré par M. le chevalier, lequel prend de là occasion de raconter quantité de jolies choses qu'il dit aussi à la campagne, l'année dernière, à propos de ces « comparaisons à longue queue ».

Ces plaisanteries étonnent un peu M. le président, qui sent bien la finesse qu'il y a dans ce mot de « longue queue ». Il se met pourtant à la fin en devoir de répondre. La chose n'était pas sans doute fort malaisée, puisqu'il n'avait qu'à dire ce que tout homme qui sait les

---

[1] *V. E.* Ce *que* est omis dans plusieurs éditions modernes.
[2] Parallèles, tome III, p. 58.
[3] C'est au chevalier et non point à l'abbé. *Voy.* Parall., tome III, p. 59 (et non point 49, comme le notent les mêmes copistes de Saint-Marc).

élémens de la rhétorique aurait dit d'abord : Que les comparaisons, dans les odes et dans les poèmes épiques, ne sont pas simplement mises pour éclaircir et pour orner le discours, mais pour amuser et pour délasser l'esprit du lecteur, en le détachant de temps en temps du principal sujet, et le promenant sur d'autres images agréables à l'esprit; que c'est en cela qu'a principalement excellé Homère, dont non-seulement toutes les comparaisons, mais tous les discours sont pleins d'images de la nature, si vraies et si variées, qu'étant toujours le même, il est néanmoins toujours différent; instruisant sans cesse le lecteur, et lui faisant observer, dans les objets mêmes qu'il a tous les jours devant les yeux, des choses qu'il ne s'avisait pas d'y remarquer; que c'est une vérité universellement reconnue qu'il n'est point nécessaire, en matière de poésie, que les points de la comparaison se répondent si juste les uns aux autres, qu'il suffit d'un rapport général, et qu'une trop grande exactitude sentirait son rhéteur.

C'est ce qu'un homme sensé aurait pu dire sans peine à M. l'abbé et à M. le chevalier; mais ce n'est pas ainsi que raisonne M. le président. Il commence par avouer sincèrement que nos poètes se feraient moquer d'eux s'ils mettaient dans leurs poèmes de ces comparaisons étendues, et n'excuse Homère que parce qu'il avait le goût oriental, qui était, dit-il, le goût de sa nation. Là-dessus il explique [1] ce que c'est que le goût des orientaux, qui, à cause du feu de leur imagination et de la vivacité de leur esprit, veulent toujours, poursuit-il,

---

[1] Parallèles, tome III, p. 62 et 63.

qu'on leur dise deux choses à-la-fois, et ne sauraient souffrir un seul sens dans un discours : au lieu que nous autres Européans [1], nous nous contentons d'un seul sens, et sommes bien aises qu'on ne nous dise qu'une seule chose à-la-fois. Belles observations que M. le président a faites dans la nature, et qu'il a faites tout seul, puisqu'il est très faux que les Orientaux aient plus de vivacité d'esprit que les Européans, et surtout que les Français, qui sont fameux par tout pays pour leur conception vive et prompte; le style figuré qui règne aujourd'hui dans l'Asie mineure et dans les pays voisins, et qui n'y régnait point autrefois, ne venant que de l'irruption des Arabes et des autres nations barbares qui, peu de temps après Héraclius, inondèrent ces pays, et y portèrent, avec leur langue et avec leur religion, ces manières de parler ampoulées. En effet, on ne voit point que les pères grecs de l'Orient, comme saint Justin, saint Basile, saint Chrysostôme, saint Grégoire de Nazianze, et tant d'autres aient jamais pris ce style dans leurs écrits; et ni Hérodote, ni Denys d'Halicarnasse, ni Lucien, ni Josèphe, ni Philon le juif, ni aucun auteur [2] grec n'a jamais parlé ce langage.

Mais pour revenir aux comparaisons à longue queue, M. le président rappelle toutes ses forces pour renverser ce mot, qui fait tout le fort de l'argument de M. l'abbé, et répond enfin que, comme dans les cérémonies on trouverait à redire aux queues des princesses si elles ne traînaient jusqu'à terre, de même les comparaisons dans

---

[1] On dit et écrit aujourd'hui *Européens... Féraud.*
[2] *V. E.* Texte de 1694 à 1713, au lieu de *aucun* autre *auteur*, qu'on lit dans quelques éditions, telles que 1821, S.-S., 1825, Dau...

le poème épique seraient blâmables si elles n'avaient des queues fort traînantes. Voilà peut-être une des plus extravagantes réponses qui aient jamais été faites ; car quel rapport ont les comparaisons à des princesses ? Cependant M. le chevalier, qui jusqu'alors n'avait rien approuvé de tout ce que le président avait dit, est ébloui de la solidité de cette réponse, et commence à avoir peur pour M. l'abbé qui, frappé aussi du grand sens de ce discours, s'en tire pourtant, avec assez de peine, en avouant, contre son premier sentiment, qu'à la vérité on peut donner de longues queues aux comparaisons, mais soutenant qu'il faut, ainsi qu'aux robes des princesses, que ces queues soient de même étoffe que la robe ; ce qui manque, dit-il, aux comparaisons d'Homère, où les queues sont de deux étoffes différentes : de sorte que, s'il arrivait qu'en France, comme cela peut fort bien arriver, la mode vînt de coudre des queues de différente étoffe aux robes des princesses, voilà le président qui aurait entièrement cause gagnée sur les comparaisons. C'est ainsi que ces trois messieurs manient entre eux la raison humaine ; l'un faisant toujours l'objection qu'il ne doit point faire ; l'autre approuvant ce qu'il ne doit point approuver ; et l'autre répondant ce qu'il ne doit point [1] répondre.

Que si le président a eu ici quelque avantage sur l'abbé, celui-ci a bientôt sa revanche, à propos d'un autre endroit d'Homère. Cet endroit est dans le douzième livre de l'Odyssée [2], où Homère, selon la traduc-

---

[1] *V. E.* Texte de 1694 à 1713. On a substitué ici *pas* à *point*, dans les mêmes éditions.

[2] Vers 420 et suiv... *Boil.*, 1713. — Non : c'est 426 et suiv. *Saint-Marc.*

tion de monsieur P., raconte « qu'Ulysse étant porté
« sur son mât brisé vers la Charybde, justement dans
« le temps que l'eau s'élevait, et craignant de tomber
« au fond quand l'eau viendrait à redescendre, il se prit
« à un figuier sauvage qui sortait du haut du rocher,
« où il s'attacha comme une chauve-souris, et où il at-
« tendit, ainsi suspendu, que son mât qui était allé à
« fond, revînt sur l'eau; » ajoutant que, « lorsqu'il le
« vit revenir, il fut aussi aise qu'un juge qui se lève de
« dessus son siège pour aller dîner, après avoir jugé plu-
« sieurs procès. » M. l'abbé insulte fort [1] à M. le président sur cette comparaison bizarre du juge qui va dîner; et voyant le président embarrassé, « Est-ce, ajoute-
« t-il, que je ne traduis pas fidèlement le texte d'Ho-
« mère? » ce que ce grand défenseur des anciens n'oserait nier. Aussitôt M. le chevalier revient à la charge,
et sur ce que le président répond que le poète donne à
tout cela un tour si agréable qu'on ne peut pas n'en
être point charmé : « Vous vous moquez, poursuit le
« chevalier : Dès le moment qu'Homère, tout Homère
« qu'il est, veut trouver de la ressemblance entre un
« homme qui se réjouit de voir son mât revenir sur
« l'eau, et un juge qui se lève pour aller dîner après
« avoir jugé plusieurs procès, il ne saurait dire qu'une
« impertinence. »

Voilà donc le pauvre président fort accablé; et cela,
faute d'avoir su que M. l'abbé fait ici une des plus énormes bévues qui aient jamais été faites, prenant une date [2]

---

[1]. C'est encore le chevalier et non l'abbé. *Saint-Marc.*

[2] Saint-Marc convient de cette bévue, qui déjà, ainsi que plusieurs autres,
avait été relevée par madame Dacier.

pour une comparaison. Car il n'y a en effet aucune comparaison en cet endroit d'Homère. Ulysse raconte que voyant le mât et la quille de son vaisseau, sur lesquels il s'était sauvé, qui s'engloutissaient dans la Charybde, il s'accrocha comme un oiseau de nuit à un grand figuier qui pendait là d'un rocher, et qu'il y demeura long-temps attaché, dans l'espérance que, le reflux venant, la Charybde pourrait enfin revomir les débris de son vaisseau; qu'en effet ce qu'il avait prévu arriva; et qu'environ vers l'heure qu'un magistrat, ayant rendu la justice, quitte sa séance pour aller prendre sa réfection, c'est-à-dire environ sur les trois heures après midi, ces débris parurent hors de la Charybde, et qu'il se remit dessus. Cette date est d'autant plus juste qu'Eustathius assure que c'est le temps d'un des reflux de la Charybde, qui en a trois en vingt-quatre heures, et qu'autrefois en Grèce on datait ordinairement les heures de la journée par le temps où les magistrats entraient au conseil, par celui où ils y demeuraient, et par celui où ils en sortaient. Cet endroit n'a jamais été entendu autrement par aucun interprète, et le traducteur latin l'a fort bien rendu. Par là on peut voir à qui appartient l'impertinence de la comparaison prétendue, ou à Homère qui ne l'a point faite, ou à M. l'abbé qui la lui fait faire si mal-à-propos.

Mais avant que de quitter la conversation de ces trois messieurs, M. l'abbé trouvera bon que je ne donne pas les mains à la réponse décisive qu'il fait à M. le chevalier, qui lui avait dit[1] : « Mais à propos de comparai-

---

[1] Parallèles, tome III, p. 61.

« sons, on dit qu'Homère compare Ulysse qui se tourne
« dans son lit, au boudin qu'on rôtit sur le gril. » A
quoi M. l'abbé répond : « Cela est vrai; » et à quoi je réponds : Cela est si faux, que même le mot grec qui veut
dire *boudin* n'était point encore inventé du temps d'Homère, où il n'y avait ni boudins ni ragoûts. La vérité
est que, dans le vingtième livre de l'Odyssée [1], il compare Ulysse qui se tourne çà et là dans son lit, brûlant
d'impatience de se soûler [2], comme dit Eustathius, du
sang des amans de Pénélope, à un homme affamé, qui
s'agite pour faire cuire sur un grand [3] feu le ventre sanglant et plein de graisse d'un animal dont il brûle de se
rassasier, le tournant sans cesse de côté et d'autre.

En effet, tout le monde sait que le ventre de certains
animaux, chez les anciens, était un de leurs plus délicieux mets; que le SUMEN, c'est-à-dire le ventre de la
truie, parmi les Romains, était vanté par excellence,
et défendu même par une ancienne loi censorienne [4],
comme trop voluptueux. Ces mots « plein de sang et de
« graisse, » qu'Homère a mis en parlant du ventre des
animaux, et qui sont si vrais de cette partie [5] du corps,
ont donné occasion à un misérable traducteur qui a mis
autrefois l'Odyssée en français, de se figurer qu'Homère parlait là de boudin, parce que le boudin de pour-

---

[1] Vers 24 et suiv... *Boil.*, 1713 (M. Amar cite les vers 25 et suivans).

[2] Pour cette expression, *voy.* tome IV, p. 321, note 1.

[3] V. O. Texte de 1694 préféré, par tous les éditeurs, à celui de 1701 et de 1713, où le mot *grand* est omis, sans doute par erreur typographique.

[4] Elle est citée par Pline, XI, c. 84, VIII, c. 77. *Bross.*

[5] « Boileau se trompe ici, dit madame Dacier (citée par Saint-Marc) : ces mots doivent s'entendre de la graisse et du sang dont on farcissait cette partie ».

ceau se fait communément avec du sang et de la graisse ; et il l'a ainsi sottement rendu dans sa traduction[1]. C'est sur la foi de ce traducteur que quelques ignorans, et M. l'abbé du dialogue, ont cru qu'Homère comparait Ulysse à un boudin; quoique ni le grec ni le latin n'en disent rien, et que jamais aucun commentateur n'ait fait cette ridicule bévue. Cela montre bien les étranges inconvéniens qui arrivent à ceux qui veulent parler d'une langue qu'ils ne savent point.

RÉFLEXION VII.

Il faut songer au jugement que toute la postérité fera de nos écrits (Paroles de Longin, chap. XII).

Il n'y a en effet que l'approbation de la postérité qui puisse établir le vrai mérite des ouvrages. Quelque éclat qu'ait fait un écrivain durant sa vie, quelques éloges qu'il ait reçus, on ne peut pas pour cela infailliblement conclure que ses ouvrages soient excellens[2]. De faux brillans, la nouveauté du style, un tour d'esprit qui était à la mode, peuvent les avoir fait valoir; et il arrivera peut-être que dans le siècle suivant on ouvrira les yeux, et que l'on méprisera ce que l'on a admiré. Nous en avons un bel exemple dans Ronsard[3] et dans ses imita-

---

[1] Madame Dacier (*ibid.*) en rapporte le passage.

[2] Tel est aussi le sentiment de La Harpe (Fragment sur Colardeau, *Lyc.*, 1820-21, XV, 268).

[3] On a vu (Art poét., I, 123 et suiv., tome II, p. 182) ce que Boileau pensait de Ronsard... Dans un assez long article qu'il lui consacre, La Harpe (*ib.*, V, 87 et 88) dit qu'il a le plus grand de tous les défauts, celui de ne pou-

teurs, comme du Bellay, du Bartas[1], Desportes, qui, dans le siècle précédent, ont été l'admiration de tout le monde, et qui aujourd'hui ne trouvent pas même de lecteurs.

La même chose était arrivée chez les Romains à Nævius, à Livius et à Ennius, qui, du temps d'Horace, comme nous l'apprenons de ce poète, trouvaient encore beaucoup de gens qui les admiraient; mais qui à la fin furent entièrement décriés. Et il ne faut point s'imaginer que la chute de ces auteurs, tant les français que les latins, soit venue de ce que les langues de leur pays ont changé. Elle n'est venue que de ce qu'ils n'avaient point attrapé dans ces langues le point de solidité et de perfection, qui est nécessaire pour faire durer et pour faire à jamais priser des ouvrages. En effet, la langue latine, par exemple, qu'ont écrite Cicéron et Virgile, était déjà fort changée du temps de Quinti-

---

voir être lu... qu'il n'a pas quatre vers de suite qui puissent être retenus grâce à l'*étrangeté* de sa diction... Mais *voy.* plus bas la note 2.

[1] La Harpe reconnaît aux poèmes de du Bartas quelques beautés, mais en porte ce jugement général, que « jamais la barbarie ne fut poussée si loin (*ib.*, p. 97 à 100) »... *Voy.* la note suivante.

[2] Cela a pu être vrai pendant la dernière moitié du xviie siècle et pendant tout le xviiie; mais sur la fin de celui-ci « la nation allemande ayant été vain-« cue par les armes françaises », un rhéteur germain nous a bientôt prouvé que Ronsard et du Bartas (*voy.* les deux notes précédentes) étaient de grands poètes, et que les Racine, les Corneille, les Molière, les Boileau, etc., n'étaient pas même des poètes.

Que l'on ne prenne pas ceci pour une plaisanterie : la ligne guillemetée est tirée d'une réponse faite, en 1825, par un des premiers savans d'outre-Rhin à une lettre où un Français lui avait manifesté sa surprise de l'espèce de manie qu'avaient plusieurs de ses compatriotes, de rabaisser ce qui s'était fait et pouvait encore se faire de bon en France, et d'exalter ce qui était peu estimé dans ce dernier pays.

lien, et encore plus du temps d'Aulugelle [1]. Cependant Cicéron et Virgile y étaient encore plus estimés que de leur temps même, parce qu'ils avaient comme fixé la langue par leurs écrits, ayant atteint le point de perfection que j'ai dit.

Ce n'est donc point la vieillesse des mots et des expressions dans Ronsard qui a décrié Ronsard; c'est qu'on s'est aperçu tout d'un coup que les beautés qu'on y croyait voir n'étaient point des beautés; ce que Bertaut, Malherbe, de Lingendes et Racan [2], qui vinrent après lui, contribuèrent beaucoup à faire connaître, ayant attrapé dans le genre sérieux le vrai génie de la langue française, qui, bien loin d'être en son point de maturité du temps de Ronsard, comme Pasquier [3] se l'était persuadé faussement, n'était pas même encore sortie de sa première enfance. Au contraire, le vrai tour de l'épigramme, du rondeau et des épîtres naïves ayant été trouvé, même avant Ronsard, par Marot, par Saint-Gelais [4], et par d'autres, non-seulement leurs ouvrages en ce genre ne sont point tombés dans le mépris, mais ils sont encore aujourd'hui généralement estimés; jusque-là même que pour trouver l'air naïf en français, on a encore quelquefois recours à leur style; et c'est ce qui a si bien réussi au célèbre monsieur de La Fontaine [5]. Concluons donc qu'il

---

[1] Quintilien florissait à la fin du premier siècle de notre ère; Aulugelle, dans le cours du deuxième.

[2] *Voy.* Art poét., I, 18 et 123 à 142, tome II, p. 172 et 182.

[3] *Voy.* tome I, Essai, n° 14.

[4] Mellin de Saint-Gelais, mort en 1548... Quant à Marot, *voy.* Art poét., I, 96 et 119, tome II, p. 180 et 182.

[5] *Voy.* tome I, Essai, n° 87.

n'y a qu'une longue suite d'années qui puisse établir la valeur et le vrai mérite d'un ouvrage.

Mais lorsque des écrivains ont été admirés durant un fort grand nombre de siècles, et n'ont été méprisés que par quelques gens de goût bizarre, car il se trouve toujours des goûts dépravés, alors non-seulement il y a de la témérité, mais il y a de la folie à vouloir douter du mérite de ces écrivains. Que si vous ne voyez point les beautés de leurs écrits, il ne faut pas conclure qu'elles n'y sont point, mais que vous êtes aveugle, et que vous n'avez point de goût. Le gros des hommes à la longue ne se trompe point sur les ouvrages d'esprit. Il n'est plus question, à l'heure qu'il est, de savoir si Homère, Platon, Cicéron, Virgile, sont des hommes merveilleux; c'est une chose sans contestation, puisque vingt siècles en sont convenus; il s'agit de savoir en quoi consiste ce merveilleux qui les a fait admirer de tant de siècles, et il faut trouver moyen de le voir, ou renoncer aux belles-lettres, auxquelles[1] vous devez croire que vous n'avez ni goût ni génie, puisque vous ne sentez point ce qu'ont senti tous les hommes.

Quand je dis cela néanmoins, je suppose que vous sachiez la langue de ces auteurs; car, si vous ne la savez point, et si vous ne vous l'êtes point familiarisée, je ne vous blâmerai pas de n'en point voir les beautés, je vous blâmerai seulement d'en parler. Et c'est en quoi on ne saurait trop condamner monsieur P., qui, ne sachant point la langue d'Homère, vient hardiment lui faire son procès sur les bassesses de ses traducteurs, et dire au

---

[1] Nous dirions aujourd'hui *pour lesquelles...* Saint-Marc.

genre humain, qui a admiré[1] les ouvrages de ce grand poète durant tant de siècles : Vous avez admiré des sottises. C'est à-peu-près la même chose qu'un aveugle-né qui s'en irait crier par toutes les rues : Messieurs, je sais que le soleil que vous voyez vous paraît fort beau, mais moi, qui ne l'ai jamais vu, je vous déclare qu'il est fort laid.

Mais, pour revenir à ce que je disais, puisque c'est la postérité seule qui met le véritable prix aux ouvrages, il ne faut pas, quelque admirable que vous paraisse un écrivain moderne, le mettre aisément en parallèle avec ces écrivains admirés durant un si grand nombre de siècles, puisqu'il n'est pas même sûr que ses ouvrages passent avec gloire au siècle suivant. En effet, sans aller chercher des exemples éloignés, combien n'avons-nous point vu d'auteurs admirés dans notre siècle, dont la gloire est déchue en très peu d'années! Dans quelle estime n'ont point été, il y a trente ans, les ouvrages de Balzac! on ne parlait pas de lui simplement comme du plus éloquent homme de son siècle, mais comme du seul éloquent. Il a effectivement des qualités merveilleuses. On peut dire que jamais personne n'a mieux su sa langue que lui, et n'a mieux entendu la propriété des mots et la juste mesure des périodes; c'est une louange que tout le monde lui donne encore. Mais on s'est aperçu tout d'un coup que l'art où il s'est employé toute sa vie était l'art qu'il savait le moins, je veux dire l'art de faire une lettre; car, bien que les siennes soient

---

[1] *V. E.* Texte de 1695 à 1713, au lieu de *qui a* tant *admiré*, leçon assez ridicule qu'on trouve dans les éditions citées, p. 183, note 2.

toutes pleines d'esprit et de choses admirablement dites, on y remarque partout les deux vices les plus opposés au genre épistolaire, c'est à savoir l'affectation et l'enflure; et on ne peut plus lui pardonner ce soin vicieux qu'il a de dire toutes choses autrement que ne le disent les autres hommes. De sorte que tous les jours on rétorque contre lui ce même vers que Maynard a fait autrefois à sa louange :

<blockquote>Il n'est point de mortel qui parle comme lui.</blockquote>

Il y a pourtant encore des gens qui le lisent; mais il n'y a plus personne qui ose imiter son style, ceux qui l'ont fait s'étant rendus la risée de tout le monde.

Mais, pour chercher un exemple encore plus illustre que celui de Balzac, Corneille est celui de tous nos poètes qui a fait le plus d'éclat en notre temps; et on ne croyait pas qu'il pût jamais y avoir en France un poète digne de lui être égalé. Il n'y en a point en effet qui ait eu plus d'élévation de génie, ni qui ait plus composé. Tout son mérite pourtant, à l'heure qu'il est, ayant été mis par le temps comme dans un creuset, se réduit à huit ou neuf pièces de théâtre qu'on admire, et qui sont, s'il faut ainsi parler, comme le midi de sa poésie, dont l'orient et l'occident n'ont rien valu. Encore, dans ce petit nombre de bonnes pièces, outre les fautes de langue qui y sont assez fréquentes, on commence à s'apercevoir de beaucoup d'endroits de déclamation qu'on n'y voyait point autrefois. Ainsi, non-seulement on ne trouve point mauvais qu'on lui compare aujourd'hui monsieur Racine, mais il se trouve même quantité de gens [1] qui

---

[1] V. E. Texte de 1694 à 1713, suivi par Brossette, Dumonteil, Souchay,

le lui préfèrent. La postérité jugera qui vaut le mieux des deux ; car je suis persuadé que les écrits de l'un et de l'autre passeront aux siècles suivans : mais jusque-là ni l'un ni l'autre ne doit être mis en parallèle avec Euripide [1] et avec Sophocle, puisque leurs ouvrages n'ont point encore le sceau qu'ont les ouvrages d'Euripide et de Sophocle, je veux dire l'approbation de plusieurs siècles.

Au reste, il ne faut pas s'imaginer que, dans ce nombre d'écrivains approuvés de tous les siècles, je veuille ici comprendre ces auteurs, à la vérité anciens, mais qui ne se sont acquis qu'une médiocre estime, comme Lycophron, Nonnus, Silius Italicus, l'auteur des tragédies attribuées à Sénèque, et plusieurs autres à qui on peut, non-seulement comparer, mais à qui on peut, à mon avis, justement préférer beaucoup d'écrivains modernes. Je n'admets dans ce haut rang que ce petit nombre d'écrivains merveilleux dont le nom seul fait l'éloge, comme Homère, Platon, Cicéron, Virgile, etc. Et je ne règle point l'estime que je fais d'eux par le temps qu'il y a que leurs ouvrages durent, mais par le temps qu'il y a qu'on les admire. C'est de quoi il est bon d'avertir beaucoup de gens qui pourraient mal-à-propos croire ce que veut insinuer notre censeur, qu'on ne loue les anciens que parce qu'ils sont anciens, et qu'on ne blâme les modernes que parce qu'ils sont modernes ; ce

---

Saint-Marc, etc.; et non pas *de personnes*, comme dans quelques éditions modernes.

[1] Ceci confirme ce que rapporte Brossette au sujet de la première leçon de l'épigraphe du portrait de Racine (Balancer Euripide et *surpasser* Corneille), tome II, p. 443.

qui n'est point du tout véritable, y ayant beaucoup d'anciens qu'on n'admire point, et beaucoup de modernes que tout le monde loue. L'antiquité d'un écrivain n'est pas un titre certain de son mérite ; mais l'antique et constante admiration qu'on a toujours eue pour ses ouvrages, est une preuve sûre et infaillible qu'on les doit admirer.

RÉFLEXION VIII.[1]

Il n'en est pas ainsi de Pindare[2] et de Sophocle; car au milieu de leur plus grande violence, durant qu'ils tonnent et foudroient, pour ainsi dire, souvent leur ardeur vient à s'éteindre[3], et ils tombent malheureusement (*Paroles de Longin, chap. XXVII*).

Longin donne ici assez à entendre qu'il avait trouvé des choses à redire dans Pindare. Et dans quel auteur n'en trouve-t-on point? Mais en même temps il déclare que ces fautes qu'il y a remarquées ne peuvent point être appelées proprement fautes, et que ce ne sont que de petites négligences où Pindare est tombé à cause de

---

[1] C'est la seule à laquelle Perrault ait fait une réponse (tome I, Not. bibl., § 2, n° 38). Nous en citerons quelques fragmens.

[2] V. 1694. Il y avait seulement *il n'en est pas ainsi de Pindare*, et en marge, *Longin*, ch. XVI... Perrault (Rép., p. 6) se récria beaucoup et sur cette citation erronée, qui était évidemment une faute typographique, et sur l'omission du reste du passage de Longin, comme si ce que Boileau dit ensuite, ne montre pas qu'il avoue que Longin trouve des fautes dans Pindare... Boileau, corrigea, en 1701, la citation (XXVII pour XVI), et rétablit le passage, à l'exception d'un mot qu'on va indiquer.

[3] Il faut ici *mal-à-propos... Voy.* ce chap. XXVII.

cet esprit divin dont il est entraîné, et qu'il n'était pas en sa puissance de régler comme il voulait. C'est ainsi que le plus grand et le plus sévère de tous les critiques grecs parle de Pindare, même en le censurant.

Ce n'est pas là le langage de monsieur P., homme qui sûrement ne sait point de grec[1]. Selon lui, Pindare non-seulement est plein de véritables fautes, mais c'est un auteur qui n'a aucune beauté; un diseur de galimatias impénétrable, que jamais personne n'a pu comprendre, et dont Horace s'est moqué quand il a dit que c'était un poète inimitable. En un mot, c'est un écrivain sans mérite, qui n'est estimé que d'un certain nombre de savans, qui le lisent sans le concevoir, et qui ne s'attachent qu'à recueillir quelques misérables sentences dont il a semé ses ouvrages[2]. Voilà ce qu'il juge à propos

---

[1] « Peut-être sais-je assez de grec pour faire voir à M. D** qu'il n'en sait guère, et qu'il s'est trompé plus d'une fois dans ses critiques. » *Perrault*, Rép., p. 8.

[2] Ces deux phrases depuis les mots *un diseur*, étaient en italiques dans l'édition de 1694, et il y avait (page 197) en marge : *Paral.*, to. 1, p. 235, *et to.* 3, p. 163, 183... Boileau eut le tort (peut-être était-ce une pure inadvertance) de mettre en italiques ce qui n'était qu'un résumé et non point une copie littérale des pages indiquées. Aussitôt Perrault (Rép., p. 9 à 11) se récrie vivement contre ce défaut de bonne foi. Il convient, il est vrai, que dans un des passages cités (tome III, p. 184), il a parlé du *galimatias impénétrable* de Pindare, mais il ajoute qu'il a eu raison en cela, parce que, s'il est vrai qu'il y a de belles choses dans Pindare, il est plus vrai encore qu'il y en a d'inintelligibles... Il termine par répéter lui-même, et en italiques (page 10), ce que contient l'un des autres passages des Parallèles (tome III, p. 163) cités par Boileau ; et voici comment il le rapporte : « Les savans, en lisant Pindare, « passent légèrement sur ce qu'ils n'entendent pas, et ne s'arrêtent qu'aux « beaux traits qu'ils transcrivent dans leurs recueils... » Mais ici il ne fait guère preuve, lui-même, de bonne foi, car il a altéré tout le commencement de ce passage, commencement qui, selon toute apparence, avait échauffé la bile de son adversaire. Le voici (tome III, p. 162, 163) : *Si* les savans *lisaient*

RÉFLEXION VIII.

d'avancer sans preuve dans le dernier de ses Dialogues. Il est vrai que dans un autre de ces ¹ Dialogues ² il vient à la preuve devant madame la présidente Morinet, et prétend montrer que le commencement de la première ode de ce grand poète ne s'entend point. C'est ce qu'il prouve admirablement par la traduction qu'il en a faite; car il faut avouer que si Pindare s'était énoncé comme lui, La Serre ³ ni Richesource ⁴ ne l'emporteraient pas sur Pindare pour le galimatias et pour la bassesse.

On sera donc assez surpris ici de voir que cette bassesse et ce galimatias appartiennent entièrement à monsieur P., qui, en traduisant Pindare, n'a entendu ni le

---

Pindare, *avec résolution de bien comprendre ce qu'il dit*, ILS S'EN REBUTERAIENT BIEN VITE, *et ils en parleraient* ENCORE PLUS MAL QUE NOUS; mais ils passent légèrement sur *tout* ce qu'ils, etc.

Saint-Marc, qui s'attache ordinairement à chercher des torts ou des fautes à Boileau, s'est bien gardé de parler de cette altération, quoiqu'il eût sous ses yeux les Parallèles. A l'égard de presque tous les éditeurs suivans, attachés à la méthode que nous avons déjà remarquée, ils citent les Parallèles, uniquement d'après Saint-Marc, et sans nommer celui-ci, au risque de prendre ses erreurs sur leur propre compte.

Au reste, Boileau, cédant sans doute à sa paresse, au lieu de relever l'altération, se borna, dans les éditions suivantes (1701 et 1713), à substituer des caractères romains aux italiques, et à mettre simplement à sa citation marginale, *Parallèles de M. P**, *to. I* et *to. III* (Brossette cite tome I, page 23, et tome III, p. 161).

¹ V. O. Ce mot est dans les éditions de 1694 et 1701, et il nous paraît préférable au mot *ses* de l'édition fautive de 1713, suivie par Brossette et les autres éditeurs, même par Saint-Marc, quoiqu'il soit d'ailleurs de notre sentiment.

² Parallèles, tome I, pag. 28. *Brossette.* — *Voy.* aussi Perrault, Lettre, p. 6 à 9.

³ *Voy.* sat. III, vers 176, tome I.

⁴ Jean de Soudier (ou Sourdier) de Richesource, mauvais déclamateur. *Bross.* (il en est question tome IV, p. 292).

grec, ni le latin, ni le français. C'est ce qu'il est aisé de prouver. Mais pour cela il faut savoir que Pindare vivait peu de temps après Pythagore, Thalès et Anaxagore, fameux philosophes naturalistes, et qui avaient enseigné la physique avec un fort grand succès. L'opinion de Thalès, qui mettait l'eau pour le principe des choses, était surtout célèbre. Empédocle, Sicilien, qui vivait du temps de Pindare même, et qui avait été disciple d'Anaxagore, avait encore poussé la chose plus loin qu'eux; et non-seulement avait pénétré fort avant dans la connaissance de la nature, mais il avait fait ce que Lucrèce a fait depuis, à son imitation, je veux dire qu'il avait mis toute la physique en vers. On a perdu son poème; on sait pourtant que ce poème commençait par l'éloge des quatre élémens, et vraisemblablement il n'y avait pas oublié la formation de l'or et des autres métaux. Cet ouvrage s'était rendu si fameux dans la Grèce, qu'il y avait fait regarder son auteur comme une espèce de divinité.

Pindare, venant donc à composer sa première ode olympique à la louange d'Hiéron, roi de Sicile, qui avait remporté le prix de la course des chevaux, débute par la chose du monde la plus simple et la plus naturelle, qui est que, s'il voulait chanter les merveilles de la nature, il chanterait, à l'imitation d'Empédocle, Sicilien, l'eau et l'or, comme les deux plus excellentes choses du monde; mais que, s'étant consacré à chanter les actions des hommes, il va chanter le combat olympique, puisque c'est en effet ce que les hommes font de plus grand; et que de dire qu'il y ait quelque autre combat aussi excellent que le combat olympique, c'est prétendre qu'il y a dans le ciel quelque autre astre aussi lumineux que le soleil. Voilà la pensée de Pindare mise dans son ordre naturel, et telle qu'un rhéteur la pourrait dire dans une exacte prose. Voici comme Pindare l'énonce en poète : « Il n'y a rien de si excellent que l'eau; il n'y a rien de « plus éclatant que l'or, et il se distingue entre toutes « les autres superbes richesses comme un feu qui brille « dans la nuit. Mais, ô mon esprit, puisque [1] c'est des « combats que tu veux chanter, ne va point te figurer « ni que dans les vastes déserts du ciel, quand il fait « jour [2], on puisse voir quelque autre astre aussi lumi-« neux que le soleil, ni que sur la terre nous puissions « dire qu'il y ait quelque autre combat aussi excellent « que le combat olympique. »

Pindare est presque ici traduit mot pour mot [3], et je ne lui ai prêté que le mot de [4] SUR LA TERRE, que le sens amène si naturellement, qu'en vérité il n'y a qu'un homme qui ne sait ce que c'est que traduire, qui puisse me chicaner là-dessus. Je ne prétends donc pas, dans une traduction si littérale, avoir fait sentir toute la force de l'original, dont la beauté consiste principalement dans le nombre, l'arrangement et la magnificence des paroles. Cependant quelle majesté et quelle noblesse un

---

[1] La particule ἐι veut aussi bien dire en cet endroit *puisque* et *comme*, que *si*; et c'est ce que Benoît a fort bien montré dans l'ode III, où ces mots ἄριςον, etc., sont répétés. *Boil.*, 1694 à 1713.

[2] Le traducteur latin n'a pas bien rendu cet endroit, μηκέτι σκόπει ἄλλο φαεινὸν ἄστρον, *ne contempleris aliud visibile astrum*, qui doivent s'expliquer dans mon sens : *Ne puta quod videatur aliud astrum*; ne te figure pas qu'on puisse voir un autre astre, etc. *Boil., ib.*

[3] C'est ce que nie Perrault, Rép., p. 19.

[4] Texte de 1694 à 1713. *De* est omis dans quelques éditions modernes.

homme de bon sens n'y peut-il pas remarquer, même dans la sécheresse de ma traduction! Que de grandes images présentées d'abord, l'eau, l'or, le feu, le soleil! Que de sublimes figures ensemble, la métaphore, l'apostrophe, la métonymie! Quel tour et quelle agréable circonduction de paroles [1]! Cette expression : « Les vastes « déserts du ciel, quand il fait jour, » est peut-être une des plus grandes choses qui aient jamais été dites en poésie. En effet, qui n'a point remarqué de quel nombre infini d'étoiles le ciel paraît peuplé durant la nuit, et quelle vaste solitude c'est au contraire dès que le soleil vient à se montrer? De sorte que, par le seul début de cette ode, on commence à concevoir tout ce qu'Horace a voulu faire entendre quand il a dit que « Pindare est « comme un grand fleuve qui marche à flots bouillon-« nans; et que de sa bouche, comme d'une source pro-« fonde, il sort une immensité de richesses et de belles « choses. »

> Fervet, immensusque ruit profundo
> Pindarus ore. [2]

Examinons maintenant la traduction de monsieur P. [3] La voici : « L'eau est très bonne à la vérité; et l'or, « qui brille comme le feu durant la nuit, éclate mer-« veilleusement parmi les richesses qui rendent l'homme

---

[1] Je ne sais ce que c'est qu'une *circonduction* de paroles... *Circumductio...* signifie tromperie. *Perrault*, Rép., p. 22. — Il fallait dire *circonlocution*. *Saint-Marc*. — MM. Daunou, Amar et de Saint-Surin pensent que c'est, en effet, ce que Boileau a voulu dire. Nous serions tentés de croire qu'il a essayé d'introduire dans notre langue le mot *circonduction*, qui, en latin, selon l'observation de Saint-Marc, signifie au propre, *conduire autour*.

[2] Horace, liv. iv, ode 1, v. 7 et 8.

[3] Parall., tome I, p. 28; Lett., p. 6; Rép., p. 43.

« superbe. Mais, mon esprit, si tu desires chanter des
« combats, ne contemples point d'autre astre plus lumi-
« neux que le soleil pendant le jour, dans le vague de
« l'air; car nous ne saurions chanter des combats plus
« illustres que les combats olympiques. » Peut-on jamais voir un plus plat galimatias? « L'eau est très bonne
« à la vérité, » est une manière de parler familière et
comique, qui ne répond point à la majesté de Pindare.
Le mot d'ἄριστον ne veut pas simplement dire en grec BON,
mais MERVEILLEUX, DIVIN, EXCELLENT [1] ENTRE LES
CHOSES EXCELLENTES. On dira fort bien en grec qu'Alexandre et Jules César étaient ἄριστοι : traduira-t-on qu'ils
étaient de BONNES GENS? D'ailleurs le mot de BONNE
EAU en français tombe dans le bas, à cause que cette façon de parler s'emploie dans des usages bas et populaires, A L'ENSEIGNE DE LA BONNE EAU, A LA BONNE
EAU-DE-VIE. Le mot d'A LA VÉRITÉ en cet endroit est
encore plus familier et plus ridicule, et n'est point dans
le grec, où le μὲν et le δὲ sont comme des espèces d'enclitiques qui ne servent qu'à soutenir la versification.
« Et l'or qui brille [2]. » Il n'y a point d'ET dans le grec,
et QUI n'y est point non plus. « Éclate merveilleuse-
« ment parmi les richesses. » MERVEILLEUSEMENT est

---

[1] V. 1694. *Excellent par excellence.* — Je ne connais point cette phrase, dit Perrault (Rép., p. 27). — Voilà encore une correction faite sur l'*avis* d'un ennemi.

[2] Perrault (Rép., p. 30 à 32) objecte que Boileau a lui-même employé l'expression *qui brille* (ci-dev. p. 215, ligne 7), mais il oublie, ou feint d'oublier, que c'est après le mot *feu* et non pas après le mot *or*... Quoi qu'il en soit, il paraît que l'objection a déterminé Boileau à mettre dans la seconde édition des Réflexions (1701... *id.*, 1713), la note suivante (elle n'est pas dans celle de 1694).

burlesque en cet endroit. Il n'est point dans le grec, et se sent de l'ironie que M. P. a dans l'esprit, et qu'il tâche de prêter même aux paroles de Pindare en le traduisant. « Qui rendent l'homme superbe. » Cela n'est point dans Pindare, qui donne l'épithète de superbe aux richesses mêmes, ce qui est une figure très belle; au lieu que dans la traduction, n'y ayant point de figure, il n'y a plus par conséquent de poésie. « Mais, mon es-« prit, etc. » C'est ici, où [1] monsieur P. achève de perdre la tramontane; et, comme il n'a entendu aucun mot de cet endroit où j'ai fait voir un sens si noble, si majestueux et si clair, on me dispensera d'en faire l'analyse.

Je me contenterai de lui demander dans quel lexicon, dans quel dictionnaire ancien ou moderne, il a jamais trouvé que μηδὲ [2] en grec, ou NE en latin, voulût dire CAR. Cependant c'est ce CAR qui fait ici toute la confusion du raisonnement qu'il veut attribuer à Pindare. Ne sait-il

---

« S'il y avait *l'or qui brille*, dans le grec, cela ferait un solécisme; car il faudrait que αἰθόμενον fût l'adjectif de χρυσός. »

[1] Il faudrait ici *que* et non pas *où*... *M. Daunou*, 1809 (remarque adoptée par MM. Amar et de S.-S.).

[2] *V. O.* (du moins par tous les éditeurs autres que Dumonteil et Saint-Marc). On avait mis dans l'édition de 1694 φμηκέτι au lieu de μηδὲ. Perrault a profité adroitement de cette faute d'impression pour éluder la critique de son hyper-ridicule *car*, qu'il n'était pas possible de défendre. Il supposa que Boileau attaquait ici l'expression NE *contemples point* de sa traduction (*voy.* ci-dev. page 217) et répondit (p. 36) que précisément il avait traduit par *ne*, le premier mot grec.

La faute d'impression fut réparée, non pas seulement dans l'édition de 1713, comme le prétend Dumonteil (1729), mais dans l'édition de 1701, ainsi que l'observe avec raison Saint-Marc (nous avons dix exemplaires des deux formats qui tous ont μηδὲ).

On voit par-là que l'indication des variantes n'est pas aussi inutile que le prétend Souchay (*voy.* tome I, Notice bibl., § 1, n° 131).

pas qu'en toute langue, mettez un car mal-à-propos, il n'y a point de raisonnement qui ne devienne absurde? Que je dise, par exemple, « Il n'y a rien de si clair que « le commencement de la première ode de Pindare, et « monsieur P. ne l'a point entendu; » voilà parler très juste. Mais si je dis : « Il n'y a rien de si clair que le « commencement de la première ode de Pindare; car « monsieur P. ne l'a point entendu; » c'est fort mal argumenté, parce que d'un fait très véritable je fais une raison[1] très fausse[2], et qu'il est fort indifférent, pour faire qu'une chose soit claire ou obscure, que M. P. l'entende ou ne l'entende point.

Je ne m'étendrai point davantage à lui faire connaître une faute qu'il n'est pas possible que lui-même ne sente. J'oserai seulement l'avertir que, lorsqu'on veut critiquer d'aussi grands hommes qu'Homère et que Pindare, il faut avoir du moins les premières teintures de la grammaire; et qu'il peut fort bien arriver que l'auteur le plus habile devienne un auteur de mauvais sens entre les mains d'un traducteur ignorant, qui ne l'entend point, et qui ne sait pas même quelquefois que ni ne veut point dire car.

Après[3] avoir ainsi convaincu M. Perrault sur le grec

---

[1] On dirait, ce semble, aujourd'hui, *je* donne *une raison*...

[2] V. 1694. Au lieu des deux lignes suivantes, l'alinéa finissait ainsi : *et qu'il y a un grand nombre de choses fort claires que M. P. n'entend point*... cela ne se liait guères avec ce qui précède, aussi Perrault le critiqua (*Rép.*, p. 38) : « C'est, dit-il, le plus profond galimatias qui se soit jamais fait »... et Boileau toujours docile y substitua, en 1701, ce qu'on lit ci-dessus.

[3] Cet alinéa a été omis dans le Boileau de la jeunesse, et nous ne concevons pas pourquoi, à moins que ce ne soit pour y avoir cité les *casuistes*, quoique cependant on n'en dise point de mal.

et sur le latin [1], il trouvera bon que je l'avertisse aussi qu'il y a une grossière faute de français dans ces mots de sa traduction : « Mais, mon esprit, ne contemples « point, etc. » et que CONTEMPLE, à l'impératif, n'a point d's [2]. Je lui conseille donc de renvoyer cette *s* [3] au mot de CASUITE, qu'il écrit toujours ainsi, quoiqu'on doive toujours écrire et prononcer CASUISTE [4]. Cette *s*, je l'avoue, y est un peu plus nécessaire qu'au pluriel du mot d'OPÉRA ; car bien que j'aie toujours entendu prononcer des opéras [5] comme on dit des factums et des

---

[1] V. E. Texte de 1694 à 1713, suivi par Brossette, etc... On a omis le second *sur* dans plusieurs éditions modernes, telles que 1800, 1815 et 1819, Did.; 1809 et 1825, Dau.; 1810, Ray.; 1815, Lécr.; 1820, Mé.; 1821 et 1824, Am.; 1821 et 1823, Viol.; 1824, Fro.; 1825, Aug.; 1826, Mar.; 1828, Thi.; 1829, B. ch...

[2] Voici encore une circonstance où Perrault (*Rép.*, p. 39) élude adroitement la critique. Il soutient qu'il y a *contemple* dans ses éditions de Paris, ce qui est vrai, et que la faute aura été commise dans une édition de Hollande (d'où il prend occasion de faire remarquer qu'il est un peu plus lu que Boileau ne voudrait le faire croire); mais il oublie que la faute est dans sa lettre (page 7), aussi imprimée à Paris (tome I, Notice bibl., § 2, n° 34).

[3] V. O. et E. Texte de 1713, in-4° et in-12, suivi par Brossette, Dumonteil, Souchay, MM. Didot (1800), Thiessé (1828), etc... Il nous paraît préférable, d'après l'observation suivante, à l'expression *cet s*, qui était dans les éditions de 1694 et 1701, suivies par Saint-Marc et MM. Daunou, de Saint-Surin, Amar et Viollet Le Duc.

« Il faut écrire cette *s* et non pas *cet s*, car *s* est un substantif féminin », dit Perrault (*Rép.*, p. 41). M. Daunou approuve cette critique parce qu'au temps de Boileau on disait une *esse* (on vient de voir que Boileau adopta la correction) et ajoute qu'aujourd'hui on dit *se* et qu'il faudrait par conséquent ce *se*.

[4] Autre circonstance où Perrault élude encore la critique (*Rép.*, p. 42) et cite ses Parallèles où il a écrit *casuiste*, tandis qu'il y a *casuite* dans la lettre (page 5) déjà indiquée.

[5] Perrault dans la même lettre (p. 13) avait critiqué le pluriel donné, par Boileau, à *opéra* dans son discours sur l'ode (tome II, p. 406). Boileau, on

totons ¹, je ne voudrais pas assurer qu'on le doive écrire, et je pourrais bien m'être trompé en l'écrivant de la sorte.

RÉFLEXION IX.

Les mots bas sont comme autant de marques honteuses qui flétrissent l'expression (*Paroles de Longin, chap. XXXIV* ²).

Cette remarque est vraie dans toutes les langues. Il n'y a rien qui avilisse davantage un discours que les mots bas. On souffrira plutôt, généralement parlant, une pensée basse exprimée en termes nobles, que la pensée la plus noble exprimée en termes bas. La raison de cela est que tout le monde ne peut pas juger de la justesse et de la force d'une pensée; mais qu'il n'y a presque personne, surtout dans les langues vivantes, qui ne sente la bassesse des mots. Cependant il y a peu d'écrivains qui ne tombent quelquefois dans ce vice. Longin, comme nous voyons ici, accuse Hérodote, c'est-à-dire le plus poli de tous les historiens grecs, d'avoir laissé échapper des mots bas dans son histoire. On en reproche à Tite-Live, à Salluste et à Virgile.

le voit, adopte ici la correction, et, en effet, le dictionnaire de l'académie jusques à la fin du xviii⁰ siècle a déclaré ce mot indéclinable. Mais, dès le commencement de ce siècle, J.-B. Rousseau (II, 290, lett. du 13 août 1717) et successivement, en 1787, D'Alembert (I, 238, IV, 437) avaient réclamé contre cette décision, et ce dernier annonçait alors qu'elle serait changée dans l'édition suivante de l'académie, ce qui a eu lieu en effet dans celle de 1798.

¹ Dé traversé d'une petite cheville sur laquelle on le fait tourner. *Féraud.*
² *V. E.* Et non pas *chap. XXXV*, comme dans beaucoup d'éditions.

N'est-ce donc pas une chose fort surprenante qu'on n'ait jamais fait sur cela aucun reproche à Homère, bien qu'il ait composé deux poèmes, chacun plus gros que l'Énéide, et qu'il n'y ait point d'écrivain qui descende quelquefois dans un plus grand détail que lui, ni qui dise si volontiers les petites choses, ne se servant jamais que de termes nobles, ou employant les termes les moins relevés avec tant d'art et d'industrie, comme remarque Denys d'Halicarnasse, qu'il les rend nobles et harmonieux[1] ? Et certainement, s'il y avait eu quelque reproche à lui faire sur la bassesse des mots, Longin ne l'aurait pas vraisemblablement plus épargné ici qu'Hérodote. On voit donc par là le peu de sens de ces critiques modernes, qui veulent juger du grec sans savoir de grec, et qui, ne lisant Homère que dans des traduction latines très basses, ou dans des traductions françaises encore plus rampantes, imputent à Homère les bassesses de ses traducteurs, et l'accusent de ce qu'en parlant grec il n'a pas assez noblement parlé latin ou français. Ces messieurs doivent savoir que les mots des langues ne répondent pas toujours juste les uns aux autres ; et qu'un terme grec très noble ne peut souvent être exprimé en français que par un terme très bas. Cela se voit par les mots d'ASINUS en latin, et d'ANE en français, qui sont de la[2] dernière bassesse dans l'une et dans l'autre de ces langues, quoique le mot qui signifie

---

[1] *Voy.* tome IV, p. 282, lett. de Racine, de 1693.
[2] *V. E.* Texte de 1694 à 1701, suivi à 1697 et 1698, Ro., et 1695, 1697, 1700, 1702, 1707, 1710 et 1713, A... On lit dans l'édition posthume et incorrecte de 1713 (tome I, Notice bibl., § 1, n° 108), *par* le mot *d'asinus en latin et d'âne en français*, qui sont *de la*..., et ce solécisme est passé

cet animal n'ait rien de bas¹ en grec ni en hébreu, où on le voit employé dans les endroits même les plus magnifiques. Il en est de même du mot de MULET et de plusieurs autres.

En effet les langues ont chacune leur bizarrerie : mais la française est principalement capricieuse sur les mots; et bien qu'elle soit riche en beaux termes sur de certains sujets, il y en a beaucoup où elle est fort pauvre; et il y a un très grand nombre de petites choses qu'elle ne saurait dire noblement : ainsi, par exemple, bien que dans les endroits les plus sublimes elle nomme sans s'avilir un mouton, une chèvre, une brebis, elle ne saurait, sans se diffamer, dans un style un peu élevé, nommer un veau, une truie, un cochon. Le mot de GÉNISSE en français est fort beau, surtout dans une églogue; VACHE ne s'y peut pas souffrir. PASTEUR et BERGER y sont du plus bel usage; GARDEUR DE POURCEAUX OU GARDEUR DE BOEUFS y seraient horribles. Cependant il n'y a peut-être pas dans le grec deux plus beaux mots que συβώτης et βουκόλος, qui répondent à ces deux mots français; et c'est pourquoi Virgile a intitulé ses Églogues de ce doux nom de BUCOLIQUES, qui veut pourtant dire en notre langue à la lettre, LES ENTRETIENS DES BOUVIERS OU DES GARDEURS DE BOEUFS.

Je pourrais rapporter encore ici un nombre infini de pareils exemples. Mais, au lieu de plaindre en cela le

---

dans toutes les suivantes, à l'exception, 1° de l'édition de 1715, A.; 2° de la seconde édition de Dumonteil (1722, La H.) et de ses copies, telles que 1735, 1741 et 1743, A.; 1746 et 1767, Dr.; 3° de l'édition de 1726, Bill.

¹ *P. C. O. Soit très noble...* Ce changement fut fait sur l'avis de Racine (même lettre, p. 283).

malheur de notre langue, prendrons-nous le parti d'accuser Homère et Virgile de bassesse, pour n'avoir pas prévu que ces termes, quoique si nobles et si doux à l'oreille en leur langue, seraient bas et grossiers étant traduits un jour en français? Voilà en effet le principe sur lequel Monsieur P. fait le procès à Homère. Il ne se contente pas de le condamner sur les basses traductions qu'on en a faites en latin : pour plus grande sûreté, il traduit lui-même ce latin en français; et avec ce beau talent qu'il a de dire bassement toutes choses, il fait si bien, que, racontant le sujet de l'Odyssée, il fait d'un des plus nobles sujets[1] qui ait jamais été traité[2], un ouvrage aussi burlesque que l'OVIDE EN BELLE HUMEUR[3].

Il change ce sage vieillard[4] qui avait soin des trou-

---

[1] Saint-Marc et d'autres éditeurs depuis, prétendent que Boileau est ici en contradiction avec ce qu'il a dit dans la dissertation sur Joconde (p. 9), que l'Odyssée est un *ouvrage tout comique*. Il nous semble qu'ils se trompent, parce que Boileau parle dans la même phrase (*ibid.*) de *la* MAJESTÉ *du sujet...* ne peut-on *traiter comiquement* un noble sujet?

[2] V. E. Texte de 1694 à 1713, suivi par Brossette, Dumonteil, Souchay, Saint-Marc, et MM. Daunou, Viollet Le Duc et de S.-S... Dans plusieurs éditions modernes, telles que 1788, 1789, 1800, 1815 et 1819, Did.; 1820, Mén.; 1824, Am.; 1828, Thi.; on a mis *qui aient jamais été traités*, ce qui est plus conforme à l'usage actuel. Toutefois on y aurait dû d'autant moins se permettre de changer le texte, que, selon la remarque de M. Daunou (1809 et 1825), c'est encore une question de savoir si l'usage du temps de Boileau doit être condamné.

[3] *Voy.* Art poét., I, 90, tome II, p. 179.

[4] Brossette met ici en marge : *Parallèles, tome III, pag.* 73 *et suiv.* Saint-Marc, quoiqu'il se fût engagé à reproduire l'édition de Brossette, non-seulement omet cette citation, mais déclare qu'il ne rapportera plus le texte des Parallèles: cela lui semble inutile, parce qu'il ne s'agit, dans la IXe réflexion, que de la *qualité* de quelques expressions employées par Perrault... C'est un peu trop afficher sa partialité pour celui-ci, car il est bien évident qu'il craint d'appuyer par des citations les justes critiques de Boileau; d'au-

peaux d'Ulysse en un vilain porcher. Aux endroits où Homère dit « que la nuit couvrait la terre de son om-« bre, et cachait les chemins aux voyageurs, » il traduit, « que l'on commençait à ne voir goutte dans les rues.¹ » Au lieu de la magnifique chaussure dont Télémaque lie ses pieds délicats, il lui fait mettre ses BEAUX SOULIERS de parade². A l'endroit où Homère, pour marquer la propreté de la maison de Nestor, dit « que ce fameux « vieillard s'assit devant sa porte sur des pierres fort « polies, et qui reluisaient comme si on les avait frottées « de quelque huile précieuse, » il met « que Nestor s'alla « asseoir sur des pierres luisantes comme de l'onguent³. » Il explique partout le mot de sus, qui est fort noble en grec, par le mot de « cochon » ou de « pourceau »⁴, qui est de la dernière bassesse en français. Au lieu qu'Agamemnon dit « qu'Égisthe le fit assassiner dans son pa-« lais, comme un taureau qu'on égorge dans une éta-« ble, » il met dans la bouche d'Agamemnon cette manière de parler basse : « Égisthe me fit assommer « comme un bœuf⁵. » Au lieu de dire, comme porte le grec, « qu'Ulysse voyant son vaisseau fracassé et son « mât renversé d'un coup de tonnerre, il lia ensemble,

---

tant plus qu'il ne manque pas de relever Boileau, comme on le verra dans une des notes suivantes, lorsqu'il ne rapporte pas strictement les expressions de Perrault. On pressent que depuis ce passage les éditeurs suivans ont aussi omis de citer les Parallèles, puisque l'auteur d'après lequel ils les citaient ne leur a plus fourni d'indication. Nous allons suppléer à ce silence.

¹ Parallèles, tome III, p. 89 et 90.
² Ibid., p. 74... De parade n'y est pas. Saint-Marc.
³ Ibid., page 76.
⁴ Ibid., pages 85 et 90 (voy. la note suivante).
⁵ « Agamemnon dit à Ulysse, qu'il fut assommé comme un bœuf par

« du mieux qu'il put, ce mât avec son reste de vaisseau,
« et s'assit dessus, » il fait dire à Ulysse « qu'il se mit à
« cheval sur son mât[1]. » C'est en cet endroit qu'il fait
cette énorme bévue que nous avons remarquée ailleurs
dans nos observations.[2]

Il dit encore sur ce sujet cent autres bassesses de la
même force, exprimant en style rampant et bourgeois
les mœurs des hommes de cet ancien siècle, qu'Hésiode
appelle le siècle des héros, où l'on ne connaissait point
la mollesse et les délices, où l'on se servait, où l'on
s'habillait soi-même, et qui se sentait encore par là du
siècle d'or. Monsieur P. triomphe à nous faire voir combien cette simplicité est éloignée de notre mollesse et
de notre luxe, qu'il regarde comme un des grands présens que Dieu ait faits aux hommes, et qui sont pourtant l'origine de tous les vices, ainsi que Longin le fait
voir dans son dernier chapitre, où il traite de la décadence des esprits, qu'il attribue principalement à ce
luxe et à cette mollesse.

Monsieur P. ne fait pas réflexion que les dieux et les
déesses dans les fables n'en sont pas moins agréables,
quoiqu'ils n'aient ni estafiers, ni valets de chambre, ni
dames d'atours, et qu'ils aillent souvent tout nus; qu'enfin le luxe est venu d'Asie en Europe, et que c'est des
nations barbares qu'il est descendu chez les nations polies, où il a tout perdu; et où, plus dangereux fléau

---

Égysthe, et que ceux qui l'accompagnaient furent tués comme des cochons
qu'un homme riche fait tuer pour une noce, ou pour un festin où chacun apporte son plat ». *Ibid.*, p. 85.

[1] *Ibid.*, page 86.
[2] *Voy.* réflex. vi, ci-dev. pages 200 à 202.

que la peste ni que la guerre, il a, comme dit Juvénal, vengé l'univers vaincu, en pervertissant les vainqueurs :

> Sævior armis
> Luxuria incubuit, victumque ulciscitur orbem. [1]

J'aurais beaucoup de choses à dire sur ce sujet; mais il faut les réserver pour un autre endroit, et je ne veux parler ici que de la bassesse des mots. Monsieur P. en trouve beaucoup dans les épithètes d'Homère, qu'il accuse d'être souvent superflues [2]. Il ne sait pas sans doute ce que sait tout homme un peu versé dans le grec, que, comme en Grèce autrefois le fils ne portait point le nom du père, il est rare, même dans la prose, qu'on y nomme un homme sans lui donner une épithète qui le distingue, en disant ou le nom de son père, ou son pays, ou son talent, ou son défaut : Alexandre fils de Philippe, Alcibiade fils de Clinias, Hérodote d'Halicarnasse, Clément Alexandrin, Polyclète le sculpteur, Diogène le cynique, Denys le tyran, etc. Homère donc, écrivant dans le génie de sa langue, ne s'est pas contenté de donner à ses dieux et à ses héros ces noms de distinction qu'on leur donnait dans la prose; mais il leur en a composé de doux et d'harmonieux qui marquent leur principal caractère. Ainsi, par l'épithète de LÉGER A LA COURSE, qu'il donne à Achille, il a marqué l'impétuosité d'un jeune homme. Voulant exprimer la prudence dans Minerve, il l'appelle la déesse aux yeux fins.

---

[1] Sat. VI, v. 267, 268 (des modernes citent les vers 292 et 293 ; c'est sans doute une faute d'impression).

[2] Parallèles, III, 110. (*Voy.* ci-apr., p. 229, note 1). — Ici Saint-Marc et par conséquent les éditeurs modernes recommencent leurs citations.

Au contraire, pour peindre la majesté dans Junon, il la nomme la déesse aux yeux grands et ouverts; et ainsi des autres.

Il ne faut donc pas regarder ces épithètes qu'il leur donne comme de simples épithètes, mais comme des espèces de surnoms qui les font connaître. Et on n'a jamais trouvé mauvais qu'on répétât ces épithètes, parce que ce sont, comme je viens de dire, des espèces de surnoms. Virgile est entré dans ce goût grec, quand il a répété tant de fois dans l'Énéide PIUS ÆNEAS et PATER ÆNEAS, qui sont comme les surnoms d'Énée. Et c'est pourquoi on lui a objecté fort mal-à-propos qu'Énée se loue lui-même, quand il dit, SUM PIUS ÆNEAS, « je « suis le pieux Énée; » parce qu'il ne fait proprement que dire son nom. Il ne faut donc pas trouver étrange qu'Homère donne de ces sortes d'épithètes à ses héros, en des occasions qui n'ont aucun rapport à ces épithètes, puisque cela se fait souvent même en français, où nous donnons le nom de saint à nos saints, en des rencontres où il s'agit de toute[1] autre chose que de leur sainteté; comme quand nous disons que saint Paul gardait les manteaux[2] de ceux qui lapidaient saint Étienne.

[1] V. E. Et non pas *de* tout *autre*... Même observation qu'à p. 165, note 2.

[2] Il est étonnant, dit Saint-Marc, que dans cette *Réflexion* dont le but principal est de condamner l'usage des termes bas, notre auteur n'ait pas fait attention qu'il se servait ici d'une expression non-seulement basse, mais devenue indécente par les idées accessoires que l'on y joint. Il fallait mettre *gardait les habits*, ou *les vêtemens*... S'il y a quelque chose *d'étonnant* ici c'est une pareille remarque, dit avec raison M. Amar. Ajoutons qu'elle est moins étonnante dans l'extrait qu'en donnent les éditeurs, extrait d'après lequel Saint-Marc parle seulement d'une expression vulgaire, ou *très peu noble*, ce qui est fort différent de *basse* et *d'indécente*.

Tous les plus habiles critiques avouent que ces épithètes sont admirables dans Homère, et que c'est une des principales richesses de sa poésie. Notre censeur cependant les trouve basses; et, afin de prouver ce qu'il dit, non-seulement il les traduit bassement, mais il les traduit selon leur racine et leur étymologie; et au lieu, par exemple, de traduire Junon aux yeux grands et ouverts, qui est ce que porte le mot βοῶπις, il le traduit selon sa racine : « Junon aux yeux de bœuf[1]. » Il ne sait pas qu'en français même il y a des dérivés et des composés qui sont fort beaux, dont le nom primitif est fort bas, comme on le voit dans les mots de PÉTILLER et de RECULER. Je ne saurais m'empêcher de rapporter, à propos de cela, l'exemple d'un maître de rhétorique[2] sous lequel j'ai étudié, et qui sûrement ne m'a pas inspiré l'admiration d'Homère, puisqu'il en était presque aussi grand ennemi que monsieur P**. Il nous faisait traduire l'oraison pour Milon; et à un endroit où Cicéron[3] dit OBDURUERAT ET PERCALLUERAT RESPUBLICA,

---

[1] Parallèles, tome III, p. 110 (Junon, y dit-on, a des yeux de bœuf, ou a les bras blancs, est femme de Jupiter, ou fille de Saturne, suivant le besoin de la versification).

[2] La Place. *Voy.* tome I, Essai, n° 14.

[3] V... Boileau avait mis en 1694, *l'oraison de Cicéron pour la loi Manilia, et à un endroit où cet orateur dit* OBDURUERAT... s'apercevant de son erreur de citation, il mit, en 1701, *l'oraison pour Milon*, où se trouve, en effet, *obduruerat*, mais il omit de substituer le nom de *Cicéron* aux mots *cet orateur*, qui dès-lors ne se rapportaient plus à rien. Brossette a fait cette substitution, et nous avons cru, comme Dumonteil, Saint-Marc, MM. Didot, Daunou, Amar, etc., devoir l'imiter, parce qu'il s'agit évidemment d'une inadvertance. Souchay (1735) a laissé les mots *cet orateur*, mais a mis (sans avis) l'oraison de CICÉRON *pour Milon*, ce qui a été suivi dans plusieurs éditions, telles que 1740, 1745, 1750, 1757, 1766, 1768, 1769 et 1793, P.;

« la république s'était endurcie et était devenue comme
« insensible; » les écoliers étant un peu embarrassés sur
PERCALLUERAT, qui dit presque la même chose qu'OB-
DURUERAT, notre régent nous fit attendre quelque temps
son explication; et enfin, ayant défié plusieurs fois messieurs de l'Académie, et surtout monsieur d'Ablancourt[1],
à qui il en voulait, de venir traduire ce mot; PERCAL-
LERE, dit-il gravement, vient du cal et du durillon que
les hommes contractent aux pieds; et de là il conclut
qu'il fallait traduire : OBDURUERAT ET PERCALLUERAT
RESPUBLICA, « la république s'était endurcie et avait
« contracté un durillon. » Voilà à-peu-près la manière
de traduire de monsieur P**; et c'est sur de pareilles
traductions qu'il veut qu'on juge de tous les poètes et
de tous les orateurs de l'antiquité; jusque-là qu'il nous
avertit qu'il doit donner un de ces jours un nouveau
volume de Parallèles, où il a, dit-il, mis en prose française les plus beaux endroits des poètes grecs et latins[2],
afin de les opposer à d'autres beaux endroits des poètes
modernes, qu'il met aussi en prose : secret admirable
qu'il a trouvé pour les rendre ridicules les uns et les
autres, et surtout les anciens, quand il les aura habillés
des impropriétés et des bassesses de sa traduction.

1822, Jeun...; enfin M. de S.-S. a maintenu la version de 1701, mais en avertissant de la faute.

[1] *Voy.* sat. IX, v. 290, tome I.

[2] Ce quatrième volume a été publié, mais Perrault n'a pas osé y mettre les traductions promises. *Brossette.*

CONCLUSION.[1]

Voilà un léger échantillon du nombre infini de fautes que monsieur P. a commises, en voulant attaquer les défauts des anciens. Je n'ai mis ici que celles qui regardent Homère et Pindare; encore n'y en ai-je mis qu'une très petite partie, et selon que les paroles de Longin m'en ont donné l'occasion : car si je voulais ramasser toutes celles qu'il a faites sur le seul Homère, il faudrait un très gros volume. Et que serait-ce donc si j'allais lui faire voir ses puérilités sur la langue grecque et sur la langue latine; ses ignorances sur Platon, sur Démosthène, sur Cicéron, sur Horace, sur Térence, sur Virgile, etc.; les fausses interprétations qu'il leur donne[2], les solécismes qu'il leur fait faire, les bassesses et le galimatias qu'il leur prête! J'aurais besoin pour cela d'un loisir qui me manque.

Je ne réponds pas néanmoins, comme j'ai déjà dit, que dans les éditions de mon livre qui pourront suivre celle-ci, je ne lui découvre encore quelques-unes de ses erreurs, et que je ne le fasse peut-être repentir de n'avoir pas mieux profité du passage de Quintilien qu'on

---

[1] Des neuf réflexions publiées en 1694... Des éditeurs placent cette indication à la suite du mot *conclusions*, et c'est peut-être aussi ce que Boileau aurait fait s'il avait revu cette partie de l'édition de 1713 (*voy.* tome I, Notice bibl., § 1, n°s 107 et 108).

[2] Il nous semble qu'il aurait fallu mettre : *les fausses interprétations qu'ils en donne...*

a allégué autrefois si à propos à un de ses frères[1] sur un pareil sujet. Le voici : *Modeste tamen et circumspecto judicio de tantis viris pronunciandum est, ne, quod plerisque accidit, damnent quæ non intelligunt...* « Il faut parler avec beaucoup de modestie et de cir- « conspection de ces grands hommes, de peur qu'il ne « vous arrive, ce qui est arrivé à plusieurs, de blâmer « ce que vous n'entendez pas[2] »... Monsieur P. me répondra peut-être ce qu'il m'a déjà répondu[3], qu'il a gardé cette modestie, et qu'il n'est point vrai qu'il ait parlé de ces grands hommes avec le mépris que je lui reproche; mais il n'avance si hardiment cette fausseté que parce qu'il suppose, et avec raison, que personne ne lit ses Dialogues[4] : car de quel front pourrait-il la soutenir à des gens qui auraient seulement lu ce qu'il y dit d'Homère ?

Il est vrai pourtant que, comme il ne se soucie point de se contredire, il commence ses invectives contre ce grand poète par avouer qu'Homère est peut-être le plus vaste et le plus bel esprit qui ait jamais été[5]; mais on peut dire que ces louanges forcées qu'il lui donne sont comme des fleurs dont il couronne la victime qu'il va

---

[1] Pierre Perrault (*voy.* p. 157, note 1). C'est Racine qui, dans sa préface d'Iphigénie, lui opposa ce passage de Quintilien, liv. x, chap. 1. *Brossette.*

[2] La traduction de Racine offre quelques différences; la voici (OEuvres, édit. de La Harpe, V, 23) : « Il faut être extrêmement circonspect et très re- « tenu à prononcer sur les ouvrages de ces grands hommes, de peur qu'il ne « nous arrive, comme à plusieurs, de condamner ce que nous n'entendons pas. »

[3] *Voy.* Perrault, Lettre, page 4.

[4] Perrault, on l'a vu (p. 220, note 2), prétend au contraire « être un peu plus lu que Boileau ne voudrait le faire croire ».

[5] Lettre, p. 4; Parallèles, III, 32.

immoler à son mauvais sens, n'y ayant point d'infamies qu'il ne lui dise dans la suite, l'accusant d'avoir fait ses deux poèmes sans dessein, sans vue, sans conduite. Il va même jusqu'à cet excès d'absurdité de soutenir qu'il n'y a jamais eu d'Homère; que ce n'est point un seul homme qui a fait l'Iliade et l'Odyssée[1], mais plusieurs pauvres aveugles qui allaient, dit-il, de maison en maison réciter pour de l'argent de petits poèmes qu'ils composaient au hasard; et que c'est de ces poèmes qu'on a fait ce qu'on appelle les ouvrages d'Homère. C'est ainsi que, de son autorité privée, il métamorphose tout-à-coup ce vaste et bel esprit en une multitude de misérables gueux. Ensuite il emploie la moitié de son livre à prouver, Dieu sait comment, qu'il n'y a dans les ouvrages de ce grand homme ni ordre, ni raison, ni économie, ni suite[2], ni bienséance, ni noblesse de mœurs; que tout y est plein de bassesses, de chevilles, d'expressions grossières; qu'il est mauvais géographe, mauvais astronome, mauvais naturaliste; finissant enfin toute cette critique par ces belles paroles[3] qu'il fait dire à son chevalier[4] : « Il faut que Dieu ne fasse pas grand
« cas de la réputation de bel esprit, puisqu'il permet que
« ces titres soient donnés, préférablement au reste du

---

[1] Parallèles, III, 35.

[2] D'après ce que nous avons dit (p. 229, note 3) on ne doit pas s'attendre à trouver dans Saint-Marc ni dans les éditeurs suivans, l'indication des passages des Parallèles auxquels Boileau fait allusion; les voici : « Si la conduite « des ouvrages d'Homère en était un peu supportable (tome III, p. 38)... « Je n'y vois point de belle constitution, ni de belle économie (p. 46)... Quel « a donc été le but d'Homère? Je n'en sais rien » (p. 44).

[3] V... 1694... *Toute cette* belle *critique par ces paroles*...

[4] Parallèles, III, 125.

« genre humain, à deux hommes comme Platon et Ho-
« mère, à un philosophe qui a des visions si bizarres,
« et à un poète qui dit tant de choses si peu sensées. »
A quoi M. l'abbé du dialogue donne les mains; en ne
contredisant point[1], et se contentant de passer à la critique de Virgile.

C'est là ce que monsieur P. appelle parler avec retenue d'Homère, et trouver, comme Horace, que ce
grand poète s'endort quelquefois. Cependant comment
peut-il se plaindre que je l'accuse à faux d'avoir dit
qu'Homère était de mauvais sens? Que signifient donc
ces paroles : « Un poète qui dit tant de choses si peu
« sensées? » Croit-il s'être suffisamment justifié de toutes
ces absurdités, en soutenant hardiment, comme il a fait,
qu'Érasme et le chancelier Bacon, ont parlé avec aussi
peu de respect que lui des anciens? Ce qui est absolument faux de l'un et de l'autre, et surtout d'Érasme,
l'un des plus grands admirateurs de l'antiquité : car bien
que cet excellent homme se soit moqué avec raison de
ces scrupuleux grammairiens qui n'admettent d'autre
latinité que celle de Cicéron, et qui ne croient pas qu'un
mot soit latin s'il n'est dans cet orateur, jamais homme
au fond n'a rendu plus de justice aux bons écrivains de
l'antiquité, et à Cicéron même, qu'Érasme.

Monsieur P. ne saurait donc plus s'appuyer que sur
le seul exemple de Jules Scaliger[2]. Et il faut avouer

---

[1] *V. O.* 1694 à 1701 (*id.*, 1695 à 1710, A.; 1695, CT.; 1697 et 1698,
Rott.), *en ne le contredisant pas...* Cette leçon, qui est peut-être la bonne, a
été suivie (même après l'édition de 1713 où *le* est supprimé) par Dumonteil,
Souchay et leurs copistes.

[2] Perrault, Lettre, p. 6.

qu'il l'allègue avec un peu plus de fondement. En effet, dans le dessein que cet orgueilleux savant s'était proposé, comme il le déclare lui-même [1], de dresser des autels à Virgile, il a parlé d'Homère d'une manière un peu profane; mais, outre que ce n'est que par rapport à Virgile, et dans un livre qu'il appelle Hypercritique [2], voulant témoigner par-là qu'il y passe toutes les bornes de la critique ordinaire, il est certain que ce livre n'a pas fait d'honneur à son auteur, Dieu ayant permis que ce savant homme soit devenu alors un monsieur P., et soit tombé dans des ignorances si grossières qu'elles lui ont attiré la risée de tous les gens de lettres, et de son propre fils [3] même.

Au reste, afin que notre censeur ne s'imagine pas que je sois le seul qui aie trouvé ses Dialogues si étranges, et qui aie paru sérieusement [4] choqué de l'ignorante audace avec laquelle il y décide de tout ce qu'il y a de plus révéré dans les lettres; je ne saurais, ce me semble, mieux finir ces remarques sur les anciens, qu'en rapportant le mot d'un très grand prince d'aujourd'hui, non moins admirable par les lumières de son esprit, et par l'étendue de ses connaissances dans les lettres, que par son extrême valeur, et par sa prodigieuse capacité dans la guerre, où il s'est rendu le charme des officiers

---

[1] Il le déclare à la fin de son Hypercritique. *Bross.* (*voy.* ci-dessous).

[2] Ce n'est pas dans *l'Hypercritique* ou livre vi[e] de sa poétique, que Scaliger rabaisse Homère, mais dans la *Critique* ou livre v[e]. *Brossette.*

[3] Joseph-Jules Scaliger, né en 1540, mort en 1609; un des érudits les plus profonds de son temps.

[4] **V.** Texte de 1694 à 1701. Il nous a paru préférable à celui de l'édition incorrecte de 1713 (on y lit si *sérieusement*) adopté par Brossette et les autres éditeurs.

et des soldats, et où, quoique encore fort jeune, il s'est déjà signalé par quantité d'actions dignes des plus expérimentés capitaines[1]. Ce prince qui, à l'exemple du fameux prince de C**[2], son oncle paternel, lit tout, jusqu'aux ouvrages de monsieur P., ayant en effet lu son dernier dialogue, et en paraissant fort indigné, comme quelqu'un eut pris la liberté de lui demander[3] ce que c'était donc que cet ouvrage pour lequel il témoignait un si grand mépris : « C'est un livre, dit-il, où tout ce « que vous avez jamais ouï louer au monde est blâmé, « et où tout ce que vous avez jamais entendu blâmer « est loué. »

[1] François-Louis de Bourbon, prince de Conti (*voy.* tome IV, p. 256), né en 1664, mort en 1709. *Moréri*, mots BOURBON et *François*. — Cet éloge de la part du poète qu'on a accusé de flatterie envers Louis XIV (tome I, Essai, n° 125 et 142 et suiv.) est très remarquable. Nous voyons dans Saint-Simon (II, 24, VII, 61, XI, 219) que Louis ne pouvait souffrir le prince de Conti, surtout depuis l'expédition que celui-ci avait fait en Hongrie; qu'il le tint long-temps en exil, et que s'il consentit, sur la prière du grand Condé mourant, à le rappeler, il *ne lui pardonna jamais.*

[2] Texte de 1694 à 1713 (le grand Condé).

[3] V. 1694... Comme quelqu'un *lui eut demandé* ce que...

[4] Pour la suite de cette discussion sur les anciens et les modernes, *voy.* tome IV, p. 86 à 98, la lettre de Boileau à Perrault, où il fixe le véritable point de la controverse sur les anciens et les modernes.

AVERTISSEMENT [1]

TOUCHANT LA DIXIÈME REFLEXION SUR LONGIN. [2]

Les amis de feu M. Despréaux savent qu'après qu'il eut eu [3] connaissance de la lettre qui fait le sujet de la dixième Réflexion, il fut long-temps sans se déterminer à y répondre. Il ne pouvait se résoudre à prendre la plume contre un évêque [4], dont il respectait la personne et le caractère, quoiqu'il ne fût pas fort frappé de ses raisons. Ce ne fut donc qu'après avoir vu cette lettre publiée par M. Le Clerc [5], que M. Despréaux ne put résister aux instances de ses amis et de plusieurs personnes distinguées par leur dignité, autant que par leur zèle pour la religion, qui le pressèrent de mettre par écrit ce qu'ils lui avaient ouï dire

---

[1] Il a été composé par M. L'A. R. (l'abbé Renaudot) de l'Académie française. *Brossette.* — Placé au tome Ier de l'édition de 1713, après la préface et le discours préliminaire, il a été transporté ici par Brossette et quelques éditeurs; d'autres l'ont supprimé.

[2] Elle fut composée, ainsi que les deux suivantes, en 1710 (*Brossette*), et publiée (avec celles-ci) pour la première fois dans l'édition posthume de 1713. Elle se ressent de l'âge (74 ans) et des infirmités de Boileau (*voy.* tome I, Essai, n° 19). La même année, Leclerc fit répondre à l'avertissement de Renaudot et répondit lui-même à la Réflexion x^e de Boileau, dans sa Bibliothèque choisie, tome XXVI, page 64 et suivantes. Ces réponses de Leclerc (elles sont fort virulentes) et une lettre de Huet, dont on va parler dans l'avertissement, furent jointes à l'édition de Brossette, parce que, disent les libraires (II, 377), le second volume était *moins gros* que le premier... Dumonteil, Souchay (1740), Saint-Marc et l'éditeur d'Amsterdam (1772 et 1775) les ont imités, et ces derniers ont donné en outre une dissertation de Capperonnier sur le même sujet. Ainsi les lecteurs curieux d'approfondir ces sortes de controverses ne manquent pas de sources pour en consulter les documens.

[3] *V. E.* Texte de 1713... *Eu* a été omis dans quelques éditions (1821, S.-S.; 1825, Daun...).

[4] Le savant Huet, évêque d'Avranches.

[5] En 1706, dans le tome X de sa Bibliothèque choisie. *Saint-Marc.*

sur ce sujet, lorsqu'ils lui eurent représenté que c'était un grand scandale, qu'un homme fort décrié sur la religion s'appuyât de l'autorité d'un savant évêque, pour soutenir une critique qui paraissait plutôt contre Moïse que contre Longin.

M. Despréaux se rendit enfin, et ce fut en déclarant qu'il ne voulait point attaquer M. l'évêque d'Avranches, mais M. Le Clerc[1]; ce qui est religieusement observé dans cette dixième Réflexion. M. d'Avranches était informé de tout ce détail, et il avait témoigné en être content, comme en effet il avait sujet de l'être.

Après cela, depuis la mort de M. Despréaux, cette lettre a été publiée dans un recueil de plusieurs pièces, avec une longue préface de M. l'abbé de T...[2], qui les a ramassées et publiées, à ce qu'il assure, « sans la permission de ceux à qui appartenait « ce trésor. » On ne veut pas entrer dans le détail de ce fait: le public sait assez ce qui en est, et ces sortes de vols faits aux auteurs vivans ne trompent plus personne.

Mais supposant que M. l'abbé de T., qui parle dans la préface, en est l'auteur, il ne trouvera pas mauvais qu'on l'avertisse qu'il n'a pas été bien informé sur plusieurs faits qu'elle contient. On ne parlera que de celui qui regarde M. Despréaux, duquel il est assez étonnant qu'il attaque la mémoire, n'ayant jamais reçu de lui que des honnêtetés et des marques d'amitié.

« M. Despréaux, dit-il, fit une sortie sur M. l'évêque d'A-
« vranches avec beaucoup de hauteur et de confiance. Ce prélat
« se trouva obligé, pour sa justification, de lui répondre, et de
« faire voir que sa remarque était très-juste, et que celle de son
« adversaire n'était pas soutenable. Cet écrit fut adressé par l'au-
« teur à M. le duc de Montausier, en l'année 1683, parce que
« ce fut chez lui que fut connue d'abord l'insulte qui lui avait été
« faite par M. Despréaux; et ce fut aussi chez ce seigneur qu'on
« lut cet écrit en bonne compagnie, où les rieurs, suivant ce qui
« m'en est revenu, ne se trouvèrent pas favorables à un homme,
« dont la principale attention semblait être de mettre les rieurs
« de son côté. »

[1] Ce procédé nous semble peu délicat (*voy.* tome I, Essai, n° 160 et 161).
[2] L'abbé de Tilladet, de l'académie des Inscriptions, mort en 1715. Brossette imprimé le nom de cet abbé dans l'avertissement.

On ne contestera pas que cette lettre ne soit adressée à feu
M. le duc de Montausier, ni qu'elle lui ait été lue. Il faut cependant qu'elle ait été lue à petit bruit, puisque ceux qui étaient le
plus[1] familiers avec ce seigneur, et qui le voyaient tous les
jours, ne l'en ont jamais ouï parler, et qu'on n'en a eu connaissance que plus de vingt ans après, par l'impression qui en a été
faite en Hollande. On comprend encore moins quels pouvaient
être les *rieurs* qui ne furent pas favorables à M. Despréaux, dans
un point de critique aussi sérieux que celui-là. Car si l'on appelle ainsi les approbateurs de la pensée contraire à la sienne,
ils étaient en si petit nombre, qu'on n'en peut pas nommer un
seul de ceux qui de ce temps-là étaient à la cour en quelque réputation d'esprit ou de capacité dans les belles-lettres. Plusieurs
personnes se souviennent encore que feu M. l'évêque de Meaux,
feu M. l'abbé de Saint-Luc, M. de Court, M. de Labroüe, à présent évêque de Mirepoix, et plusieurs autres se déclarèrent hau-
tement contre cette pensée, dès le temps que parut la *Démonstration évangélique*. On sait certainement, et non pas par des
ouï-dire, que M. de Meaux et M. l'abbé de Saint-Luc en disaient
beaucoup plus que n'en a dit M. Despréaux. Si on voulait parler
des personnes aussi distinguées par leur esprit que par leur naissance, outre le grand prince de Condé et les deux princes de
Conti, ses neveux, il serait aisé d'en nommer plusieurs qui n'ap-
prouvaient pas moins cette critique de M. Despréaux que ses
autres ouvrages. Pour les hommes de lettres, ils ont été si peu
persuadés que sa censure n'était pas soutenable, qu'il n'avait
paru encore aucun ouvrage sérieux pour soutenir l'avis contraire, sinon les additions de M. Le Clerc à la lettre qu'il a publiée sans la participation de l'auteur. Car Grotius et ceux qui
ont le mieux écrit de la vérité de la religion chrétienne, les plus
savans commentateurs des livres de Moïse, et ceux qui ont traduit ou commenté Longin ont pensé et parlé comme M. Despréaux. Tollius[2], qu'on n'accusera pas d'avoir été trop scrupu-

---

[1] *V. E.* Texte de 1713, et non pas *les* plus, comme à 1821, S.-S.; 1825, Dau.
[2] Jacques Tollius fit paraître, en 1694 (Utrecht, in-4°), une édition fort estimée de Longin, où il y joignit, indépendamment des siennes propres, les

leux, a réfuté par une note ce qui se trouve sur ce sujet dans la Démonstration évangélique; et les Anglais, dans leur dernière édition de Longin, ont adopté cette note. Le public n'en a pas jugé autrement depuis tant d'années, et une autorité telle que celle de M. Le Clerc ne le fera pas apparemment changer d'avis. Quand on est loué par des hommes de ce caractère, on doit penser à cette parole de Phocion, lorsqu'il entendit certains applaudissemens : « N'ai-je point dit quelque chose mal-à-propos? »

Les raisons solides de M. Despréaux feront assez voir que quoique M. Le Clerc se croie si habile dans la critique, qu'il en a osé donner des règles, il n'a pas été plus heureux dans celle qu'il a voulu faire de Longin que dans presque toutes les autres.

C'est aux lecteurs à juger de cette dixième Réflexion de M. Despréaux, qui a un préjugé fort avantageux en sa faveur, puisqu'elle appuie l'opinion communément reçue parmi les savans, jusqu'à ce que M. d'Avranches l'eût combattue. Le caractère épiscopal ne donne aucune autorité à la sienne, puisqu'il n'en était pas revêtu lorsqu'il la publia [1]. D'autres grands prélats, à qui M. Despréaux a communiqué sa Réflexion, ont été entièrement de son avis; et ils lui ont donné de grandes louanges d'avoir soutenu l'honneur et la dignité de l'Écriture sainte contre un homme qui, sans l'aveu de M. d'Avranches, abusait de son autorité. Enfin, comme il était permis à M. Despréaux d'être d'un avis contraire, on ne croit pas que cela fasse plus de tort à sa mémoire, que d'avoir pensé et jugé tout autrement que lui de l'utilité des romans. [2]

---

notes des divers éditeurs antérieurs, François Robortel, François Portus, Gabriel de Petra, Gérard Langbaine et Tannegui Lefèvre, une version latine, la traduction française de Boileau, avec les remarques de celui-ci et de Dacier. *Saint-Marc* (*voy.* tome I, Not. bibl, § 1, n° 65 *a*).

[1] Dès 1679, dans sa Démonstration évangélique... Huet fut nommé évêque de Soissons, en 1685, et successivement d'Avranches, en 1689... Au reste, selon la remarque judicieuse de M. Daunou, son caractère épiscopal n'aurait pu lui donner aucune autorité dans une question purement littéraire.

[2] Allusion à l'ouvrage d'Huet intitulé : *de l'Origine des Romans*.

RÉFLEXION X,[1]

OU

RÉFUTATION D'UNE DISSERTATION

DE MONSIEUR LE CLERC CONTRE LONGIN.

Ainsi le législateur des Juifs, qui n'était pas un homme ordinaire, ayant fort bien conçu la puissance et la grandeur de Dieu, l'a exprimée dans toute sa dignité, au commencement de ses lois, par ces paroles : *Dieu dit : Que la lumière se fasse, et la lumière se fit ; que la terre se fasse ; la terre fut faite*[2] (*Paroles de Longin, chap. VII*).[3]

Lorsque je fis imprimer pour la première fois, il y a environ trente-six ans[4], la traduction que j'avais faite du Traité du Sublime de Longin, je crus qu'il serait bon, pour empêcher qu'on ne se méprît sur ce mot de SUBLIME, de mettre dans ma préface ces mots qui y sont encore, et qui, par la suite du temps, ne s'y sont

---

[1] Époques de composition et de publication, *v.* p. 237, note 2.

[2] *V. E.* Texte de 1713, suivi jusques au milieu du XVIIIe siècle, et conforme d'ailleurs au chapitre VII de Longin. Saint-Marc, quoiqu'il ait reproduit exactement le texte du même chapitre, comme on le verra dans la note du passage copié ci-dessus, l'a altéré ici en mettant *se fasse ; et la terre fut faite ;* ce qui a été imité, à partir de 1750, dans toutes les éditions citées dans la même note.

[3] *V. E.* On lit dans l'édition de 1713, *chap.* VI, et cette faute de citation, qu'il était facile de reconnaître, s'est reproduite dans toutes les suivantes, sous la seule exception de celles de Dumonteil et de ses copistes, c'est-à-dire de sept ou huit éditions.

[4] *Voy.* tome I, Notice bibl., § 1, n°. 33.

trouvés que trop nécessaires : « Il faut savoir que par
« sublime Longin n'entend pas ce que les orateurs ap-
« pellent le style sublime, mais cet extraordinaire et ce
« merveilleux qui fait qu'un ouvrage enlève, ravit, trans-
« porte. Le style sublime veut toujours de grands mots,
« mais le sublime se peut trouver dans une seule pen-
« sée, dans une seule figure, dans un seul tour de pa-
« roles. Une chose peut être dans le style sublime et
« n'être pourtant pas sublime. Par exemple : Le souve-
« rain arbitre de la nature d'une seule parole forma la
« lumière. Voilà qui est dans le style sublime; cela n'est
« pas néanmoins sublime, parce qu'il n'y a rien là de
« fort merveilleux, et qu'on ne pût aisément trouver.
« Mais Dieu dit : QUE LA LUMIÈRE SE FASSE, ET LA LU-
« MIÈRE SE FIT : ce tour extraordinaire d'expression,
« qui marque si bien l'obéissance de la créature aux
« ordres du créateur, est véritablement sublime, et a
« quelque chose de divin. Il faut donc entendre par su-
« blime, dans Longin, l'extraordinaire, le surprenant,
« et, comme je l'ai traduit, le merveilleux dans le dis-
« cours. »

Cette précaution prise si à propos fut approuvée de tout le monde, mais principalement des hommes vraiment remplis de l'amour de l'Écriture sainte; et je ne croyais pas que je dusse avoir jamais besoin d'en faire l'apologie. A quelque temps de là ma surprise ne fut pas médiocre, lorsqu'on me montra, dans un livre qui avait pour titre DÉMONSTRATION ÉVANGÉLIQUE, composé par le célèbre monsieur Huet, alors sous-précepteur de Monseigneur le Dauphin, un endroit où non-seulement il n'était pas de mon avis, mais où il soutenait haute-

ment que Longin s'était trompé lorsqu'il s'était persuadé qu'il y avait du sublime dans ces paroles, Dieu dit, etc. J'avoue que j'eus de la peine à digérer qu'on traitât avec cette hauteur le plus fameux et le plus savant critique de l'antiquité. De sorte qu'en une nouvelle édition qui se fit quelques mois après de mes ouvrages, je ne pus m'empêcher d'ajouter dans ma préface[1] ces mots : « J'ai rapporté ces paroles de la Genèse,
« comme l'expression la plus propre à mettre ma pensée
« en jour; et je m'en suis servi d'autant plus volon-
« tiers, que cette expression est citée avec éloge par
« Longin même, qui, au milieu des ténèbres du paga-
« nisme, n'a pas laissé de reconnaître le divin qu'il y
« avait dans ces paroles de l'Écriture. Mais que dirons-
« nous d'un des plus savans hommes de notre siècle,
« qui, éclairé[2] des lumières de l'évangile, ne s'est pas
« aperçu de la beauté de cet endroit; qui a osé, dis-je,
« avancer dans un livre qu'il a fait pour démontrer la
« religion chrétienne, que Longin s'était trompé lors-
« qu'il avait cru que ces paroles étaient sublimes? »

Comme ce reproche était un peu fort, et, je l'avoue même, un peu trop fort[3], je m'attendais à voir bientôt paraître une réplique très vive de la part de monsieur Huet, nommé environ dans ce temps-là à l'évêché d'Avranches[4]; et je me préparais à y répondre le moins mal et le plus modestement qu'il me serait possible. Mais,

[1] Préface du Sublime, édition de 1683.

[2] On verra dans les notes de la même préface, que ces expressions étaient différentes dans l'édition de 1683.

[3] Il était même un peu plus fort dans la rédaction de 1683... *Voy.* mêmes notes.

[4] Erreur... *Voy.* p. 240, note 1.

soit que ce savant prélat eût changé d'avis, soit qu'il dédaignât d'entrer en lice avec un aussi vulgaire antagoniste que moi, il se tint dans le silence[1]. Notre démêlé parut éteint, et je n'entendis parler de rien jusqu'en 1709, qu'un de mes amis me fit voir dans un dixième tome de la Bibliothèque choisie de monsieur Le Clerc, fameux protestant de Genève, réfugié en Hollande, un chapitre de plus de vingt-cinq pages, où ce protestant nous réfute très impérieusement Longin et moi, et nous traite tous deux[2] d'aveugles et de petits esprits, d'avoir cru qu'il y avait là quelque sublimité. L'occasion qu'il prend pour nous faire après coup cette insulte, c'est une prétendue lettre du savant M. Huet[3], aujourd'hui ancien évêque d'Avranches, qui lui est, dit-il, tombée entre les mains, et que, pour mieux nous foudroyer, il transcrit toute entière[4]; y joignant néanmoins, afin de la mieux faire valoir, plusieurs remarques de sa façon, presque aussi longues que la lettre même[5], de sorte que ce sont comme deux espèces de dissertations ramassées ensemble dont il fait un seul ouvrage.

Bien que ces deux dissertations soient écrites avec assez d'amertume et d'aigreur[6], je fus médiocrement ému en les lisant, parce que les raisons m'en parurent extrêmement faibles; que monsieur Le Clerc, dans ce long

---

[1] *Voy.* l'avertissement, p. 238 et 239.

[2] C'est ce que nie Leclerc, comme on le voit dans Saint-Marc (III, 467).

[3] Elle était réellement de Huet. *Voy.* p. 237, note 2.

[4] *V. E.* Même observation qu'à p. 165, note 2.

[5] Le chapitre cité, au lieu de 25 pages en a 50, dont mes remarques ne tiennent qu'environ quatorze. *Leclerc* (dans Saint-Marc, III, 464).

[6] C'est ce que nie également Leclerc (*ib.*, p. 467).

verbiage qu'il étale, n'entame pas, pour ainsi dire, la question ; et que tout ce qu'il y avance ne vient que d'une équivoque sur le mot de sublime, qu'il confond avec le style sublime, et qu'il croit entièrement opposé au style simple. J'étais en quelque sorte résolu de n'y rien répondre ; cependant mes libraires depuis quelque temps, à force d'importunités, m'ayant enfin fait consentir à une nouvelle édition de mes ouvrages, il m'a semblé que cette édition serait défectueuse si je n'y donnais quelque signe de vie sur les attaques d'un si célèbre adversaire. Je me suis donc enfin déterminé à y répondre, et il m'a paru que le meilleur parti que je pouvais prendre, c'était d'ajouter aux neuf Réflexions que j'ai déjà faites sur Longin, et où je crois avoir assez bien confondu M. P., une dixième Réflexion, où je répondrais aux deux dissertations nouvellement publiées contre moi. C'est ce que je vais exécuter ici. Mais comme ce n'est point monsieur Huet qui a fait imprimer lui-même la lettre qu'on lui attribue, et que cet illustre prélat ne m'en a point parlé dans l'Académie française, où j'ai l'honneur d'être son confrère, et où je le vois quelquefois [1], monsieur Le Clerc permettra que je ne me propose d'adversaire que monsieur Le Clerc, et que par là je m'épargne le chagrin d'avoir à écrire contre un aussi grand prélat que monsieur Huet, dont, en qualité de chrétien, je respecte fort la dignité, et dont, en qualité d'homme de lettres, j'honore extrê-

---

[1] Détour peu digne de Boileau. Huet, lorsqu'il se trouvait à Paris, était, il est vrai, assidu aux séances de l'Académie, mais Boileau n'y assistant presque jamais que quand il s'agissait d'élections (*voy.* tome IV, p. 341, note 4), il était difficile qu'il s'y établît des relations entre lui et l'évêque d'Avranches.

mement le mérite et le grand savoir. Ainsi c'est au seul monsieur Le Clerc que je vais parler[1]; et il trouvera bon que je le fasse en ces termes :

Vous croyez donc, Monsieur, et vous le croyez de bonne foi, qu'il n'y a point de sublime dans ces paroles de la Genèse : Dieu dit : « QUE LA LUMIÈRE SE FASSE, « ET LA LUMIÈRE SE FIT. » A cela je pourrais vous répondre en général, sans entrer dans une plus grande discussion, que le sublime n'est pas proprement une chose qui se prouve et qui se démontre; mais que c'est un merveilleux qui saisit, qui frappe et qui se fait sentir. Ainsi, personne ne pouvant entendre prononcer un peu majestueusement ces paroles, QUE LA LUMIÈRE SE FASSE, etc., sans que cela excite en lui une certaine élévation d'âme qui lui fait plaisir, il n'est plus question de savoir s'il y a du sublime dans ces paroles, puisqu'il y en a indubitablement. S'il se trouve quelque homme bizarre qui n'y en trouve point, il ne faut pas chercher des raisons pour lui montrer qu'il y en a, mais se borner à le plaindre de son peu de conception et de son peu de goût[2], qui l'empêche de sentir ce que tout le monde sent d'abord. C'est là, Monsieur, ce que je pourrais me contenter de vous dire; et je suis persuadé que tout ce qu'il y a de gens sensés avoueraient que par ce peu de mots je vous aurais répondu tout ce qu'il fallait vous répondre.

Mais puisque l'honnêteté nous oblige de ne pas refuser nos lumières à notre prochain, pour le tirer d'une erreur où il est tombé, je veux bien descendre dans un

---

[1] Tournure peu délicate. *Voy.* p. 238, note 1.
[2] Homme bizarre... de peu de conception et de goût... expressions blâmées avec raison par Lenoir-Dulac, p. 173.

plus grand détail, et ne point épargner le peu de connaissance[1] que je puis avoir du sublime pour vous tirer de l'aveuglement où vous vous êtes jeté vous-même, par trop de confiance en votre grande et hautaine[2] érudition.

Avant que d'aller plus loin, souffrez, Monsieur, que je vous demande comment il peut se faire qu'un aussi habile homme que vous, voulant écrire contre un endroit de ma préface aussi considérable que l'est celui que vous attaquez, ne se soit pas donné la peine de lire cet endroit, auquel il ne paraît pas même que vous ayez fait aucune attention ; car, si vous l'aviez lu, si vous l'aviez examiné un peu de près, me diriez-vous, comme vous faites, pour montrer que ces paroles, Dieu dit, etc., n'ont rien de sublime, qu'elles ne sont point dans le style sublime, sur ce qu'il n'y a point de grands mots, et qu'elles sont énoncées avec une très grande simplicité? N'avais-je pas prévenu votre objection, en assurant, comme je l'assure dans cette même préface, que par sublime, en cet endroit, Longin n'entend pas ce que nous appelons le style sublime, mais cet extraordinaire et ce merveilleux qui se trouve souvent dans les paroles les plus simples, et dont la simplicité même fait quelquefois la sublimité? Ce que vous avez si peu compris, que même à quelques pages de là, bien loin de convenir qu'il y a du sublime dans les paroles que Moïse fait prononcer à Dieu au commencement de la Genèse, vous

---

[1] *V. E.* Texte de 1713 et non pas *connaissances*, au pluriel, comme on lit dans plusieurs éditions, telles que 1809 et 1825, Daun.; 1821, S.-S.; 1821 et 1823, Viol.; 1824, Fro.; 1829, B. ch.

[2] Même observation qu'à note 2, p. 246. *Voy*. Lenoir-Dulac, *ib.*

prétendez que si Moïse avait mis là du sublime, il aurait péché contre toutes les règles de l'art, qui veut qu'un commencement soit simple et sans affectation : ce qui est très véritable, mais ce qui ne dit nullement qu'il ne doit point y avoir de sublime, le sublime n'étant point opposé au simple, et n'y ayant rien quelquefois de plus sublime que le simple même, ainsi que je vous l'ai déjà fait voir, et dont, si vous doutez encore, je m'en vais vous convaincre par quatre ou cinq exemples, auxquels je vous défie de répondre. Je ne les chercherai pas loin. Longin m'en fournit lui-même d'abord un admirable, dans le chapitre d'où j'ai tiré cette dixième Réflexion. Car y traitant du sublime qui vient de la grandeur de la pensée, après avoir établi qu'il n'y a proprement que les grands hommes à qui il échappe de dire des choses grandes et extraordinaires, « Voyez, par exemple, « ajoute-t-il, ce que répondit Alexandre, quand Darius « lui fit offrir la moitié de l'Asie, avec sa fille en mariage. « Pour moi, lui disait Parménion, si j'étais Alexandre, « j'accepterais ces offres. Et moi aussi, répliqua ce « prince, si j'étais Parménion. » Sont-ce là de grandes paroles? Peut-on rien dire de plus naturel, de plus simple et de moins affecté que ce mot? Alexandre ouvre-t-il une grande bouche pour le[1] dire? Et cependant ne faut-il pas tomber d'accord que toute la grandeur de l'âme d'Alexandre s'y fait voir? Il faut à cet exemple en joindre un autre de même nature, que j'ai allégué dans la pré-

---

[1] Il y a *les* à 1713; mais c'est évidemment une faute typographique. Les éditeurs de 1757, de 1766 et 1768, et MM. Didot (1800, 1815, etc.), Daunou (1809 et 1825) et Amar (1821 et 1824), ont avec raison mis *le*... Brossette, Dumonteil, Saint-Marc et M. de S.-S. ont maintenu *les*...

RÉFLEXION X.

face de ma dernière édition de Longin[1]; et je le vais rapporter dans les mêmes termes qu'il y est énoncé[2] afin que l'on voie mieux que je n'ai point parlé en l'air, quand j'ai dit que M. Le Clerc, voulant combattre ma préface, ne s'est pas donné la peine de la lire. Voici en effet mes paroles : Dans la tragédie d'Horace[3] du fameux Pierre Corneille, une femme qui avait été présente au combat des trois Horaces contre les trois Curiaces, mais qui s'était retirée trop tôt, et qui n'en avait pas vu la fin, vient mal-à-propos annoncer au vieil Horace, leur père, que deux de ses fils ont été tués, et que le troisième, ne se voyant plus en état de résister, s'est enfui. Alors ce vieux Romain, possédé de l'amour de sa patrie, sans s'amuser à pleurer la perte de ses deux fils morts si glorieusement, ne s'afflige que de la fuite honteuse du dernier, qui a, dit-il, par une si lâche action, imprimé un opprobre éternel au nom d'Horace; et leur sœur, qui était là présente; lui ayant dit : *Que vouliez-vous qu'il fît contre trois?* il répond brusquement : *Qu'il mourût.* Voilà des termes fort simples. Cependant il n'y a personne qui ne sente la grandeur qu'il y a dans ces trois syllabes, QU'IL MOURUT; sentiment d'autant plus sublime qu'il est simple et naturel, et que par là on voit que ce héros parle du fond du cœur, et dans les transports d'une colère vraiment romaine. La

---

[1] C'est-à-dire, dans la préface du Traité du Sublime, édition de 1701.
[2] Cela n'est pas tout-à-fait exact : Boileau a fait ici quelques changemens, dont un surtout (*voy.* p. 250, note 1) est remarquable, parce qu'il prouve que jusques à la fin de sa vie Boileau fut fidèle au précepte, *polissez-le sans cesse et le repolissez* (*voy.* pour les autres, les notes de la Préface du Sublime).
[3] Acte III, sc. 6. *Boil.*, 1713.

chose effectivement aurait[1] perdu de sa force, si, au lieu de dire, QU'IL MOURUT, il avait dit, « Qu'il suivit « l'exemple de ses deux frères, » ou « Qu'il sacrifiât sa « vie à l'intérêt et à la gloire de son pays. » Ainsi c'est la simplicité même de ce mot qui en fait voir la grandeur. N'avais-je pas, monsieur, en faisant cette remarque, battu en ruine votre objection, même avant que vous l'eussiez faite? Et ne prouvais-je pas visiblement que le sublime se trouve quelquefois dans la manière de parler la plus simple? Vous me répondrez peut-être que cet exemple est singulier, et qu'on n'en peut pas montrer beaucoup de pareils. En voici pourtant encore un que je trouve, à l'ouverture du livre, dans la Médée[2] du même Corneille, où cette fameuse enchanteresse, se vantant que, seule et abandonnée comme elle est de tout le monde, elle trouvera pourtant bien moyen de se venger de tous ses ennemis, Nérine, sa confidente, lui dit :

> Perdez l'aveugle erreur dont vous êtes séduite,
> Pour voir en quel état le sort vous a réduite;
> Votre pays vous hait, votre époux est sans foi :
> Contre tant d'ennemis[3] que vous reste-t-il?

à quoi Médée répond :

>   Moi;
> Moi, dis-je, et c'est assez.

---

[1] Il y a dans la préface citée... « *qui* ne sente la grandeur héroïque qui est renfermée dans ce mot *qu'il mourut*, qui est d'autant plus sublime *qu'il* est simple et naturel et *que* par là on voit *que* c'est du fond du cœur *que* parle ce vieux héros et dans les transports d'une colère vraiment romaine. *De fait* la chose aurait, etc... » On voit combien la nouvelle rédaction est préférable.

[2] Acte I, sc. 4. *Boil.*, 1713.

[3] Il paraît que Boileau cite ici de mémoire et qu'il corrige sans s'en aper-

Peut-on nier qu'il n'y ait du sublime, et du sublime le plus relevé, dans ce monosyllabe, MOI[1]? Qu'est-ce donc qui frappe dans ce passage, sinon la fierté audacieuse de cette magicienne, et la confiance qu'elle a dans son art? Vous voyez, monsieur, que ce n'est point le style sublime, ni par conséquent les grands mots, qui font toujours le sublime dans le discours, et que ni Longin ni moi ne l'avons jamais prétendu. Ce qui est si vrai, par rapport à lui, qu'en son Traité du Sublime, parmi beaucoup de passages qu'il rapporte pour montrer ce que c'est qu'il entend par sublime, il ne s'en trouve pas plus de cinq ou six où les grands mots fassent partie du sublime. Au contraire, il y en a un nombre considérable où tout est composé de paroles fort simples et fort ordinaires; comme, par exemple, cet endroit de Démosthène, si estimé et si admiré de tout le monde, où cet orateur gourmande ainsi les Athéniens : « Ne
« voulez-vous jamais faire autre chose qu'aller par la
« ville vous demander les uns aux autres : Que dit-on
« de nouveau? Et que peut-on vous apprendre de plus
« nouveau que ce que vous voyez? Un homme de Macé-
« doine se rend maître des Athéniens, et fait la loi à
« toute la Grèce. Philippe est-il mort? dira l'un. Non,

cevoir le texte de Corneille, car dans plusieurs éditions anciennes et modernes de celui-ci, telles que 1654, 1664 (revue et corrigée par l'auteur), 1692, 1817, etc., nous lisons au premier vers, *forcez l'aveuglement* dont, etc., et au 4°, *dans un si grand revers* que, etc...., et il a entraîné dans la même erreur l'auteur de l'excellent cours fait à l'école polytechnique (*Journ.*, *id.*, 1811, 115).

[1] Voltaire (Comment. sur Médée) n'est pas du sentiment de Boileau, que partagent au contraire, Saint-Marc (IV, 98), Clément (Lett. v, p. 237 à 239) et La Harpe (*Lyc.*, 1820, I, 98).

« répondra l'autre, il n'est que malade. Eh! que vous
« importe, messieurs, qu'il vive ou qu'il meure? quand
« le ciel vous en aurait délivrés, vous vous feriez bientôt
« vous-mêmes un autre Philippe. » Y a-t-il rien de plus
simple, de plus naturel et de moins enflé que ces demandes et ces interrogations? Cependant qui est-ce qui
n'en sent point le sublime? Vous, peut-être, monsieur;
parce que vous n'y voyez point de grands mots, ni de
ces AMBITIOSA ORNAMENTA en quoi vous le faites consister, et en quoi il consiste si peu, qu'il n'y a rien
même qui rende le discours plus froid et plus languissant
que les grands mots mis hors de leur place. Ne dites
donc plus, comme vous faites en plusieurs endroits de
votre dissertation, que la preuve qu'il n'y a point de
sublime dans le style de la Bible, c'est que tout y est dit
sans exagération et avec beaucoup de simplicité, puisque c'est cette simplicité même qui en fait la sublimité.
Les grands mots, selon les habiles connaisseurs, font
en effet si peu l'essence entière du sublime, qu'il y a
même dans les bons écrivains des endroits sublimes
dont la grandeur vient de la petitesse énergique des paroles, comme on le peut voir dans ce passage d'Hérodote, qui est cité par Longin : « Cléomène étant devenu
« furieux, il[1] prit un couteau dont il se hacha la chair
« en petits morceaux; et s'étant ainsi déchiqueté lui-
« même, il mourut : » car on ne peut guère assembler
de mots plus bas et plus petits que ceux-ci, « se hacher
« la chair en morceaux, et se déchiqueter soi-même. »
On y sent toutefois une certaine force énergique qui,

---

[1] Même observation pour cet *il*, qu'à p. 254, note 1.

marquant l'horreur de la chose qui y est énoncée, a je ne sais quoi de sublime.

Mais voilà assez d'exemples cités, pour vous montrer que le simple et le sublime dans le discours ne sont nullement opposés. Examinons maintenant les paroles qui font le sujet de notre contestation; et pour en mieux juger, considérons-les jointes et liées avec celles qui les précèdent. Les voici : « Au commencement, dit « Moïse, Dieu créa le ciel et la terre. La terre était in-« forme et toute nue. Les ténèbres couvraient la face de « l'abîme, et l'esprit de Dieu était porté sur les eaux ». Peut-on rien voir, dites-vous, de plus simple que ce début? Il est fort simple, je l'avoue, à la réserve pourtant de ces mots, « et l'esprit de Dieu était porté sur les « eaux », qui ont quelque chose de magnifique, et dont l'obscurité élégante et majestueuse nous fait concevoir beaucoup de choses au-delà de ce qu'elles semblent dire; mais ce n'est pas de quoi il s'agit ici. Passons aux paroles suivantes, puisque ce sont celles dont il est question. Moïse ayant ainsi expliqué dans une narration également courte, simple et noble, les merveilles de la création, songe aussitôt à faire connaître aux hommes l'auteur de ces merveilles. Pour cela donc, ce grand prophète n'ignorant pas que le meilleur moyen de faire connaître les personnages qu'on introduit, c'est de les faire agir, il[1] met d'abord Dieu en action, et le fait parler. Et que lui fait-il dire ? Une chose ordinaire, peut-être ? Non; mais ce qui s'est jamais dit de plus grand, ce qui se peut

---

[1] Cet *il* est ici plus que superflu. *M. de S.-S.* — *Voy.* à ce sujet sat. 1, vers 31, l'observat. de M. Raynouard.

dire de plus grand, et ce qu'il n'y a jamais eu que Dieu seul qui ait pu dire : Que la lumière se fasse. Puis tout-à-coup, pour montrer qu'afin qu'une chose soit faite, il suffit que Dieu veuille qu'elle se fasse, il ajoute avec une rapidité qui donne à ses paroles mêmes une âme et une vie, et la lumière se fit, montrant par là qu'au moment que Dieu parle, tout s'agite, tout s'émeut, tout obéit. Vous me répondrez peut-être ce que vous me répondez dans la prétendue lettre de M. Huet, que vous ne voyez pas ce qu'il y a de si sublime dans cette manière de parler, que la lumière se fasse, etc., puisqu'elle est, dites-vous, très familière et très commune dans la langue hébraïque, qui la rebat à chaque bout de champ. En effet, ajoutez-vous, si je disais : « Quand « je sortis, je dis à mes gens, suivez-moi, et ils me sui- « virent; je priai mon ami de me prêter son cheval, et « il me le prêta » : pourrait-on soutenir que j'ai dit là quelque chose de sublime? Non, sans doute, parce que cela serait dit dans une occasion très frivole, à propos de choses très petites. Mais est-il possible, monsieur, qu'avec tout le savoir que vous avez, vous soyez encore à apprendre ce que n'ignore pas le moindre apprenti rhétoricien, que pour bien juger du beau, du sublime, du merveilleux dans le discours, il ne faut pas simplement regarder la chose qu'on dit, mais la personne qui la dit, la manière dont on la dit, et l'occasion où on la dit; enfin qu'il faut regarder, non quid sit, sed quo loco sit? Qui est-ce en effet qui peut nier qu'une chose dite en un endroit paraîtra basse et petite, et que la même chose dite en un autre endroit deviendra grande, noble, sublime et plus que sublime? Qu'un homme, par exemple, qui montre à danser, dise à un jeune garçon qu'il instruit : Allez par là, revenez, détournez, arrêtez, cela est très puéril et paraît même ridicule à raconter. Mais que le Soleil, voyant son fils Phaéton qui s'égare dans les cieux sur un char qu'il a eu la folle témérité de vouloir conduire, crie de loin à ce fils à-peu-près les mêmes ou de semblables paroles, cela devient très noble et très sublime, comme on peut le reconnaître dans ces vers d'Euripide rapportés par Longin :

> Le père cependant, plein d'un trouble funeste,
> Le voit rouler de loin sur la plaine céleste ;
> Lui montre encor sa route, et du plus haut des cieux,
> Le suit autant qu'il peut de la voix et des yeux :
> Va par là, lui dit-il ; reviens : détourne : arrête.

Je pourrais vous citer encore cent autres exemples pareils, et il s'en présente à moi de tous les[1] côtés. Je ne saurais pourtant, à mon avis, vous en alléguer un plus convaincant ni plus démonstratif que celui même sur lequel nous sommes en dispute. En effet, qu'un maître dise à son valet : « Apportez-moi mon manteau » ; puis qu'on ajoute : « Et son valet lui apporta son manteau » ; cela est très petit, je ne dis pas seulement en langue hébraïque, où vous prétendez que ces manières de parler sont ordinaires, mais encore en toute langue. Au contraire, que dans une occasion aussi grande qu'est la création du monde, Dieu dise : « QUE LA LUMIÈRE SE FASSE ; puis qu'on ajoute : ET LA LUMIÈRE FUT FAITE ; cela est non-seulement sublime, mais d'autant plus sublime que, les termes en étant fort simples et pris du

---

[1] *V. E.* Texte de 1713. On a omis *les*, dans quelques éditions (1821, S.-S.; 1825, Daun.).

langage ordinaire, ils nous font comprendre admirablement, et mieux que tous les plus grands mots, qu'il ne coûte pas plus à Dieu de faire la lumière, le ciel et la terre, qu'à un maître de dire à son valet : « Apportez-moi mon manteau ». D'où vient donc que cela ne vous frappe point ? Je vais vous le dire. C'est que n'y voyant point de grands mots, ni d'ornemens pompeux, et prévenu comme vous l'êtes que le style simple n'est point susceptible de sublime, vous croyez qu'il ne peut y avoir là de vraie sublimité.

Mais c'est assez vous pousser sur cette méprise, qu'il n'est pas possible, à l'heure qu'il est, que vous ne reconnaissiez. Venons maintenant à vos autres preuves : car, tout-à-coup retournant à la charge comme maître-passé en l'art oratoire, pour mieux nous confondre Longin et moi, et nous accabler sans ressource, vous vous mettez en devoir de nous apprendre à l'un et à l'autre ce que c'est que sublime. Il y en a, dites-vous, quatre sortes; le sublime des termes, le sublime du tour de l'expression, le sublime des pensées, et le sublime des choses. Je pourrais aisément vous embarrasser sur cette division et sur les définitions qu'ensuite vous nous donnez de vos quatre sublimes, cette division et ces définitions n'étant pas si correctes ni si exactes que vous vous le figurez. Je veux bien néanmoins aujourd'hui, pour ne point perdre de temps, les admettre toutes sans aucune restriction. Permettez-moi seulement de vous dire qu'après celle du sublime des choses, vous avancez la proposition du monde la moins soutenable et la plus grossière; car après avoir supposé, comme vous le supposez très solidement, et comme il n'y a personne qui n'en convienne avec vous, que les grandes choses sont grandes en elles-mêmes et par elles-mêmes, et qu'elles se font admirer indépendamment de l'art oratoire; tout d'un coup, prenant le change, vous soutenez que pour être mises en œuvre dans un discours elles n'ont besoin d'aucun génie ni d'aucune adresse, et qu'un homme, quelque ignorant et quelque grossier qu'il soit, ce sont vos termes, s'il rapporte une grande chose sans en rien dérober à la connaissance de l'auditeur, pourra avec justice être estimé éloquent et sublime. Il est vrai que vous ajoutez, « non pas de ce sublime dont parle ici Longin ». Je ne sais pas ce que vous voulez dire par ces mots, que vous nous expliquerez quand il vous plaira.

Quoi qu'il en soit, il s'ensuit de votre raisonnement que pour être bon historien (ô la belle découverte!) il ne faut point d'autre talent que celui que Démétrius Phaléréus attribue au peintre Nicias, qui était de choisir toujours de grands sujets. Cependant ne paraît-il pas au contraire que pour bien raconter une grande chose, il faut beaucoup plus d'esprit et de talent que pour en raconter une médiocre? En effet, monsieur, de quelque bonne foi que soit votre homme ignorant et grossier, trouvera-t-il pour cela aisément des paroles dignes de son sujet? Saura-t-il même les construire? Je dis construire; car cela n'est pas si aisé qu'on s'imagine.

Cet homme enfin, fût-il bon grammairien, saura-t-il pour cela, racontant un fait merveilleux, jeter dans son discours toute la netteté, la délicatesse, la majesté, et, ce qui est encore plus considérable, toute la simplicité nécessaire à une bonne narration? Saura-t-il choisir les grandes circonstances? Saura-t-il rejeter les superflues?

En décrivant le passage de la mer Rouge, ne s'amusera-il point, comme le poète dont je parle dans mon Art poétique, à peindre le petit enfant

> Qui va, saute [1], revient,
> Et, joyeux, à sa mère offre un caillou qu'il tient?

En un mot, saura-t-il, comme Moïse, dire tout ce qu'il faut, et ne dire que ce qu'il faut? Je vois que cette objection vous embarrasse. Avec tout cela néanmoins, répondrez-vous, on ne me persuadera jamais que Moïse, en écrivant la Bible, ait songé à tous ces agrémens et à toutes ces petites finesses de l'école : car c'est ainsi que vous appelez toutes les grandes figures de l'art oratoire. Assurément Moïse n'y a point pensé ; mais l'esprit divin qui l'inspirait y a pensé pour lui, et les y a mises en œuvre, avec d'autant plus d'art qu'on ne s'aperçoit point qu'il y ait aucun art : car on n'y remarque point de faux ornemens, et rien ne s'y sent de l'enflure et de la vaine pompe des déclamateurs, plus opposée quelquefois au vrai sublime que la bassesse même des mots les plus abjects; mais tout y est plein de sens, de raison et de majesté. De sorte que le livre de Moïse est en même temps le plus éloquent, le plus sublime et le plus simple de tous les livres. Il faut convenir pourtant que ce fut cette simplicité, quoique si admirable, jointe à quelques mots latins un peu barbares de la Vulgate, qui dégoûtèrent saint Augustin, avant sa conversion, de la lecture

---

[1] V. E. On lit ET *revient*, dans l'édition fautive de 1713 suivie par Brossette, Dumonteil, Souchay (1735 et 1740) et l'éditeur de Dresde, 1746... Saint-Marc a corrigé cette faute typographique ; ce qui n'a pas empêché de la reproduire dans quelques éditions, telles que 1749, A; 1750, 1757, 1766 et 1769, P.; 1767, Dresde.

de ce divin livre, dont néanmoins depuis, l'ayant regardé de plus près, et avec des yeux plus éclairés, il fit le plus grand objet de son admiration et sa perpétuelle lecture.

Mais c'est assez nous arrêter sur la considération de votre nouvel orateur. Reprenons le fil de notre discours, et voyons où vous en voulez venir par la supposition de vos quatre sublimes. Auquel de ces quatre genres, dites-vous, prétend-on attribuer le sublime que Longin a cru voir dans le passage de la Genèse ? Est-ce au sublime des mots? Mais sur quoi fonder cette prétention, puisqu'il n'y a pas dans ce passage un seul grand mot? Sera-ce au sublime de l'expression? L'expression en est très ordinaire, et d'un usage très commun et très familier, surtout dans la langue hébraïque, qui la répète sans cesse. Le donnera-t-on au sublime des pensées? Mais bien loin d'y avoir là aucune sublimité de pensée, il n'y a pas même de pensée. On ne peut, concluez-vous, l'attribuer qu'au sublime des choses, auquel Longin ne trouvera pas son compte, puisque l'art ni le discours n'ont aucune part à ce sublime. Voilà donc, par votre belle et savante démonstration, les premières paroles de Dieu dans la Genèse, entièrement dépossédées du sublime que tous les hommes jusqu'ici avaient cru y voir; et le commencement de la Bible reconnu froid, sec et sans nulle grandeur. Regardez pourtant comme les manières de juger sont différentes; puisque, si l'on me fait les mêmes interrogations que vous vous faites à vous-même, et si l'on me demande quel genre de sublime se trouve dans le passage dont nous disputons, je ne répondrai pas qu'il y en a un des quatre que vous rapportez ; je dirai que tous les quatre y sont dans leur plus haut degré de perfection.

En effet, pour en venir à la preuve, et pour commencer par le premier genre, bien qu'il n'y ait pas dans le passage de la Genèse des mots grands ni[1] ampoulés, les termes que le prophète y emploie, quoique simples, étant nobles, majestueux, convenables au sujet, ils ne laissent pas d'être sublimes, et si sublimes que vous n'en sauriez suppléer d'autres que le discours n'en soit considérablement affaibli; comme si, par exemple, au lieu de ces mots : DIEU DIT : QUE LA LUMIÈRE SE FASSE, ET LA LUMIÈRE SE FIT, vous mettiez : « Le souverain maître « de toutes choses commanda à la lumière de se former; « et en même temps ce merveilleux ouvrage, qu'on ap- « pelle lumière, se trouva formé » : Quelle petitesse ne sentira-t-on point dans ces grands mots, vis-à-vis de ceux-ci, DIEU DIT : QUE LA LUMIÈRE SE FASSE, etc.? A l'égard du second genre, je veux dire du sublime du tour de l'expression, où peut-on voir un tour d'expression plus sublime que celui de ces paroles[2] : DIEU DIT : QUE LA LUMIÈRE SE FASSE, ET LA LUMIÈRE SE FIT; dont la douceur majestueuse, même dans les traductions grecques, latines et françaises, frappe si agréablement l'oreille de tout homme qui a quelque délicatesse et quelque goût? Quel effet ne feraient-elles point si elles étaient prononcées dans leur langue originale par une bouche

---

[1] *V. E.* Texte de 1713, et non pas *grands* et *ampoulés*, comme on lit à 1820, Mén.; 1824, Fro.; 1825, Daun.; 1828, Thi...

[2] Voltaire (Dictionn. philosoph., mot *Genèse*) est d'un sentiment opposé, et soutient que Huet et Leclerc ont, sur ce point, évidemment raison; qu'en un mot, il n'y a point ici de *tour* d'éloquence sublime.

qui les sût prononcer¹, et écoutées par des oreilles qui les sussent entendre? Pour ce qui est de ce que vous avancez au sujet du sublime des pensées, que bien loin qu'il y ait dans le passage qu'admire Longin aucune sublimité de pensée, il n'y a pas même de pensée : il faut que votre bon sens vous ait abandonné quand vous avez parlé de cette manière. Quoi! monsieur, le dessein que Dieu prend immédiatement après avoir créé le ciel et la terre, car c'est Dieu qui parle en cet endroit; la pensée, dis-je, qu'il conçoit de faire la lumière ne vous paraît pas une pensée! Et qu'est-ce donc que pensée, si ce n'en est là une des plus sublimes qui pouvaient, si en parlant de Dieu il est permis de se servir de ces termes, qui pouvaient, dis-je, venir à Dieu lui-même? pensée qui était d'autant plus nécessaire, que, si elle ne fût venue à Dieu, l'ouvrage de la création restait imparfait, et la terre demeurait informe et vide, TERRA AUTEM ERAT INANIS ET VACUA. Confessez donc, monsieur, que les trois premiers genres de votre sublime sont excellemment renfermés dans le passage de Moïse. Pour le sublime des choses, je ne vous en dis rien, puisque vous reconnaissez vous-même qu'il s'agit dans ce passage de la plus grande chose qui puisse être faite, et qui ait jamais été faite. Je ne sais si je me trompe, mais il me semble que j'ai assez exactement répondu à toutes vos objections tirées des quatre sublimes.

---

¹ *V. E.* Texte de 1713, suivi au xviiie siècle. On a mis *qui les* pût *prononcer,* dans l'édition de 1800 (Did.), et cette faute grossière a été reproduite dans une foule d'autres, telles que 1809 et 1825, Daun.; 1815 et 1819, Did.; 1810, Ray.; 1815, Lécr.; 1821, S.-S.; 1821 et 1823, Viol.; 1821 et 1824, Am.; 1824, Fro.; 1825, Aug.; 1826, Mart.; 1828, Thi.; 1829, B. ch...

N'attendez pas, monsieur, que je réponde ici avec la même exactitude à tous les vagues raisonnemens et à toutes les vaines déclamations que vous me faites dans la suite de votre long discours, et principalement dans le dernier article de la lettre attribuée à M. l'évêque d'Avranches, où vous expliquant d'une manière embarrassée, vous donnez lieu au lecteur de penser que vous êtes persuadé que Moïse et tous les prophètes, en publiant les louanges de Dieu, au lieu de relever sa grandeur, l'ont, ce sont vos propres termes, en quelque sorte, avili et déshonoré ; tout cela faute d'avoir assez bien démêlé une équivoque très grossière, et dont, pour être parfaitement éclairci, il ne faut que se ressouvenir d'un principe avoué de tout le monde, qui est qu'une chose sublime aux yeux des hommes n'est pas pour cela sublime aux yeux de Dieu, devant lequel il n'y a de vraiment sublime que Dieu lui-même; qu'ainsi toutes ces manières figurées que les prophètes et les écrivains sacrés emploient pour l'exalter, lorsqu'ils lui donnent un visage, des yeux, des oreilles, lorsqu'ils le font marcher, courir, s'asseoir, lorsqu'ils le représentent porté sur l'aile des vents, lorsqu'ils lui donnent à lui-même des ailes, lorsqu'ils lui prêtent leurs expressions, leurs actions, leurs passions et mille autres choses semblables; toutes ces choses sont fort petites devant Dieu, qui les souffre néanmoins et les agrée, parce qu'il sait bien que la faiblesse humaine ne le saurait louer autrement. En même temps, il faut reconnaître que ces mêmes choses, présentées aux yeux des hommes avec des figures et des paroles telles que celles de Moïse et des autres prophètes, non-seulement ne sont pas basses, mais encore qu'elles deviennent nobles, grandes, merveilleuses et dignes en quelque façon de la majesté divine. D'où il s'ensuit que vos réflexions sur la petitesse de nos idées devant Dieu sont ici très mal placées, et que votre critique sur les paroles de la Genèse est fort peu raisonnable, puisque c'est de ce sublime, présenté aux yeux des hommes, que Longin a voulu et dû parler, lorsqu'il a dit que Moïse a parfaitement conçu la puissance de Dieu au commencement de ses lois, et qu'il l'a exprimée dans toute sa dignité par ses paroles, DIEU DIT, etc.

Croyez-moi donc, monsieur, ouvrez les yeux. Ne vous opiniâtrez pas davantage à défendre contre Moïse, contre Longin et contre toute la terre, une cause aussi odieuse[1] que la vôtre, et qui ne saurait se soutenir que par des équivoques et par de fausses subtilités. Lisez l'Écriture sainte avec un peu moins de confiance en vos propres lumières, et défaites-vous de cette hauteur calviniste et socinienne[2], qui vous fait croire qu'il y va de votre honneur d'empêcher qu'on n'admire trop légèrement le début d'un livre dont vous êtes obligé d'avouer vous-même qu'on doit adorer tous les mots et toutes les syllabes; et qu'on peut bien ne pas assez admirer, mais qu'on ne saurait trop admirer. Je ne vous en dirai pas davantage. Aussi bien il est temps de finir cette dixième Réflexion, déjà même un peu trop longue, et que je ne croyais pas devoir pousser si loin.

Avant que de la terminer néanmoins, il me semble

---

[1] *V.* la note suivante.
[2] Qualifications injurieuses blâmées avec raison par Lenoir-Dulac (p. 173) et repoussées par Leclerc (dans Saint-Marc, III, 476). D'ailleurs, ajoute-t-il, il ne s'agit point ici de calvinisme ni de socinianisme.

que je ne dois pas laisser sans réplique une objection assez raisonnable que vous me faites au commencement de votre dissertation, et que j'ai laissée à part pour y répondre à la fin de mon discours. Vous me demandez dans cette objection d'où vient que, dans ma traduction du passage de la Genèse, cité par Longin, je n'ai point exprimé ce monosyllabe τί, QUOI? puisqu'il est dans le texte de Longin, où il n'y a pas seulement : DIEU DIT : QUE LA LUMIÈRE SE FASSE; mais DIEU DIT : QUOI? QUE LA LUMIÈRE SE FASSE. A cela je réponds, en premier lieu, que sûrement ce monosyllabe n'est point de Moïse, et appartient entièrement à Longin, qui, pour préparer la grandeur de la chose que Dieu va exprimer, après ces paroles, DIEU DIT, se fait à soi-même cette interrogation, QUOI? puis ajoute tout d'un coup, QUE LA LUMIÈRE SE FASSE. Je dis en second lieu que je n'ai point exprimé ce QUOI, parce qu'à mon avis il n'aurait point eu de grâce en français, et que non-seulement il aurait un peu gâté les paroles de l'Écriture, mais qu'il aurait pu donner occasion à quelques savans, comme vous, de prétendre mal-à-propos, comme cela est effectivement arrivé, que Longin n'avait pas lu le passage de la Genèse dans ce qu'on appelle la Bible des Septante, mais dans quelque autre version où le texte était corrompu. Je n'ai pas eu le même scrupule pour ces autres paroles que le même Longin insère encore dans le texte, lorsqu'à ces termes, QUE LA LUMIÈRE SE FASSE, il ajoute, QUE LA TERRE SE FASSE; LA TERRE FUT FAITE; parce que cela ne gâte rien, et qu'il est dit par une surabondance d'admiration que tout le monde sent. Ce qu'il y a de vrai pourtant, c'est que dans les règles, je devais avoir fait il y a long-temps cette note que je fais aujourd'hui, qui manque, je l'avoue, à ma traduction. Mais enfin la voilà faite.[1]

RÉFLEXION XI.

Néanmoins Aristote et Théophraste, afin d'excuser l'audace de ces figures, pensent qu'il est bon d'y apporter ces adoucissemens : *Pour ainsi dire, Si j'ose me servir de ces termes, Pour m'expliquer plus hardiment,* etc. (*Paroles de Longin, chapitre XXVI*).

Le conseil de ces deux philosophes est excellent, mais il n'a d'usage que dans la prose; car ces excuses sont rarement souffertes dans la poésie, où elles auraient quelque chose de sec et de languissant, parce que la poésie porte son excuse avec soi. De sorte qu'à mon avis, pour bien juger si une figure dans les vers n'est point trop hardie, il est bon de la mettre en prose avec quelqu'un de ces adoucissemens; puisqu'en effet si, à la faveur de cet adoucissement, elle n'a plus rien qui choque, elle ne doit point choquer dans les vers, destituée[2] même de cet adoucissement.

Monsieur de la Motte, mon confrère à l'Académie française, n'a donc pas raison en son Traité de l'ode[3],

---

[1] Réponse de Leclerc et autres opuscules relatifs à cette polémique... *Voy.* p. 237, note 2.

[2] V... Leçon adoptée par Souchay (1735), Saint-Marc, MM. Didot, Daunou, Amar et Viollet-Le-Duc... La leçon de 1713, *les vers* (sans virgule) *destitués*, a été suivie par Brossette, Dumonteil et M. de S.-S... La première nous semble préférable.

[3] *Discours sur la poésie en général et sur l'ode en particulier...* S.-M.

lorsqu'il accuse l'illustre monsieur Racine de s'être exprimé avec trop de hardiesse dans sa tragédie de Phèdre, où le gouverneur d'Hippolyte, faisant la peinture du monstre effroyable que Neptune avait envoyé pour effrayer les chevaux de ce jeune et malheureux prince, se sert de cette hyperbole :

> Le flot qui l'apporta recule épouvanté ; [1]

puisqu'il n'y a personne qui ne soit obligé de tomber d'accord que cette hyperbole passerait même dans la prose, à la faveur d'un POUR AINSI DIRE, ou d'un SI J'OSE AINSI PARLER.

D'ailleurs Longin, ensuite du passage que je viens de rapporter ici, ajoute des paroles qui justifient encore mieux que tout ce que j'ai dit le vers dont il est question. Les voici : « L'excuse, selon le sentiment de ces « deux célèbres philosophes, est un remède infaillible « contre les trop grandes hardiesses du discours; et je « suis bien de leur avis; mais je soutiens pourtant tou-« jours ce que j'ai déjà avancé, que le remède le plus « naturel contre l'abondance et l'audace des métapho-« res, c'est de ne les employer que bien à propos, je « veux dire dans le sublime et dans les grandes passions. » En effet, si ce que dit là Longin est vrai, monsieur Racine a entièrement cause gagnée : pouvait-il employer la hardiesse de sa métaphore dans une circonstance

---

[1] Ce vers, disait La Motte (dans Saint-Marc, III, 491), serait beau dans une ode, parce que c'est le poète qui y parle... Il est excessif dans la bouche de Théramène. On est choqué de voir un homme accablé de douleur, si recherché dans ses termes et si attentif à sa description (*voy.* ci-apr. p. 271, aux notes, le sentiment de La Harpe).

plus considérable et plus sublime que dans l'effroyable arrivée de ce monstre, ni au milieu d'une passion plus vive que celle qu'il donne à cet infortuné gouverneur d'Hippolyte, qu'il représente plein d'une horreur et d'une consternation que, par son récit, il communique en quelque sorte aux spectateurs mêmes, de sorte que, par l'émotion qu'il leur cause, il ne les laisse pas en état de songer à le chicaner sur l'audace de sa figure? Aussi a-t-on remarqué que toutes les fois qu'on joue la tragédie de Phèdre, bien loin qu'on paraisse choqué de ce vers,

Le flot qui l'apporta recule épouvanté,

on y fait une espèce d'acclamation; marque incontestable qu'il y a là du vrai sublime, au moins si l'on doit croire ce qu'atteste Longin en plusieurs endroits, et surtout à la fin de son cinquième chapitre.[1] par ces paroles : « Car lorsqu'en un grand nombre de personnes « différentes de profession et d'âge, et qui n'ont aucun « rapport ni d'humeurs ni d'inclinations, tout le monde « vient à être frappé également de quelque endroit « d'un discours, ce jugement et cette approbation uni- « forme de tant d'esprits si discordans d'ailleurs, est « une preuve certaine et indubitable qu'il y a là du « merveilleux et du grand. »

Monsieur de la Motte néanmoins paraît fort éloigné de ces sentimens, puisque oubliant les acclamations que

---

[1] *V. O.* et *F. N. R.* On lit dans l'édition de 1713 et dans celles de Brossette, Dumonteil et Souchay, *de son* sixième *chapitre*. Saint-Marc a corrigé cette faute et mis, comme ci-dessus, *cinquième* chapitre (le passage cité y est en effet et non pas au *sixième*), ce qui n'a pas empêché de la commettre dans plusieurs éditions postérieures, telles que 1750, 1766, 1768, 1769 et 1793, P.; 1767, Dr.; 1822, Jeun.

je suis sûr qu'il a plusieurs fois lui-même, aussi bien que moi, entendu faire dans les représentations de Phèdre, au vers qu'il attaque, il ose avancer qu'on ne peut souffrir ce vers, alléguant pour une des raisons qui empêchent qu'on ne l'approuve, la raison même qui le fait le plus approuver, je veux dire l'accablement de douleur où est Théramène. On est choqué, dit-il, de voir un homme accablé de douleur comme est Théramène, si attentif à sa description, et si recherché dans ses termes. M. de la Motte nous expliquera, quand il le jugera à propos, ce que veulent dire ces mots, « si attentif à sa description, et si recherché dans ses « termes »; puisqu'il n'y a en effet dans le vers de monsieur Racine aucun terme qui ne soit fort commun et fort usité. Que s'il a voulu par là simplement accuser d'affectation et de trop de hardiesse la figure par laquelle Théramène donne un sentiment de frayeur au flot même qui a jeté sur le rivage le monstre envoyé par Neptune, son objection est encore bien moins raisonnable, puisqu'il n'y a point de figure plus ordinaire dans la poésie, que de personnifier les choses inanimées, et de leur donner du sentiment, de la vie et des passions. Monsieur de la Motte me répondra peut-être que cela est vrai quand c'est le poète qui parle, parce qu'il est supposé épris de fureur; mais qu'il n'en est pas de même des personnages qu'on fait parler. J'avoue que ces personnages ne sont pas d'ordinaire supposés épris de fureur; mais ils peuvent l'être d'une autre passion, telle qu'est celle de[1] Théramène, qui ne leur fera pas dire

---

[1] *V. E.* Texte de 1713, et non pas *telle* que *celle*, comme on lit dans plu-

des choses moins fortes et moins exagérées que celles que pourrait dire un poète en fureur. Ainsi Énée, dans l'accablement de douleur où il est au second livre[1] de l'Énéide, lorsqu'il raconte la misérable fin de sa patrie, ne cède pas en audace d'expression à Virgile même ; jusque-là que se[2] comparant à un grand arbre que des laboureurs s'efforcent d'abattre à coups de cognée, il ne se contente pas de prêter de la colère à cet arbre, mais il lui fait faire des menaces à ces laboureurs[3].

sieurs éditions (1809 et 1825, Daun.; 1821, S.-S.; 1821 et 1823, Viol.; 1824, Fro.; 1826, Mart.); ou *telle est celle,* comme on a mis dans d'autres (1810, Ray.; 1815, Lécr.).

[1] V. E. Nous avons vu quatorze exemplaires de l'édition de 1713 : on lit dans dix d'entre eux, *au commencement du second livre ;* leçon fautive, puisque le passage cité par Boileau est *à la fin,* et non pas au commencement, comme l'observa La Motte, dans sa réponse à la xie réflexion... L'exemplaire consulté par La Motte avait donc aussi cette leçon, et il en est de même de ceux qu'ont également dû consulter l'éditeur de 1715, A., Brossette, Billiot (édition de 1726), Souchay (édition de 1740) et Saint-Marc. Voilà donc seize exemplaires où elle se trouvait, tandis que nous n'en avons vu que quatre, trois de l'in-4° et un de l'in-12 (un des nôtres), où l'on ait mis, à l'aide d'un carton, la véritable leçon que nous donnons, ci-dessus, au texte. Il est probable que le carton n'aura été placé qu'après la réponse de La Motte, et lorsque la plus grande partie de l'édition était vendue. Il fournit d'ailleurs une nouvelle preuve de l'incurie de Valincourt et de Renaudot qui y présidaient (tome I, Notice bibl., § 1, n° 108).

Quoi qu'il en soit, Brossette se permit de substituer dans le texte, les mots *à la fin* aux mots *au commencement*, ce qui fut imité par Dumonteil et par Souchay (1735) et ses copistes. Saint-Marc rétablit les derniers mots et fut suivi par d'autres. M. de Saint-Surin est le seul qui ait donné la véritable leçon.

[2] V. Inadvertance de Boileau (c'est Troie et non pas Enée qui est l'objet de la comparaison) également relevée par La Motte et que, par-là même, nous avons dû laisser dans le texte, et non pas corriger, comme l'a fait Brossette (il met *la* comparant).

[3] La Motte (*sup.*, III, 504) observe qu'Enée ne prête point à l'arbre, du sentiment et de la colère ; que les termes de Virgile ne signifient que l'ébranlement et les secousses violentes de l'arbre sous la cognée des laboureurs.

« L'arbre indigné, dit-il, les menace en branlant sa tête
« chevelue »:

> Illa usque minatur,
> Et tremefacta comam concusso vertice nutat.[1]

Je pourrais rapporter ici un nombre infini d'exemples, et dire encore mille choses de semblable force sur ce sujet; mais en voilà assez, ce me semble, pour dessiller les yeux de monsieur de la Motte, et pour le faire ressouvenir que lorsqu'un endroit d'un discours frappe tout le monde, il ne faut pas chercher des raisons, ou plutôt de vaines subtilités, pour s'empêcher d'en être frappé, mais faire si bien que nous trouvions nous-mêmes les raisons pourquoi il nous frappe. Je n'en dirai pas davantage pour cette fois. Cependant, afin qu'on puisse mieux prononcer sur tout ce que j'ai avancé ici en faveur de monsieur Racine, je crois qu'il ne sera pas mauvais, avant que de finir cette onzième Réflexion[2],

---

[1] *V. O.* Vers 628. *Boil.*, 1713 (exemplaire avec carton).

[2] La Motte a fait, à la Réflexion onzième, une réponse que Dumonteil, Saint-Marc et leurs copistes, ainsi que M. Amar, donnent en entier (nous l'avons citée dans les notes précédentes). Son opinion a été soutenue par Fénélon et Saint-Marc; celle de Boileau par d'Olivet, Desfontaines, Louis-Racine et Marmontel, dont les observations, excepté celles des deux derniers, ont été reproduites en entier, ou par extrait dans l'édition de Saint-Marc... En un mot, on a fait presque des volumes sur le récit de Théramène. Nous nous bornerons à rapporter le sentiment de Voltaire (Dict. phil., mot *Amplification*) et de La Harpe (Rac., IV, 299), approuvé par M. Daunou.

« Je ne prétends point, dit le premier, défendre les *écailles jaunissantes*
« ni *la croupe qui se recourbe* (vers 21 et 23ᵉ du récit); mais on veut que Thé-
« ramène dise seulement : *Hippolyte est mort; je l'ai vu, c'en est fait*: c'est
« précisément ce qu'il dit et en moins de mots encore : *Hippolyte n'est plus.*
« Le père s'écrie : Théramène ne reprend ses sens que pour dire : *J'ai vu des*
« *mortels périr le plus aimable;* et il ajoute ce vers si nécessaire, si touchant,
« si désespérant pour Thésée :

de rapporter l'endroit tout entier du récit dont il s'agit. Le voici :

> Cependant sur le dos de la plaine liquide
> S'élève à gros bouillons une montagne humide ;
> L'onde approche, se brise, et vomit à nos yeux,
> Parmi des flots d'écume, un monstre furieux.
> Son front large est armé de cornes menaçantes,
> Tout son corps est couvert d'écailles jaunissantes ;
> Indomptable taureau, dragon impétueux,
> Sa croupe se recourbe en replis tortueux ;
> Ses longs mugissemens font trembler le rivage.
> Le ciel avec horreur voit ce monstre sauvage ;
> La terre s'en émeut, l'air en est infecté ;
> LE FLOT QUI L'APPORTA RECULE ÉPOUVANTÉ, etc.
> *Refluitque exterritus amnis.* [1]

« Et j'ose dire encor, seigneur, le moins coupable.

« La gradation est pleinement observée, les nuances se font sentir l'une après
« l'autre. Le père attendri demande *quel dieu lui a ravi son fils, quelle foudre*
« *soudaine ?*... et il n'a pas le courage d'achever ; il reste muet dans sa douleur ;
« il attend ce récit fatal ; le public l'attend de même. Théramène doit répon-
« dre : on lui demande des détails ; il doit en donner... Quel est le spectateur
« qui voudrait ne le pas entendre, ne pas jouir du plaisir douloureux d'écouter
« les circonstances de la mort d'Hippolyte ? Qui voudrait même qu'on en re-
« tranchât quatre vers ? Ce n'est pas là une vaine description d'une tempête,
« inutile à la pièce ; ce n'est pas là une amplification mal écrite : c'est la dic-
« tion la plus pure et la plus touchante ; enfin c'est Racine. »

« Il y a, observe La Harpe, du luxe de style dans ce récit d'ailleurs si beau ;
« mais ce qui est de trop se réduit à sept ou huit vers »... Il les indique ensuite ; ce sont les 6, 7, 8, 9, 20, 21, 26 et 27ᵉ du récit, et dans le nombre se
trouve précisément celui qu'a défendu Boileau. « J'avoue, dit-il, qu'en cette
« occasion faire reculer le flot qui apporta le monstre, et le faire reculer d'é-
« pouvante, offre un rapport trop ingénieux pour la situation de Théramène.
« Son imagination ne doit se porter que sur ce qui tient à l'horreur réelle des
« objets, et non pas sur des idées qui ne sont que de l'esprit poétique : c'est,
« je crois, la seule fois où le poète ait trahi Racine et l'ait montré derrière le
« personnage. Le vers est beau ; il serait admirable dans un récit épique ;
« mais c'est le seul de ceux de l'auteur dont on puisse dire qu'il est trop beau. »

[1] V. O. Ce fragment de vers latin est placé au texte dans notre exem-

RÉFLEXION XII.

Car tout ce qui est véritablement sublime a cela de propre, quand on l'écoute, qu'il élève l'âme et lui fait concevoir une plus haute opinion d'elle-même, la remplissant de joie et de je ne sais quel noble orgueil, comme si c'était elle qui eût produit les choses qu'elle vient simplement d'entendre (*Paroles de Longin, chap. V*).

Voilà une très belle description du sublime, et d'autant plus belle qu'elle est elle-même très sublime. Mais ce n'est qu'une description ; et il ne paraît pas que Longin ait songé dans tout son Traité à en donner une définition exacte. La raison est qu'il écrivait après Cécilius, qui, comme il le dit lui-même, avait employé tout son livre à définir et à montrer ce que c'est que sublime. Mais le livre de Cécilius étant perdu, je crois qu'on ne trouvera pas mauvais qu'au défaut de Longin, j'en hasarde ici une de ma façon, qui au moins en donne une imparfaite idée. Voici donc comme je crois qu'on le peut définir [1]. « Le sublime est une certaine force de discours
« propre à élever et à ravir l'âme, et qui provient ou
« de la grandeur de la pensée et de la noblesse du sen-
« timent, ou de la magnificence des paroles, ou du tour

---

plaire avec carton, de l'édition in-12. M. de Saint-Surin est aussi le seul qui l'ait rapporté, avec cette différence qu'il le place en note en y joignant la citation suivante, Æn., L. 8. v. 240, qui est à la marge du même exemplaire.

[1] La Harpe (*Lyc.*, part. 1, liv. 1, ch. 11, 1820, I, 87 et suiv.) critique cette définition ainsi que celles de Lamotte, Saint-Marc., Rollin, etc., et il en propose une autre (*ib.*, p. 90) mais avec défiance, parce qu'il croit impossible de définir exactement le sublime...

« harmonieux [1], vif et animé de l'expression; c'est-à-
« dire, d'une de ces choses regardées séparément, ou,
« ce qui fait le parfait sublime, de ces trois choses jointes
« ensemble. »

Il semble que, dans les règles, je devrais donner des exemples de chacune de ces trois choses; mais il y en a un si grand nombre de rapportés dans le Traité de Longin et dans ma dixième Réflexion, que je crois que je ferai mieux d'y renvoyer le lecteur, afin qu'il choisisse lui-même ceux qui lui plairont davantage. Je ne crois pas cependant que je puisse me dispenser d'en proposer quelqu'un où toutes ces trois choses se trouvent parfaitement ramassées; car il n'y en a pas un fort grand nombre. M. Racine pourtant m'en offre un admirable dans la première scène de son Athalie, où Abner, l'un des principaux officiers de la cour de Juda, représente à Joad, le grand-prêtre, la fureur où est Athalie contre lui et contre tous les lévites, ajoutant qu'il ne croit pas que cette orgueilleuse princesse diffère encore long-temps à venir ATTAQUER DIEU JUSQU'EN SON SANCTUAIRE. A quoi ce grand-prêtre, sans s'émouvoir, répond :

> Celui qui met un frein à la fureur des flots
> Sait aussi des méchans arrêter les complots.
> Soumis avec respect à sa volonté sainte,
> Je crains Dieu, cher Abner, et n'ai point d'autre crainte. [2]

---

[1] M. Daunou pense que les *tours harmonieux* (c'est aussi l'avis de La Harpe, p. 101), ni la *magnificence des paroles* ne font rien pour le sublime.
[2] Brossette cite ces deux vers (Énéid., XII, 894) :

> Non me tua fervida terrent
> Dicta ferox : Di me terrent et Jupiter hostis.

Saint-Marc et M. de Saint-Surin nient que Racine ait voulu les imiter, parce que Turnus craint d'avoir Jupiter pour ennemi, tandis que Joad au contraire

En effet, tout ce qu'il peut y avoir de sublime paraît rassemblé dans ces quatre vers; la grandeur de la pensée, la noblesse du sentiment, la magnificence des paroles, et l'harmonie de l'expression, si heureusement terminée par ce dernier vers : *Je crains Dieu, cher Abner*, etc. D'où je conclus que c'est avec très peu de fondement que les admirateurs outrés de monsieur Corneille veulent insinuer que monsieur Racine lui est beaucoup inférieur pour le sublime; puisque, sans apporter ici quantité d'autres preuves que je pourrais donner du contraire, il ne me paraît pas que toute cette grandeur de vertu romaine tant vantée, que ce premier a si bien exprimée dans plusieurs de ses pièces, et qui a fait[1] son excessive réputation, soit au-dessus de l'intrépidité plus qu'héroïque et de la parfaite confiance en Dieu de ce véritablement pieux, grand, sage et courageux israélite.

espère dans la protection de Dieu ; mais suivant la remarque de M. Daunou, « Racine et Boileau savent modifier ce qu'ils imitent et faire de nouvelles ap- « plications des grandes pensées et des belles expressions. »

[1] *V. O.* ou *F. N. R.* On lit dans l'édition de 1713, *qui* ont *fait*... Cette faute évidente d'impression, reproduite dans toutes les éditions jusques vers la fin du xviiie siècle, a été corrigée par M. Didot, en 1789, et la correction a été adoptée par tous les éditeurs suivans, sous la seule exception du P. L. (*Boil. de la jeun.*).

TRAITÉ
DU SUBLIME

OU

DU MERVEILLEUX DANS LE DISCOURS,

TRADUIT DU GREC DE LONGIN.

PRÉFACE
DU TRADUCTEUR.

Ce petit Traité, dont je donne[1] la traduction au public, est une pièce échappée au naufrage de plusieurs autres livres que Longin avait composés. Encore n'est-elle pas venue à nous toute entière : car, bien que le volume ne soit pas fort gros, il y a plusieurs endroits défectueux[2], et nous avons perdu le Traité des Passions, dont l'auteur avait fait un livre à part, qui était comme une suite naturelle de celui-ci. Néanmoins tout défiguré qu'il est, il nous en reste encore assez pour nous faire concevoir une fort grande idée de son auteur, et pour nous donner un véritable regret de la perte de ses autres ouvrages. Le nombre n'en était pas médiocre. Suidas en compte jusqu'à neuf[3], dont il ne nous reste plus que des titres assez confus. C'étaient tous ouvrages de critique. Et certainement on ne saurait assez plaindre la perte de ces excellens originaux, qui, à en juger par celui-ci, devaient être autant de chefs-d'œuvre de bon sens, d'érudition et d'éloquence. Je dis d'éloquence, parce que Longin ne s'est pas contenté, comme Aristote et Hermogène, de nous don-

---

[1] Il la donna en 1674 (tome I, Notice Bibl., § 1, n° 33).

[2] Des savans doutent même que l'ouvrage soit de Longin, et penchent à l'attribuer à Denys d'Halycarnasse. *Voy.* les raisons qu'en donnent M. Daunou (1825, III, 285) et surtout M. Boissonade (Biograph. Univers., mot Longin). Celui-ci paraît incertain entre les deux auteurs ; M. Daunou pense que l'opinion qui l'attribue à Longin est la plus soutenable.

[3] Il y en a bien davantage. Saint-Marc (IV, 3 et 4) en donne une notice détaillée.

ner des préceptes tout secs et dépouillés d'ornemens. Il n'a pas voulu tomber dans le défaut qu'il reproche à Cécilius, qui avait, dit-il, écrit du sublime en style bas. En traitant des beautés de l'élocution, il a employé toutes les finesses de l'élocution. Souvent il fait la figure qu'il enseigne; et, en parlant du sublime, il est lui-même très sublime. Cependant il fait cela si à propos et avec tant d'art, qu'on ne saurait l'accuser en pas un endroit de sortir du style didactique. C'est ce qui a donné à son livre cette haute réputation qu'il s'est acquise parmi les savans, qui l'ont tous regardé comme un des plus précieux restes de l'antiquité sur les matières de rhétorique. Casaubon [1] l'appelle un livre d'or, voulant marquer par là le poids de ce petit ouvrage, qui, malgré sa petitesse, peut être mis en balance avec les plus gros volumes.

Aussi jamais homme, de son temps même, n'a été plus estimé que Longin. Le philosophe Porphyre, qui avait été son disciple, parle de lui comme d'un prodige. Si on l'en croit, son jugement était la règle du bon sens; ses décisions en matière d'ouvrages passaient pour des arrêts souverains; et rien n'était bon ou mauvais qu'autant que Longin l'avait approuvé ou blâmé. Eunapius, dans la vie des Sophistes, passe encore plus avant. Pour exprimer l'estime qu'il fait de Longin, il se laisse emporter à des hyperboles extravagantes [2], et ne saurait se résoudre à parler en style raisonnable d'un mérite aussi extraordinaire que celui de cet auteur. Mais Longin ne

---

[1] Exercitat. I, adv. Baronium. *Brossette.*

[2] Il l'appelle *Bibliothèque animée*, et *Temple ambulant* des muses. Saint-Marc.

fut pas simplement un critique habile, ce fut un ministre d'état considérable; et il suffit, pour faire son éloge, de dire qu'il fut considéré de Zénobie, cette fameuse reine des Palmyréniens, qui osa bien se déclarer reine de l'Orient après la mort de son mari Odenat [1]. Elle avait appelé d'abord Longin auprès d'elle pour s'instruire dans la langue grecque; mais de son maître en grec elle en fit à la fin [2] un de ses principaux ministres. Ce fut lui qui encouragea cette reine à soutenir la qualité de reine de l'Orient, qui lui rehaussa le cœur dans l'adversité, et qui lui fournit les paroles altières qu'elle écrivit à Aurélian [3], quand cet empereur la somma de se rendre. Il en coûta la vie à notre auteur; mais sa mort fut également glorieuse pour lui et honteuse pour Aurélian, dont on peut dire qu'elle a pour jamais flétri la mémoire. Comme cette mort est un des plus fameux incidens de l'histoire de ce temps-là, le lecteur ne sera peut-être pas fâché que je lui rapporte ici ce que Flavius Vopiscus en a écrit. Cet auteur raconte que l'armée de Zénobie et de ses alliés ayant été mise en fuite près de la ville d'Émèse [4], Aurélian alla mettre le siège devant Palmyre, où cette princesse s'était retirée.

---

[1] En 267, sous le règne de Gallien (*voy.* notre *Hist. du droit*, 1821, p. 339, note 20).

[2] *V. E.* Texte de 1674 à 1713, suivi jusques à la fin du xviiie siècle. Dans l'édition de 1800 (Did.), et à son exemple, dans toutes les suivantes (une vingtaine), à l'exception de celle du P. L., on a omis les mots *à la fin*, qui sont pourtant assez utiles.

[3] On écrivait, au xviie siècle, Justinian, Aurelian, etc. : on écrit à présent, Justinien, Aurélien...

[4] V. On lit *Emesse* dans les éditions de 1674 à 1701, suivies par tous les modernes. Le texte ci-dessus de 1713 (in-4° et in-12) nous paraît préférable, le nom latin, selon l'observation de Saint-Marc, étant *Emesa* ou *Emisa*.

Il y trouva plus de résistance qu'il ne s'était imaginé, et qu'il n'en devait attendre vraisemblablement de la résolution d'une femme. Ennuyé de la longueur du siège, il essaya de l'avoir par composition. Il écrivit donc une lettre à Zénobie, dans laquelle il lui offrait la vie et un lieu de retraite, pourvu qu'elle se rendît dans un certain temps. Zénobie, ajoute Vopiscus, répondit à cette lettre avec une fierté plus grande que l'état de ses affaires ne lui permettait. Elle croyait par là donner de la terreur à Aurélian. Voici sa réponse :

Zénobie, reine de l'Orient, à l'empereur Aurélian.

« Personne jusques ici n'a fait une demande pareille
« à la tienne. C'est la vertu, Aurélian, qui doit tout
« faire dans la guerre. Tu me commandes de me remet-
« tre entre tes mains, comme si tu ne savais pas que
« Cléopâtre aima mieux mourir avec le titre de reine,
« que de vivre dans toute autre dignité. Nous attendons
« le secours des Perses; les Sarrasins arment pour nous;
« les Arméniens se sont déclarés en notre faveur; une
« troupe de voleurs dans la Syrie a défait ton armée :
« juge ce que tu dois attendre quand toutes ces forces
« seront jointes. Tu rabattras de cet orgueil avec lequel,
« comme maître absolu de toutes choses, tu m'ordonnes
« de me rendre. »

Cette lettre, ajoute Vopiscus, donna encore plus de colère que de honte à Aurélian. La ville de Palmyre fut prise peu de jours après, et Zénobie arrêtée comme elle s'enfuyait chez les Perses. Toute l'armée demandait sa mort, mais Aurélian ne voulut pas déshonorer sa victoire par la mort d'une femme. Il réserva donc Zénobie pour le triomphe et se contenta de faire mourir ceux

qui l'avaient assistée de leurs conseils. Entre ceux-là, continue cet historien, le philosophe Longin fut extrêmement regretté. Il avait été appelé auprès de cette princesse pour lui enseigner le grec. Aurélian le fit mourir pour avoir écrit la lettre précédente; car, bien qu'elle fût écrite en langue syriaque, on le soupçonnait d'en être l'auteur. L'historien Zosime témoigne que ce fut Zénobie elle-même qui l'en accusa. « Zénobie, dit-il, se
« voyant arrêtée, rejeta toute sa faute sur ses ministres,
« qui avaient, dit-elle, abusé de la faiblesse de son es-
« prit. Elle nomma entre autres Longin, celui dont
« nous avons encore plusieurs écrits si utiles. Aurélian
« ordonna qu'on l'envoyât au supplice. Ce grand per-
« sonnage, poursuit Zosime, souffrit la mort avec une
« constance admirable, jusques[1] à consoler en mourant
« ceux que son malheur touchait de pitié et d'indi-
« gnation. »

Par[2] là on peut voir que Longin n'était pas seulement un habile rhéteur, comme Quintilien et comme Hermogène, mais un philosophe digne[3] d'être mis en parallèle avec les Socrates et avec[4] les Catons. Son livre

---

[1] *V. O.* et *E.* Texte de 1701 à 1713, suivi par Brossette, Dumonteil, Souchay, Saint-Marc et l'éditeur d'Amsterdam, 1772. Celui de Paris, de 1768, a préféré le texte de 1674 à 1694, où on lit *jusqu'à consoler*, et cette cacophonie, quoique rectifiée par Boileau lui-même, est passée dans presque toutes les éditions modernes, telles que 1788, 1789, 1800, 1815 et 1819, Did.; 1793 et 1798, P.; 1809 et 1825, Daun.; 1810, Ray.; 1815, Lécr.; 1820, Mé.; 1821, S.-S.; 1821 et 1823, Viol.; 1821 et 1824, Am; 1822, Jeun.; 1824, Fro.; 1825, Aug.; 1826, Mar.; 1828, Thi.; 1829, B. ch...

[2] *V. O.* 1674 à 1683, il n'y avait point d'alinéa.

[3] *V. O.* 1674 à 1683 (onze éditions, dont cinq originales), philosophe *capable* d'être...

[4] *V. O* et *E.* Mêmes éditions; *et les Catons* (sans *avec*). — Ce changement

n'a rien qui démente ce que je dis. Le caractère d'honnête homme y paraît partout; et ses sentimens ont je ne sais quoi qui marque non-seulement un esprit sublime, mais une âme fort élevée au-dessus du commun. Je n'ai donc point de regret d'avoir employé quelques-unes de mes veilles à débrouiller un si excellent ouvrage, que je puis dire n'avoir été entendu jusqu'ici que d'un très petit nombre de savans. Muret fut le premier qui entreprit de le traduire en latin, à la sollicitation de Manuce; mais il n'acheva pas cet ouvrage, soit parce que les difficultés l'en rebutèrent, ou que la mort le surprit auparavant. Gabriel de Pétra[1], à quelque temps de là, fut plus courageux; et c'est à lui qu'on doit la traduction latine que nous en avons. Il y en a encore deux autres; mais elles sont si informes et si grossières que ce serait faire trop d'honneur à leurs auteurs que de les nommer[2]. Et même celle de Pétra, qui est infiniment la meilleure, n'est pas fort achevée; car, outre que souvent il parle grec en latin, il y a plusieurs endroits où l'on peut dire qu'il n'a pas fort bien entendu son auteur. Ce n'est pas que je veuille accuser un si sa-

---

et les deux précédens ont été faits pendant le tirage de l'édition de 1685 (trois de nos exemplaires ont un carton; deux n'en ont point). Ainsi, pour deux mots qu'on eût pu rectifier dans un erratum, Boileau a exigé un carton de ses libraires (*voy.* tome I, Essai, n° 138, et Notice bibl., § 1, n° 37, obs. 3).

Du reste, toutes les éditions, soit originales, soit du XVIIIe siècle, portent les *Socrates* et les *Catons* au pluriel. Aujourd'hui on emploie, dans ce cas, le singulier, et c'est ce qu'on a fait dans les éditions modernes indiquées à la note 1, page 281, mais on aurait dû aussi avertir que ce n'était point l'usage autrefois (*voy.* tome IV, page 88, note 3).

[1] Professeur à Lauzanne. Il vivait en 1615. *Bross.*

[2] Éditions et traductions de Longin... *Voy.* p. 239, note 2; Saint-Marc, IV, 17; et M. Daunou, IV, 291 et 299.

vant homme d'ignorance, ni établir ma réputation sur les ruines de la sienne. Je sais ce que c'est que de débrouiller le premier un auteur; et j'avoue d'ailleurs que son ouvrage m'a beaucoup servi, aussi bien que les petites notes de Langbaine et de monsieur Le Fèvre [1]; mais je suis bien aise d'excuser, par les fautes de la traduction latine, celles qui pourront m'être échappées dans la française. J'ai pourtant fait tous mes efforts pour la rendre aussi exacte qu'elle pouvait l'être. A dire vrai, je n'y ai pas trouvé de petites difficultés. Il est aisé à un traducteur latin de se tirer d'affaire aux endroits mêmes qu'il n'entend pas. Il n'a qu'à traduire le grec mot pour mot, et à débiter des paroles qu'on peut au moins soupçonner d'être intelligibles. En effet, le lecteur, qui bien souvent n'y conçoit rien, s'en prend plutôt à soi-même qu'à l'ignorance du traducteur. Il n'en est pas ainsi des traductions en langue vulgaire. Tout ce que le lecteur n'entend point s'appelle un galimatias, dont le traducteur tout seul est responsable. On lui impute jusqu'aux fautes de son auteur; et il faut en bien des endroits qu'il les rectifie, sans néanmoins qu'il ose s'en écarter.

Quelque petit donc que soit le volume de Longin, je ne croirais pas avoir fait un médiocre présent au public, si je lui en avais donné une bonne traduction en notre langue. Je n'y ai point épargné mes soins ni mes peines. Qu'on ne s'attende pas pourtant de trouver ici une version timide et scrupuleuse des paroles de Longin. Bien que je me sois efforcé de ne me point écarter en pas un

---

[1] Langbaine, mort en 1658; — Le Fèvre, en 1672. — Ce dernier nom est ainsi écrit dans toutes les éditions de Boileau, du xvii et xviii° siècle; dans les plus récentes on a écrit Le Febvre.

endroit des règles de la véritable traduction, je me suis pourtant donné une honnête liberté, surtout dans les passages qu'il rapporte. J'ai songé qu'il ne s'agissait pas simplement ici de traduire Longin, mais de donner au public un Traité du sublime qui pût être utile. Avec tout cela néanmoins il se trouvera peut-être des gens, qui non-seulement n'approuveront pas ma traduction, mais qui n'épargneront pas même l'original. Je m'attends bien qu'il y en aura plusieurs qui déclineront la jurisdiction[1] de Longin, qui condamneront ce qu'il approuve, et qui loueront ce qu'il blâme. C'est le traitement qu'il doit attendre de la plupart des juges de notre siècle. Ces hommes accoutumés aux débauches et aux excès des poètes modernes, et qui, n'admirant que ce qu'ils n'entendent point, ne pensent pas qu'un auteur se soit élevé s'ils ne l'ont entièrement perdu de vue[2]; ces petits esprits, dis-je, ne seront pas sans doute fort frappés des hardiesses judicieuses des Homères, des Platons et des Démosthènes. Ils chercheront souvent le sublime dans le sublime, et peut-être se moqueront-ils des exclamations que Longin fait quelquefois sur des passages qui, bien que très sublimes, ne laissent pas que d'être simples et naturels, et qui saisissent plutôt l'âme qu'ils n'éclatent aux yeux. Quelque assurance pourtant que ces messieurs aient de la netteté de leurs lumières, je les prie de considérer que ce n'est pas ici l'ouvrage d'un apprenti que

---

[1] Ce mot est écrit ainsi dans toutes les éditions du xvii et xviiie siècle, et même dans celles de 1800 (Didot) et 1809 (Daunou). Depuis quelques années on écrit, et mal-à-propos, selon nous, *juridiction* (*voyez* Cours de procéd., 1825, p. 12.)

[2] Il y a plus de cent-cinquante ans (1674) que Boileau écrivait ceci.

je leur offre, mais le chef-d'œuvre d'un des plus savans critiques de l'antiquité. Que s'ils ne voient pas la beauté de ces passages, cela peut aussitôt venir de la faiblesse de leur vue que du peu d'éclat dont ils brillent. Au pis aller, je leur conseille d'en accuser la traduction [1], puisqu'il n'est que trop vrai que je n'ai ni atteint ni pu atteindre à la perfection de ces excellens originaux; et je leur déclare par avance que s'il y a quelques défauts, ils ne sauraient venir que de moi.

Il ne reste plus, pour finir cette préface, que de dire ce que Longin entend par sublime; car, comme il écrit de cette matière après Cécilius, qui avait presque employé tout son livre à montrer ce que c'est que sublime, il n'a pas cru devoir rebattre une chose qui n'avait été déjà que trop discutée par un autre. Il faut donc savoir que par sublime, Longin n'entend pas ce que les orateurs appellent le style sublime, mais cet extraordinaire et ce merveilleux qui frappe dans le discours, et qui fait qu'un ouvrage enlève, ravit, transporte [2]. Le style sublime veut toujours de grands mots; mais le sublime

---

[1] Nous parlons (tome I, Essai, n° 93) de l'inélégance de cette traduction, et nous citons différens écrivains du même avis que nous. La Harpe est plus sévère. « Elle est, dit-il (Lyc., 1820, I, 96) lâche, négligée, incorrecte. » M. Daunou souscrit à ce jugement; et Dacier, quoique prosateur fort médiocre, y a relevé en effet (v. ci-après les notes) beaucoup d'incorrections, dont Boileau a, il est vrai, fait disparaître une partie. M. Boissonade se borne à lui reprocher de la négligence. M. Amar (IV, vj) se range de cette opinion, en ajoutant toutefois qu'elle manque souvent de clarté, mais en assurant qu'elle est presque toujours exacte.

[2] « On est forcé de convenir avec La Harpe (*Lycée*, tome I) que *Boileau* « *s'est mépris sur le but principal de l'ouvrage de Longin*. Il s'agit essentiel- « lement dans ce livre du style qui convient aux sujets élevés. » *M. Daunou.* — M. Amar (*même page vj*) paraît être du même sentiment.

se peut trouver dans une seule pensée, dans une seule figure, dans un seul tour de paroles. Une chose peut être dans le style sublime et n'être pourtant pas sublime, c'est-à-dire, n'avoir rien d'extraordinaire ni de surprenant. Par exemple : *Le souverain arbitre de la nature d'une seule parole forma la lumière* : voilà qui est dans le style sublime; cela n'est pas néanmoins sublime, parce qu'il n'y a rien là de fort merveilleux, et qu'on ne pût aisément trouver. Mais, *Dieu dit : Que la lumière se fasse, et la lumière se fit* : ce tour extraordinaire d'expression, qui marque si bien l'obéissance de la créature aux ordres du créateur, est véritablement sublime [1], et a quelque chose de divin. Il faut donc entendre par sublime, dans Longin, l'extraordinaire, le surprenant, et, comme je l'ai traduit, le merveilleux dans le discours. [2]

---

[1] On peut consulter, sur ce point la Réflexion x, pag. 246 et suiv.

[2] V. O. Ici finit la préface dans les éditions de 1674, in-4° et petit in-12; mais on lit dans l'édition de 1675, grand in-12, et dans quelques exemplaires de 1674, grand in-12 (il est aussi à 1677, Elz.), le passage suivant supprimé dans toutes les autres.

« Au reste, je suis bien aise d'avertir ici le lecteur amoureux des matières
« de rhétorique, que dans peu il doit paraître une nouvelle traduction du
« chef-d'œuvre de l'art, je veux dire de la rhétorique d'Aristote. Elle est de
« M. Cassandre; c'est l'ouvrage de plusieurs années ; je l'ai vu, et je puis ré-
« pondre au lecteur que jamais il n'y a eu de traduction, ni plus claire, ni
« plus exacte, ni plus fidèle. C'est un ouvrage d'une extrême utilité, et pour
« moi j'avoue franchement que sa lecture m'a plus profité que tout ce que
« j'ai jamais lu en ma vie. »

L'addition fut faite avec précipitation sur un feuillet non paginé qu'on intercala facilement dans les exemplaires non vendus de l'édition de 1674, parce que la préface n'y est point paginée (non plus qu'à 1675); mais on s'en aperçoit en examinant la première pagination du chapitre premier, dont les nombres ne correspondent point à ceux des feuillets. Cette précipitation entraîna dans quelques fautes qui furent corrigées dans la suite du tirage pour

J'ai rapporté ces paroles de la Genèse, comme l'expression la plus propre à mettre ma pensée en jour [1], et je m'en suis servi d'autant plus volontiers que cette expression est citée avec éloge par Longin même, qui, au milieu des ténèbres du paganisme, n'a pas laissé de reconnaître le divin qu'il y avait dans ces paroles de l'Écriture. Mais que dirons-nous d'un des plus savans hommes de notre siècle [2], qui, éclairé des lumières de

les feuillets destinés à l'édition de 1675, et que Desmaiseaux (p. 109), ni M. de S.-S. (ils ont les premiers donné l'addition) n'ont pu apercevoir, parce qu'ils n'ont pas connu l'édition de 1674, grand in-12. Ainsi, 1°, au lieu de DU *chef-d'œuvre* et *extrême*, il y avait DE *chef-d'œuvre* et *extrême*... 2° Après *plusieurs années*, il y avait un point, de sorte que l'adjectif verbal *vue* avait été mis au féminin (même leçon dans M. de S.-S.), tandis que d'après la ponctuation ci-dessus, de 1675, on a mis *vu*, comme se rapportant à *ouvrage*.

Voilà des remarques bien minutieuses, mais elles ne sont pas sans utilité. Elles prouvent l'empressement de Boileau à obliger, même aux dépens de sa réputation. La traduction de Cassandre allait bientôt paraître (l'achevé d'imprimer, dit Desmaiseaux, est du 13 avril 1675); il importait de prévenir le public en faveur d'un homme de lettres malheureux (*V.* satire I, v. 1 et suiv., et tome IV, page 64).

Nous disons qu'elle allait paraître, quoique sa première édition fût de 1654. C'est que Cassandre y avait fait tant de changemens qu'elle pouvait, dit encore Desmaiseaux, passer pour un ouvrage tout nouveau... et, selon la remarque du même auteur, Boileau dut supprimer l'addition dans son édition suivante, ou en 1683, parce que l'ouvrage alors n'était plus nouveau.

[1] *V. O.* (en partie). Texte de 1683. Dans les éditions d'Amsterdam, de 1683, 1692, 1695 et 1697, et dans celle de Tollius (1694), on mit *en son jour*, ce qui vaut peut-être mieux ; mais Boileau ayant maintenu sa leçon primitive dans les éditions originales de 1685, 1694, 1701, in-4° et in-12, et 1713, in-4° et in-12, les éditeurs étrangers y revinrent (1700, 1702, 1707 et 1710, A; 1713, Br., etc). M. de S.-S. a donc eu raison de la rétablir, quoiqu'elle ait été abandonnée pour la leçon étrangère (en *son* jour) par Brossette, et tous les autres éditeurs à son imitation... On voit d'ailleurs, par une lettre du 13 décembre 1704 (tome IV, page 403), qu'incorrecte ou non, telle était la manière dont Boileau s'exprimait.

[2] *V. O.* (en partie) 1683 : *d'un savant de ce siècle*... Cette tournure parut

l'Évangile [1], ne s'est pas aperçu de la beauté de cet endroit; a osé [2], dis-je, avancer, dans un livre qu'il a fait pour démontrer la religion chrétienne [3], que Longin s'était trompé lorsqu'il avait cru que ces paroles étaient sublimes? J'ai la satisfaction au moins que des personnes non moins considérables par leur piété que par leur profonde érudition [4], qui nous ont donné depuis peu la traduction du livre de la Genèse [5], n'ont pas été de l'a-

trop leste, soit parce que Huet qu'elle désignait était précepteur du Dauphin, soit parce qu'il fut peut-être nommé évêque au moment où l'on imprimait l'édition de 1685 (*voy.* p. 240, note 1), et Boileau lui substitua pendant le tirage* celle qu'on lit dans le texte. Huet (*Lettre*, dans Saint-Marc, III, 396) fait aussi observer que Boileau aurait pu s'exprimer d'une manière *moins farouche et plus honnête.*

[1] *V. O.* (en part.), 1683, 1685 et 1694... qui *quoique* éclairé des lumières de l'évangile...

[2] *V. E.* Texte de 1683 à 1713 (dix-neuf éditions, dont huit originales), et non pas, *de cet endroit,* qui *a osé...* Cette leçon qu'on trouve pour la première fois dans l'édition de Tollius (1694), a été adoptée par Brossette et par tous les éditeurs suivans, à l'exception de Schelte (1741 A). Saint-Marc et M. de Saint-Surin, d'après lui, disent que *qui* n'est pas dans les éditions antérieures à 1713, d'où l'on est porté à croire qu'il est dans les éditions de cette année, ce qui n'est point exact.—Il faut toutefois observer que dans sa dixième réflexion critique, publiée en 1713, Boileau, en rapportant (p. 243) le passage précédent, a mis *qui* a osé...

[3] Demonstratio evangelica (de Huet), 1678, p. 54. *Bross.*

[4] V. O. 1683... leur *grand savoir,* qui...

[5] Les solitaires de Port-Royal, surtout Le Maître de Sacy... *Bross*... — Je voudrais qu'on me citât quelque auteur qui eût osé, comme le *flatteur de Louis,* faire de semblables éloges de ces Jansénistes, en 1683, et y persister jusqu'à sa mort.

* De nos quatre exemplaires deux ont un carton et deux n'en ont point. Bien plus, le feuillet de l'un de ceux-ci, qui correspond au carton, a ensuite été remanié avant la fin du tirage pour quelques légères corrections (par exemple *Dacier* au lieu de d'*Acier*), de sorte que la distribution de ses lignes est en grande partie différente de celle des feuillets correspondans des autres exemplaires.

vis de ce savant homme ¹ ; et dans leur préface ², entre plusieurs preuves excellentes qu'ils ont apportées pour faire voir que c'est l'Esprit saint qui a dicté ce livre, ont allégué le passage de Longin, pour montrer combien les chrétiens doivent être persuadés d'une vérité si claire, et qu'un païen même a sentie par les seules lumières de la raison.

Au reste, dans le temps qu'on travaillait à cette dernière édition ³ de mon livre, monsieur Dacier, celui ⁴ qui nous a depuis peu donné les odes d'Horace en français, m'a communiqué de petites notes très savantes qu'il a faites sur Longin, où il a cherché de nouveaux sens inconnus jusqu'ici aux interprètes. J'en ai suivi quelques-unes ; mais, comme dans celles où je ne suis pas de son sentiment je puis m'être trompé, il est bon d'en faire les lecteurs juges. C'est dans cette vue que je les ai mises ⁵

---

[1] V. O. 1683... n'ont pas été de l'avis de *ce savant* et dans leur préface...

[2] Seconde partie, § 3. Ils y citent avec éloge M. Despréaux, traducteur de Longin. *Bross.*

[3] C'est-à-dire à l'édition de 1683.

[4] V. O. 1683 et 1685. Monsieur *d'Acier*, celui...

[5] Nous nous proposions aussi de les donner lorsque nous avons été frappés de cette observation de M. Daunou (IV, 300), que si l'on joignait au petit traité de Longin les notes de tous les traducteurs, commentateurs, etc., il serait en quelque sorte submergé dans un océan de commentaires. Déjà même (*voyez* M. Amar, IV, vij) l'aspect effrayant de la masse des notes réunies dans les éditions de Brossette, Dumonteil et Saint-Marc, et de leurs copies, a peut-être détourné bien des personnes de lire le travail utile de Boileau. Que serait-ce si on l'augmentait des remarques plus récentes de Morus, Ruhnken, etc? Nous nous bornerons donc, comme M. Daunou, à reproduire les notes de Boileau (à l'exemple de celui-ci, les plus courtes au bas des pages, les plus longues à la suite du traité), et à indiquer les opinions des commentateurs, etc., qu'on pourra consulter dans les mêmes éditions... Nous ne dérogerons à cette règle que pour les notes imprimées ou inédites de Dacier et de Boivin, qu'il pourra

à la suite de mes remarques; monsieur Dacier[1] n'étant pas seulement un homme de très grande érudition et d'une critique très fine, mais d'une politesse d'autant plus estimable qu'elle accompagne rarement un grand savoir. Il a été disciple du célèbre monsieur Le Fèvre, père de cette savante fille à qui nous devons la première traduction qui ait encore paru d'Anacréon en français, et qui travaille maintenant à nous faire voir Aristophane[2], Sophocle et Euripide en la même langue.[3]

J'ai laissé dans toutes mes autres éditions cette préface telle qu'elle était lorsque je la fis imprimer pour la première fois, il y a plus de vingt ans, et je n'y ai rien ajouté; mais aujourd'hui, comme j'en revoyais les épreuves, et que je les allais rendre[4] à l'imprimeur, il m'a paru qu'il ne serait peut-être pas mauvais, pour mieux faire connaître ce que Longin entend par ce mot

---

être utile de conserver ou de publier (*voy*. à la suite du Traité du sublime, les Remarques sur Longin, aux Observations préliminaires; et tome I, Not. bibl., § 1er, nos 44, 88 et 89).

[1] *V. O.* Comme à note 4, p. 289.

[2] *V. O.* (en part.) Boileau, dit M. de S.-S., ne fit pas mention *d'Aristophane* dans son édition de 1683: ce ne fut qu'en 1684 que mademoiselle Le Fèvre (depuis madame Dacier) en publia deux comédies (*Plutus* et *les Nuées*). Ajoutons, ce qui a été inconnu aux éditeurs, qu'aussitôt après, c'est-à-dire dans l'édition de 1685, et non pas seulement en 1694, Boileau inséra ce nom d'*Aristophane* (il est aussi à 1692, A, et 1694, Toll..)

[3] V. Ce qui suit dans la préface fut ajouté en 1701.

[4] *V. O.* ou *E.* Texte de 1701, in-12, dernière édition revue par Boileau. Il nous paraît évident que c'est avec réflexion que Boileau a substitué le mot *rendre* au mot *renvoyer*, parce que ce dernier mot, qui est dans les éditions de 1701, in-4°, et de 1713, suivies par Brossette et tous les autres éditeurs, faisait une consonnance désagréable avec le mot *revoyais* de la ligne précédente.

de *sublime*, de joindre encore ici au passage que j'ai rapporté de la Bible quelque autre exemple pris d'ailleurs. En voici un qui s'est présenté assez heureusement à ma mémoire. Il est tiré de l'*Horace* de monsieur de [1] Corneille [2]. Dans cette tragédie, dont les trois premiers actes sont, à mon avis, le chef-d'œuvre de cet illustre écrivain [3], une femme qui avait été présente au combat des trois Horaces, mais qui s'était retirée un peu trop tôt [4], et n'en avait pas [5] vu la fin, vient mal-à-propos annoncer au vieil Horace, leur père, que deux de ses fils ont été tués, et que le troisième, ne se voyant plus en état de résister, s'est enfui. Alors ce vieux Romain, possédé de l'amour de sa patrie, sans s'amuser à pleurer la perte de ses deux fils, morts si glorieusement, ne s'afflige que de la fuite honteuse du dernier, qui a, dit-il, par une si lâche action imprimé un opprobre éternel au nom d'Horace. Et leur sœur, qui était là présente, lui ayant dit : *Que vouliez-vous qu'il fît contre trois ?* il répond brusquement : *Qu'il mourût.* Voilà de fort petites paroles; cependant [6] il n'y a personne qui ne sente la grandeur héroïque qui est renfermée dans ce mot, *Qu'il mourût*, qui est d'autant plus sublime, qu'il

---

[1] V. E. Texte de 1701 à 1713. Brossette, suivi par tous les éditeurs, excepté par M. de S.-S., a supprimé le *de*.

Ce qui suit, jusques aux mots *qui en fait la grandeur*, a été reproduit par Boileau, dans sa réflexion x^e(p. 249 et 250), mais avec quelques changemens que nous indiquerons dans les notes suivantes.

[2] *Même Réflexion* x... L'Horace *du fameux Pierre* Corneille...

[3] Tel est aussi le sentiment de La Harpe (*Lyc.*, 1820, tome V, p. 216).

[4] *Même Réflexion* x... retirée trop tôt (*un peu* est omis).

[5] *Ibid...* et *qui* n'en avait pas...

[6] *Ibid...* voilà *des termes fort simples.* Cependant...

est simple et naturel, et que par là on voit que c'est du fond du cœur que parle ce vieux héros, et dans les transports d'une colère vraiment romaine. De fait, la chose aurait [1] beaucoup perdu [2] de sa force, si, au lieu de *Qu'il mourût* [3], il avait dit : *Qu'il suivît l'exemple de ses deux frères;* ou *Qu'il sacrifiât sa vie à l'intérêt et à la gloire de son pays.* Ainsi c'est la simplicité même de ce mot qui en fait la grandeur [4]. Ce sont là de ces choses que Longin appelle sublimes, et qu'il aurait beaucoup plus admirées dans Corneille, s'il avait vécu du temps de Corneille, que ces grands mots dont Ptolomée [5] remplit sa bouche au commencement de la *Mort de Pompée* [6], pour exagérer les vaines circonstances d'une déroute qu'il n'a point vue.

[1] *Ibid...* Il n'y a personne, etc... Voyez pour les changemens faits à cette phrase, p. 250, note 1.
[2] *Ibid...* aurait perdu (*beaucoup* est omis).
[3] *Ibid...* au lieu de *dire*, qu'il mourût...
[4] *Ibid...* qui en fait *voir* la grandeur...
[5] On écrit aujourd'hui *Ptolémée*.
[6] Boileau fut le premier qui fit connaître combien ce commencement est défectueux, dit Voltaire, qui toutefois observe plus loin, que ces défauts, dans le détail de la première scène, n'empêchent point qu'elle ne soit une des plus belles expositions qu'on ait vues sur aucun théâtre (Comment. de Pompée, acte I, sc. I, édit. de M. Beuchot, XXXV, 348, 359).

TRAITÉ DU SUBLIME,

OU

DU MERVEILLEUX DANS LE DISCOURS,

TRADUIT DU GREC DE LONGIN.

CHAPITRE PREMIER.[a]

Servant de préface à tout l'ouvrage.

Vous savez bien, mon cher Térentianus [1], que lorsque nous[b] lûmes ensemble le petit traité que Cécilius[2] a fait du sublime, nous trouvâmes que la bassesse de son style[3] répondait assez mal à la dignité de son sujet; que les principaux points de cette matière n'y étaient pas touchés, et qu'en un mot cet ouvrage ne pouvait pas apporter un grand profit aux lecteurs, qui est néanmoins le but où doit tendre tout homme qui

---

[a] La division du traité en chapitres n'est pas dans les manuscrits, et elle varie dans les imprimés (il en est de même des intitulés de ces chapitres). *Boivin* (voy. la remarque 56).

Les Lettres [a], [b], [c], renvoient aux notes mises au bas des pages; les chiffres, aux remarques placées à la suite du traité. Les notes ou remarques inédites de Dacier seront citées ainsi : *Dac., mss.* (celles du manuscrit) et *Dac., marg.* (celles des marges de 1674. Voy. t. I, Not. bibl., § 2, n°s 18 et 19); celles que Boileau a publiées à la suite des siennes, *Dac., impr.*; enfin celles de Boivin également publiées, *Boiv.*, ou *Boivin*.

[b] *V. O.* (en part.), 1674 à 1685... *que* quand *nous*...

veut écrire. D'ailleurs, quand on traite d'un art il y a deux choses à quoi il se faut toujours étudier. La première est de bien faire entendre son sujet; la seconde, que je tiens au fond la principale, consiste à montrer comment et par quels moyens ce que nous enseignons se peut acquérir. Cécilius s'est fort attaché à l'une de ces deux choses : car il s'efforce de montrer par une infinité de paroles ce que c'est que le grand et le sublime, comme si c'était un point fort ignoré; mais il ne dit rien des moyens qui peuvent porter l'esprit à ce grand et à ce sublime[a]. Il passe cela, je ne sais pourquoi, comme une chose absolument inutile[b]. Après tout, cet auteur peut-être n'est-il pas tant à reprendre pour ses fautes, qu'à louer pour son travail et pour le dessein qu'il a eu de bien faire[4]. Toutefois, puisque vous voulez que j'écrive aussi du sublime, voyons, pour l'amour de vous[c], si nous n'avons point fait sur cette matière quelque observation raisonnable, et[d] dont les orateurs[5] puissent tirer quelque sorte d'utilité.

Mais c'est à la charge, mon cher Térentianus, que

---

[a] Le traducteur dit ici beaucoup plus que Longin, qui se borne à dire: « Mais je ne sais pourquoi, comme si c'était une chose peu nécessaire, il ne « dit rien des moyens par lesquels nous pourrions nous avancer dans le grand « et le sublime »... ou bien « y faire quelque progrès. » *Dac., mss.*

[b] La Harpe (*Lyc.*, 1820, I, 94) a traduit le commencement du chapitre 1er. Sa version est plus élégante, et offre d'ailleurs une différence (*v.* Rem. 3).

[c] Mots très mal placés. Longin dit : *Puisque vous voulez que pour l'amour de vous j'écrive...* On ne peut dire à quelqu'un avec qui on veut lire un ouvrage, *voyons* pour l'amour de vous, *si je n'ai pas bien fait, etc...* Dac., *marg. et mss.*

[d] *V. O.* Texte de 1674 à 1713. Brossette a omis *et;* ce qui a été imité dans plusieurs éditions, telles que 1717 et 1720, Vest.; 1721, Bru.; 1735, 1745, 1750, 1757, 1768, 1769, 1793 et 1798, P.; 1822, Jeun.

CHAPITRE I.

nous reverrons ensemble exactement mon ouvrage, et que vous m'en direz votre sentiment avec cette sincérité que nous devons naturellement à nos amis; car, comme un sage[a] dit fort bien : Si nous avons quelque voie pour nous rendre semblables aux dieux, c'est de faire du bien[b] et de dire la vérité.

Au reste, comme c'est à vous que j'écris, c'est-à-dire à un homme instruit de toutes les belles connaissances[6], je ne m'arrêterai point sur beaucoup de choses qu'il m'eût fallu établir avant que d'entrer en matière, pour montrer que le sublime est en effet ce qui forme l'excellence et la souveraine perfection du discours, que c'est par lui que les grands poètes et les écrivains les plus fameux ont remporté le prix, et rempli toute la postérité du bruit de leur gloire.[7]

Car il ne persuade pas proprement, mais il ravit, il transporte, et produit en nous une certaine admiration mêlée d'étonnement et de surprise[c], qui est toute[d] autre chose que de plaire seulement, ou de persuader. Nous

---

[a] *Pythagore. Boil.*, 1674 à 1713 (Elien lui attribue ce mot. *Saint-Marc*).

[b] V. 1674 à 1682... *de faire plaisir...* Brossette et d'autres, ignorant à qui était dû ce changement, ont aussi dû se borner à l'indiquer. On l'apprendra par cette note de Dacier (*marg.* et *mss.*), « εὐεργεσία étant une chose commune à Dieu et aux hommes, il fallait aussi la rendre par un mot qui leur fût commun. *Faire plaisir* ne peut être dit que des hommes, mais *faire du bien* se dit également et des hommes et de Dieu : c'est donc ainsi qu'il fallait traduire. »

[c] Il fallait *mêlée de surprise et d'étonnement*, puisque l'étonnement est la continuation de la surprise. *Saint-Marc*.

[d] *V. E.* Texte de 1674 à 1713, suivi pendant la plus grande partie du XVIII[e] siècle. L'éditeur d'Amsterdam, 1772, a mis, sans aucun avis, *tout*, et ce changement a été adopté par M. Didot, en 1788, et par presque tous les éditeurs suivans.

pouvons dire à l'égard de la persuasion, que, pour l'ordinaire, elle n'a sur nous qu'autant de puissance que nous voulons. Il n'en est pas ainsi du sublime. Il donne au discours une certaine vigueur noble, une force invincible qui enlève l'âme de quiconque nous écoute. Il ne suffit pas d'un endroit ou deux dans un ouvrage pour vous faire remarquer la finesse de l'*invention*, la beauté de l'*économie* et de la *disposition*; c'est avec peine que cette justesse se fait remarquer par toute la suite même du discours. Mais quand le sublime vient à éclater[a] où il faut, il renverse tout, comme un foudre, et présente d'abord toutes les forces de l'orateur ramassées ensemble. Mais ce que je dis ici, et tout ce que je pourrais dire de semblable, serait inutile pour vous, qui savez ces choses par expérience, et qui m'en feriez, au besoin, à moi-même des leçons.

CHAPITRE II.

S'il y a un art particulier du sublime, et des trois vices qui lui sont opposés.

Il faut voir d'abord s'il y a un art particulier du sublime; car il se trouve des gens qui s'imaginent que c'est une erreur de le vouloir réduire en art et d'en donner des préceptes. Le sublime, disent-ils, naît avec nous, et ne s'apprend point. Le seul art pour y parvenir,

---

[a] V. 1674 à 1682... à *paraître* où... — Autre changement dû à Dacier. Il faut, observe-t-il (*mss.*), mettre *éclater* pour conserver l'image que Longin a voulu donner de la foudre.

CHAPITRE II.   297

c'est d'y être né; et même, à ce qu'ils prétendent, il y a des ouvrages que la nature doit produire toute seule : la contrainte des préceptes ne fait que les affaiblir, et leur donner une certaine sécheresse qui les rend maigres et décharnés. Mais je soutiens qu'à bien prendre les choses on verra clairement tout le contraire.

Et, à dire vrai, quoique la nature ne se montre jamais plus libre que dans les discours sublimes et pathétiques, il est pourtant aisé de reconnaître qu'elle ne se laisse pas conduire au hasard[a], et qu'elle n'est pas absolument ennemie de l'art et des règles. J'avoue que dans toutes nos productions il la faut toujours supposer comme la base, le principe et le premier fondement. Mais aussi il est[b] certain que notre esprit a besoin d'une méthode pour lui enseigner à ne dire que ce qu'il faut, et à le dire en son lieu; et que cette méthode peut beaucoup contribuer à nous acquérir[c] la parfaite habitude du sublime : car comme les vaisseaux[9] sont en danger de périr lorsqu'on les abandonne à leur seule légèreté, et qu'on ne sait pas leur donner la charge et le poids qu'ils doivent avoir, il en est ainsi du sublime, si on l'abandonne à la seule impétuosité d'une nature ignorante et téméraire. Notre esprit assez souvent n'a pas moins besoin de bride que d'éperon. Démosthène dit en quelque

---

[a] V. 1674 à 1682. On y avait omis les mots, *qu'elle ne se laisse pas conduire au hasard...* Boileau en avait averti dans les remarques de l'in-4° (p. 94), ce qui n'empêcha pas l'omission de se perpétuer dans les in-12 de 1674 et 1675 (id., 1677, Elz., 1682, P.).

[b] *V. O.* (en part.) 1674, in-4° et pet. in-12, 1675, pet. in-12 (id., 1675, A). *Aussi* est-il *certain*.

[c] V. O. 1674 à 1682... *contribuer* pour *acquérir*...

endroit que le plus grand bien qui puisse nous arriver dans la vie, c'est d'*être heureux*; mais qu'il y en a encore un autre qui n'est pas moindre, et sans lequel ce premier ne saurait subsister, qui est de *savoir se conduire avec prudence*. Nous en pouvons dire autant à l'égard du discours[10]. La nature est ce qu'il y a de plus nécessaire pour arriver au grand : cependant si[a] l'art ne prend soin de la conduire, c'est une aveugle qui ne sait où elle va ****[b]. [11]

Telles sont ces pensées : LES TORRENS ENTORTILLÉS DE FLAMME[c], VOMIR CONTRE LE CIEL, FAIRE DE BORÉE SON JOUEUR DE FLUTE, et toutes les autres façons de parler dont cette pièce est pleine; car elles ne sont pas grandes et tragiques, mais enflées et extravagantes. Toutes ces phrases ainsi embarrassées de vaines imaginations troublent et gâtent[d] plus un discours, qu'elles ne servent à l'élever; de sorte qu'à les regarder de près et au grand jour, ce qui paraissait d'abord si terrible devient tout-à-coup sot[e] et ridicule. Que si c'est un défaut insupportable dans la tragédie, qui est naturellement pompeuse et magnifique, que de s'enfler mal-à-propos[f]; à plus

---

[a] V. O. 1674 à 1698... *grand :* toutefois *si...*

[b] L'auteur avait parlé du style enflé, et citait, à propos de cela, les sottises d'un poète tragique, dont voici quelques restes. *Voyez les Remarques* (ci-après n° 11). *Boil.*, 1674 à 1713.

[c] V. O. 1674 à 1685... *torrens* de flammes entortillés, *vomir...*

[d] C'est le sens de la phrase; néanmoins, je crois que le mot du texte qu'on rend ici par *gâter*, a été altéré. *Dac., marg.* (il développe cela dans les remarques imprimées; mais Tollius, p. 274, paraît d'un autre sentiment).

[e] *Sot* n'est pas dans le grec; d'ailleurs il n'y a point d'opposition entre *terrible* et *sot*. *Saint-Marc*, IV, 225.

[f] Il fallait dire *s'enfler outre mesure...* Si l'enflure pouvait être *à propos*, elle cesserait d'être enflure. *Saint-Marc*, IV, 135.

forte raison doit-il être condamné dans le discours ordinaire. De là vient qu'on s'est raillé de Gorgias pour avoir appelé Xercès LE JUPITER DES PERSES, et les vautours, DES SÉPULCRES ANIMÉS [12]. On n'a pas été plus indulgent pour Callisthène [a] qui, en certains endroits de ses écrits, ne s'élève pas proprement, mais se guinde si haut qu'on le perd de vue. De tous ceux-là pourtant, je n'en vois point de si enflé que Clitarque [b]. Cet auteur n'a que du vent et de l'écorce; il ressemble à un homme qui, pour me servir des termes de Sophocle, « ouvre « une grande bouche pour souffler dans une petite « flûte [13] ». Il faut faire le même jugement d'Amphicrate, d'Hégésias et de Matris. Ceux-ci quelquefois, s'imaginant qu'ils sont épris d'un enthousiasme et d'une fureur divine, au lieu de tonner, comme ils pensent, ne font que niaiser et badiner comme des enfans.

Et certainement en matière d'éloquence, il n'y a rien de plus difficile à éviter que l'enflure; car, comme en toutes choses naturellement nous cherchons le grand et que nous craignons surtout d'être accusés de sécheresse ou de peu de force, il arrive, je ne sais comment, que la plupart tombent dans ce vice, fondés sur cette maxime commune : [c]

> Dans un noble projet on tombe noblement.

Cependant il est certain que l'enflure n'est pas moins vicieuse dans le discours que dans les corps. Elle n'a

---

[a] Quant au style de Callisthène, *voy.* tome IV, p. 448 et 456.
[b] Dacier (remarq. imprim.) en cite des exemples.
[c] C'est en effet une maxime : les copistes en ont, mal-à-propos, voulu faire un vers. *Boivin.*

que de faux dehors [a] et une apparence trompeuse; mais au-dedans elle est creuse et vide, et fait quelquefois un effet tout contraire au grand; car, comme on dit fort bien, « il n'y a rien de plus sec qu'un hydropique. »

Au reste, le défaut du style enflé, c'est de vouloir aller au-delà du grand. Il en est tout au contraire du puéril; car il n'y a rien de si bas, de si petit, ni de si opposé à la noblesse du discours.

Qu'est-ce donc que puérilité? Ce n'est visiblement autre chose qu'une pensée d'écolier, qui, pour être trop recherchée, devient froide. C'est le vice où tombent ceux qui veulent toujours dire quelque chose d'extraordinaire et de brillant, mais surtout ceux qui cherchent avec tant de soin le plaisant [b] et l'agréable; parce qu'à la fin, pour s'attacher trop au style figuré, ils tombent dans une sotte affectation. [c]

Il y a encore un troisième défaut opposé au grand, qui regarde le pathétique. Théodore l'appelle une fureur hors de saison, lorsqu'on s'échauffe mal-à-propos, ou qu'on s'emporte avec excès quand le sujet ne permet que de s'échauffer médiocrement. En effet on voit très

---

[a] Dacier (*marg.* et *rem. impr.*) critique cette traduction comme faite d'après une leçon corrompue. S'il y a une faute, elle a été aussi commise par La Harpe qui, en traduisant tout ce passage (1820, I, 126), n'a fait qu'y mettre plus d'élégance que Boileau, dont on serait porté à croire qu'il a simplement retouché la traduction.

[b] *Plaisant,* dit Saint-Marc, est ici inutile (voy. pour le sens de ce mot, Art poét., III, 289, tome II, p. 236).

[c] Il fallait, dit Dacier (*marg.* et *impr.*), traduire : « C'est le vice où tombent « ceux qui, cherchant le merveilleux et l'*étudié* et le plus souvent l'agréable, « échouent dans le style figuré, et se perdent dans une affectation ridicule. » — Même observation qu'à la note *a*, pour la traduction faite par La Harpe (*ib.*), de tout cet alinéa.

souvent des orateurs qui, comme s'ils étaient ivres, se laissent emporter à des passions qui ne conviennent point à leur sujet, mais qui leur sont propres, et qu'ils ont apportées de l'école; si bien que [a], comme on n'est point touché de ce qu'ils disent, ils se rendent à la fin odieux et insupportables, car c'est [b] ce qui arrive nécessairement à ceux qui s'emportent et se débattent mal-à-propos devant des gens qui ne sont point du tout émus [c]. Mais nous parlerons en un autre endroit de ce qui concerne les passions. [d]

CHAPITRE III.

Du style froid.

Pour ce qui est de ce froid ou puéril dont nous parlions, Timée en est tout plein. Cet auteur est assez habile homme d'ailleurs; il ne manque pas quelquefois par le grand et le sublime : il sait beaucoup, et dit même

---

[a] V. 1674 à 1602... En effet *quelques-uns ainsi que s'ils étaient ivres, ne disent point les choses de l'air dont elles doivent être dites; mais ils sont entraînés de leur propre impétuosité, et tombent sans cesse en des emportemens d'écolier et de déclamateur,* si bien que, etc.—Autre correction faite sur l'avis de Dacier (*Voy. ci-dev. p.* 295, *note b*). Il avait observé (*marg.*) que Boileau semblait ici rapporter à la seule prononciation ce que Longin entend aussi des choses mêmes.

[b] *V. E.* Texte de 1674 à 1713. On a omis *car* dans plusieurs éditions modernes, telles que 1809 et 1825, Daun.; 1821, S.-S.; 1821 et 1823, Viol.; 1821 et 1824, Am.; 1824, Fro.; 1825, Aug.; 1826, Mart.; 1828, Thi.; 1829, B. ch.

[c] Phrase trop entrelacée de *qui*, *que*, *qu'ils*... *Lenoir Dulac*, p. 217 (*voy.* Réfl. crit., p. 150, note 2).

[d] Il en avait, on l'a dit (p. 277), fait un traité, qui est perdu.

les choses d'assez bon sens [14]; si ce n'est qu'il est enclin naturellement à reprendre les vices des autres, quoique aveugle pour ses propres défauts, et si curieux au reste d'étaler de nouvelles pensées, que cela le fait tomber assez souvent dans la dernière puérilité. Je me contenterai d'en donner ici un ou deux exemples, parce que Cécilius en a déjà rapporté un assez grand nombre. En voulant louer Alexandre-le-Grand, « Il a, dit-il, conquis « toute l'Asie en moins de temps qu'Isocrate n'en a em- « ployé à composer son panégyrique [15]. » Voilà, sans mentir, une comparaison admirable d'Alexandre-le-Grand avec un rhéteur [16]. Par cette raison, Timée, il s'ensuivra que les Lacédémoniens le doivent céder à Isocrate, puisqu'ils furent trente ans[a] à prendre la ville de Messène, et que celui-ci n'en mit que dix à faire son panégyrique.

Mais à propos des Athéniens qui étaient prisonniers de guerre dans la Sicile, de quelle exclamation penseriez-vous qu'il se serve? Il dit « que c'était une punition « du ciel, à cause de leur impiété envers le dieu Hermès, « autrement Mercure[b], et pour avoir mutilé ses statues; « vu principalement[c] qu'il y avait un des chefs de l'ar- « mée ennemie qui tirait son nom d'Hermès [17] de père « en fils, savoir Hermocrate, fils d'Hermon. » Sans mentir, mon cher Térentianus, je m'étonne qu'il n'ait

---

[a] Ce ne fut que vingt ans... Il y a une lettre à corriger dans le texte de Longin. *Dac.*, *marg.* et *impr.*

[b] V. O. Hermès, en grec, veut dire Mercure. *Boil.*, 1674 à 1698 (note supprimée dans les éditions de 1701 et 1713).

[c] V. O. 1674 à 1682 : statues. *Parce qu'il y avait...* — Dacier (*impr.*) soutenait que Boileau n'expliquait pas bien ici la pensée de Timée.

dit aussi de Denys le Tyran, que les dieux permirent qu'il fût chassé de son royaume par Dion et par Héraclide, à cause de son peu de respect à l'égard de Dios et d'Héraclès, c'est-à-dire de Jupiter et d'Hercule.[a]

Mais pourquoi m'arrêter après Timée[b]? Ces héros de l'antiquité, je veux dire Xénophon et Platon, sortis de l'école de Socrate, s'oublient bien quelquefois eux-mêmes jusqu'à laisser échapper dans leurs écrits des choses basses et puériles. Par exemple, ce premier dans le livre qu'il a écrit de la république des Lacédémoniens : « On ne les entend, dit-il, non plus parler que si c'é-« taient des pierres. Ils ne tournent non plus les yeux « que s'ils étaient de bronze. Enfin vous diriez qu'ils « ont[c] plus de pudeur que ces parties de l'œil [18] que « nous appelons en grec du nom de vierges. » C'était à Amphicrate, et non pas à Xénophon, d'appeler les prunelles des vierges pleines de pudeur. Quelle pensée, bon Dieu ! parce que le mot de CORÉ, qui signifie en grec la prunelle de l'œil, signifie aussi[d] une vierge, de vouloir que toutes les prunelles universellement soient des vierges pleines de modestie ; vu qu'il n'y a peut-être point d'endroit sur nous où l'impudence éclate plus que

---

[a] Ζεὺς Διός, Jupiter ; Ἡρακλῆς, Hercule. *Boil.*, 1674 à 1713.

[b] Il eût été beaucoup mieux d'écrire, *pourquoi m'arrêter à Timée ?* car s'arrêter *après* quelqu'un n'est pas s'arrêter *à* quelqu'un. *Dac., marg.* et *mss.*

[c] V. O. 1674 à 1682 : *enfin ils ont,* etc... Le changement fait au texte a été proposé en toutes lettres, par Dacier (*mss.*).

[d] *V. E.* Texte de 1674 à 1713, suivi par Brossette, Souchay et leurs copistes. Le mot *aussi*, qui est pourtant assez utile, a été omis dans les éditions de Dumonteil (1718) et de ses copistes, dans celle de Gori, dans celle de Saint-Marc et dans toutes les suivantes (plus de *trente* éditions), à l'exception de celles du P. L. et de la B. ch.

dans les yeux ! Et c'est pourquoi Homère, pour exprimer un impudent : « Homme chargé de vin, dit-il, qui « as l'impudence d'un chien dans les yeux. » Cependant[a] Timée n'a pu voir une si froide pensée dans Xénophon, sans la revendiquer comme un vol[19] qui lui avait été fait par cet auteur. Voici donc comme il l'emploie dans la vie d'Agathocle : « N'est-ce pas une chose « étrange qu'il ait ravi sa propre cousine qui venait « d'être mariée à un autre, qu'il l'ait, dis-je, ravie le « lendemain même de ses noces ? car qui est-ce qui eût « voulu faire cela, s'il eût eu des vierges aux yeux, et « non pas des prunelles impudiques[20] ? » Mais que dirons-nous de Platon, quoique divin d'ailleurs, qui, voulant parler de ces tablettes de bois de cyprès où l'on devait écrire les actes publics, use de cette pensée : « Ayant écrit[b] toutes ces[c] choses, ils poseront dans les « temples ces monumens[21] de cyprès ? » Et ailleurs, à propos des murs : « Pour ce qui est des murs, dit-il, « Mégillus, je suis de l'avis de Sparte[d], de les laisser « dormir à terre, et de ne les point faire lever[e]. » Il y

---

[a] V. E. *Impudent* ivrogne, dit-il, avec tes yeux de chien. *Cependant*, etc... — Brossette et d'autres commentateurs disent mal-à-propos que cette leçon primitive fut changée en 1683 : c'est une erreur, on la trouve encore, et dans les éditions de 1683 et de 1694, comme le note M. de S.-S., et dans celle de 1685, dont il ne parle point.

[b] *Après avoir écrit* serait beaucoup plus correct. *Dac.*, mss.

[c] V. E. Texte de 1674 à 1713. On a omis *ces* dans les éditions de 1716, in-4°, Bross.; 1717 et 1720, Vest.; 1721 Bru..., et l'on a mis *les* (ce qui fait un sens ridicule) dans celle de 1822, Jeun.

[d] Il n'y avait point de murailles à Sparte... *Boil.*, 1674 à 1713.

[e] V. 1674 à 1682... de les laisser dormir, *et de ne les point faire lever tandis qu'ils sont couchés par terre*. Il y a, etc. — Nouvelle correction faite

CHAPITRE III.

a quelque chose d'aussi ridicule dans Hérodote [22], quand il appelle les belles femmes *le mal des yeux*. Ceci néanmoins semble en quelque façon pardonnable à l'endroit où il est, parce que ce sont des barbares qui le disent dans le vin et la débauche [a]; mais ces personnes n'excusent pas la bassesse de la chose, et il ne fallait pas, pour rapporter un méchant mot [b], se mettre au hasard de déplaire à toute la postérité.

d'après l'avis de Dacier qui (*marg.*) avait traité de *ridicule* l'expression *couchés par terre*.

[a] *V. E.* Texte de 1674 à 1713 (trente-six éditions, dont treize originales), suivi par Brossette... Dumonteil a mis, d'après Tollius, *dans le vin* et dans *la débauche*, et a été suivi par Gori, Souchay, Saint-Marc, MM. Didot, Daunou, Amar, Thiessé, etc., et même par M. de Saint-Surin. La chose est d'autant plus singulière que celui-ci note, comme variante des éditions de 1674 et 1675 (*dans le vin et la débauche*), la leçon qui est précisément la seule dans toutes les éditions anciennes. — Au reste, Dacier (*impr.*) pense que pour mieux rendre la pensée de Longin, il faudrait « que *des barbares qui le disent*, et « qui le disent même *dans le vin*, etc. »

[b] *V. O.* ou *E.* (en partie). Il y avait d'abord : mais *comme ces personnes ne sont pas de fort grande considération, il ne fallait pas pour en* rapporter un *méchant mot*, etc.. M. de S-S. soutient que Brossette et Saint-Marc (il pouvait leur joindre Dumonteil et l'éditeur d'Amsterdam, 1772 et 1775) se trompent lorsqu'ils annoncent que cette leçon fut changée dans l'édition de 1683, et il donne à entendre qu'elle ne le fut que dans celle de 1694... mais il est lui-même dans l'erreur... 1° La leçon nouvelle, rapportée au texte, est dans tous nos exemplaires de l'édition de 1683 (nous en possédons cinq), et dans ceux de la bibliothèque du roi (deux), de la bibliothèque de l'Arsenal et de la bibliothèque Mazarine... 2° Dans toutes les éditions qui l'ont suivie jusqu'en 1694, telles que 1683, A., 1685, originale, 1685, A., 1686, C., 1686, 1688 et 1689, A., 1692, CT., 1692, A., et 1694, Toll...

Ajoutons que le changement fut provoqué par Dacier. Il soutient, en effet (*mss.*), que rien dans le texte ne correspond aux mots *personnes de peu de considération*, et que d'après une correction judicieuse de Le Fèvre, on devrait traduire à-peu-près ; « Mais avec tout cela, comme il y a de la bassesse, il ne « faut pas s'exposer à *déplaire*, etc. »

CHAPITRE IV.

De l'origine du style froid.

Toutes ces affectations cependant, si basses et si puériles, ne viennent que d'une seule cause, c'est à savoir de ce qu'on cherche trop la nouveauté dans les pensées, qui est la manie surtout des écrivains d'aujourd'hui[a]. Car du même endroit que vient le bien, assez souvent vient aussi le mal. Ainsi voyons-nous que ce qui contribue le plus en de certaines occasions à embellir nos ouvrages ; ce qui fait, dis-je, la beauté, la grandeur, les grâces de l'élocution, cela même, en d'autres rencontres, est quelquefois cause du contraire, comme on le peut aisément reconnaître dans les « hyperboles » et dans ces autres figures qu'on appelle « pluriels ». En effet, nous montrerons dans la suite combien il est dangereux de s'en servir. Il faut donc voir maintenant comment nous pourrons éviter ces[b] vices qui se glissent quelquefois dans le sublime. Or nous en viendrons à bout sans doute, si nous acquérons d'abord une connaissance nette et distincte du véritable sublime, et si nous apprenons à en bien juger, ce[c] qui n'est pas une chose peu difficile, puisque enfin de savoir bien juger du fort et du faible d'un discours ce ne peut être que l'effet d'un long

---

[a] Longin écrivait au troisième siècle de notre ère (p. 279, note 1), et l'on a vu (p. 284, note 2) que Boileau reprochait la même *manie* aux écrivains du dix-septième.

[b] Il faudrait *les vices. Dac., marg.*

[c] V. O. 1674 à 1701 ; *ce* y est omis.

usage, et le dernier fruit, pour ainsi dire, d'une étude consommée*. Mais, par avance, voici peut-être un chemin pour y parvenir.

CHAPITRE V.

Des moyens en général pour connaître le sublime.

Il faut savoir, mon cher Térentianus, que, dans la vie ordinaire, on ne peut point dire qu'une chose ait rien de grand, quand le mépris qu'on fait de cette chose tient lui-même du grand. Telles sont les richesses, les dignités, les honneurs, les empires et tous ces autres biens en apparence qui n'ont qu'un certain faste au-dehors, et qui ne passeront jamais pour de véritables biens[b] dans l'esprit d'un sage, puisqu'au contraire ce n'est pas un petit avantage que de les pouvoir mépriser. D'où vient aussi qu'on admire beaucoup moins ceux qui les possèdent, que ceux qui, les pouvant posséder, les rejettent par une pure grandeur d'âme.

Nous devons faire le même jugement à l'égard des ouvrages des poètes et des orateurs. Je veux dire qu'il faut bien se donner de garde d'y prendre pour sublime une certaine apparence de grandeur, bâtie ordinaire-

---

[a] Il valait mieux mettre : « *Puisque bien juger des discours est le dernier fruit d'une longue expérience.* » Cela eût été plus précis et plus conforme à l'original. *Saint-Marc.*

[b] Longin dit seulement que ce ne sont pas des biens *extraordinaires* ou *excessifs*, ce qui présente, on le voit, un sens fort différent. *Dac., mss.* (c'est aussi à-peu-près la traduction de Saint-Marc, IV, 90).

ment sur de grands mots assemblés au hasard, et qui n'est, à la bien examiner, qu'une vaine enflure de paroles, plus digne en effet de mépris que d'admiration; car tout ce qui est véritablement sublime a cela de propre quand on l'écoute, qu'il élève l'âme, et lui fait concevoir une plus haute opinion d'elle-même, la remplissant de joie et de je ne sais quel noble orgueil, comme si c'était elle qui eût produit les choses qu'elle vient simplement d'entendre.

Quand donc un homme de bon sens et habile en ces matières nous récitera quelque endroit d'un ouvrage, si, après avoir ouï cet endroit plusieurs fois, nous ne sentons point qu'il nous élève l'âme, et nous laisse dans l'esprit une idée qui soit même au-dessus de ce que nous venons d'entendre; mais si au contraire, en le regardant avec attention, nous trouvons qu'il tombe[a] et ne se soutienne pas, il n'y a point là de grand, puisque enfin ce n'est qu'un son de paroles qui frappe simplement l'oreille, et dont il ne demeure rien dans l'esprit. La marque infaillible du sublime, c'est quand nous sentons qu'un

---

[a] V. 1674 à 1682... *Ces matières, entendra réciter un ouvrage, si après l'avoir ouï plusieurs fois, il ne sent point qu'il lui élève l'âme, et lui laisse dans l'esprit une idée qui soit même au-dessus de ses paroles; mais si au contraire, en le regardant avec attention, il trouve qu'il tombe, etc...*

V. O. (Brossette et Saint-Marc ne donnent pas à cette variante une fausse date, comme le dit M. de S.-S.; ils l'ont tout simplement omise). 1683 à 1700... nous récitera *quelque ouvrage si, après avoir ouï cet ouvrage plusieurs fois, nous ne sentons point qu'il nous élève l'âme, et nous laisse dans l'esprit une idée qui soit même au-dessus de ses paroles;* mais si au contraire, etc.

Cette seconde version fut proposée littéralement par Dacier (*mss.*), à l'exception du commencement, qu'il traduisait comme il suit : « Quand donc vous entendez quelque ouvrage d'un homme de bon sens et habile en ces matières, si après l'avoir ouï, etc. » — Du reste, Saint-Marc préfère la leçon de 1674.

discours[23] nous laisse beaucoup à penser, qu'il[a] fait d'abord un effet sur nous auquel il est bien difficile, pour ne pas dire impossible, de résister, et qu'ensuite le souvenir nous en dure et ne s'efface qu'avec peine[b]. En un mot, figurez-vous qu'une chose est véritablement sublime, quand vous voyez qu'elle plaît universellement et dans toutes ses parties[c]; car lorsqu'en un grand nombre de personnes différentes de profession et d'âge, et qui n'ont aucun rapport ni d'humeurs ni d'inclinations, tout le monde vient à être frappé également de quelque endroit[24] d'un discours, ce jugement et cette approbation uniforme de tant d'esprits, si discordans d'ailleurs, est une preuve certaine et indubitable qu'il y a là du merveilleux et du grand.

CHAPITRE VI.

Des cinq sources du grand.

Il y a, pour ainsi dire, cinq sources principales du sublime; mais ces cinq sources présupposent comme pour fondement commun[d] une faculté de bien parler, sans quoi tout le reste n'est rien.

Cela posé, la première et la plus considérable est

---

[a] *V. O.* 1674, in-4° et petit in-12, et 1675, petit in-12, *qu'il* manque; mais il est à 1674 et 1675, gr. in-12.

[b] Dacier (*impr.*) traduit ceci un peu différemment, tandis que La Harpe (Lyc., 1820, I, 107) se borne à retoucher la traduction de Boileau.

[c] Cela ne paraît point exact; combien de choses plaisent universellement sans être sublimes! *Lenoir-Dulac*, 221.

[d] Fondement de *sources* n'est pas français. Longin parle d'un *fond* commun aux cinq sources, etc... *Dac., mss.*

« une certaine élévation d'esprit qui nous fait penser heureusement les choses », comme nous l'avons déjà montré dans nos commentaires sur Xénophon.

La seconde consiste dans le pathétique ; j'entends par pathétique cet enthousiasme et [a] cette véhémence naturelle qui touche et qui émeut. Au reste, à l'égard de ces deux premières, elles doivent presque tout à la nature, et[b] il faut qu'elles naissent en nous ; au lieu que les autres dépendent de l'art en partie.

La troisième n'est autre chose que les « figures tournées d'une certaine manière ». Or les figures sont de deux sortes : les figures de pensée, et les figures de diction.

Nous mettons pour la quatrième « la noblesse de l'expression », qui a deux parties : le choix des mots, et la diction élégante et figurée.

Pour la cinquième[c], qui est celle, à proprement par-

---

[a] *V. E.* Texte de 1674 à 1713, suivi par Saint-Marc. Brossette a supprimé ET, ce qui a été imité, non pas seulement dans quelques éditions comme le dit M. de S.-S., mais dans une multitude d'éditions, telles que 1717 et 1720, Vest.; 1718, 1722 et 1729, Dumont.; 1721, Bru.; 1726, Bill.; 1733, Gori; 1735, A. et Souch.; 1743, A.; 1745, P.; 1746 et 1767, Dr.; 1750, 1757, 1766, 1768, 1769, 1793 et 1798, P.; 1788, 1789, 1800, 1815 et 1819, Did.; 1809 et 1825, Daun.; 1810, Ray.; 1815, Lécr.; 1820, Mén.; 1821 et 1823, Viol.; 1821 et 1824, Am.; 1824, Ro.; 1822, Jeun.; 1826, Mart.; 1828, Thi.; 1829, B. ch. (plus de *quarante*).

F. N. R. Les mots, *j'entends par pathétique*, ont été omis à 1746 et 1767, Dr.

[b] *V. O.* et *E.* Texte de 1674 à 1713, à l'exception de 1674 et 1675, gr. in-12 (id. 1677, Elz.), où l'on a supprimé cet ET, probablement par erreur typographique, car il est nécessaire au sens de la phrase. L'éditeur de 1750 (Paris) a ensuite renouvelé cette suppression, en quoi il a été imité dans les éditions postérieures (sauf 1829, B. ch.) citées note *a*, et même dans celle d'Auger (1825, in-32) où l'on avait pourtant évité la première faute.

[c] *Voyez*, pour ces cinq parties, chap. VIII et suiv.

ler, qui produit le grand et qui renferme en soi toutes les autres, c'est la composition et l'arrangement des paroles dans toute leur magnificence et leur dignité. »

Examinons maintenant ce qu'il y a de remarquable dans chacune de ces espèces en particulier ; mais nous avertirons en passant que Cécilius en a oublié quelques-unes, et entre autres le pathétique : et certainement s'il l'a fait pour avoir cru que le sublime et le pathétique naturellement n'allaient jamais l'un sans l'autre, et ne faisaient qu'un, il se trompe, puisqu'il y a des passions qui n'ont rien de grand, et qui ont même quelque chose de bas, comme l'affliction, la peur, la tristesse ; et qu'au contraire il se rencontre quantité de choses grandes et sublimes où il n'entre point de passion. Tel est entre autres ce que dit Homère avec tant de hardiesse en parlant des Aloïdes. [a] [25]

> Pour détrôner les dieux [b], leur vaste ambition
> Entreprit d'entasser Osse [c] sur Pélion.

[a] C'était des géants qui croissaient tous les ans d'une coudée en largeur et d'une aune en longueur. Ils n'avaient pas encore quinze ans lorsqu'ils se mirent en état d'escalader le ciel. Ils se tuèrent l'un l'autre par l'adresse de Diane. *Odyssée*, livre XI, v. 310. Boil., 1674 à 1713.

V. O. 1674 à 1701. La citation du vers 310 manque, et on y lit, *tous les jours*, au lieu de *tous les ans* (cette dernière leçon, dit M. de S.-S., est plus conforme au texte d'Homère).

[b] *V. O.* 1674, in-4° et petit in-12, et 1675, petit in-12 (id., 1674, Dur., 1675, A.)... *Dieux, de leur...* C'était évidemment une faute typographique ; mais Desmarets (p. 123) et Brienne ne voulurent point le supposer. « Jamais, dirent-ils, on n'a fait de plus méchant vers : *ambition* est toujours de quatre syllabes, de sorte que ce vers en a réellement treize... ensuite quel galimatias, *détrôner* d'une *ambition* !... — Boileau méprisa ces injures, et corrigea la faute dans l'édition suivante (1674, gr. in-12).

[c] V. E. Il faut *Ossa* et non *Osse*, car on dit les monts *Ida*, *OEta*, *Sina*, et non pas *Ide*, et *Sine*... Desmarets, 124. — Saint-Marc est du même avis, et

Ce qui suit est encore bien plus fort :

Ils l'eussent fait sans doute [a], etc.

Et dans la prose, les panégyriques et tous ces discours qui ne se font que pour l'ostentation ont partout du grand et du sublime, bien qu'il n'y entre point de passion pour l'ordinaire. De sorte que, même entre les orateurs [b], ceux-là communément sont les moins propres pour le panégyrique, qui sont les plus pathétiques; et, au contraire, ceux qui réussissent le mieux dans le panégyrique s'entendent assez mal à toucher les passions.

Que si Cécilius s'est imaginé que le pathétique en général ne contribuait point au grand, et qu'il était par conséquent inutile d'en parler, il ne s'abuse pas moins; car j'ose dire qu'il n'y a peut-être rien qui relève davantage un discours qu'un beau mouvement et une passion poussée à propos. En effet, c'est comme une espèce d'enthousiasme et de fureur noble qui anime l'oraison, et qui lui donne un feu et une vigueur toute divine.

présume qu'*Osse* est une faute d'impression. Mais cela est contre toute vraisemblance. 1° Il y a *Osse* dans toutes les éditions de 1674 à 1713 (plus de quarante, dont treize originales) que nous avons vues; 2° la faute n'aurait pu échapper à Boileau, puisqu'il venait d'en corriger une dans le vers précédent (*voy.* la note *b*, p. 311); 3° de son temps on francisait, ou non, à volonté, les noms propres. Par exemple, si Racine a écrit Titus, Corneille écrivait Tite, et il a écrit dans Cinna (acte V, sc. 1) Cosse au lieu de *Cossus* qui serait entré tout aussi bien dans son vers. Boileau a donc pu dire *Osse* pour *Ossa*, et Saint-Marc (suivi par l'éditeur d'Amsterdam, 1772 et 1775, et par M. Amar) a eu tort de substituer ce dernier mot à l'autre.

[a] *S'ils eussent atteint la jeunesse,* dit Homère à la fin de ce vers. *Saint-Marc.*

[b] *V. O.* (en partie) 1674 à 1700, *de sorte* qu'entre les orateurs mêmes, *ceux-là...*—1701, in-12, *de sorte* même qu'entre les orateurs, *ceux-là...*

CHAPITRE VII.

De la sublimité dans les pensées.

Bien que des cinq parties dont j'ai parlé, la première et la plus considérable, je veux dire cette « élévation d'esprit naturelle », soit plutôt un présent du ciel qu'une qualité qui se puisse acquérir, nous devons, autant qu'il nous est possible, nourrir notre esprit au grand et le tenir toujours plein et enflé[a], pour ainsi dire, d'une certaine fierté noble et généreuse.

Que si on demande comme il s'y faut prendre, j'ai déjà écrit ailleurs que cette élévation d'esprit était une image[b] de la grandeur d'âme, et c'est pourquoi nous admirons quelquefois la seule pensée d'un homme, encore qu'il ne parle point, à cause de cette grandeur de courage que nous voyons : par exemple, le silence d'Ajax aux enfers, dans l'Odyssée[c] ; car ce silence a je ne sais quoi de plus grand que tout ce qu'il aurait pu dire.

La première qualité donc qu'il faut supposer en un véritable orateur, c'est qu'il n'ait point l'esprit rampant.

---

[a] V. 1674 à 1682 : *plein, pour ainsi dire...* Dacier (mss.) observa que le mot *plein* ne demandait pas cette modification *pour ainsi dire...* Boileau intercala, en 1683, *et enflé* ; mais Dacier (*impr.*, ib., p. 159) observa aussitôt qu'elle ne se rapportait pas mieux à cette expression qu'à l'autre, et proposa une traduction qui, comme celle de Boileau, fut désapprouvée par Tollius.

[b] Tollius (p. 285) préférait le mot *écho*, et La Harpe, se rapprochant de cette idée, traduit (*Lyc.*, 1820, I, 109) : « Le sublime est pour ainsi dire le « son que rend une grande âme... »

[c] C'est dans le onzième livre de l'Odyssée, v. 551, où Ulysse fait des soumissions à Ajax ; mais Ajax ne daigne pas lui répondre. *Boil.*, 1674 à 1713 (le vers n'est cité qu'à 1713).

En effet, il n'est pas possible qu'un homme qui n'a toute sa vie que des sentimens et des inclinations basses et serviles puisse jamais rien produire qui soit merveilleux [a] ni digne de la postérité. Il n'y a vraisemblablement que ceux qui ont de hautes et de solides pensées qui puissent faire des discours élevés; et c'est particulièrement aux grands hommes qu'il échappe de dire des choses extraordinaires. Voyez, par exemple [26], ce que répondit Alexandre quand Darius lui offrit la [b] moitié de l'Asie avec sa fille en mariage. « Pour moi, lui di-« sait Parménion, si j'étais Alexandre, j'accepterais ces « offres. Et moi aussi, répliqua ce prince, si j'étais Par-« ménion. » N'est-il pas vrai qu'il fallait être Alexandre pour faire cette réponse?

Et c'est en cette partie qu'a principalement excellé Homère, dont les pensées sont toutes sublimes, comme on le peut voir dans la description de la déesse Discorde, qui a, dit-il,

La tête dans les cieux et les pieds sur la terre. [c]

[a] *V. O.* et *E.* Texte de 1713 (in-4° et in-12), suivi par Brossette, Souchay, ses copistes, et MM. Daunou, 1825, et Thiessé... Dumonteil, et d'après lui, Gori, ont rétabli *soit* fort *merveilleux* qui était dans les éditions antérieures à 1713, et qui, selon l'expression de Saint-Marc, figure assez mal ici. Néanmoins le même Saint-Marc se fondant sur ce que ce mot est dans *toutes* les anciennes éditions qu'il a vues (il prouve par là, qu'il ne les a pas toutes vues) a imité Dumonteil et l'a été à son tour, dans beaucoup d'éditions, telles que 1772 et 1775, A.; 1788, 1789, 1800, 1815 et 1819, Did.; 1793, S.-Br.; 1798, P.; 1809, Dau.; 1810, Ray.; 1815, Lécr.; 1820, Mé.; 1821, S.-S.; 1821 et 1823, Viol.; 1821 et 1824, Am.; 1824, Fro.; 1826, Mar.; 1829, B. ch.

[b] *V. O.* Dans sa dixième réflexion critique (p. 248), Boileau a mis *lui* fit offrir *la...*

[c] Iliad., liv. 4, v. 443. *Boil.*, 1713. — Eloges et critiques de ce vers, *voy.* Réflex. IV, p. 181.

CHAPITRE VII.   315

Car on peut dire que cette grandeur qu'il lui donne [a] est moins la mesure de la Discorde que de la capacité et de l'élévation de l'esprit d'Homère. Hésiode a mis un vers bien différent de celui-ci dans son Bouclier, s'il est vrai que ce poème soit de lui, quand il dit [b], à propos de la déesse des ténèbres [c] :

> Une puante humeur lui coulait des narines.

En effet, il ne rend pas proprement cette déesse terrible, mais odieuse et dégoûtante. Au contraire, voyez quelle majesté Homère donne aux dieux : [d]

> Autant qu'un homme assis au rivage [e] des mers
> Voit, d'un roc élevé [f], d'espace dans les airs,
> Autant des immortels les coursiers intrépides
> En franchissent d'un saut, etc.

Il mesure l'étendue de leur saut à celle de l'univers. Qui est-ce donc qui ne s'écrierait avec raison, en voyant

---

[a] Passage défectueux *restitué* par Boileau. *Voy.* p. 181 et 182, et ci-apr. remarque 26.

[b] V. 267. *Boil.*, 1713 (seulement). — Le Bouclier d'Hercule, poème attribué à Hésiode. *Saint-Marc.*

[c] C'est plutôt la déesse de la tristesse. *Dac., impr.*

[d] *V. O.* (en part.). Iliade, liv. 5 (*Boil.*, 1674 à 1701), v. 770. *Id.*, 1713.

[e] *V. O.* Texte de 1713 (in-4° et in-12) suivi par Brossette, Dumonteil, Gori, Saint-Marc, l'éditeur d'Amsterdam (1772 et 1775) et Souchay, ainsi que par les premiers copistes de celui-ci. En 1766 (P), on a mis, comme dans les éditions antérieures à 1713, *aux rivages*, ce qui est passé dans presque toutes les éditions suivantes.

[f] V. 1674 à 1682 : voit *du haut d'une tour*, d'espace... — Inexactitude et contradiction, car Longin parle d'un lieu élevé, et non pas *d'une tour*, et l'on ne peut être en même temps assis sur le rivage et placé *au haut* d'une tour. *Desmarets*, p. 125. — Dacier (*mss.*) convient de la contradiction, mais ajoute que sans cette *petite faute*, les vers de Boileau approcheraient de la grandeur de ceux d'Homère. Il voudrait mettre *d'un cap élevé*.

la magnificence de cette hyperbole [a], que si les chevaux des dieux voulaient faire un second saut, ils ne trouveraient pas assez d'espace dans le monde ? Ces peintures aussi qu'il fait du combat des dieux ont quelque chose de fort grand, quand il dit [b] :

> Le ciel en retentit, et l'Olympe en trembla.

Et ailleurs [c] :

> L'enfer s'émeut au bruit de Neptune en furie.
> Pluton sort de son trône, il pâlit, il s'écrie :
> Il a peur que ce dieu, dans cet affreux séjour,
> D'un coup de son trident [d] ne fasse entrer le jour,
> Et, par le centre ouvert de la terre ébranlée,
> Ne fasse voir du Styx la rive désolée ;
> Ne découvre aux vivans cet empire odieux,
> Abhorré des mortels, et craint même des dieux. [e]

Voyez-vous, mon cher Térentianus, la terre ouverte

---

[a] Elle a été, on l'a vu (p. 183, note 2), critiquée par Perrault.

[b] *V. O.* (en part.) Iliade, liv. 21 (*Boil.* 1674 à 1701), v. 388. *Id.*, 1713.

[c] *V. O.* (en part.) Iliade, liv. 20 (*Boil.* 1674 à 1701), v. 61. *Id.*, 1713.

[d] Payne-Knight (nous le citons, p. 162, note 4) a remarqué, dit-on, que c'est dans l'Odyssée seulement que Neptune a le trident pour attribut; et à cette occasion un critique moderne (*Globe*, 23 juillet 1830), après avoir rapporté le vers de Boileau, s'écrie : « C'est un anachronisme mythologique ! « Pauvre Perrault, que ne peux-tu rire à ton tour aux dépens de ton rigou- « reux antagoniste ! »

Dans le texte de l'Iliade (traduction de Saint-Marc, III, 258), on parle, il est vrai, seulement de coups (de Neptune) sans ajouter de *trident*; mais cette addition, d'ailleurs utile, à cause du vague de l'expression originale, a paru tellement naturelle que si Boileau est vraiment coupable d'anachronisme, son crime a été partagé par plusieurs auteurs qui ont examiné ou traduit le même passage. On peut citer entre autres Louis Racine, dont le travail a été lu à l'académie des inscriptions (XV, 225) où étaient certainement des hellénistes, madame Dacier (citée *ibid.*) et M. Aignan (*voy.* la note suivante).

[e] Cet admirable couplet a pourtant essuyé beaucoup de critiques qui ne prouvent autre chose que l'extrême difficulté de rendre en français et avec concision les vers sublimes d'Homère. Passons sur celles de Desmarets qui (p. 125)

jusqu'en son centre, l'enfer prêt à paraître, et toute la machine du monde sur le point d'être détruite et renversée, pour montrer que, dans ce combat, le ciel, les enfers, les choses mortelles et immortelles, tout enfin combattait avec les dieux, et qu'il n'y avait rien dans la nature qui ne fût en danger? Mais il faut prendre toutes ces pensées dans un sens allégorique, autrement elles ont je ne sais quoi d'affreux, d'impie, et de peu convenable à la majesté des dieux. Et pour moi, lorsque

a eu la hardiesse de refaire la traduction, et dont la misérable copie est pourtant préférée par Saint-Marc à celle de Boileau, parce qu'elle ne contient pas plus de vers que l'original, tandis que la première en a trois de plus; voici les observations de La Harpe (Lyc., 1820, I, 110).

« Le premier vers est très élégant. *Au bruit de Neptune* est une de ces tour-
« nures figurées qui distinguent si heureusement la poésie de la prose. Mais
« dans le second vers : *Pluton sort de son trône,* n'est-il pas bien faible en
« comparaison du mot grec *il s'élance?* Celui-ci peint le mouvement, l'autre
« ne peint rien : c'est tout que cette différence. Dans le grec, les mots *il s'é-*
« *lance de son trône et jette un cri,* coupent le vers par le milieu, et forment
« une suspension imitative, au lieu de cet hémistiche uniforme : *il pâlit, il*
« *s'écrie... D'un coup de son trident ne fasse entrer le jour* est un vers admira-
« ble : il n'est pas dans Homère, il est imité de Virgile (*trepidentque immisso*
« *lumine manes;* Æneid., VIII, 246)... Mais ce qui suit *et par le* CENTRE OU-
« VERT *de la terre ébranlée,* est un remplissage... *Ne fasse voir du Styx la*
« *rive désolée, ne fasse voir, ne fasse entrer,* en trois vers, c'est une négli-
« gence dans un morceau important. »

M. Daunou, tout en avouant que quelques-unes des critiques de La Harpe ne sont pas sans justesse, les trouve, en général, bien rigoureuses. L'admirateur passionné d'Homère, Dacier s'était borné (*mss.*) à reprendre un mot dans tout le couplet; il voulait que Boileau eût mis *quitte* son trône au lieu de *sort de* son trône. Louis Racine bien loin d'être aussi sévère que La Harpe, dit (Réflex. sur la poésie, ch. IV, art. 3, OEuvr., 1808, II, 265) : « Si nous avions
« dans notre langue une traduction entière d'Homère pareille à ce morceau,
« ce serait alors que ceux de nous qui ne savent pas le grec pourraient se flat-
« ter de connaître Homère. » Enfin M. Aignan dans sa traduction du même passage, n'a pas cru pouvoir mieux faire que de reproduire deux des vers

je vois dans Homère les plaies, les ligues, les supplices, les larmes, les emprisonnemens des dieux, et tous ces autres accidens où ils tombent sans cesse, il me semble qu'il s'est efforcé, autant qu'il a pu, de faire des dieux de ces hommes qui furent au siège de Troie; et qu'au contraire, des dieux mêmes il en a fait des hommes ᵃ. Encore les fait-il de pire condition; car à l'égard de nous, quand nous sommes malheureux, au moins avons-nous la mort, qui est comme un port assuré pour sortir de nos misères; au lieu qu'en représentant les dieux de cette sorte, il ne les rend pas proprement immortels, mais éternellement misérables.

Il a donc bien mieux réussi lorsqu'il nous a peint un dieu tel qu'il est dans toute sa majesté et sa grandeur, et sans mélange des choses terrestres, comme dans cet endroit qui a été remarqué par plusieurs avant moi ᵇ, où il dit en parlant de Neptune ᶜ :

de Boileau ; et si pour éviter la répétition de *fasse entrer* et *fasse voir*, reprochée à Boileau, il en a retouché deux autres, il est douteux selon la remarque de M. Amar (Moniteur, 1809, page 791), que la correction soit heureuse. Voici cette traduction.

> Le tyran des enfers, à ce tumulte horrible,
> S'élance de son trône, il pousse un cri terrible;
> Il pâlit, il a peur qu'au ténébreux séjour,
> Un seul coup de trident ne fasse entrer le jour;
> Et par le centre ouvert de la terre ébranlée,
> Ne *découvre* du Styx la rive désolée,
> Ne *dévoile* aux vivans cet empire odieux,
> Abhorré des mortels, et craint même des dieux.

ᵃ V. O. Texte de 1701, in-4° et in-12, et de 1713, in-4°. On lit *il en fait*, dans les éditions de 1674 à 1700 et de 1713, in-12.

ᵇ V. O. 1674 à 1682... *plusieurs* devant *moi*... Voy. pour cette locution, tome I, sat. IV, note du vers 33 ; et ci-apr. p. 333, note *b*.

ᶜ *V. O.* (en part.). Iliad., liv. 13 (*Boil.*, 1674 à 1701), v. 18. *Id.*, 1713.

CHAPITRE VII.   319

> Neptune ainsi marchant dans ces vastes campagnes,
> Fait trembler sous ses pieds et forêts et montagnes.

Et dans un autre endroit ª :

> Il attèle son char, et, montant fièrement,
> Lui fait fendre les flots de l'humide élément.
> Dès qu'on le voit marcher sur ces liquides plaines,
> D'aise on entend sauter les pesantes baleines.
> L'eau frémit sous le dieu qui lui donne la loi[27],
> Et semble avec plaisir reconnaître son roi.
> Cependant le char vole, etc.

Ainsi le législateur des Juifs, qui n'était pas un homme ordinaire, ayant fort bien conçu la grandeur et la puissance de Dieu, l'a exprimée dans toute sa dignité au commencement de ses lois, par ces paroles : DIEU DIT: QUE LA LUMIÈRE SE FASSE[b], ET LA LUMIÈRE SE FIT[c]; QUE LA TERRE SE FASSE, LA TERRE FUT FAITE. [d]

Je pense, mon cher Térentianus, que vous ne serez pas fâché que je vous rapporte encore ici un passage de notre poète, quand il parle des hommes, afin de vous

---

ª *V. O.* et *E.* 1674 à 1701, point de citation. — 1713 (in-4° et in-12). *Ibid.*, V. 26. — Cette citation de la note de Boileau signifie *liv.* XIII, *vers* 26 (le vers 26, dans Homère, est en effet le premier du passage traduit), et non pas, *liv.* v, *vers* 26, comme on lit dans les éditions de MM. de Saint-Surin, Auger et Daunou (1825).

[b] Il y a dans Longin, *Dieu dit:* Quoi! *que la lumière*, etc... On a déjà vu (Réflex. x, p. 264) comment Boileau se justifie d'avoir omis ce *quoi!*

[c] Au sujet de ce passage, *voy.* Réflex. x, p. 241 et suiv.

[d] V. E. Texte des éditions originales (treize) de 1674 à 1713, suivi par Brossette, Dumonteil, Saint-Marc et M. de S.-S. Il est vrai que dans quelques éditions étrangères, telles que 1686, 1692, 1695 et 1697, A., et 1694, Toll., on avait mis ET *la terre*, etc., mais, comme on vient de le voir, Boileau persista dans sa leçon primitive. Néanmoins Gori, en 1733, et Souchay, en 1735, ont ensuite remis cet ET, ce qui a été imité dans une foule d'éditions, telles que 1741, A; 1745, 1750, 1757, 1766, 1768, 1769, P.; 1793 et

faire voir combien Homère est héroïque lui-même en peignant le caractère d'un héros. Une épaisse obscurité avait couvert tout d'un coup l'armée des Grecs, et les empêchait de combattre. En cet endroit, Ajax, ne sachant plus quelle résolution prendre, s'écrie [a] :

> Grand dieu, chasse la nuit qui nous couvre les yeux,
> Et combats contre nous à la clarté des cieux.[28]

Voilà les véritables sentimens d'un guerrier tel qu'Ajax. Il ne demande pas la vie, un héros n'était pas capable de cette bassesse; mais comme il ne voit point d'occasion de signaler son courage au milieu de l'obscurité, il se fâche de ne point combattre; il demande donc en hâte que le jour paraisse, pour faire au moins une fin digne de son grand cœur, quand il devrait avoir à combattre Jupiter même. En effet, Homère, en cet endroit, est comme un vent favorable qui seconde l'ardeur des combattans; car il ne se remue pas avec moins de violence que s'il était épris aussi de fureur.

> Tel que Mars en courroux au milieu des batailles [b],
> Ou comme on voit un feu, jetant partout l'horreur [c],
> Au travers des forêts promener sa fureur :
> De colère il écume, etc.

Mais je vous prie de remarquer, pour plusieurs rai-

1798, P.; 1793, S.-Br.; 1800, 1815 et 1819, Did.; 1809 et 1825, Dau.; 1810, Ray.; 1815, Lécr.; 1820, Mé.; 1821 et 1823, Viol.; 1821 et 1824, Am.; 1822, Jeun.; 1824, Fro.; 1826, Mar.; 1828, Thi.; 1829, B. ch.....

Voy. au reste, quant à cette dernière citation de Longin (elle n'est pas dans la Genèse), même réflexion x, p. 264.

[a] *V. O.* (en part.). Iliad. liv. 17 (*Boil.* 1674 à 1701), v. 645. *Id.*, 1713.

[b] *V. O.* (en part.). Iliad. liv. 15 (*Boil.*, 1674 à 1701), v. 605. *Id.* 1713, in-4° (il y a 560 dans l'in-12).

[c] V. 1674 à 1700. Feu *dans la nuit et l'horreur...*

sons, combien il est affaibli dans son Odyssée, où il fait voir en effet que c'est le propre d'un grand esprit, lorsqu'il commence à vieillir et à décliner, de se plaire aux contes et aux fables : car, qu'il ait composé l'Odyssée depuis l'Iliade, j'en pourrais donner plusieurs preuves. Et, premièrement, il est certain qu'il y a quantité de choses dans l'Odyssée qui ne sont que la suite des malheurs qu'on lit dans l'Iliade, et qu'il a transportées dans ce dernier ouvrage comme autant d'épisodes [a] de la guerre de Troie. Ajoutez que les accidens qui arrivent dans l'Iliade sont déplorés souvent par les héros de l'Odyssée [29], comme des malheurs connus et arrivés il y a déjà long-temps; et c'est pourquoi l'Odyssée n'est, à proprement parler, que l'épilogue de l'Iliade.

> Là gît le grand Ajax et l'invincible Achille;
> Là de ses ans Patrocle a vu borner le cours;
> Là mon fils, mon cher fils, a terminé ses jours. [b]

De là vient, à mon avis, que comme Homère a composé son Iliade durant que son esprit était en sa plus grande vigueur, tout le corps de son ouvrage est dramatique et plein d'action, au lieu que la meilleure partie de l'Odyssée se passe en narrations, qui est le génie de la vieillesse : tellement qu'on le peut comparer dans

---

[a] 1674 à 1682... *autant* d'effets *de la...* — Le mot *épisodes* a été encore proposé par Dacier (*mss.*)

[b] *V. O.* (en part.) et *E.* Ce sont des paroles de Nestor dans l'Odyssée (*Boil.*, 1674 à 1701), liv. 3, v. 109. *Id.*, 1713. — Saint-Marc a mis *les* paroles, ce qui a été imité dans plusieurs éditions, telles que 1788, 1789, 1800, 1815 et 1819, Did.; 1809 et 1825, Daun.; 1820, Mé.; 1821, S.-S.; 1821 et 1823, Viol.; 1824, Fro.; 1826, Mar.; 1828, Thi... Dans d'autres, telles que 1735 (Souchay) et ses copies, on a supprimé la note.

ce dernier ouvrage au soleil quand il se couche, qui a toujours sa même grandeur, mais qui n'a plus tant d'ardeur ni[a] de force. En effet, il ne parle plus du même ton, on n'y voit plus ce sublime de l'Iliade, qui marche partout d'un pas égal, sans que jamais il s'arrête ni se repose. On n'y remarque point cette foule de mouvemens et de passions entassées les unes sur les autres. Il n'a plus cette même force, et, s'il faut ainsi parler[b], cette même volubilité de discours si propre pour l'action, et mêlée de tant d'images naïves des choses. Nous pouvons dire que c'est le reflux de son esprit, qui, comme un grand océan, se retire et déserte ses rivages. A tout propos il s'égare dans des imaginations et des fables incroyables [30]. Je n'ai pas oublié pourtant les descriptions de tempêtes qu'il fait, les aventures qui arrivèrent à Ulysse[c] chez Polyphème, et quelques autres endroits qui sont sans doute fort beaux. Mais cette

[a] V. E. Texte de 1674 à 1713, et non pas *ni* tant *de* force, comme on lit dans plusieurs éditions, telles que 1809 et 1825, Daun.; 1821 et 1823, Viol.; 1824, Fro.; 1826, Mar.; 1828, Thi.; 1829, B. ch.

Le changement, on le voit, a été fait pour la première fois dans l'édition de M. Daunou, de 1809. M. de Saint-Surin, en le notant (IV, 420), observe (il l'avait déjà remarqué en d'autres termes, *ib.*, 244) « qu'on y trouve assez sou-
« vent des corrections de ce genre. » Mais puisqu'il reconnaissait que cette édition était *assez souvent* inexacte, comment l'a-t-il prise pour modèle, du moins quant aux œuvres en prose (voyez tome I, Notice bibl., § 1, n° 227), dans beaucoup de passages fautifs, tels que ceux que nous indiquons, p. 41, note 1; p. 47, note 1; p. 149, note *d*; p. 173, note 2; p. 183, note 2; p. 189, note 1; p. 199, note 2; p. 200, note 1; p. 208, note 1; p. 247, note 1; p. 261, note 1; p. 268, note 1; p. 301, note *b*; p. 355, note *a*... indépendamment de ceux que nous citons dans des notes où nous n'indiquons pas les dates des éditions fautives, comme les notes 4, p. 151; 3, p. 162; 1, p. 174; 1, p. 197...

[b] *V. O.* 1701, in-12, *force, et* pour *ainsi parler*...

[c] *V. O. Ibid.*, qui *arrivent* à Ulysse... (peut-être est-ce la bonne leçon).

vieillesse dans Homère, après tout, c'est la vieillesse d'Homère; joint qu'en tous ces endroits-là il y a beaucoup plus de fable et de narration que d'action. [a]

Je me suis étendu là-dessus, comme j'ai déjà dit, afin de vous faire voir que les génies naturellement les plus élevés tombent quelquefois dans la badinerie, quand la force de leur esprit vient à s'éteindre. Dans ce rang on doit mettre ce qu'il dit du sac où Éole enferma les vents, et des compagnons d'Ulysse, changés par Circé en pourceaux, que Zoïle appelle de « petits cochons larmoyans ». Il en est de même des colombes qui nourrirent Jupiter comme un pigeon [b]; de la disette d'Ulysse, qui fut dix jours sans manger après son naufrage, et de toutes ces absurdités qu'il conte du meurtre des amans de Pénélope; car tout ce qu'on peut dire à l'avantage de ces fictions, c'est que ce sont d'assez beaux songes, et, si vous voulez, des songes de Jupiter même. Ce qui m'a encore obligé à parler de l'Odyssée, c'est pour vous

---

[a] Voici la traduction pleine de force et d'élégance, que La Harpe (Lyc., 1820, I, 113) a faite de ce morceau; mais il est facile de voir qu'il a négligé plusieurs expressions du texte. « L'Odyssée est le déclin d'un beau génie qui, en vieillissant, commence à aimer les contes. L'Iliade, ouvrage de sa jeunesse, est toute pleine de vigueur et d'action : l'Odyssée est presque tout entière en récits, ce qui est le goût de la vieillesse. Homère, dans ce dernier ouvrage, est comparable au soleil couchant, qui est encore grand aux yeux, mais qui ne fait plus sentir sa chaleur. Ce n'est plus ce feu qui anime toute l'Iliade, cette hauteur de génie qui ne s'abaisse jamais, cette activité qui ne se repose point, ce torrent de passions qui vous entraîne, cette foule de fictions heureuses et vraies. Mais comme l'Océan, même au moment du reflux, et lorsqu'il abandonne ses rivages, est encore l'Océan, cette vieillesse dont je parle est encore la vieillesse d'Homère. »

[b] *V. O.* (en part.) 1674, in-4° et petit in-12, et 1675, petit in-12, *un pigeonneau...* On lit *pigeon* à 1674, gr. in-12.

montrer que les grands poètes et les écrivains célèbres, quand leur esprit manque de vigueur pour le pathétique, s'amusent ordinairement à peindre les mœurs. C'est ce que fait Homère, quand il décrit la vie que menaient les amans de Pénélope dans la maison d'Ulysse. En effet, toute cette description est proprement une espèce de comédie, où les différens caractères des hommes sont peints.

CHAPITRE VIII.

De la sublimité qui se tire des circonstances.

Voyons si nous n'avons point encore quelque autre moyen par où nous puissions rendre un discours sublime. Je dis donc que, comme naturellement rien n'arrive au monde qui ne soit toujours accompagné de certaines circonstances, ce sera un secret infaillible pour arriver au grand, si nous savons faire à propos le choix des plus considérables, et si, en les liant bien ensemble, nous en formons comme un corps; car d'un côté ce choix, et de l'autre cet amas de circonstances choisies, attachent fortement l'esprit.

Ainsi, quand Sapho[a] veut exprimer les fureurs de l'amour, elle ramasse de tous côtés les accidens qui suivent et qui accompagnent en effet cette passion : mais où son adresse paraît principalement, c'est à choisir de tous ces accidens ceux qui marquent davantage l'excès et la violence de l'amour, et à bien lier tout cela ensemble.

[a] Fragment de son ode « à une femme aimée. » *Saint-Marc.*

CHAPITRE VIII.   325

Heureux qui près de toi pour toi seule soupire,
Qui jouit du plaisir de t'entendre parler,
Qui te voit quelquefois doucement lui sourire !
Les dieux dans son bonheur peuvent-ils l'égaler ?

Je sens de veine en veine une subtile flamme
Courir par tout mon corps sitôt que je te vois ;
Et, dans les doux transports où s'égare mon âme,
Je ne saurais trouver de langue ni de voix.

Un nuage confus se répand sur ma vue ;
Je n'entends plus ; je tombe en de douces langueurs :
Et pâle [31], sans haleine, interdite, éperdue,
Un frisson [32] me saisit, je tremble, je me meurs. [a]

Mais quand on n'a plus rien il faut tout hasarder, etc. [b]

N'admirez-vous point comment elle ramasse toutes ces choses, l'âme, le corps, l'ouïe, la langue, la vue, la couleur, comme si c'étaient autant de personnes différentes et prêtes à expirer ? Voyez de combien de mouvemens contraires elle est agitée. Elle gèle, elle brûle, elle est folle, elle est sage [c] ; ou elle est entièrement hors

---

[a] C'est principalement le choix et l'arrangement des mots qui donnent tant de vérité à ces quatre vers (*Un nuage*, etc., vers 9 à 12). Le second, coupé après le second pied, marque le trouble des sens et de la voix ; il fait sentir davantage la mollesse languissante du reste du vers. Les deux suivans expriment supérieurement l'abandon d'une amante qui n'est plus à elle, et dont il semble que l'âme aille suivre tous les soupirs. *Clément, Nouv. obs.*, p. 385.

[b] Cette traduction est un tableau achevé : tous les mouvemens de l'amour y sont rassemblés. *Clément*, ib. (*voy.* aussi *Boivin*, ci-apr. Rem. 32). — Delille l'a refaite en vers qui se rapprochent du rhythme saphique, et en reproduisant le plus possible les expressions de Boileau (*V.* Barthélemy, *Anacharsis*, chapit. III).

[c] Selon Brossette, Patru voulait faire changer ces mots, *elle gèle, elle brûle, elle est folle, elle est sage*, parce qu'ils forment un vers ; Boileau s'y refusa ; il est impossible, dit-il, qu'il n'échappe quelquefois des vers dans la prose, et il lui en montra même un dans ses plaidoyers.

d'elle-même [33], ou elle va mourir. En un mot, on dirait qu'elle n'est pas éprise d'une simple passion, mais que son âme est un rendez-vous de toutes les passions[a]; et c'est en effet ce qui arrive à ceux qui aiment. Vous voyez donc bien, comme j'ai déjà dit, que ce qui fait la principale beauté de son discours, ce sont toutes ces grandes circonstances marquées à propos et ramassées avec choix. Ainsi, quand Homère veut faire la description d'une tempête, il a soin d'exprimer tout ce qui peut arriver de plus affreux dans une tempête. Car, par exemple, l'auteur[b] du poëme des Arimaspiens[c] pense dire des choses fort étonnantes, quand il s'écrie :

> O prodige étonnant! ô fureur incroyable!
> Des hommes insensés, sur de frêles vaisseaux,
> S'en vont loin de la terre habiter sur les eaux,
> Et, suivant sur la mer une route incertaine,
> Courent chercher bien loin le travail et la peine.
> Ils ne goûtent jamais de paisible repos.
> Ils ont les yeux au ciel et l'esprit sur les flots;
> Et, les bras étendus, les entrailles émues,
> Ils font souvent aux dieux des prières perdues.[d]

Cependant il n'y a personne, comme je pense, qui ne voie bien que ce discours est en effet plus fardé et plus fleuri que grand et sublime. Voyons donc comment fait Homère, et considérons cet endroit[e] entre plusieurs autres :

---

[a] Dacier (impr.) dit que le mot *rendez-vous* n'exprime pas toute la force du mot grec; mais il convient qu'on ne peut guère traduire en français autrement que ne l'a fait Boileau.

[b] Aristée. *Boil.*, 1713.

[c] C'étaient des peuples de Scythie. *Boil.*, 1674 à 1713.

[d] *Émues... perdues...*, méchantes rimes. *Desmarets*, p. 129.

[e] Iliad., liv. 15, v. 624. *Boil.*, 1713.

CHAPITRE VIII.

Comme l'on voit les flots, soulevés par l'orage,
Fondre sur un vaisseau qui s'oppose à leur rage,
Le vent avec fureur dans les voiles frémit;
La mer blanchit d'écume, et l'air au loin gémit :
Le matelot troublé, que son art abandonne,
Croit voir dans chaque flot la mort qui l'environne.

Aratus a tâché d'enchérir sur ce dernier vers, en disant :

Un bois mince et léger les défend de la mort.

Mais en fardant ainsi cette pensée, il l'a rendue basse et fleurie, de terrible qu'elle était. Et puis, renfermant tout le péril dans ces mots, *Un bois mince et léger les défend de la mort*, il l'éloigne et le diminue plutôt qu'il ne l'augmente. Mais Homère ne met pas pour une seule fois devant les yeux le danger où se trouvent les matelots; il les représente, comme en un tableau, sur le point d'être submergés à tous les flots [a] qui s'élèvent, et imprime jusque dans ses mots et ses syllabes l'image du péril [34]. Archiloque ne s'est point servi d'autre artifice dans la description de son [b] naufrage, non plus que Démosthène dans cet endroit où il décrit le trouble des Athéniens à la nouvelle de la prise d'Élatée, quand il dit : « Il était déjà fort tard [35], etc. » : car ils n'ont fait tous deux que trier, pour ainsi dire, et ramasser soigneusement les grandes circonstances, prenant garde à ne point insérer dans leurs discours des particularités basses et superflues, ou qui sentissent l'école. En effet,

---

[a] M. Daunou trouve très vive cette expression qui avait semblé trop négligée à M. de S.-S.
[b] J'aimerais mieux *la description* DU *naufrage*, car ce n'est pas le sien qu'Archiloque décrit. *Dac., impr.* — C'est en effet le naufrage de son frère, ou plutôt du mari de sa sœur. *M. Amar.*

de trop s'arrêter aux petites choses, cela gâte tout; et c'est comme du moellon ou des plâtras qu'on aurait arrangés et comme entassés les uns sur les autres pour élever un bâtiment. [a]

CHAPITRE IX.

De l'amplification.

Entre les moyens dont nous avons parlé, qui contribuent au sublime, il faut aussi donner rang à ce qu'ils appellent [b] « amplification »; car quand la nature des sujets qu'on traite, ou des causes qu'on plaide, demande des périodes plus étendues et composées de plus de membres, on peut s'élever par degrés, de telle sorte qu'un mot enchérisse toujours sur l'autre; et cette adresse peut beaucoup servir, ou pour traiter quelque lieu d'un discours, ou pour exagérer, ou pour confirmer, ou pour mettre en jour un fait, ou pour manier une passion. En effet, l'amplification se peut diviser en un nombre infini d'espèces; mais l'orateur doit savoir que pas une de ces espèces n'est parfaite de soi, s'il n'y a du grand et du

---

[a] Comparaison qui, selon la remarque de M. Daunou (III, 417 et 418, note jj), se lie mal avec ce qui précède. Il rapporte divers corrections proposées pour le texte, qui a été fort altéré. Nous préférerions celle de Ruhnken, d'après l'extrait suivant de M. Amar (1824). « Ces sortes de circonstances, « semblables aux plâtras dont on remplit les crevasses des murs, ne font que « dégrader l'ensemble et la magnificence de l'édifice du style. »

[b] *V. E.* Texte de 1674 à 1713... Ce *qu'ils* ne se rapporte à rien; il faudrait, dit Saint-Marc, ce *qu'on appelle*... mais il n'aurait pas dû se permettre de l'insérer dans le texte (id., à 1772 et 1775, A.).

sublime, si ce n'est lorsqu'on cherche à émouvoir la pitié, ou que l'on veut ravaler le prix de quelque chose. Partout ailleurs, si vous ôtez à l'amplification ce qu'il y a de grand [a], vous lui arrachez, pour ainsi dire, l'âme du corps. En un mot, dès que cet appui vient à lui manquer, elle languit et n'a plus ni force ni mouvement. Maintenant, pour plus grande netteté, disons en peu de mots la différence qu'il y a de cette partie à celle dont nous avons parlé dans le chapitre précédent, et qui, comme j'ai dit, n'est autre chose qu'un amas de circonstances choisies que l'on réunit ensemble; et voyons par où l'amplification en général diffère du grand et du sublime.

CHAPITRE X.

Ce que c'est qu'amplification.

JE ne saurais approuver la définition que lui donnent [b] les maîtres de l'art: L'amplification, disent-ils, est un « discours qui augmente et qui [c] agrandit les choses ». Car cette définition peut convenir tout de même au sublime, au pathétique et aux figures: puis-

---

[a] *V. O.* 1674 à 1701, in-4°... *Ce qu*'elle a de *grand*... La correction a été faite, non en 1713, comme le dit M. de S.-S., mais dans l'édition in-12 de 1701 (elle est dans tous nos exemplaires).

[b] Quoiqu'en dise M. de S.-S., il faudrait *qu'en donnent*, selon l'observation de Saint-Marc et de MM. Daunou et Amar : donner la définition *à* (au lieu de *de*) quelque chose, est une locution très vicieuse.

[c] V. O. 1674 à 1700... *augmente et agrandit*... — Il y a littéralement dans le grec « qui revêt la matière de grandeur ». *Saint-Marc.*

qu'elles donnent toutes ᵃ au discours je ne sais quel caractère de grandeur. Il y a pourtant bien de la différence; et premièrement le sublime consiste dans la hauteur et l'élévation, au lieu que l'amplification consiste aussi dans la multitude des paroles. C'est pourquoi le sublime se trouve quelquefois dans une simple pensée; mais l'amplification ne subsiste que dans la pompe et dans ᵇ l'abondance. L'amplification donc, pour en donner ici une idée générale, « est un accroissement de « paroles que l'on peut tirer de toutes les circonstances « particulières des choses, et de tous les lieux de l'orai- « son, qui remplit le discours et le fortifie, en appuyant « sur ce qu'on a déjà dit ». Ainsi elle diffère de la preuve, en ce qu'on emploie celle-ci pour prouver la question, au lieu que l'amplification ne sert qu'à étendre [36] et à exagérer. ✦✦✦✦ ᶜ

La même différence, à mon avis, est entre Démosthène et Cicéron pour le grand et le sublime, autant que nous autres Grecs pouvons juger des ouvrages d'un auteur latin. En effet, Démosthène est grand en ce qu'il est serré et concis, et Cicéron, au contraire, en ce qu'il est diffus et étendu. On peut comparer ce premier, à cause de la violence, de la rapidité, de la force et de la véhémence avec laquelle il ravage, pour ainsi dire, et emporte tout, à une tempête et à un foudre. Pour Cicéron, on peut dire, à mon avis, que, comme un grand embrasement, il dévore et consume tout ce qu'il

---

ᵃ Il faudrait *ces choses*, car *elles* et *toutes* ne peuvent se dire du sublime et du pathétique. *Saint-Marc* et *M. Daunou*.

ᵇ V. O. 1674 à 1685.... *pompe et l'abondance*.

ᶜ *Voyez* les remarques. Boil., 1674 à 1713 (c'est la 36ᵉ).

rencontre, avec un feu qui ne s'éteint point, qu'il répand diversement dans ses ouvrages, et qui, à mesure qu'il s'avance, prend toujours de nouvelles forces. Mais vous [a] pouvez mieux juger de cela que moi. Au reste, le sublime de Démosthène vaut sans doute bien mieux dans les exagérations fortes et dans [b] les violentes passions, quand il faut, pour ainsi dire [37], étonner l'auditeur. Au contraire, l'abondance est meilleure lorsqu'on veut, si j'ose me servir de ces termes, répandre une rosée agréable [38] dans les esprits ; et certainement un discours diffus est bien plus propre pour les lieux communs, les péroraisons, les digressions, et généralement pour tous ces discours qui se font dans le genre démonstratif. Il en est de même pour les histoires, les traités de physique, et plusieurs autres semblables matières.

[a] *V.* 1674 à 1682... Pour Cicéron, *à mon sens, il ressemble à un grand embrasement qui se répand partout, et s'élève en l'air, avec un feu dont la violence dure et ne s'éteint point; qui fait de différens effets, selon les différens endroits où il se trouve, mais qui se nourrit néanmoins et s'entretient toujours dans la diversité des choses où il s'attache.* Mais vous...

Cette traduction fut critiquée par Dacier (*mss.*) comme incorrecte et inexacte, et il proposa celle-ci, qui a été, à peu de chose près, adoptée par Boileau. « A mon avis, on peut dire de Cicéron, que, comme un grand embrasement, il s'élève et se prend à tout ce qu'il trouve, et que, conservant toujours un feu qui ne s'éteint point, il le répand diversement dans ses ouvrages et lui donne, à diverses reprises, une nouvelle force. »

Saint-Marc (IV, 301) préfère la traduction primitive de Boileau. « Quoi« qu'elle ne valût pas grand'chose, dit-il, elle avait du moins sur la seconde
« l'avantage de conserver la suite de la métaphore, et d'être en cela plus
« conforme à l'original. »

[b] *V. O.* 1674 à 1683... *fortes et les...* — L'addition de *dans* fut faite à 1685, et non pas à 1694 comme le dit M. de S.-S : aussi est-elle à 1692, A. et 1694, Toll.

CHAPITRE XI.

De l'imitation.

Pour [a] retourner à notre discours, Platon, dont le style ne laisse pas d'être fort élevé, bien qu'il coule sans être rapide et sans faire de bruit, nous a donné une idée de ce style, que vous ne pouvez ignorer, si vous avez lu les livres de sa République [b]. « Ces hommes mal-
« heureux, dit-il quelque part, qui ne savent ce que
« c'est que de sagesse ni de vertu, et qui sont continuel-
« lement plongés dans les festins et dans la débauche,
« vont toujours de pis en pis, et errent enfin toute leur
« vie. La vérité n'a point pour eux d'attraits ni de char-
« mes; ils n'ont jamais levé les yeux pour la regarder;
« en un mot, ils n'ont jamais goûté de pur ni de solide
« plaisir. Ils sont comme des bêtes qui regardent tou-
« jours en bas, et qui sont courbées vers la terre. Ils ne
« songent qu'à manger et à repaître, qu'à satisfaire leurs
« passions brutales; et, dans l'ardeur de les rassasier,
« ils regimbent, ils égratignent, ils se battent à coups
« d'ongles et de cornes de fer, et périssent à la fin par
« leur gourmandise insatiable. »

Au reste, ce philosophe nous a encore enseigné un autre chemin, si nous ne voulons point le négliger, qui nous peut conduire au sublime. Quel est ce chemin? C'est

---

[a] Cet alinéa ne peut convenir à un commencement de chapitre. Ce défaut vient de leur mauvaise distribution. *Voy.* Saint-Marc, et ci-devant page 293, note [a].

[b] Dialogue ix, p. 585, édit. de H. Étienne. *Boil.*, 1713. — Ce passage est un peu différent dans les œuvres de Platon. *M. Amar.*

l'imitation et l'émulation ª des poètes et des écrivains illustres qui ont vécu devant ᵇ nous ; car c'est le but que nous devons toujours nous mettre devant les yeux.

Et certainement il s'en voit beaucoup que l'esprit d'autrui ravit hors d'eux-mêmes, comme on dit qu'une sainte fureur saisit la prêtresse d'Apollon sur le sacré trépied ; car on tient qu'il y a une ouverture en terre d'où sort un souffle, une vapeur toute céleste qui la remplit sur-le-champ d'une vertu divine, et lui fait prononcer des oracles. De même ces grandes beautés que nous remarquons dans les ouvrages des anciens sont comme autant de sources sacrées, d'où il s'élève des vapeurs heureuses qui se répandent dans l'âme de leurs imitateurs, et animent les esprits mêmes ᶜ naturellement les moins échauffés; si bien que dans ce moment ils sont comme ravis et emportés de l'enthousiasme d'autrui : ainsi voyons-nous qu'Hérodote, et devant ᵈ lui Stésichore et Archiloque ont été grands imitateurs d'Homère. Platon néanmoins est celui de tous qui l'a le plus imité; car il a puisé dans ce poète comme dans une vive source,

---

ª Il faudrait « c'est d'imiter *et d'avoir de l'émulation* pour les poètes, etc. » D'après la traduction ci-dessus, on entendra l'émulation que les poètes ont entre eux... Dac., mss.

ᵇ V. E. Texte de 1674 à 1713.. *Devant* était alors usité (tome I, sat. IV, vers 33 et la note; tome IV, p. 198, note 1). Brossette, sans en avertir, a substitué *avant*, et c'est ce qu'ont également fait Gori, Dumonteil, Souchay et leurs copistes, même postérieurs à l'édition de Saint-Marc (tels que 1749, A.; 1750, 1757, 1766, 1768, 1769 et 1793, P.; 1822, Jeun...), quoique celui-ci eût indiqué la *licence* de Brossette.

ᶜ *V. E.* Texte de 1674 à 1713, suivi à 1715, A. Brossette, également sans avertir de la correction, a écrit *même* sans *s*; ce qu'on a fait aussi dans toutes les éditions postérieures, à l'exception de 1740, Souch., et de 1741, A.

ᵈ V. E. Même observation qu'à la note *b*.

dont il a détourné un nombre infini de ruisseaux ; et j'en donnerais des exemples, si Ammonius[a] n'en avait déjà rapporté plusieurs [39].

Au reste, on ne doit point regarder cela comme un larcin, mais comme une belle idée qu'il a eue, et qu'il s'est formée sur les mœurs, l'invention et les ouvrages d'autrui. En effet, jamais, à mon avis, il n'eût mêlé tant[b] de si grandes choses dans ses traités de philosophie, passant, comme il fait, du simple discours à des expressions et à des matières poétiques, s'il ne fût venu, pour ainsi dire, comme un nouvel athlète, disputer de toute sa force le prix à Homère, c'est-à-dire à celui qui avait déjà reçu les applaudissemens de tout le monde, car, bien[c] qu'il ne le fasse peut-être qu'avec un peu trop d'ardeur, et, comme on dit, les armes à la

---

[a] Il y a eu plusieurs Ammonius ; on ne sait duquel il s'agit ici.

[b] V. E. Texte de 1683 à 1713. Brossette a supprimé *tant*, qui, quoique inélégant, est nécessaire d'après la correction proposée (*voy*. la note suivante) par Dacier, et il a été imité non-seulement dans les éditions indiquées à note *b*, p. 333, mais dans beaucoup d'autres, telles que 1747, S.-M.; 1772 et 1775, A.; 1788, 1789, 1800, 1815 et 1819, Did.; 1793, S.-Br.; 1809 et 1825, Dau.; 1820, Mén.; 1821, Am.; 1821 et 1823, Viol.; 1824, Fro.; 1826, Mart.; 1828, Thi.; 1829, B. ch.

[c] V. 1674 à 1682... *A mon avis*, il ne dit de si grandes choses dans ses traités de philosophie, que quand, du simple discours passant à des expressions et à des matières poétiques, il vient, s'il faut ainsi dire, comme un nouvel athlète, disputer de toute sa force le prix à Homère, c'est-à-dire à celui qui était déjà l'admiration de tous les siècles, *car bien*...

Selon Dacier (*impr.*) il faudrait : « En effet, Platon semble n'avoir entassé de si grandes choses dans ses traités de philosophie, et ne s'être jeté si souvent dans des expressions et dans des matières poétiques, que pour disputer de toute sa force le prix à Homère, comme un nouvel athlète à celui qui a déjà reçu toutes les acclamations, et qui a été l'admiration de tout le monde... » On voit ci-dessus, au texte, que cette version (elle est approuvée par Tollius, p. 297) n'a été adoptée qu'en partie par Boileau.

main, cela ne laisse pas néanmoins de lui servir beaucoup, puisque enfin, selon Hésiode,

<small>La noble jalousie est utile aux mortels. ᵃ</small>

Et n'est-ce pas en effet quelque chose de bien glorieux et bien digne d'une âme noble, que de combattre pour l'honneur et le prix de la victoire avec ceux qui nous ont précédés, puisque dans ces sortes de combats on peut même être vaincu sans honte?

CHAPITRE XII.

De la manière d'imiter.

Toutes les fois donc que nous voulons travailler à un ouvrage qui demande du grand et du sublime, il est bon de faire cette réflexion : Comment est-ce qu'Homère aurait dit cela? Qu'auraient fait Platon, Démosthène, ou Thucydide même, s'il est question d'histoire, pour écrire ceci en style sublime? Car ces grands hommes que nous nous proposons à imiter, se présentant de la sorte à notre imagination, nous servent comme de flambeau ᵇ, et nous élèvent l'âme presque aussi haut que

---

ᵃ *Opera et dies*, v. 25... Boil., 1713.

ᵇ V. E. Texte de 1674 (trente-sept éditions, dont treize originales), suivi par Saint-Marc et par les éditeurs d'Amsterdam, 1742, 1772 et 1775 et MM. Amar et de S.-S.. Brossette a écrit *flambeaux*, ce qui a été imité dans une foule d'éditions, telles que 1717 à 1721, Vest.; 1718, 1722 et 1729, Dum.; 1733, Gori; 1735, Souch.; 1745, P.; 1746 et 1767, Dr.; 1749, A.; 1750, 1757, 1766, 1768 et 1769, P.; 1788, 1789, 1800, 1815 et 1819, Did.; 1793 et 1798, P.; 1809 et 1825, Daun.; 1820, Mén.; 1821, Am.;

l'idée que nous avons conçue de leur génie, surtout si nous nous imprimons bien ceci en nous-mêmes : Que penseraient Homère ou Démosthène de ce que je dis, s'ils m'écoutaient ? et [a] quel jugement feraient-ils de moi? En effet, nous ne croirons pas avoir un médiocre prix [b] à disputer, si nous pouvons [c] nous figurer que nous allons, mais sérieusement, rendre compte de nos écrits devant un si célèbre tribunal, et sur un théâtre où nous avons de tels héros pour juges et pour témoins. Mais un motif encore plus puissant pour nous exciter, c'est de songer au jugement que toute la postérité fera de nos écrits; car si un homme, dans la défiance de ce jugement, a peur, pour ainsi dire, d'avoir dit quelque chose qui vive plus que lui [40], son esprit ne saurait jamais rien produire [d] que des avortons aveugles et imparfaits, et il ne se donnera jamais la peine d'achever des ouvrages qu'il ne fait point pour passer jusqu'à la dernière postérité.

1821 et 1823, Viol.; 1822, Jeun.; 1824, Fro.; 1826, Mart.; 1828, Thi.; 1829, B. ch.

Lors même qu'on admettrait, avec un éditeur moderne, que *flambeau*, au singulier, est une faute, ce qui nous paraît fort douteux, nous serions toujours obligés de nous conformer au texte constant de notre auteur.

[a] V. E. Texte de 1674 à 1713. Dans les mêmes éditions, excepté celles de MM. Didot, Daunou, Violet Le Duc et Thiessé, on a omis ET.

[b] Selon Dacier (*impr.*) le mot grec ne signifie point *prix* mais *spectacle*, et il faudrait : *ce sera un spectacle bien propre à nous animer* (remarque approuvée par Tollius, p. 298).

[c] V. 1674 à 1682.., En effet, *ce sera un grand avantage pour nous, si nous pouvons*, etc.

[d] *V. O.* ou *E.* (en part.) 1674 à 1682... Dans la *crainte de ce jugement, ne se soucie pas qu'aucun de ses ouvrages vive plus que lui, son esprit ne saurait* rien produire... — *Voyez*, pour la correction de ce passage qui fut faite, non en 1694, comme le dit M. de S.-S., mais en 1683, *ci-apr.*, *Remarq.* 40.

CHAPITRE XIII.

Des images.

Ces « images, » que d'autres appellent « peintures » ou « fictions, » sont aussi d'un grand artifice pour donner du poids, de la magnificence et de la force au discours. Ce mot « d'image » se prend en général pour toute pensée propre à produire une expression, et qui fait une peinture à l'esprit de quelque manière que ce soit; mais il se prend encore, dans un sens plus particulier et plus resserré, pour ces discours que l'on fait « lorsque, par
« un enthousiasme et un mouvement extraordinaire de
« l'âme, il semble que nous voyons les choses dont nous
« parlons, et quand nous ª les mettons devant les yeux
« de ceux qui écoutent. »

Au reste, vous devez savoir que les « images », dans la rhétorique, ont tout un autre usage que parmi les poëtes. En effet, le but qu'on s'y propose dans la poésie, c'est l'étonnement et la surprise; au lieu que, dans la prose, c'est de bien peindre les choses et de les faire voir clairement. Il y a pourtant cela de commun, qu'on tend à émouvoir en l'une et en l'autre rencontre.

> Mère cruelle, arrête, éloigne de mes yeux [b]
> Ces filles de l'enfer, ces spectres odieux.
> Ils viennent : je les vois; mon supplice s'apprête.
> Quels [c] horribles serpens leur sifflent sur la tête!

---

[a] *V. O.* 1674 à 1700... *et que nous*...

[b] *V. O.* Paroles d'Oreste dans Euripide... *Boil.*, 1674 à 1701. — Paroles d'Euripide dans son Oreste., v. 225. *Id.*, 1713.

[c] *V. O.* 1674 à 1683... *mille* horribles... — Le changement fut fait, non

Et ailleurs [a] :

> Où fuirai-je? Elle vient. Je la vois. Je suis mort.

Le poète en cet endroit ne voyait pas les Furies, cependant il en fait une image si naïve, qu'il les fait presque voir aux auditeurs. Et véritablement je ne saurais pas bien dire si Euripide est aussi heureux à exprimer les autres passions; mais pour ce qui regarde l'amour et la fureur, c'est à quoi il s'est étudié particulièrement, et il y a fort bien réussi. Et même, en d'autres rencontres, il ne manque pas quelquefois de hardiesse à peindre les choses ; car, bien que son esprit de lui-même ne soit pas porté au grand, il corrige son naturel, et le force d'être tragique et relevé, principalement dans les grands sujets; de sorte qu'on lui peut appliquer ces vers du poète [b] :

> A l'aspect du péril, au combat il s'anime ;
> Et, le poil hérissé, les yeux étincelans [41],
> De sa queue il se bat les côtés et les flancs [c] ;

comme on le peut remarquer dans cet endroit où le

---

en 1694, comme le disent Brossette, Saint-Marc, M. de S.-S., etc., mais en 1685 (il est aussi à 1689 et 1692, A.). — *Voyez*, au sujet de ce vers, tome II, p. 291, note du vers 42.

[a] Euripide, Iphigénie en Tauride, v. 290. Boil., 1713.

[b] Iliad., 20, v. 170. Boil., 1713 (Saint-Marc prétend mal-à-propos que c'est le vers 169).—Les éditeurs, comme c'est assez leur usage (*voy.* tome I, notre avertissement, n° III), ayant omis la date de cette note, personne n'a pu remarquer que jusqu'en 1701, Boileau s'était contenté de l'expression vague *le poète*, pour désigner Homère. Dans son enthousiasme il allait plus loin que les anciens qui s'en servaient aussi lorsqu'ils parlaient de Virgile. *Cum*, dit Justinien (Instit., de jure nat., § 2), *cum poetam dicimus nec addimus nomen, subauditur apud Græcos egregius Homerus, apud nos Virgilius.*

[c] *Les côtés et les flancs...* pure tautologie. *Saint-Marc.*

Soleil parle ainsi à Phaéton, en lui mettant entre les mains les rênes de ses chevaux [a] :

> Prends garde qu'une ardeur trop funeste à ta vie
> Ne t'emporte au-dessus de l'aride Libye :
> Là jamais d'aucune eau le sillon arrosé
> Ne rafraîchit mon char dans sa course embrasé [b] ;

Et dans ces vers suivans :

> Aussitôt devant toi s'offriront sept étoiles :
> Dresse par là ta course, et suis le droit chemin.
> Phaéton à ces mots prend les rênes en main :
> De ses chevaux ailés il bat les flancs agiles.
> Les coursiers du Soleil à sa voix sont dociles.
> Ils vont : le char s'éloigne, et, plus prompt qu'un éclair,
> Pénètre en un moment les vastes champs de l'air.
> Le père cependant plein d'un trouble funeste,
> Le voit rouler de loin sur la plaine céleste ;
> Lui montre encor sa route, et du plus haut des cieux [42]
> Le suit, autant qu'il peut, de la voix et des yeux.
> Va par là, lui dit-il : reviens : détourne : arrête. [c]

Ne diriez-vous pas que l'âme du poète monte sur le char avec Phaéton, qu'elle partage tous ses périls, et

---

[a] Euripide, dans son *Phaéton*, tragédie perdue. Boil., 1713.

[b] Dacier (*impr.*) croit que ce n'est pas la pensée d'Euripide ; mais il avoue que c'est la pensée que lui attribuent tous les interprètes, et que ces quatre vers sont nobles et beaux. — Ce sont, dit M. Lemercier (I, 77), des vers tels que Boileau savait les faire.

[c] *V. E.* Ponctuation de 1674 à 1713, suivie jusque vers la fin du xviii[e] siècle, et qu'il nous paraît essentiel de maintenir pour peindre l'action du Soleil, car il ne dit pas, en quelque sorte coup sur coup, ces quatre mots, comme on pourrait le croire d'après les éditions modernes où l'on a substitué des virgules aux deux points.

Ce vers, dit Clément, représente très bien l'inquiétude et l'agitation du Soleil. *Nouv. obs.*, p. 384 (*voy.* aussi les remarques de Boileau, ci-dev. Réflex. x., p. 255).

Dans tout ce morceau Boileau est bien supérieur à Euripide. *La Harpe, Lyc.*, 1820, I, 114.

qu'elle vole dans l'air avec les chevaux? car, s'il ne les suivait dans les cieux, s'il n'assistait à tout ce qui s'y passe, pourrait-il peindre la chose comme il fait? Il en est de même de cet endroit de sa Cassandre [a] qui commence par

   Mais, ô braves Troyens, etc.

Eschyle a quelquefois aussi des hardiesses et des imaginations tout-à-fait nobles et héroïques, comme on le peut voir dans sa tragédie intitulée LES SEPT DEVANT THÈBES, où un courrier, venant apporter à Étéocle la nouvelle de ces sept chefs qui avaient tous impitoyablement juré, pour ainsi dire, leur propre mort, s'explique ainsi [b] :

  Sur un bouclier noir sept chefs impitoyables
  Épouvantent les dieux de sermens effroyables :
  Près d'un taureau mourant qu'ils viennent d'égorger,
  Tous, la main dans le sang, jurent de se venger.
  Ils en jurent la Peur, le dieu Mars et Bellone. [c]

Au reste, bien que ce poète, pour vouloir trop s'élever, tombe assez souvent dans des pensées rudes, grossières

---

 [a] Pièce perdue. *Boil.*, 1713.—Saint-Marc doute qu'Euripide ait fait une tragédie de Cassandre (c'est qu'il trouve au passage ci-dessus un autre sens que Boileau); M. Amar est d'un sentiment opposé.

 [b] Vers 42. *Boil.*, 1713.

 [c] Boileau, dans ces vers, nous transmet parfaitement la forte couleur de cette tragédie. *M. Lemercier*, I, 157. — On y trouve non-seulement de grandes images et de l'harmonie, mais encore toute l'exactitude de la prose la plus châtiée. — *Voltaire, Sentiment d'un académ. sur les comment. de Corneille.* — La Harpe (1820, I, 115) en fait aussi l'éloge, surtout du premier hémistiche du cinquième vers, et observe au sujet des deux premiers vers, que si, en général, il faut éviter les rimes en épithètes, ce n'est pas, comme en cette occasion, lorsqu'elles sont harmonieuses, énergiques et adaptées aux circonstances.

et mal polies, Euripide néanmoins, par[a] une noble émulation, s'expose quelquefois aux mêmes périls. Par exemple, dans Eschyle [b], le palais de Lycurgue est ému, et entre en fureur à la vue de Bacchus :

> Le palais en fureur mugit à son aspect.

Euripide emploie cette même pensée d'une autre manière, en l'adoucissant néanmoins :

> La montagne à leurs cris répond en mugissant. [c]

Sophocle n'est pas moins excellent à peindre les choses, comme on le peut voir [d] dans la description qu'il nous a laissée d'OEdipe mourant, et s'ensevelissant lui-même au milieu d'une tempête prodigieuse; et dans cet autre endroit où il dépeint l'apparition d'Achille[e] sur son tombeau, dans le moment que les Grecs allaient lever l'ancre. Je doute néanmoins, pour cette apparition, que jamais personne en ait fait une description plus vive que Simonide : mais nous n'aurions jamais fait si nous voulions étaler ici tous les exemples que nous pourrions rapporter à ce propos.

---

[a] *V. O.* (en partie) 1674, 1675, 1683, 1685 et 1694 (outre une quinzaine d'éditions non originales, et non pas seulement 1674 et 1675, comme le dit M. de S.-S.)... *polies*, toutefois Euripide, *par*...

[b] *V. O.* Lycurgue, tragédie perdue. *Boil.*, 1713. — Cette note a été omise par Brossette et ses copistes, tels que les éditeurs de 1717, 1720 et 1721, Vest.; 1721, Bru.; 1726, Bill.; 1749, A., etc.; mais rétablie par Dumonteil et par Saint-Marc.

[c] Selon Dacier (*impr.*) les mots *mugissant* et *mugir*, de ces deux vers, ne sont pas assez forts.

[d] V. E. Texte de 1674 à 1713, et non pas *on* peut le *voir*, comme dans quelques éditions, telles que 1809 et 1825, Daun.; 1821, Am.; 1821 et 1823, Viol.; 1824, Fro.; 1826, Mar.

[e] Elle était dans une tragédie que nous n'avons pas. *Saint-Marc.*

Pour retourner à ce que nous disions, les « images, » dans la poésie, sont pleines ordinairement d'accidens fabuleux ª, et qui passent toute sorte de croyance ᵇ, au lieu que, dans la rhétorique, le beau des « images, » c'est de représenter la chose comme elle s'est passée, et telle qu'elle est dans la vérité; car une invention poétique et fabuleuse, dans une oraison, traîne nécessairement avec soi des digressions grossières et hors de propos, et tombe dans une extrême absurdité. C'est pourtant ce que cherchent aujourd'hui nos orateurs. Ils voient quelquefois les Furies, ces grands orateurs, aussi bien que les poètes tragiques; et les bonnes gens ne prennent pas garde que, lorsque Oreste ᶜ dit dans Euripide ᵈ :

> Toi qui dans les enfers me veux précipiter,
> Déesse, cesse enfin de me persécuter,

il ne s'imagine voir toutes ces choses que parce qu'il n'est pas dans son bon sens. Quel est donc l'effet des « images » dans la rhétorique? C'est qu'outre plusieurs autres propriétés, elles ont cela, qu'elles animent et échauffent le discours; si bien qu'étant mêlées avec art dans les preuves elles ne persuadent pas seulement, mais elles domptent, pour ainsi dire, elles soumettent l'audi-

---

ª. Tel est, dit Dacier (*impr.*), le sens de ce passage selon tous les interprètes; mais il ne croit pas que ce soit la pensée de Longin.

ᵇ *V. O.* (en part.) 1674 à 1701. *Créance..* (ce mot était alors synonyme de *croyance... Féraud*). *Croyance* fut mis dans l'édition in-4° de 1701, mais *créance* fut ensuite rétabli dans l'in-12, ce qui montre que Boileau hésitait encore sur son emploi. *Croyance* a été maintenu à 1713, in-4° et in-12.

ᶜ V. O. 1674 à 1685 : *que quand Oreste...*

ᵈ Oreste, tragédie, v. 264. *Boil.*, 1713.

teur. « Si un homme, dit un orateur, a entendu un
« grand bruit devant le palais, et qu'un autre en même
« temps ᵃ vienne annoncer que les prisons sont ouvertes,
« et que les prisonniers de guerre se sauvent, il n'y a
« point de vieillard si chargé d'années, ni de jeune
« homme si indifférent, qui ne coure de toute sa force
« au secours. Que si quelqu'un, sur ces entrefaites, leur
« montre l'auteur de ce désordre, c'est fait de ce mal-
« heureux ; il faut qu'il périsse sur-le-champ, et on ne
« lui ᵇ donne pas le temps de parler. »

Hypéride s'est servi de cet artifice dans l'oraison où
il rend compte de l'ordonnance qu'il fit faire après la
défaite de Chéronée, qu'on donnerait la liberté aux
esclaves. « Ce n'est point, dit-il, un orateur qui a fait
« passer ᶜ cette loi, c'est la bataille, c'est la défaite de
« Chéronée. » Au même temps qu'il prouve la chose par
raison, il fait une « image »; et par cette proposition
qu'il avance, il fait plus que persuader et que prouver :
car, comme en toutes choses on s'arrête naturellement

ᵃ *V. O.* ou *E.* (en part.). On lit *à même tems* dans les éditions de 1674
à 1713, in-4°, suivies par Brossette, Dumonteil, Gori, Souchay, Saint-Marc,
et MM. Amar et Saint-Surin ; et telle était en effet l'expression usitée au
xvıɪᵉ siècle, d'après des passages de d'Ablancourt, Rapin et Bouhours (mort
en 1702), cités par Féraud. Mais il paraît que dès les premières années du
xvıɪɪᵉ on disait déjà *en même temps*, comme on l'a mis dans l'édition in-12
de 1713, ce qui a suffi pour nous autoriser à la maintenir dans le texte. Cette
édition avait sans doute échappé à M. de Saint-Surin, lorsqu'il a reproché
aux éditeurs modernes, tels que MM. Didot, Crapelet et Daunou, d'avoir préféré la dernière expression à l'ancienne... Ils ne sont pas d'ailleurs les premiers qui aient pris ce parti : la leçon de 1713 in-12 avait, dès long-temps,
été suivie dans d'autres éditions (1757, 1766, 1768!, 1769 et 1793, P...).

ᵇ V. O. 1674 à 1682... *et l'on ne lui...*

ᶜ Il faudrait *qui a écrit,* selon *Dacier, impr.*

à ce qui brille et éclate davantage, l'esprit de l'auditeur est aisément entraîné par cette image qu'on lui présente au milieu d'un raisonnement, et qui, lui frappant l'imagination, l'empêche d'examiner de si près la force des preuves, à cause de ce grand éclat dont elle couvre et environne le discours. Au reste, il n'est pas extraordinaire que cela fasse cet effet en nous, puisqu'il est certain que de deux corps mêlés ensemble, celui qui a le plus de force attire toujours à soi la vertu et la puissance de l'autre. Mais c'est assez parlé [a] de cette sublimité qui consiste dans les pensées, et qui vient, comme j'ai dit, ou de « la grandeur d'âme, ou de « l'imitation », ou de « l'imagination ».

CHAPITRE XIV.

Des figures, et premièrement de l'apostrophe.

Il faut maintenant parler des figures, pour suivre l'ordre que nous nous sommes prescrit ; car, comme j'ai dit, elles ne font pas une des moindres parties du sublime, lorsqu'on leur donne le tour qu'elles doivent avoir. Mais ce serait un ouvrage de trop longue haleine, pour ne pas dire infini, si nous voulions faire ici une exacte

---

[a] V. E. Texte de 1674 à 1713, et non point *c'est assez* PARLER. M. de Saint-Surin paraît ne faire remonter cette leçon fautive qu'aux éditions de MM. Didot et Daunou (1809): elle est beaucoup plus ancienne. On la trouve dans celles de 1745, 1750, 1757, 1766, 1768, 1769, 1793 et 1798, P.; 1793, S.-Br.; et depuis, dans celles de 1810, Ray.; 1815, Lécr.; 1820, Mén.; 1821, Am.; 1822, Jeun.; 1821 et 1823, Viol.; 1824, Fro.; 1826, Mart.; 1828, Thi.; 1829, B. ch.

recherche de toutes les figures qui peuvent avoir place dans le discours. C'est pourquoi nous nous contenterons d'en parcourir quelques-unes des principales, je veux dire celles qui contribuent le plus au sublime, seulement afin de faire voir que nous n'avançons rien que de vrai. Démosthène veut justifier sa conduite, et prouver aux Athéniens qu'ils n'ont point failli en livrant bataille à Philippe. Quel était l'air naturel d'énoncer la chose [a]? « Vous n'avez point failli, pouvait-il dire, « messieurs, en combattant au péril de vos vies pour la « liberté et le salut de toute la Grèce; et vous en avez « des exemples qu'on ne saurait démentir: car on ne « peut pas dire que ces grands hommes aient failli, qui « ont combattu pour la même cause dans les plaines de « Marathon, à Salamine et devant Platée. » Mais il en use bien d'une autre sorte; et tout d'un coup, comme s'il était inspiré d'un dieu et possédé de l'esprit d'Apollon même, il s'écrie, en jurant par ces vaillans défenseurs de la Grèce [b]: « Non, messieurs, non, vous n'avez « point failli, j'en jure par les mânes de ces grands « hommes qui ont combattu pour la même cause dans « les plaines de Marathon. » Par cette seule forme de serment, que j'appellerai ici « apostrophe », il déifie ces anciens citoyens dont il parle, et montre en effet qu'il faut regarder tous ceux qui meurent de la sorte comme autant de dieux par le nom desquels on doit jurer; il inspire à ses juges l'esprit et les sentimens de ces illus-

---

[a] *L'air d'énoncer*, expression bizarre. *Saint-Marc*. — Mais, dit M. Daunou, elle n'a rien d'obscur, et elle répond mieux au texte que la phrase proposée par Saint-Marc.

[b] De coronà, p. 343, édit. Basil.... *Boil.*, 1713.

très morts; et changeant l'air naturel de la preuve en cette grande et pathétique manière d'affirmer par des sermens si extraordinaires, si nouveaux et si dignes [a] de foi, il fait entrer dans l'âme de ses auditeurs comme une espèce de contre-poison et d'antidote qui en chasse toutes les mauvaises impressions; il leur élève le courage par des louanges; en un mot, il leur fait concevoir qu'ils ne doivent pas moins s'estimer de la bataille qu'ils ont perdue contre Philippe, que des victoires qu'ils ont remportées à Marathon et à Salamine; et, par tous ces différens moyens renfermés dans une seule figure, il les entraîne dans son parti. Il y en a pourtant qui prétendent que l'original de ce serment se trouve dans Eupolis, quand il dit :

> On ne me verra plus affligé de leur joie;
> J'en jure mon combat aux champs de Marathon.

Mais il n'y a pas grande finesse à jurer simplement.[b] Il faut voir où, comment, en quelle occasion et pourquoi on le fait. Or, dans le passage de ce poète, il n'y a rien autre chose qu'un simple serment; car il parle là aux[c] Athéniens heureux, et dans un temps où ils n'avaient pas besoin de consolation. Ajoutez que dans ce serment il ne jure pas, comme Démosthène, par des hommes qu'il rende immortels, et ne songe point[d] à faire naître dans l'âme des Athéniens des sentimens

---

[a] *V. O.* Texte de 1713. On lit *si nouveaux, si dignes* (sans *et*) dans les éditions de 1674 à 1710, et peut-être est-ce la bonne leçon.

[b] Dacier (impr.) loue beaucoup ce jugement de Longin.

[c] V. E. Texte de 1674 à 1713, suivi par l'éditeur de Paris, 1740, par M. de S.-S., et depuis par M. Amar (1824). Tous les autres ont supprimé *là*.

[d] V. 1674 à 1682... *ajoutez* que par ce serment il ne traite pas, comme

dignes de la vertu de leurs ancêtres ; vu qu'au lieu de jurer par le nom de ceux qui avaient combattu, il s'amuse à jurer par une chose inanimée, telle qu'est [a] un combat. Au contraire, dans Démosthène, ce serment est fait directement pour rendre le courage aux Athéniens vaincus, et pour empêcher qu'ils ne regardassent [b] dorénavant comme un malheur la bataille de Chéronée. De sorte que, comme j'ai déjà dit, dans cette seule figure, il leur prouve, par raison, qu'ils n'ont point failli, il leur en fournit un exemple, il le leur confirme par des sermens, il fait leur éloge, et il les exhorte à la guerre contre Philippe.[c]

Mais comme on pouvait répondre à notre orateur : Il s'agit de la bataille que nous avons perdue contre Philippe durant que vous maniez [d] les affaires de la république, et vous jurez par les victoires que nos ancêtres ont remportées : afin donc de marcher sûrement, il a soin de régler ses paroles, et n'emploie que celles qui

---

Démosthène, ces grands hommes d'immortels, *et ne songe point...* — La correction a été proposée par Dacier (mss.).

[a] Ceci a l'air d'une comparaison, et il n'y en a point dans le grec ; d'ailleurs *telle qu'est* rend la phrase languissante. Il faut « par une chose inanimée, *par un* combat... » Dac., mss.

[b] Il faudrait *ne regardent... MM. de S.-S. et Daunou!*

[c] *V. O.* et *E* (en partie). Texte de 1674 à 1713. Ainsi les mots *contre Philippe* ne furent point ajoutés en 1683, comme le dit Brossette, et ce qui est assez singulier c'est qu'il les supprime dans le texte, en quoi il a été imité par plusieurs de ses copistes, tels que Vestein, 1717 à 1721, et Brunel, 1721. Mais du moins leurs notes font apercevoir l'omission, tandis que cela n'est pas possible dans plusieurs autres éditions, telles que 1735, Souch. ; 1745, 1750, 1757, 1766, 1768, 1769, 1793 et 1798, P. ; 1822, Jeun...

[d] *V. O.* (en partie) 1674 à 1694, *maniés.* — 1701, *maniez.* —1713 (in-4° et in-12), *maniez.* — Il faudrait sans doute *maniiez* comme l'ont mis Dumonteil, Gori, Souchay, M. de S.-S. et autres : mais cela n'est point dans le texte.

lui sont avantageuses, faisant voir que, même dans les plus grands emportemens, il faut être sobre et retenu. En parlant donc de ces victoires de leurs ancêtres, il dit : « Ceux qui ont combattu par terre à Marathon, et « par mer à Salamine; ceux qui ont donné bataille près « d'Artémise et de Platée. » Il se garde bien de dire : « Ceux qui ont vaincu. » Il a soin [a] de taire l'évènement qui avait été aussi heureux en toutes ces batailles, que funeste à Chéronée, et prévient même l'auditeur en poursuivant ainsi : « Tous ceux, ô Eschine, qui sont « péris [b] en ces rencontres ont été enterrés aux dépens « de la république, et non pas seulement ceux dont la « fortune a secondé la valeur. »

CHAPITRE XV.

Que les figures ont besoin du sublime pour les soutenir.

Il ne faut pas oublier ici une réflexion que j'ai faite, et que je vais vous expliquer en peu de mots. C'est que si les figures naturellement soutiennent le sublime, le sublime de son côté soutient merveilleusement les figures. Mais où et comment? C'est ce qu'il faut dire.

En premier lieu, il est certain qu'un discours où les

---

[a] V. 1674 à 1682. En *disant donc que leurs ancêtres avaient combattu par terre à Marathon et par mer à Salamine, avaient donné bataille près d'Artémise et de Platée, il se garde bien de dire qu'ils en fussent sortis victorieux.* Il a soin, etc.

La leçon définitive du texte fut encore proposée, presqu'en mêmes termes, par Dacier (*mss.*).

[b] Il faudrait aujourd'hui *qui ont péri...* MM. de S.-S. et D.

figures sont employées toutes seules est de soi-même suspect d'adresse, d'artifice et de tromperie, principalement lorsqu'on parle devant un juge souverain, et surtout si ce juge est un grand seigneur, comme un tyran, un roi, ou un général d'armée; car il conçoit en lui-même une certaine indignation contre l'orateur, et ne saurait souffrir qu'un chétif rhétoricien entreprenne de le tromper, comme un enfant, par de grossières finesses ª. Il est même à craindre ᵇ quelquefois que, prenant tout cet artifice pour une espèce de mépris, il ne s'effarouche entièrement; et bien qu'il retienne sa colère et se laisse un peu amollir aux charmes du discours, il a toujours une forte répugnance à croire ce qu'on lui dit. C'est pourquoi il n'y a point de figure plus excellente que celle qui est tout-à-fait cachée, et lorsqu'on ne reconnaît point que c'est une figure. Or il n'y a point de secours ni de remède plus merveilleux pour l'empêcher de paraître, que le sublime et le pathétique, parce que l'art, ainsi renfermé au milieu de quelque chose de grand et d'éclatant, a tout ce qui lui manquait, et n'est plus suspect d'aucune tromperie. Je ne vous en saurais donner un meilleur exemple que celui que j'ai déjà rapporté : « J'en jure par les mânes de ces « grands hommes, etc. » Comment est-ce que l'orateur a caché la figure dont il se sert ? n'est-il pas aisé de reconnaître que c'est par l'éclat même de sa pensée ? Car

---

ª Il vaudrait mieux *mince* rhétoricien et *petites* finesses, selon *Dacier*, marg., et *impr.*

ᵇ V. O... 1674 à 1683... finesse, *et même il est* à craindre...—La leçon du texte est encore une des corrections faites en 1685 (tome I, note Bibl., § 1, nº 48).

comme les moindres lumières s'évanouissent quand le soleil vient à éclairer, de même toutes ces subtilités de rhétorique disparaissent à la vue de cette grandeur qui les environne de tous côtés. La même chose à-peu-près arrive dans la peinture. En effet, que l'on colore plusieurs choses également tracées sur un même plan, et qu'on y mette le jour et les ombres, il est certain[a] que ce qui se présentera d'abord à la vue ce sera le lumineux, à cause de son grand éclat, qui fait qu'il semble sortir hors du tableau, et s'approcher en quelque façon de nous[b]. Ainsi le sublime et le pathétique, soit par une affinité naturelle qu'ils ont avec les mouvemens de notre âme, soit à cause de leur brillant, paraissent davantage, et semblent toucher de plus près notre esprit que les figures dont ils cachent l'art, et qu'ils mettent comme à couvert.

CHAPITRE XVI.

Des interrogations.

Que dirai-je des demandes et des interrogations? car qui peut nier que ces sortes de figures ne donnent beaucoup plus de mouvement, d'action et de force au discours? « Ne voulez-vous jamais faire autre chose, dit

---

[a] V. (et non pas P. C., comme le dit Brossette). 1674 à 1694... *En effet, qu'on tire plusieurs lignes parallèles sur un même plan, avec les jours et les ombres, il est certain...*

[b] Il faudrait « paraît non-seulement relevé, mais même plus proche. » *Boivin* (remarque approuvée par Péarce et Capperonnier). — Il me semble que c'est à-peu-près ce que dit Boileau.

CHAPITRE XVI.

« Démosthène [a] aux Athéniens, qu'aller par la ville vous
« demander les uns aux autres : Que dit-on de nouveau?
« Hé! que peut-on vous apprendre de plus nouveau que
« ce que vous voyez? Un homme de Macédoine se rend
« maître des Athéniens, et fait la loi à toute la Grèce.
« Philippe est-il mort? dira l'un. Non, répondra l'au-
« tre? il n'est que malade. Hé! que vous importe, mes-
« sieurs, qu'il vive ou qu'il meure? Quand le ciel vous
« en aurait délivrés, vous vous feriez bientôt vous-
« mêmes un autre Philippe [b]. » Et ailleurs : « Embar-
« quons-nous pour la Macédoine. Mais où aborderons-
« nous, dira quelqu'un, malgré Philippe? La guerre
« même, messieurs, nous découvrira par où Philippe
« est facile à vaincre. » S'il eût dit la chose simplement,
son discours n'eût point répondu à la majesté de l'affaire dont il parlait; au lieu que, par cette divine et
violente manière de se faire des interrogations et de se
répondre sur-le-champ à soi-même [c], comme si c'était
une autre personne, non-seulement il rend ce qu'il dit
plus grand et plus fort, mais plus plausible et plus vraisemblable. Le pathétique [d] ne fait jamais plus d'effet que
lorsqu'il semble que l'orateur ne le recherche pas, mais
que c'est l'occasion qui le fait naître. Or il n'y a rien
qui imite mieux la passion que ces sortes d'interrogations et de réponses; car ceux qu'on interroge sentent
naturellement une certaine émotion, qui fait que sur-
le-champ ils se précipitent de répondre et de dire ce

---

[a] Première Philippique, p. 15, édit. de Bâle. *Boil.*, 1713.
[b] Éloge de ce passage... *Voy.* Réflexion x, p. 251.
[c] On parle de cette expression, tome I, Disc. au roi, v. 23, note.
[d] V. O. 1684 à 1700... *Vraisemblable,* car *le pathétique...*

qu'ils savent de vrai, avant même qu'on ait achevé de les interroger ª. Si bien que par cette figure l'auditeur est adroitement trompé, et prend les discours les plus médités pour des choses dites sur l'heure et dans la chaleur. ***** [43] [b]

« Il n'y a rien encore qui donne plus de mouvement « au discours que d'en ôter les liaisons [44] ». En effet, un discours que rien ne lie et n'embarrasse marche et coule de soi-même; et il s'en faut peu qu'il n'aille quelquefois plus vite que la pensée même de l'orateur. « Ayant « approché leurs boucliers les uns des autres, dit Xé- « nophon [c], ils reculaient, ils combattaient, ils tuaient, « ils mouraient ensemble. » Il en est de même de ces paroles d'Euryloque à Ulysse, dans Homère [d] :

> Nous avons, par ton ordre, à pas précipités,
> Parcouru de ces bois les sentiers écartés :
> Nous avons, dans le fond d'une sombre vallée, [45]
> Découvert de Circé la maison reculée.

Car ces périodes ainsi coupées, et prononcées néanmoins avec précipitation, sont les marques d'une vive douleur, qui l'empêche en même temps et le force de parler [46]. C'est ainsi qu'Homère sait ôter, où il faut, les liaisons du discours.

[a] V. (et non P. C. comme le dit Brossette) 1674 à 1682... *ceux qu'on interroge* sur une chose dont ils savent la vérité, sentent naturellement une certaine émotion qui fait que sur-le-champ ils se précipitent de répondre. *Si bien que...*—Cela fut encore changé, au moins pour le sens, d'après l'avis de Dacier (*mss.*).

[b] *Voyez* les remarques (la 43ᵉ). Boil., 1674 à 1713.

[c] Xenoph., Hist. gr., liv. 4, p. 519, édit. de Leuncla. Boil., 1713.

[d] Odyss., liv. 10, v. 251. Boil., 1713.

CHAPITRE XVII.

Du mélange des figures.

Il n'y a encore rien de plus fort pour émouvoir que de ramasser ensemble plusieurs figures ; car deux ou trois figures ainsi mêlées, entrant par ce moyen dans une espèce de société, se communiquent les unes aux autres de la force, des grâces et de l'ornement, comme on le peut voir dans ce passage de l'oraison de Démosthène contre Midias, où en même temps il ôte les liaisons de son discours, et mêle ensemble les figures de répétition et de description. « Car tout homme, dit « cet orateur[a], qui en outrage un autre, fait beaucoup « de choses du geste, des yeux, de la voix, que celui qui « a été outragé ne saurait peindre dans un récit. » Et de peur que dans la suite son discours ne vînt à se relâcher, sachant bien que l'ordre appartient à un esprit rassis, et qu'au contraire le désordre est la marque de la passion, qui n'est en effet elle-même qu'un trouble et une émotion de l'âme, il poursuit dans la même diversité de figures[b]. « Tantôt il le frappe comme ennemi, « tantôt pour lui faire insulte, tantôt avec les poings, « tantôt au visage[c]. » Par cette violence de paroles ainsi entassées les unes sur les autres, l'orateur ne touche et ne remue pas moins puissamment ses juges que s'ils le

---

[a] Contre Midias, p. 395, édit. de Bâle. Boil., 1713.

[b] Selon Dacier (marg. et mss.) il faudrait : « Il poursuit par les mêmes « figures et par des répétitions. »

[c] Ibid. Boil., 1713 (voy. la note a).

voyaient frapper en leur présence. Il revient à la charge et poursuit comme une tempête : « Ces affronts émeu-« vent, ces affronts transportent un homme de cœur et « qui n'est point accoutumé aux injures. On ne saurait « exprimer par des paroles l'énormité d'une telle ac-« tion ª. » Par ce changement continuel il conserve partout le caractère de ces figures turbulentes ; tellement que dans son ordre il y a un désordre, et au contraire dans son désordre il y a un ordre merveilleux. Pour preuve de ce que je dis, mettez [b] par plaisir les conjonctions à ce passage, comme font les disciples d'Isocrate : « Et certainement il ne faut pas oublier que celui qui « en outrage un autre fait beaucoup de choses, pre-« mièrement par le geste, ensuite par les yeux, et enfin « par la voix même, etc. » Car, en égalant et aplanissant ainsi toutes choses par le moyen des liaisons, vous verrez que d'un pathétique fort et violent vous tomberez dans une petite afféterie de langage qui n'aura ni pointe ni aiguillon ; et que toute la force de votre discours s'éteindra aussitôt d'elle-même. Et comme il est certain que si on liait le corps d'un homme qui court, on lui ferait perdre toute sa force ; de même, si vous allez embarrasser une passion de ces liaisons et de ces particules inutiles, elle les souffre avec peine ; vous lui ôtez la liberté de sa course, et cette impétuosité qui la faisait marcher avec la même violence qu'un trait [c] lancé par une machine.

[a] Ibid. (discours contre Midias). Boil., 1713 (voy. la note a, p. 353).

[b] V. 1674 à 1700... merveilleux. Qu'ainsi ne soit, mettez.—Dacier (marg.) avait souligné ces mots et mis en marge M. (mal), mais sans observation.

[c] On ne dit point marcher comme un trait. Le Brun, note mss.

CHAPITRE XVIII.

Des hyperbates.

Il faut donner rang aux hyperbates. L'hyperbate n'est autre chose que « la transposition des pensées ou « des paroles dans l'ordre et la suite d'un discours »; et cette figure porte avec soi le caractère véritable d'une passion forte et violente. En effet, voyez tous ceux qui sont émus de colère, de frayeur, de dépit, de jalousie, ou de quelque autre passion que ce soit, car il y en a tant que l'on n'en sait pas le nombre : leur esprit est dans une agitation continuelle ; à peine ont-ils formé un dessein qu'ils en conçoivent aussitôt un autre ; et, au milieu de celui-ci, s'en proposant encore de nouveaux où il n'y a ni raison ni rapport[a], ils reviennent souvent à leur première résolution. La passion en eux est comme un vent léger et inconstant qui les entraîne et les fait tourner sans cesse de côté et d'autre ; si bien que, dans ce flux et ce[b] reflux perpétuel de sentimens opposés, ils changent à tous momens de pensée et de langage, et ne gardent ni ordre ni suite dans leurs discours.

Les habiles écrivains, pour imiter ces mouvemens de la nature, se servent des hyperbates ; et, à dire vrai, l'art n'est jamais dans un plus haut degré de perfection

---

[a] *V. E.* Texte de 1674 à 1713, et non pas, 1° *ni raisons, ni rapports,* comme on lit à 1809 et 1825, Dau.; 1821, S.-S. ; 1821 et 1824, Am. ; 1824, Fr. ; 1826, Mar... 2° *ni raison, ni rapports,* comme on a mis à 1800, 1815 et 1819, Did.; 1810, Ray.; 1815, Léc.; 1820, Mé.; 1821 et 1823, Vio.; 1826, Th...

[b] V. E. Même texte. On a omis le second *ce* dans plusieurs éditions.

que lorsqu'il ressemble si fort à la nature qu'on le prend pour la nature même ; et au contraire la nature ne réussit jamais mieux que quand l'art est caché.

Nous voyons un bel exemple de cette transposition dans Hérodote[a], où Denys Phocéen parle ainsi aux Ioniens : « En effet, nos affaires sont réduites à la der-
« nière extrémité, messieurs. Il faut nécessairement que
« nous soyons libres ou esclaves, et esclaves misérables.
« Si donc vous voulez éviter les malheurs qui vous me-
« nacent, il faut, sans différer, embrasser le travail et
« la fatigue, et acheter votre liberté par la défaite de
« vos ennemis[b]. » S'il eût voulu suivre l'ordre naturel, voici comme il eût parlé : « Messieurs, il est maintenant
« temps d'embrasser le travail et la fatigue, car enfin
« nos affaires sont réduites à la dernière extrémité, etc. »
Premièrement donc, il transpose[c] ce mot MESSIEURS, et ne l'insère qu'immédiatement après leur avoir jeté la frayeur dans l'âme, comme si la grandeur du péril lui avait fait oublier la civilité qu'on doit à ceux à qui l'on parle en commençant un discours. Ensuite il renverse l'ordre des pensées; car avant que de les exhorter au travail, qui est pourtant son but, il leur donne la raison qui les y doit porter : « En effet, nos affaires sont ré-
« duites à la dernière extrémité »; afin qu'il ne semble pas que ce soit un discours étudié qu'il leur apporte,

---

[a] Liv. 6, pag. 338, édit. de Francfort. *Boil.*, 1713.

[b] Il faudrait, selon Dacier (impr.), « Si donc vous ne voulez point appréhen-
« der la peine et la fatigue, commencez, dès ce moment, à travailler, et après
« la défaite de vos ennemis vous serez libres. »

[c] *V. O.* 1674 à 1683... *il* transporte *ce*... — Le changement fut fait, non en 1694, comme le dit M. de S.-S., mais en 1685 (tome I, Not. bibl., § 1, n° 48).

CHAPITRE XVIII.   357

mais que c'est la passion qui le force à[a] parler sur-le-champ. Thucydide a aussi des hyperbates fort remarquables, et s'entend admirablement à transposer les choses qui semblent unies du lien le plus naturel, et qu'on dirait ne pouvoir être séparées.

Démosthène est en cela bien plus retenu que lui. En effet, pour Thucydide, jamais personne ne les a répandues avec plus de profusion, et on peut dire qu'il en soûle[b] ses[c] lecteurs : car, dans la[d] passion qu'il a de faire paraître que tout ce qu'il dit est dit sur-le-champ, il traîne sans cesse l'auditeur par les dangereux détours de ses longues transpositions. Assez souvent donc il suspend sa première pensée, comme s'il affectait tout exprès le désordre, et, entremêlant au milieu de son discours plusieurs choses différentes, qu'il va quelquefois chercher même hors de son sujet, il met la frayeur dans l'âme de l'auditeur, qui croit que tout ce discours va tomber, et

---

[a] *V. O.* (en part.) 1674, in-4° et petit in-12... *le force de parler...* — Le changement fut fait à 1674, gr. in-12.

[b] *F. N. R.* Texte de 1683 à 1713, et non pas *qu'il en a soulé*, comme on lit dans plusieurs éditions, telles que 1745, 1750, 1757, 1766, 1768, 1769, 1793 et 1798, P.; 1822, Jeun... — Du reste M. de S.-S. s'est récrié, avec raison, sur cette expression trop peu noble, même dans le style figuré (mais *voy.* tome IV, p. 321, note 1).

[c] *V. E.* Texte de 1683 à 1713, et non pas *les* qu'on lit dans quelques éditions modernes, telles que 1815, Lécr.; 1821, S.-S.; 1825, Daun.; 1828, Thi...

[d] V. 1674 à 1682... *Pour Démosthène qui est d'ailleurs bien plus retenu que Thucydide, il ne l'est pas en cela, et jamais personne n'a plus aimé les hyperbates; car dans la*, etc. — Boileau changea ceci, en 1683, sur l'autorité de Dacier qui (*mss.*), dans une longue remarque, soutient que Longin parle de Thucydide et non de Démosthène. Tollius, au contraire (p. 311... *voy.* aussi Brossette, Dumonteil et Souchay), pense qu'il s'agit de Démosthène, et Saint-Marc, qu'il est question et de Démosthène et de Thucydide.

l'intéresse malgré lui dans le péril où il pense voir l'orateur. Puis tout d'un coup, et lorsqu'on ne s'y attendait plus, disant à propos ce qu'il y avait si long-temps qu'on cherchait ; par cette transposition également hardie et dangereuse[a], il touche bien davantage que s'il eût gardé un ordre dans ses paroles. Il y a[b] tant d'exemples de ce que je dis, que je me dispenserai d'en rapporter.

CHAPITRE XIX.

Du changement de nombre.

Il n'en faut pas moins dire de ce qu'on appelle « diversité de cas, collections, renversemens, gradations, » et de toutes ces autres figures qui, étant comme vous savez, extrêmement fortes et véhémentes, peuvent beaucoup servir par conséquent à orner le discours, et contribuent en toutes manières au grand et au pathétique. Que dirai-je des changemens de cas, de temps, de personnes, de nombre et de genre ? En effet, qui ne voit combien toutes ces choses sont propres à diversifier et à ranimer l'expression ? Par exemple, pour ce qui regarde le changement de nombre, ces singuliers dont la terminaison est singulière, mais qui ont pourtant, à les bien prendre, la force et la vertu des pluriels :

> Aussitôt un grand peuple accourant sur le port, [47]
> Ils firent de leurs cris retentir le [c] rivage.

---

[a] V. O. 1674 à 1682... *également* adroite *et dangereuse*...—Autre changement proposé par Dacier (*mss.*).

[b] V. O. 1674 à 1682... *paroles*, et *il y a*...

[c] V. O. 1674 à 1685... *retentir* les *rivages*...

CHAPITRE XIX. 359

Et ces singuliers sont d'autant plus dignes de remarque, qu'il n'y a rien quelquefois de plus magnifique que les pluriels ; car la multitude qu'ils renferment leur donne du son et de l'emphase. Tels sont ces pluriels qui sortent de la bouche d'OEdipe, dans Sophocle : [a]

> Hymen, funeste hymen, tu m'as donné la vie :
> Mais dans ces mêmes flancs où je fus enfermé
> Tu fais rentrer ce sang dont tu m'avais formé ;
> Et par là tu produis et des fils et des pères,
> Des frères, des maris, des femmes et des mères,
> Et tout ce que du sort la maligne fureur
> Fit jamais voir au jour et de honte et d'horreur.

Tous ces différens noms ne veulent dire qu'une seule personne, c'est à savoir OEdipe d'une part, et sa mère Jocaste de l'autre. Cependant, par le moyen de ce nombre ainsi répandu et multiplié en différens pluriels, il multiplie en quelque façon les infortunes d'OEdipe. C'est par un même pléonasme qu'un poète a dit :

> On vit les Sarpédons et les Hectors paraître.

Il en faut dire autant de ce passage de Platon, à propos des Athéniens, que j'ai rapporté ailleurs [b] : « Ce « ne sont point des Pélops, des Cadmus, des Égyptes [c], « des Danaüs, ni des hommes nés barbares qui demeu-

---

[a] OEdip. Tyran., v. 1417. *Boil.*, 1713 (M. Amar cite le vers 1416).

[b] Platon, Menexenus, tome 2, p. 245, édit. de H. Étienne. *Boil.*, 1713.

[c] *V. E.* Texte de 1674 à 1713, suivi dans presque toutes les éditions du xviii[e] siècle... Dans l'édition de Saint-Brieux, de 1793, et dans plusieurs éditions du xix[e] siècle, telles que 1809 et 1825, Dann.; 1821, S.-S.; 1821 et 1824, Am.; 1821 et 1823, Viol.; 1822, Jeun.; 1824, Fro.; 1826, Mart.; 1828, Thi.; 1829, B. ch., on a mis, comme il faudrait en effet, et comme Dacier (*marg.*) l'avait déjà remarqué, *Egyptus;* mais on aurait dû avertir que tel n'était point le texte de Boileau.

« rent avec nous. Nous sommes tous Grecs, éloignés
« du commerce et de la fréquentation des nations étran-
« gères, qui habitons une même ville, etc. »

En effet tous ces pluriels, ainsi ramassés ensemble, nous font concevoir une bien plus grande idée des choses; mais il faut prendre garde à ne faire cela que bien à propos et dans les endroits où il faut amplifier ou multiplier, ou exagérer, et dans la passion, c'est-à-dire quand le sujet est susceptible d'une de ces choses ou de plusieurs; car d'attacher partout ces cymbales et ces sonnettes[a], cela sentirait trop son sophiste.

CHAPITRE XX.

Des pluriels réduits en singuliers.

On peut aussi, tout au contraire, réduire les pluriels en singuliers; et cela a quelque chose de fort grand. « Tout le Péloponèse, dit Démosthène[b], était alors di-
« visé en factions. » Il en est de même de ce passage d'Hérodote[c] : « Phrynicus faisant représenter sa tragé-
« die intitulée, LA PRISE DE MILET, tout le [48] théâtre se
« fondit[d] en larmes. » Car de ramasser ainsi plusieurs

---

[a] Allusion à l'usage de mettre des sonnettes aux harnois dans les occasions extraordinaires. *Dacier, impr.* — Longin ne parle point de cymbales. *Saint-Marc.*

[b] De coronâ, p. 315, édit. Basil... *Boil.*, 1713.

[c] Hérodote, liv. 6, p. 341, édit. de Francfort... *Id.*

[d] V. E. Texte de 1674 à 1713 (trente-sept éditions, dont treize originales). On a supprimé sɛ dans l'édition de 1768 (trois in-12), et successivement dans celles de 1793, P.; 1793, S.-Br.; 1825, Daun... Dans d'autres, on a substitué

choses en une, cela donne plus de corps au discours. Au reste, je tiens que pour l'ordinaire c'est une même raison qui fait valoir ces deux différentes figures. En effet, soit qu'en changeant les singuliers en pluriels, d'une seule chose vous en fassiez plusieurs, soit qu'en ramassant des pluriels dans un seul nom singulier qui sonne agréablement à l'oreille, de plusieurs choses vous n'en fassiez qu'une, ce changement imprévu marque la passion.

CHAPITRE XXI.

Du changement de temps.

IL en est de même du changement de temps, lorsqu'on parle d'une chose passée comme si elle se faisait présentement, parce qu'alors ce n'est plus une narration que vous faites, c'est une action qui se passe à l'heure même. « Un soldat, dit Xénophon[a], étant tombé « sous le cheval de Cyrus, et étant foulé aux pieds de « ce cheval, il lui donne un coup d'épée dans le ventre. « Le cheval blessé se démène et secoue son maître. « Cyrus tombe. » Cette figure est fort fréquente dans Thucydide.

---

peuple à théâtre (*le peuple fondit*) : telles sont 1788, 1789, 1800, 1815 et 1819, Did.; 1809, Dau.; 1810, Ray.; 1815, Lécr.; 1820, Mé.; 1821, Am.; 1821 et 1823, Viol.; 1824, Fro.; 1826, Mar.; 1828, Thi...
[a] Institut. de Cyrus, liv. 7, p. 178, édit. Leuncl... Boil., 1713.

CHAPITRE XXII.

Du changement de personnes.

Le changement de personnes n'est pas moins pathétique; car il fait que l'auditeur assez souvent se croit voir lui-même au milieu du péril :

> Vous diriez, à les voir pleins d'une ardeur si belle,
> Qu'ils retrouvent toujours une vigueur nouvelle;
> Que rien ne les saurait ni vaincre ni lasser,
> Et que leur long combat ne fait que commencer. [a]

Et dans Aratus :

> Ne t'embarque jamais durant ce triste mois.

Cela se voit encore dans Hérodote [b]. « A la sortie de « de la ville d'Éléphantine, dit cet historien, du côté « qui va en montant, vous rencontrez d'abord une col- « line, etc. De là vous descendez dans une plaine. Quand « vous l'avez traversée, vous pouvez vous embarquer « tout de nouveau, et en douze jours arriver à une [c] « grande ville qu'on appelle Méroé. » Voyez-vous, mon cher Térentianus, comme il prend votre esprit avec lui, et le conduit dans tous ces différens pays, vous faisant plutôt voir qu'entendre? Toutes ces choses, ainsi pratiquées à propos, arrêtent l'auditeur et lui tiennent l'esprit attaché sur l'action présente : principalement

---

[a] Iliad., liv. 15, v. 697. *Boil.*, 1713 (Il s'agit du combat des Grecs et des Troyens. *M. Amar*).

[b] Liv. 2, p. 100, édit. de Francfort. *Boil.*, 1713.

[c] V. O. 1674 à 1700... *Vous* descendrez... *quand vous* l'aurez... *jours vous* arriverez *à une*...

lorsqu'on ne s'adresse pas à plusieurs en général, mais à un seul en particulier :

> Tu ne saurais connaître, au fort de la mêlée,
> Quel parti suit le fils du courageux Tydée.ᵃ

Car en réveillant ainsi l'auditeur par ces apostrophes, vous le rendez plus ému, plus attentif, et plus plein de la chose dont vous parlez.

CHAPITRE XXIII.

Des transitions imprévues.

Il arrive aussi quelquefois qu'un écrivain, parlant de quelqu'un, tout d'un coup se met à sa place et joue son personnage. Et cette figure marque l'impétuosité de la passion.

> Mais Hector, qui les voit épars sur le rivage, ᵇ
> Leur commande à grands cris de quitter le pillage,
> D'aller droit aux vaisseaux sur les Grecs se jeter :
> « Car quiconque mes yeux verront s'en écarter,
> « Aussitôt dans son sang je cours laver sa honte. » ᶜ

Le poète retient la narration pour soi, comme celle qui lui est propre, et met tout d'un coup, et sans en avertir, cette menace précipitée dans la bouche de ce guerrier

---

ᵃ Iliad., liv. 5, v. 85. Boil., 1713 (*mêlée... Tydée...* rimes bien faibles pour Boileau. *Le Brun, note mss.*).

ᵇ Iliad., liv. 15, v. 346. Boil., 1713.

ᶜ V. ou P. C. 1674, 1675, 1683 et 1685 (édit. non citée par M. de S.-S.)

> Mais Hector, de ses cris remplissant le rivage,
> Commande à ses soldats de quitter le pillage,

bouillant et furieux. En effet, son discours aurait langui s'il y eût entremêlé : « Hector dit alors de telles ou sem- « blables paroles. » Au lieu que par cette transition imprévue il prévient le lecteur, et la transition est faite avant que le poète même ait songé qu'il la faisait. Le véritable[a] lieu donc où l'on doit user de cette figure, c'est quand le temps presse, et que l'occasion qui se présente ne permet pas de différer; lorsque sur-le-champ il faut passer d'une personne à une autre, comme dans Hécatée[b] : « Ce héraut ayant assez pesé la conséquence « de toutes ces choses[49], il commande aux descendans « des Héraclides de se retirer. Je ne puis plus rien pour « vous, non plus que si je n'étais plus au monde. Vous « êtes perdus, et vous me forcerez bientôt moi-même « d'aller chercher une retraite chez quelque autre peu- « ple. » Démosthène, dans son oraison contre Aristo-

De courir aux vaisseaux : car j'atteste les dieux
Que quiconque osera s'écarter à mes yeux,
Moi-même dans son sang j'irai laver sa honte.

V. ou deuxième composition (la dernière est à la page 363, au texte), du moins pour les vers 3 et 4... 1694 :

De courir aux vaisseaux avec rapidité :
Car quiconque ces bords m'offriront écarté...

Brossette, plus habile que Boileau, a rejeté dans les notes la dernière composition de celui-ci (1701 et 1713), et a inséré dans le texte la première. Il aurait dû cependant voir que le quatrième vers contenait une faute grossière (M. de S.-S. voudrait cependant conserver ce vers), car on ne dit pas *s'écarter à*, mais *s'écarter de*... Desmarets (p. 129) s'était hâté de le remarquer en ajoutant que Longin dit seulement *quiconque ira ailleurs qu'aux vaisseaux;* et Boileau, toujours docile, a évité cette faute dans ses deux derniers changemens du même vers.

[a] V. 1674 à 1682... *avant* qu'on s'en soit aperçu. Le *véritable*... — Le changement a encore été proposé par Dacier (*mss.*).

[b] Livre perdu... *Boil.*, 1713.

CHAPITRE XXIII.

giton [a], a encore employé cette figure d'une manière différente de celle-ci, mais extrêmement forte et pathétique. « Et il ne se trouvera personne entre vous, dit cet « orateur, qui ait du ressentiment et de l'indignation de « voir un impudent, un infâme, violer insolemment les « choses les plus saintes! un scélérat, dis-je, qui... O le « plus méchant de tous les hommes! rien n'aura pu ar- « rêter ton audace effrénée? Je ne dis pas ces portes, « je ne dis pas ces barreaux qu'un autre pouvait rompre « comme toi. » Il laisse là sa pensée imparfaite, la colère le tenant comme suspendu et partagé sur un mot, entre deux différentes personnes : « qui.... O le plus méchant « de tous les hommes! » Et ensuite, tournant tout d'un coup contre Aristogiton ce même discours qu'il semblait avoir laissé là, il touche bien davantage, et fait une bien plus forte [b] impression. Il en est de même de cet emportement de Pénélope dans Homère [c], quand elle voit entrer chez elle un héraut de la part de ses amans.

> De mes fâcheux amans ministre injurieux,
> Héraut, que cherches-tu? Qui t'amène en ces lieux?
> Y viens-tu, de la part de cette troupe avare,
> Ordonner qu'à l'instant le festin se prépare?
> Fasse le juste ciel, avançant leur trépas [d],

---

[a] Page 494, édit. de Bâle... *Boil.*, 1713 (c'est le premier discours contre Aristogiton. *M. Amar*).

[b] *V. E.* Texte de 1674 à 1713 (trente-sept éditions dont treize originales). Brossette et tous les autres éditeurs, à l'exception de celui de Paris, de 1740, ont omis *bien*; et c'est aussi ce qu'a fait M. de Saint-Surin, sans doute par inadvertance, puisqu'il a noté cette faute.

[c] Odyss., liv. 4, v. 681. *Boil.*, 1713.

[d] Imitat. de Boileau... Voltaire, Henriade, chant x, vers 243.

> Ce détestable mets avança leur trépas,
> Et ce repas pour eux fut le dernier repas.

Que ce repas pour eux [a] soit le dernier repas !
Lâches, qui, pleins d'orgueil et faibles de courage,
Consumez de son fils le fertile héritage,
Vos pères autrefois ne vous ont-ils point dit
Quel homme était Ulysse ? etc.

CHAPITRE XXIV.

De la périphrase.

Il n'y a personne, comme je crois, qui puisse douter que la périphrase ne soit aussi [b] d'un grand usage dans le sublime ; car, comme dans la musique, le son principal [c] devient plus agréable à l'oreille lorsqu'il est accompagné des différentes parties [d] qui lui répondent, de même la périphrase [50], tournant autour [e] du mot propre, forme souvent, par rapport avec lui [f], une consonnance et une harmonie fort belle dans le discours, surtout lorsqu'elle n'a rien de discordant ou d'enflé, mais que toutes choses y sont dans un juste tempérament. Platon nous en fournit un bel exemple au commencement de

---

[a] Méchante césure. *Desmarets*, p. 129.

[b] *V. E.* Texte de 1701 in-12, dernière édition, revue par Boileau lui-même. Il a pu préférer le mot *aussi* au mot *encore*, qu'il avait mis dans les précédentes, et qu'on a rétabli dans celle de 1713 et dans toutes les éditions suivantes ; il l'a pu préférer, dis-je, à cause du grand nombre de *r* qui étaient dans sa phrase. M. de Saint-Surin n'avait vu, sans doute, que l'édition in-4° de 1701, lorsqu'il a traité d'inexacte l'assertion de Saint-Marc sur l'existence d'*aussi* dans une édition de cette année (nous avons huit exemplaires où est ce mot).

[c] *Voy.* tome IV, p. 450, 451, lettre du 7 janvier 1709.

[d] V. O. 1674 à 1700 ; *lorsqu'il est accompagné de ces différentes parties*.

[e] V. O. 1674 à 1701... *tournant à l'entour du*...

[f] Locution incorrecte.

son oraison funèbre. « Enfin, dit-il, nous leur avons
« rendu les derniers devoirs ; et maintenant ils achèvent
« ce fatal voyage, et ils s'en vont tout[a] glorieux de la
« magnificence avec laquelle toute la ville en général
« et leurs parens en particulier les ont conduits[b] hors
« de ce monde[c]. » Premièrement il appelle la mort CE
FATAL VOYAGE. Ensuite il parle des derniers devoirs
qu'on avait rendus[d] aux morts, comme d'une pompe
publique que leur pays leur avait préparée exprès pour
les conduire hors de cette vie[e]. Dirons-nous que toutes
ces choses ne contribuent que médiocrement à relever
cette pensée ? Avouons plutôt que, par le moyen de
cette périphrase mélodieusement répandue dans le discours, d'une diction toute simple il a fait une espèce de
concert et d'harmonie. De même Xénophon[f] : « Vous
« regardez le travail comme le seul guide qui vous peut
« conduire à une vie heureuse et plaisante[g]. Au reste,
« votre âme est ornée de la plus belle qualité que puis-
« sent jamais posséder des hommes nés pour la guerre ;
« c'est qu'il n'y a rien qui vous touche plus sensi-
« blement que la louange. » Au lieu de dire, « Vous

[a] V. O. 1674 à 1700... *vont* tous *glorieux*.. (*voy.* sur cette expression sat. III, v. 117, et Lutrin, ch. III, v. 140, tome II, p. 345).

[b] V. O. 1674 à 1685... *ont* reconduits *hors*...—Dacier (marg.) note, mais sans remarques, ce mot comme *mauvais*.

[c] Menexenus, page 236, édit. de H. Étienne. *Boil.*, 1713.

[d] V. O ou E. 1674 à 1683... *rendu* (sans *s*)... Le pluriel fut mis, non en 1701, comme le dit M. de Saint-Surin, mais dès 1685. Aussi le trouve-t-on dans plusieurs autres éditions antérieures à 1701, telles que 1692, A. ; 1694, Toll. ; 1694, P. (originale) ; 1695, A. ; 1697, A.

[e] V. O. 1674 à 1682... *exprès,* au sortir *de cette vie*...

[f] Instit. de Cyrus, liv. 1, page 24, édit. de Leuncl... *Boil.*, 1713.

[g] Ce mot est pris ici dans le sens d'*agréable.* Voy. t. II, p. 236, note 5.

« vous adonnez au travail, » il use de cette circonlocution : « Vous regardez le travail comme le seul guide « qui vous peut conduire à une vie heureuse. » Et, étendant ainsi toutes choses [a], il rend sa pensée plus grande et relève beaucoup cet éloge. Cette périphrase d'Hérodote [b] me semble encore inimitable : « La déesse « Vénus, pour châtier l'insolence des Scythes qui avaient « pillé son temple, leur envoya une maladie [c] qui les ren- « dait femmes [d] [51]. »

Au reste, il n'y a rien dont l'usage s'étende plus loin que la périphrase, pourvu qu'on ne la répande pas partout sans choix et sans mesure ; car aussitôt elle languit, et a je ne sais quoi de niais et de grossier. Et c'est pourquoi Platon, qui est toujours figuré dans ses expressions, et quelquefois même un peu mal-à-propos, au jugement de quelques-uns, a été raillé pour avoir dit [e] dans ses Lois [f] : « Il ne faut point souffrir que les richesses d'or « et d'argent prennent pied ni habitent dans une ville ».

---

[a] Ceci ne rend point le grec. Longin y dit que Xénophon ne s'est pas borné à cette circonlocution (*vous vous adonnez*, etc.), mais qu'il a aussi amplifié ce qui suit. Il fallait donc traduire : *et en amplifiant aussi le reste*, il rend, etc. Dac., mss.

[b] Liv. 1, p. 45, sect. 105, édition de Francfort. Boil., 1713.

[c] V. O. (en part.) 1674 à 1682 : envoya *la maladie des femmes*, et en marge *hémorroïdes*. — En 1685 (non en 1694, comme le dit M. de S.-S.), au lieu de ce dernier mot on mit *Voyez les remarques* (c'est ci-après la 51[e]). — Enfin, en 1701, on mit la note suivante.

[d] Les fit devenir impuissans. Boil., 1701 à 1713.

[e] V. 1674 à 1701. Dans sa république: *il ne faut... Idem*, 1713.

[f] Liv. 5, p. 741 et 42, édit. de H. Étienne. Boil., 1713. — On lit dans Brossette (1716, éditions in-4° et in-12), liv. 5, p. 141 ; et cette faute d'impression a été reproduite dans quelques éditions, telles que 1717, 1720 et 1721, Vest., et 1721, Bru...

S'il eût voulu, poursuivent-ils, interdire[a] la possession du bétail, assurément qu'il aurait[b] dit, par la même raison, « les richesses de bœufs et de moutons ».

Mais ce que nous avons dit en général suffit pour faire voir l'usage des figures à l'égard du grand et du sublime; car il est certain qu'elles rendent toutes le discours plus animé et plus pathétique; or le pathétique participe du sublime autant que le sublime[c] participe du beau et de l'agréable.

CHAPITRE XXV.

Du choix des mots.

Puisque la pensée et la phrase s'expliquent ordinairement l'une par l'autre, voyons si nous n'avons point encore quelque chose à remarquer dans cette partie du discours qui regarde l'expression. Or, que le choix des grands mots et des termes propres soit d'une merveilleuse vertu pour attacher et pour émouvoir, c'est ce que

---

[a] V. E. Brossette a substitué, et avec raison, *interdire* à *introduire*, qui, sans doute, à cause de la grande ressemblance des deux mots, s'était, en quelque sorte, glissé inaperçu dans les dernières éditions de Boileau, et qui, selon l'observation de Saint-Marc, fait ici un contre-sens, et n'est point dans Longin. Mais Brossette n'aurait pas dû assurer, comme il l'a fait, peut-être pour relever davantage sa sagacité et l'importance de sa découverte, qu'*introduire* était dans *toutes* les éditions : il n'avait qu'à jeter un coup-d'œil sur deux éditions (1674, in-4° et 1675, gr. in-12) qu'il cite fréquemment, et il y aurait lu *interdire,* ainsi que dans les suivantes: 1674, gr. et pet. in-12 et Duroc; 1675, petit in-12 et A.; 1677, Elz.; 1682, P.... Voilà donc *neuf* éditions, dont quatre ou cinq originales, où *introduire* n'est pas.

[b] On dirait aujourd'hui, *assurément il aurait* (sans *que*)...

[c] Le *moral* selon l'ancien manuscrit. Boil., 1713.

personne n'ignore, et sur quoi par conséquent il serait inutile de s'arrêter. En effet, il n'y a peut-être rien d'où les orateurs, et tous les écrivains en général qui s'étudient au sublime, tirent plus de grandeur, d'élégance, de netteté, de poids, de force et de vigueur pour leurs ouvrages, que du choix des paroles. C'est par elles que toutes ces beautés éclatent dans le discours comme dans un riche tableau ; et elles donnent aux choses une espèce d'âme et de vie. Enfin les beaux mots sont, à vrai dire, la lumière propre et naturelle de nos pensées. Il faut prendre garde néanmoins à ne pas faire parade partout d'une vaine enflure de paroles ; car d'exprimer une chose basse en termes grands et magnifiques, c'est tout de même que si vous appliquiez un grand masque de théâtre sur le visage d'un petit enfant ; si ce n'est, à la vérité, dans la poésie[a] ∗∗∗∗. Cela se peut voir encore dans un passage de Théopompus, que Cécilius blâme, je ne sais pourquoi, et qui me semble au contraire fort à louer pour sa justesse, et parce qu'il dit beaucoup. « Philippe, « dit cet historien, boit sans peine les affronts que la « nécessité de ses affaires l'oblige de souffrir ». En effet un discours tout simple exprimera quelquefois mieux la chose que toute la pompe et tout l'ornement, comme on le voit tous les jours dans les affaires de la vie. Ajoutez qu'une chose énoncée d'une façon ordinaire se fait aussi plus aisément croire. Ainsi, en parlant d'un homme qui, pour s'agrandir, souffre sans peine, et même avec

---

[a] L'auteur, après avoir montré combien les grands mots sont impertinens dans le style simple, faisait voir que les termes simples avaient place quelquefois dans le style noble. *Voyez* les remarques (c'est ci-après la 52ᵉ). Boil., 1674 à 1713.

plaisir, des indignités, ces termes : BOIRE DES AFFRONTS [a] me semblent signifier beaucoup. Il en est de même de cette expression d'Hérodote [b]. « Cléomène étant devenu « furieux, il prit un couteau dont il se hacha la chair « en petits morceaux ; et, s'étant ainsi déchiqueté lui-« même, il mourut ». Et ailleurs [c] : « Pythès, demeu-« rant toujours dans le vaisseau, ne cessa point de com-« battre qu'il n'eût été haché en pièces ». Car ces expressions marquent un homme qui dit bonnement les choses et qui n'y entend point de finesse, et renferment néanmoins en elles un sens qui n'a rien de grossier ni de trivial.

CHAPITRE XXVI.

Des métaphores.

POUR ce qui est du nombre des métaphores, Cécilius semble être de l'avis de ceux qui n'en souffrent pas plus de deux ou trois au plus [d] pour exprimer une seule chose. Mais [e] Démosthène nous doit encore ici servir

---

[a] V. O. 1674 à 1700... *Boire* les *affronts*...

[b] L. 6, page 358, édit. de Francfort. Boil., 1674 à 1713 (*voy.* un éloge de ce passage, Réflex. x, p. 252).

[c] L. 7, page 444. Boil., 1713.

[d] V. O. (en part.) 1674, in-4° et petit in-12, *trois* tout *au plus*.—*Tout* est déjà supprimé à 1674, gr. in-12.

[e] V. E. Texte de 1674 à 1713. *Mais* est omis dans beaucoup d'éditions, telles que 1716, in-4° et in-12, Bro.; 1717 à 1721, Vest.; 1717, Mort.; 1718, 1722 et 1729, Dum.; 1721, Bru.; 1726, Bill.; 1733, Gori.; 1735, A. et Souch.; 1743, A.; 1745, P.; 1746 et 1767, Dr.; 1749, A.; 1750, 1757, 1766, 1768, 1769 et 1793, P.; 1822, Jeun.

de règle^a. Cet orateur nous fait voir qu'il y a des occasions où l'on en peut employer plusieurs à-la-fois, quand les passions, comme un torrent rapide, les entraînent avec elles nécessairement et en foule^b. « Ces hommes
« malheureux, dit-il quelque part, ces lâches flatteurs,
« ces furies de la république ont cruellement déchiré
« leur patrie. Ce sont eux qui, dans la débauche, ont
« autrefois vendu à Philippe notre liberté[53], et qui la
« vendent encore aujourd'hui à Alexandre; qui, mesu-
« rant, dis-je, tout leur bonheur aux sales plaisirs de leur
« ventre, à leurs infâmes débordemens, ont renversé
« toutes les bornes de l'honneur, et détruit parmi nous
« cette règle, où les anciens Grecs faisaient consister
« toute leur félicité, de ne souffrir point de maître. »
Par cette foule de métaphores prononcées dans la colère, l'orateur ferme entièrement la bouche à ces traîtres^c. Néanmoins Aristote et Théophraste, pour excuser l'audace de ces figures, pensent qu'il est bon d'y apporter ces adoucissemens : « Pour ainsi dire,
« Pour parler ainsi, Si j'ose me servir de ces termes,
« Pour m'expliquer un peu plus hardiment^d ». En effet,

---

^a De coronâ, page 354, édit. de Bâle. *Boil.*, 1713.

^b Longin dit : « Quand les passions, roulant avec la rapidité d'un torrent,
« entraînent avec elles la multitude des *métaphores*, comme étant alors né-
« cessaires. » *Saint-Marc.*

^c *V.* 1674 à 1682... de *métaphores*, l'orateur décharge entièrement sa colère contre *ces traîtres*... — Le changement a encore été proposé par Dacier (mss.).

^d *V. O.* Boileau, on l'a vu (p. 265), a pris cette phrase pour texte de sa onzième réflexion, mais après y avoir fait deux changemens. 1° Il a supprimé les mots *un peu* qui sont avant *plus hardiment*... 2° Il a substitué *afin d'excuser* à *pour excuser*, probablement parce que le mot *pour* est plusieurs fois dans la phrase.

ajoutent-ils ª, l'excuse ᵇ est un remède contre ᶜ les hardiesses ᵈ du discours; et je suis bien de leur avis. Mais je soutiens pourtant toujours ce que j'ai déjà dit, que le ᵉ remède le plus naturel contre l'abondance et la hardiesse soit des métaphores, soit des autres figures, c'est de ne les employer qu'à propos ᶠ, je veux dire dans les grandes passions et dans le sublime ᵍ; car comme le sublime et le pathétique, par leur violence et leur impétuosité, emportent naturellement et entraînent tout avec eux, ils demandent nécessairement des expressions fortes, et ne laissent pas le temps à l'auditeur de s'amuser à chicaner le nombre des métaphores, parce qu'en ce moment il est épris d'une commune fureur avec celui qui parle.

Et même pour les lieux communs et les descriptions, il n'y a rien quelquefois qui exprime mieux les choses qu'une foule de métaphores continuées. C'est par elles que nous voyons dans Xénophon une description si pompeuse de l'édifice du corps humain. Platon ʰ néan-

---

ª Boileau a aussi retouché ce passage en le rapportant dans la même réflexion (p. 266). Aucun éditeur n'a indiqué les changemens qu'il y a faits : on les trouvera dans les notes suivantes.

ᵇ Ruhnken, cité par M. Amar, loue cette expression comme rendant mieux le mot grec que celle des autres traducteurs.

ᶜ *V. O... Même page* 266.... un remède *infaillible* contre...

ᵈ *V. O... Ibid....* contre les *trop grandes* hardiesses...

ᵉ *V. O... Ibid...* déjà *avancé* que le...

ᶠ *V. O. Ibid...* contre l'abondance et *l'audace* des métaphores, c'est de ne les employer que *bien* à propos...

ᵍ *V. O... Ibid...* dans le sublime et dans les grandes passions...

Dacier (impr.) traduit autrement cette phrase, mais il est contredit par Tollius (p. 321) et par Saint-Marc.

ʰ Dans le Timée, page 69 et suiv., édit. de H. Étienne. *Boil.*, 1713.

moins en a fait la peinture d'une manière encore plus divine[a]. Ce dernier appelle la tête « une citadelle ». Il dit que le cou est « un isthme, qui a été mis entre elle et « la poitrine »; que les vertèbres sont « comme des « gonds sur lesquels elle tourne »; que la volupté est « l'amorce de tous les malheurs qui arrivent aux « hommes »; que la langue est « le juge des saveurs »; que le cœur est « la source des veines, la fontaine du « sang, qui de là se porte avec rapidité dans toutes les « autres parties, et qu'il est disposé comme une forte-« resse[b] gardée de tous côtés ». Il appelle les pores, des rues étroites. « Les dieux, poursuit-il, voulant sou-« tenir le battement du cœur, que la vue inopinée des « choses terribles, ou le mouvement de la colère, qui « est de feu, lui causent ordinairement, ils ont mis « sous lui le poumon, dont la substance est molle et n'a « point de sang; mais, ayant par-dedans de petits trous « en forme d'éponge, il sert au cœur comme d'oreiller, « afin que, quand la colère est enflammée, il ne soit point « troublé dans ses fonctions ». Il appelle la partie con-cupiscible « l'appartement de la femme », et la partie irascible, « l'appartement de l'homme ». Il dit que la rate est « la cuisine des intestins[54]; et qu'étant pleine des « ordures du foie, elle s'enfle et devient bouffie ». « En-« suite, continue-t-il, les dieux couvrirent toutes ces « parties de chair, qui leur sert comme de rempart et « de défense contre les injures du froid, et contre tous

---

[a] Nous doutons que ces comparaisons du cou à un isthme, des vertèbres à des gonds, etc., paraissent *divines* à tout le monde.

[b] V. O. 1674 à 1682... *qu'il est* placé dans une *forteresse*...—Autre changement proposé par Dacier (*mss.*).

CHAPITRE XXVI.

« les autres accidens. Et elle est, ajoute-t-il, comme
« une laine molle et ramassée qui entoure doucement
« le corps. » Il dit que le sang est « la pâture de la
« chair ». « Et afin, poursuit-il[a], que toutes les parties
« pussent recevoir l'aliment, ils y ont creusé, comme dans
« un jardin, plusieurs canaux, afin que les ruisseaux
« des veines, sortant du cœur comme de leur source,
« pussent couler dans ces étroits conduits du corps hu-
« main ». Au reste, quand la mort arrive, il dit que
« les organes se dénouent comme les cordages d'un vais-
« seau, et qu'ils laissent aller l'âme en liberté ». Il y en
a encore une infinité d'autres ensuite, de la même force,
mais ce que nous avons dit suffit pour faire voir combien toutes ces figures sont sublimes d'elles-mêmes; combien, dis-je, les métaphores servent au grand, et de
quel usage elles peuvent être dans les endroits pathétiques et dans les descriptions.

Or, que ces figures, ainsi que toutes les autres élégances du discours, portent toujours les choses dans
l'excès, c'est ce que l'on remarque assez sans que je le
dise. Et c'est pourquoi Platon même[b] n'a pas été peu
blâmé de ce que souvent, comme par une fureur de
discours, il se laisse emporter à des métaphores dures
et excessives, et à une vaine pompe allégorique. « On

---

[a] *V. E.* Texte de toutes les éditions anciennes, excepté de 1713 in-4°, où *poursuit-il* a été omis, évidemment par erreur typographique... Outre qu'on a rétabli l'expression dans l'édition in-12, il y aurait un mot grec (φησί) qui ne serait pas traduit. Aussi Saint-Marc a-t-il également mis *poursuit-il* (et en note, *dit-il*). Mais si nous en exceptons trois éditions postérieures à la sienne (1772 et 1775, A., et 1793., S.-Br.) et deux éditions antérieures (1713, Br. et 1715, A.), nous n'en connaissons aucune où l'omission n'existe.

[b] Des lois, liv. 6, p. 773, édit. de H. Étienne. *Boil.*, 1713.

« ne concevra pas aisément, dit-il en un endroit, qu'il
« en doit être de même d'une ville[a] comme d'un vase
« où le vin qu'on verse, et qui est d'abord bouillant et
« furieux, tout d'un coup entrant en société avec une
« autre divinité sobre qui le châtie, devient doux et bon
« à boire ». D'appeler l'eau « une divinité sobre », et
de se servir du terme de CHATIER pour tempérer; en un
mot, de s'étudier si fort à ces petites finesses, cela sent,
disent-ils, son poète, qui n'est pas lui-même trop sobre.
Et c'est peut-être ce qui a donné sujet à Cécilius de décider si hardiment, dans ses commentaires sur Lysias,
que Lysias valait mieux en tout que Platon, poussé par
deux sentimens aussi peu raisonnables l'un que l'autre;
car, bien qu'il aimât Lysias plus que soi-même, il haïs-
sait encore plus Platon qu'il n'aimait Lysias; si bien que,
porté de ces deux mouvemens, et par un esprit de contradiction, il a avancé plusieurs choses de ces deux auteurs, qui ne sont pas des décisions si souveraines qu'il
s'imagine. De fait[b], accusant Platon d'être tombé en
plusieurs endroits, il parle de l'autre comme d'un auteur
achevé et qui n'a point de défauts; ce qui, bien loin
d'être vrai, n'a pas même une ombre de vraisemblance.
Et, en effet[c], où trouverons-nous un écrivain qui ne
pèche jamais, et où il n'y ait rien à reprendre?

[a] V. O. 1674 à 1682.... *qu'il en est d'une ville...*—Dacier (*marg. et mss.*)
a proposé le changement en ces termes (plus corrects que ceux de Boileau):
Il en doit être d'une ville comme...

[b] Selon Dacier (*impr.*) ceci n'explique pas assez la pensée de Longin.

[c] V. O. 1674 à 1682... *et, d'ailleurs où...*

CHAPITRE XXVII.

Si l'on doit préférer le médiocre parfait au sublime qui a quelques défauts.

Peut-être ne sera-t-il pas hors de propos d'examiner ici cette question en général ; savoir, lequel vaut mieux, soit dans la prose, soit dans la poésie, d'un sublime qui a quelques défauts, ou d'une médiocrité parfaite et saine en toutes ses parties, qui ne tombe et ne se dément point; et ensuite lequel, à juger équitablement des choses, doit emporter le prix, de deux ouvrages dont l'un a un[a] plus grand nombre de beautés, mais l'autre va plus au grand et au sublime; car ces questions étant naturelles à notre sujet, il faut nécessairement les résoudre. Premièrement donc je tiens, pour moi, qu'une grandeur au-dessus de l'ordinaire n'a point naturellement la pureté du médiocre. En effet, dans un discours si poli et si limé, il faut craindre la bassesse. Il en est de même du sublime que d'une richesse immense, où l'on ne peut pas prendre garde à tout de si près, et où il faut, malgré qu'on en ait, négliger quelque chose. Au contraire, il est presque impossible pour l'ordinaire qu'un esprit bas et médiocre fasse des fautes : car comme il ne se hasarde et ne s'élève jamais, il demeure toujours en sûreté; au lieu que le grand, de soi-même et par sa propre grandeur, est glissant et dangereux. Je n'ignore pas pourtant ce qu'on me peut objecter d'ailleurs, que na-

---

[a] La phrase serait plus claire s'il y avait : « lequel de deux ouvrages doit « remporter le prix, ou celui qui a un, etc. » *Dac.*, mss.

turellement nous jugeons des ouvrages des hommes par ce qu'ils ont de pire, et que le souvenir des fautes qu'on y remarque dure toujours et ne s'efface jamais; au lieu que tout ce qui est beau passe vite, et s'écoule bientôt de notre esprit : mais bien que j'aie remarqué plusieurs fautes dans Homère et dans tous les plus célèbres auteurs, et que je sois peut-être l'homme du monde à qui elles plaisent le moins, j'estime, après tout, que ce sont des fautes dont ils ne se sont pas souciés, et qu'on ne peut appeler proprement fautes, mais qu'on doit simplement regarder comme des méprises et de petites négligences qui leur sont échappées, parce que leur esprit, qui ne s'étudiait qu'au grand, ne pouvait pas s'arrêter aux petites choses. En un mot, je maintiens que le sublime, bien qu'il ne se soutienne pas également partout, quand ce ne serait qu'à cause de sa grandeur, l'emporte sur tout le reste. En effet [a] Apollonius, par exemple, celui qui a composé le poème des Argonautes, ne tombe jamais; et dans Théocrite, ôté [b] quelques endroits où il sort un peu du caractère de l'églogue, il n'y a rien [c] qui ne soit heureusement imaginé. Cependant aimeriez-vous mieux être Apollonius ou Théocrite [d]

[a] V. O. 1674 à 1700... *reste*, qu'ainsi ne soit, Apollonius, *celui*...

[b] V. E. Texte de 1674 à 1713 (*ôté* est pour *excepté*), et non pas *ôtez*, comme dans plusieurs éditions, telles que 1768, 1769, 1793 et 1798, P.; 1788, 1789, 1800, 1815 et 1819, Did.; 1793, S.-Br.; 1809 et 1825, Daun.; 1810, Ray.; 1815, Lécr.; 1820, Mén.; 1821, Am.; 1821 et 1823, Viol.; 1822, Jeun.; 1824, Fro.; 1825, Aug.; 1826, Mart.; 1828, Thi.; 1829, B. ch.

[c] V. 1674 à 1682... *ôté quelques* ouvrages qui ne sont pas de lui, *il n'y a rien*...

[d] Ces mots *ou Théocrite* ne sont point dans le grec, mais Boileau a dû les

qu'Homère? L'Érigone d'Ératosthène est un poème où il n'y a rien à reprendre. Direz-vous pour cela qu'Ératosthène est plus grand poète qu'Archiloque, qui se brouille à la vérité, et manque d'ordre et d'économie en plusieurs endroits de ses écrits, mais qui ne tombe dans ce défaut qu'à cause de cet esprit divin dont il est entraîné et qu'il ne saurait régler comme il veut? Et même, pour le lyrique, choisiriez-vous plutôt d'être Bacchylide que Pindare? ou, pour la tragédie, Ion, ce poète de Chio, que Sophocle? En effet, ceux-là ne font jamais de faux pas, et n'ont rien qui ne soit écrit avec beaucoup d'élégance et d'agrément. Il n'en est pas ainsi de Pindare et de Sophocle; car au milieu de leur plus grande violence, durant qu'ils tonnent et foudroient[a], pour ainsi dire, souvent leur ardeur vient mal-à-propos à s'éteindre, et ils tombent malheureusement. Et toutefois y a-t-il un homme de bon sens qui daignât comparer tous les ouvrages d'Ion ensemble au seul OEdipe de Sophocle?

CHAPITRE XXVIII.

Comparaison d'Hypéride et de Démosthène.

QUE si au reste l'on doit juger du mérite d'un ouvrage par le nombre plutôt que par la qualité et l'excellence de ses beautés, il s'ensuivra qu'Hypéride doit être en-

---

ajouter, parce que la suite du discours les demande. *Saint-Marc.* — C'est ce que nie Hardion (Acad. inscript., V, 102).

[a] *V. E.* Texte de 1674 à 1713, au lieu de *durant qu'ils tonnent et qu'ils foudroient*, comme on a mis à 1809 et 1825, Daun.; 1821, S.-S.; 1821 et 1823, Viol.; 1821 et 1824, Am.; 1824, Fro.; 1828, Thi.

tièrement préféré à Démosthène. En effet, outre qu'il est plus harmonieux, il a bien plus de parties d'orateur, qu'il possède presque toutes en un degré éminent[a], semblable à ces athlètes qui réussissent aux cinq sortes d'exercices, et qui, n'étant les premiers en pas un de de ces exercices, passent en tous l'ordinaire et le commun. En effet, il a imité Démosthène en tout ce que Démosthène a de beau, excepté pourtant dans la composition et l'arrangement des paroles. Il joint à cela les douceurs et les grâces de Lysias. Il sait adoucir, où il faut, la rudesse et la simplicité du discours, et ne dit pas toutes les choses d'un même air comme Démosthène. Il excelle à peindre les mœurs. Son style a, dans sa naïveté, une certaine douceur agréable et fleurie. Il y a dans ses ouvrages un nombre infini de choses plaisamment dites. Sa manière de rire et de se moquer est fine, et a quelque chose de noble. Il a une facilité merveilleuse à manier l'ironie. Ses railleries ne sont point froides ni recherchées comme celles de ces faux imitateurs du style attique, mais vives et pressantes. Il est adroit à éluder les objections qu'on lui fait, et à les rendre ridicules en les amplifiant. Il a beaucoup de plaisant et de comique, et est tout plein de jeux et de certaines pointes d'esprit qui frappent toujours où il vise. Au reste, il assaisonne toutes ces choses d'un tour et d'une grâce inimitable. Il est né pour toucher et émouvoir la pitié. Il est étendu dans ses narrations fabuleuses. Il a une flexibilité admirable pour les digressions; il se détourne, il

---

[a] Selon Dacier (*impr.*), approuvé par Saint-Marc, il faudrait : « qu'il pos- « sède toutes en un degré presque éminent. »

reprend haleine où il veut, comme on le peut voir dans ces fables qu'il conte de Latone. Il a fait une oraison funèbre qui est écrite avec tant de pompe et d'ornement, que je ne sais si pas un autre l'a jamais égalé en cela.

Au contraire, Démosthène ne s'entend pas fort bien à peindre les mœurs. Il n'est point étendu dans son style. Il a quelque chose de dur, et n'a ni pompe ni ostentation. En un mot, il n'a presque aucune des parties dont nous venons de parler. S'il s'efforce d'être plaisant, il se rend ridicule plutôt qu'il ne fait rire, et s'éloigne d'autant plus du plaisant qu'il tâche d'en approcher. Cependant, parce qu'à mon avis toutes ces beautés qui sont en foule dans Hypéride n'ont rien de grand, qu'on y voit, pour ainsi dire, un orateur toujours à jeun*, et une langueur d'esprit qui n'échauffe, qui ne remue point l'âme, personne n'a jamais été fort transporté de la lecture de ses ouvrages. Au lieu que Démosthène[55] ayant ramassé en soi toutes les qualités d'un orateur véritablement né au sublime, et entièrement perfectionné par l'étude, ce ton de majesté et de grandeur, ces mouvemens animés, cette fertilité, cette adresse, cette promptitude, et, ce qu'on doit surtout estimer en lui, cette force et cette véhémence dont jamais personne n'a su approcher; par toutes ces divines qualités que je regarde en effet comme autant de rares présens qu'il avait reçus des dieux, et qu'il ne m'est pas permis d'appeler des qualités humaines, il a effacé tout ce qu'il y a eu d'orateurs célèbres dans tous les siècles, les laissant comme abattus et éblouis, pour ainsi dire, de ses ton-

---

* Dacier (*impr.*) doute que ce soit bien la pensée de Longin.

nerres et de ses éclairs; car dans les parties où il excelle il est tellement élevé au-dessus d'eux, qu'il répare entièrement par là celles qui lui manquent; et certainement il est plus aisé d'envisager fixement et les yeux ouverts les foudres qui tombent du ciel, que de n'être point ému des violentes passions qui régnent en foule dans ses ouvrages.

CHAPITRE XXIX [56].

De Platon et de Lysias, et de l'excellence de l'esprit humain.

Pour ce qui est de Platon, comme j'ai dit, il y a bien de la différence; car il surpasse Lysias, non-seulement par l'excellence, mais aussi par le nombre de ses beautés. Je dis plus, c'est que Platon n'est pas tant au-dessus de Lysias par un plus grand nombre de beautés, que Lysias est au-dessous de Platon par un plus grand nombre de fautes [a].

Qu'est-ce donc qui a porté ces esprits divins à mépriser cette exacte et scrupuleuse délicatesse, pour ne chercher que le sublime dans leurs écrits? En voici une raison. C'est que la nature n'a point regardé l'homme comme un animal de basse et de vile condition; mais elle lui a donné la vie, et l'a fait venir au monde comme dans une grande assemblée, pour être spectateur de toutes les choses qui s'y passent; elle l'a, dis-je, introduit dans cette lice comme un courageux athlète qui ne

---

[a] V. 1674 à 1682... *C'est que* Platon est au-dessus de Lysias, moins pour les qualités qui manquent à ce dernier que pour les fautes dont il est rempli.

CHAPITRE XXIX.

doit respirer que la gloire. C'est pourquoi elle a engendré d'abord en nos âmes une passion invincible pour tout ce qui nous paraît de plus grand et de plus divin. Aussi voyons-nous que le monde entier ne suffit pas à la vaste étendue de l'esprit de l'homme. Nos pensées vont souvent plus loin que les cieux, et pénètrent au-delà de ces bornes qui environnent et qui terminent toutes choses.

Et certainement si quelqu'un fait un peu de réflexion sur un homme dont la vie n'ait rien eu dans tout son cours que de grand et d'illustre, il peut connaître par là à quoi nous sommes nés. Ainsi nous n'admirons pas naturellement de petits ruisseaux, bien que l'eau en soit claire et transparente, et utile même pour notre usage; mais nous sommes véritablement surpris quand nous regardons le Danube, le Nil, le Rhin, et l'Océan surtout. Nous ne sommes pas fort étonnés de voir une petite flamme, que nous avons allumée, conserver longtemps sa lumière pure; mais nous sommes frappés d'admiration quand nous contemplons ces feux qui s'allument quelquefois dans le ciel, bien que pour l'ordinaire ils s'évanouissent en naissant [a]; et nous ne trouvons rien de plus étonnant dans la nature que ces fournaises du mont Etna, qui quelquefois jette du profond de ses abîmes,

Des pierres, des rochers, et des fleuves de flammes. [b]

De tout cela il faut conclure que ce qui est utile, et

---

[a] Erreur : Longin parle ici du soleil et de la lune qui s'évanouissent quelquefois par des éclipses. *Tollius* (p. 328) et *Saint-Marc*.

[b] Pind. Pith. 1 (*Boil.*, 1674 à 1701), p. 254, édit. de Benoist... *Id.*, 1713.

même nécessaire aux hommes, souvent n'a rien de merveilleux, comme étant aisé à acquérir, mais que tout ce qui est extraordinaire est admirable et surprenant.

CHAPITRE XXX.

Que les fautes dans le sublime se peuvent excuser.

A l'égard donc des grands orateurs en qui le sublime et le merveilleux se rencontre joint avec l'utile et le nécessaire, il faut avouer qu'encore que ceux dont nous parlions n'aient point été exempts de fautes, ils avaient néanmoins quelque chose de surnaturel et de divin. En effet, d'exceller dans toutes les autres parties, cela n'a rien qui passe la portée de l'homme, mais le sublime nous élève presque aussi haut que Dieu. Tout ce qu'on gagne à ne point faire de fautes, c'est qu'on ne peut être repris; mais le grand se fait admirer. Que vous dirai-je enfin? un seul de ces beaux traits et de ces pensées sublimes qui sont dans les ouvrages de ces excellens auteurs peut payer tous leurs défauts [a]. Je dis bien plus, c'est que si quelqu'un ramassait ensemble toutes les fautes qui sont dans Homère, dans Démosthène, dans Platon, et dans tous ces autres célèbres héros, elles ne feraient pas la moindre [b] ni la millième partie

---

[a] Telle est, à la rigueur, le sens de Longin : mais je n'aime pas *payer* les défauts, non plus que les *racheter* (expression littérale du grec). Il vaudrait mieux *couvrir, effacer*, ou autre mot semblable. *Dac., mss.*

[b] Il y a ici contradiction et obscurité; il fallait, « que leurs fautes, comparées à ce qu'ils ont dit partout d'excellent, seraient la moindre partie de

CHAPITRE XXX.

des bonnes choses qu'ils ont dites. C'est pourquoi l'envie n'a pas empêché qu'on ne leur ait donné le prix dans tous les siècles, et personne jusqu'ici n'a été en état de leur enlever ce prix, qu'ils conservent encore aujourd'hui, et que vraisemblablement ils conserveront toujours,

> Tant qu'on verra les eaux dans les plaines courir,
> Et les bois dépouillés au printemps refleurir. [a]

On me dira peut-être qu'un colosse qui a quelques défauts n'est pas plus à estimer qu'une petite statue achevée, comme, par exemple, le soldat de Polyclète [b]. A cela je réponds que, dans les ouvrages de l'art, c'est le travail et l'achèvement que l'on considère ; au lieu que, dans les ouvrages de la nature, c'est le sublime et le prodigieux : or discourir, c'est une opération naturelle à l'homme. Ajoutez que dans une statue on ne cherche que le rapport et la ressemblance ; mais, dans le discours, on veut, comme j'ai dit, le surnaturel et le divin. Cependant [c], pour ne nous point éloigner de ce que nous avons établi d'abord, comme c'est le devoir de l'art d'empêcher que l'on ne tombe [57], et qu'il est bien difficile qu'une haute élévation à la longue se soutienne et garde

---

leurs ouvrages, ou plutôt qu'elles n'en seraient pas la millième partie. » *Saint-Marc*, IV, 411.

[a] Épitaphe pour Midias, p. 534, 2ᵉ vol. d'Homère, édition des Elzev... Boil., 1713 (cette épitaphe est attribuée à Homère).

[b] *V. O.* Le Doryphore, petite statue de Polyclète... Boil., 1674 à 1701.— Les deux derniers mots ont été omis, sans doute par erreur, dans l'édition de 1713, et ensuite dans toutes les autres, excepté 1713, Bʳ. et 1715, A... Dans quelques-unes, telles que 1735 (Souchay) et ses copies, on a même supprimé toute la note.

[c] V. O. 1674 à 1700... *Divin*. Toutefois *pour*...

toujours un ton égal, il faut que l'art vienne au secours de la nature, parce qu'en effet c'est leur parfaite alliance qui fait la souveraine perfection. Voilà ce que nous avons cru être obligés de dire sur les questions qui se sont présentées. Nous laissons pourtant à chacun son jugement libre et entier.

CHAPITRE XXXI.

Des paraboles, des comparaisons, et des hyperboles.

Pour retourner à notre discours, les paraboles et les comparaisons approchent fort des métaphores, et ne diffèrent d'elles qu'en un seul point [a] ****. Telle est cette hyperbole : « Supposé que votre esprit soit dans votre « tête, et que vous ne le fouliez pas sous vos talons [b] ». C'est pourquoi il faut bien prendre garde jusqu'où toutes ces figures peuvent être poussées, parce qu'assez souvent, pour vouloir porter trop haut une hyperbole, on la détruit. C'est comme une corde d'arc, qui, pour être trop tendue, se relâche : et cela fait quelquefois un effet tout contraire à ce que nous cherchons.

Ainsi Isocrate, dans son Panégyrique [c], par une sotte ambition de ne vouloir rien dire qu'avec emphase, est tombé, je ne sais comment, dans une faute de petit éco-

---

[a] Cet endroit est fort défectueux, et ce que l'auteur avait dit de ces figures manque tout entier. *Boil.*, 1674 à 1713. — Dacier (*impr.*) essaie de le suppléer.

[b] Démosthène, ou Hégésippe, *de Haloneso*, page 34, édit. de Bâle... *Boil.*, 1713.—Dacier (*impr.*) dit que l'oraison *de Haloneso*, est d'Hégésippe.

[c] Page 42, édit. de H. Étienne. *Boil.*, 1713.

lier. Son dessein, dans ce panégyrique, c'est de faire voir que les Athéniens ont rendu plus de service[a] à la Grèce que ceux de Lacédémone, et voici par où il débute : « Puisque le discours a naturellement la vertu de « rendre les choses grandes petites, et les petites grandes, « qu'il sait donner les grâces de la nouveauté aux choses « les plus vieilles, et qu'il fait paraître vieilles celles qui « sont nouvellement faites ». Est-ce ainsi, dira quelqu'un, ô Isocrate, que vous allez changer toutes choses à l'égard des Lacédémoniens et des Athéniens? En faisant de cette sorte l'éloge du discours, il fait proprement un exorde pour exhorter ses auditeurs à ne rien croire de ce qu'il leur va dire.

C'est pourquoi il faut supposer, à l'égard des hyperboles, ce que nous avons dit pour toutes les figures en général, que celles-là sont les meilleures qui sont entièrement cachées, et qu'on ne prend point pour des hyperboles. Pour cela donc il faut avoir soin que ce soit toujours la passion qui les fasse produire au milieu de quelque grande circonstance, comme, par exemple, l'hyperbole de Thucydide[b], à propos des Athéniens qui périrent dans la Sicile : « Les Siciliens étant descendus « en ce lieu, ils y firent un grand carnage de ceux sur-« tout qui s'étaient jetés dans le fleuve. L'eau fut en un

---

[a] F. O. et E. Il y a *services*, au pluriel, dans les éditions de 1674 à 1683. Cette leçon fut abandonnée pour celle du texte, dans les éditions de 1685 à 1713 (vingt, dont huit originales), suivies au xviii[e] siècle, même dans les éditions Didot, de 1788 et 1789. Elle fut reprise sans qu'on en avertît, et mal-à-propos, comme on le voit, dans l'édition de 1800 (Didot), ce qui a été imité dans toutes les suivantes.

[b] Liv. 7, p. 555, édit. de H. Étienne. Boil., 1713. — Dacier (*impr.*) fait des observations sur ce passage.

« moment corrompue du sang de ces misérables; et
« néanmoins, toute bourbeuse et toute sanglante qu'elle
« était, ils se battaient pour en boire. »

Il est assez peu croyable que des hommes boivent du sang et de la boue, et se battent même pour en boire; et toutefois la grandeur de la passion, au milieu de cette étrange circonstance, ne laisse pas de donner une apparence de raison à la chose. Il en est de même de ce que dit Hérodote[a] de ces Lacédémoniens qui combattirent au pas des Thermopyles : « Ils se défendirent encore
« quelque temps en ce lieu avec les armes qui leur res-
« taient, et avec les mains et les dents; jusqu'à ce que
« les barbares, tirant toujours, les eussent comme en-
« sevelis sous leurs traits. » Que dites-vous de cette hyperbole? Quelle apparence que des hommes se défendent avec les mains et les dents[58] contre des gens armés, et que tant de personnes soient ensevelies sous les traits de leurs ennemis? Cela ne laisse pas néanmoins d'avoir de la vraisemblance, parce que la chose ne semble pas recherchée pour l'hyperbole, mais que l'hyperbole semble naître du sujet même. En effet, pour ne me point départir de ce que j'ai dit, un remède infaillible pour empêcher que les hardiesses ne choquent, c'est de ne les employer que dans la passion, et aux endroits à-peu-près qui semblent les demander. Cela est si vrai que dans le comique on dit des choses qui sont absurdes d'elles-mêmes, et qui ne laissent pas toutefois de passer pour vraisemblables, à cause qu'elles émeuvent la passion, je veux dire qu'elles excitent à rire. En effet, le rire est une pas-

---

[a] Liv. 7, p. 458, édit. de Francfort. *Boil.*, 1713.

sion de l'âme, causée par le plaisir. Tel est ce trait d'un poète comique [a] : « Il possédait une terre à la campagne, « qui n'était pas plus grande qu'une épître de Lacédé- « monien ». [59]

Au reste, on se peut servir [b] de l'hyperbole aussi bien pour diminuer les choses que pour les agrandir ; car l'exagération est propre à ces deux différents effets ; et le « diasyrme » [c], qui est une espèce d'hyperbole, n'est, à le bien prendre, que l'exagération d'une chose basse et ridicule.

CHAPITRE XXXII.

De l'arrangement des paroles.

Des cinq parties qui produisent le grand, comme nous avons supposé d'abord, il reste encore la cinquième à examiner, c'est à savoir la composition et l'arrangement des paroles ; mais comme nous avons déjà donné deux volumes de cette matière, où nous avons suffisamment expliqué tout ce qu'une longue spéculation nous en a pu apprendre, nous nous contenterons de dire ici ce que nous jugeons absolument nécessaire à notre sujet, comme, par exemple, que l'harmonie n'est pas simplement un agrément que la nature a mis dans la voix de

---

[a] V. Strabon, L. 1, p. 36, édit. de Paris. *Boil.*, 1713.

[b] V. E. Texte de 1674 à 1713, et non pas *on peut se servir*, comme on lit dans plusieurs éditions modernes, telles que 1800, 1815 et 1819, Did. ; 1809 et 1825, Daun. ; 1810, Ray. ; 1815, Lécr. ; 1820, Mé. ; 1821, Am. ; 1821 et 1823, Viol. ; 1824, Fro. ; 1826, Mar. ; 1828, Thi...

[c] Διασυρμός. *Boil.*, 1713.

l'homme[60], pour persuader et pour inspirer le plaisir; mais que, dans les instrumens même inanimés, c'est un moyen merveilleux pour élever le courage et pour émouvoir les passions. [61]

Et de vrai, ne voyons-nous pas que le son des flûtes émeut l'âme de ceux qui l'écoutent, et les remplit de fureur, comme s'ils étaient hors d'eux-mêmes; que, leur imprimant dans l'oreille le mouvement de sa cadence, il les contraint de la suivre, et d'y conformer en quelque sorte le mouvement de leurs corps? Et non-seulement le son des flûtes[a], mais presque tout ce qu'il y a de différens sons au monde, comme, par exemple, ceux de la lyre, font cet effet. Car, bien qu'ils ne signifient rien d'eux-mêmes, néanmoins par ces changemens de tons qui s'entrechoquent les uns les autres, et par le mélange de leurs accords, souvent, comme nous voyons, ils causent à l'âme un transport et un ravissement admirables. Cependant ce ne sont que des images et de simples imitations de la voix, qui ne disent et ne persuadent rien[b], n'étant, s'il faut parler ainsi, que des sons bâtards, et non point, comme j'ai dit, des effets de la nature de l'homme. Que ne dirons-nous donc point de la composition, qui est en effet comme l'harmonie du discours, dont l'usage est naturel à l'homme; qui ne frappe pas simplement l'oreille, mais l'esprit; qui remue tout à-la-fois tant de différentes sortes de noms, de pensées, de choses, tant de beautés et d'élégances avec lesquelles notre âme a une espèce de liaison et d'affinité; qui, par

---

[a] Boivin (*impr.*) propose ici une correction au texte de Longin.
[b] Longin ne dit pas cela, selon Dacier (*impr.*)

CHAPITRE XXXII.

le mélange et la diversité des sons, insinue dans les esprits, inspire à ceux qui écoutent, les passions mêmes de l'orateur, et qui bâtit sur ce sublime amas de paroles ce grand et ce merveilleux que nous cherchons? Pouvons-nous, dis-je, nier qu'elle ne contribue beaucoup à la grandeur, à la majesté, à la magnificence du discours, et à toutes ces autres beautés qu'elle renferme en soi; et qu'ayant un empire absolu sur les esprits, elle ne puisse en tout temps les ravir et les enlever? Il y aurait de la folie à douter d'une vérité si universellement reconnue, et l'expérience en fait foi... [a] [62]

Au reste, il en est de même des discours que des corps, qui doivent ordinairement leur principale excellence à l'assemblage et à la juste proportion de leurs membres; de sorte même qu'encore qu'un membre séparé de l'autre n'ait rien en soi de remarquable, tous ensemble ne laissent pas de faire un corps parfait. Ainsi les parties du sublime étant divisées, le sublime se dissipe entièrement; au lieu que venant à ne former qu'un corps par l'assemblage qu'on en fait, et par cette liaison harmonieuse qui les joint, le seul tour de la période leur donne du son

---

[a] L'auteur, pour donner ici un exemple de l'arrangement des paroles, rapporte un passage de Démosthène (DE CORONA, p. 340, édit. de Bâle); mais, comme ce qu'il en dit est entièrement attaché à la langue grecque, je me suis contenté de le traduire dans les remarques. *Voy.* les Remarques (c'est la 62e, p. 428). Boil., 1674 à 1713 (excepté la citation qui n'est qu'à 1713).

F. N. R. Brossette a omis toute cette note (à l'exception de la même citation qu'il a transportée à la même remarque 62), et son exemple a été imité dans beaucoup d'éditions, telles que 1717, 1720 et 1721, Vest.; 1718, 1722 et 1729, Dum., 1721, Bru.; 1726, Bill.; 1733, Gori; 1735, A.; 1735 et 1740, Souch.; 1743, A.; 1745, P.; 1746 et 1767, Dr.; 1749, A.; 1750, 1757, 1766, 1768, 1769 et 1793, P.; 1829, B. ch.

et de l'emphase. C'est pourquoi on[a] peut comparer le sublime dans les périodes à un festin par écots, auquel plusieurs ont contribué. Jusque-là qu'on voit beaucoup de poètes et d'écrivains qui, n'étant point nés au sublime, n'en ont jamais manqué néanmoins ; bien que pour l'ordinaire ils se servissent de façons de parler basses, communes et fort peu élégantes. En effet, ils se soutiennent par ce seul arrangement de paroles, qui leur enfle et grossit en quelque sorte la voix ; si bien qu'on ne remarque point leur bassesse. Philiste[b] est de ce nombre. Tel est aussi Aristophane en quelques endroits, et Euripide en plusieurs, comme nous l'avons déjà suffisamment montré. Ainsi, quand Hercule, dans cet auteur[c], après avoir tué ses enfans, dit :

> Tant de maux à-la-fois sont entrés dans mon âme,[d]
> Que je n'y puis loger de nouvelles douleurs ;

cette pensée est fort triviale. Cependant il la rend noble par le moyen de ce tour, qui a quelque chose de musical et d'harmonieux. Et certainement, pour peu que vous renversiez l'ordre de sa période, vous verrez manifestement combien Euripide est plus heureux dans l'arrangement de ses paroles que dans le sens de ses pen-

---

[a] *V. O.* ou *E.* (en part.) 1674 à 1683... *c'est pourquoi l'on peut.*—Ce *l'* a été supprimé, non en 1694 comme le dit M. de S.-S., mais en 1685 (il manque aussi à 1692, A. et 1694, Toll.).

[b] C'est Philiscus qu'il faut lire. *Dacier (impr.).*

[c] Hercule furieux, v. 1245. Boil., 1713.

[d] V... 1674 à 1682... *fois ont assiégé mon âme*... Autre changement proposé par Dacier (*mss.*). De ce qu'une place est assiégée, observe-t-il entre autres, il ne s'ensuit pas qu'elle soit pleine et qu'ainsi l'on ne puisse y loger d'autres individus que ceux qui y sont.

sées. De même, dans sa tragédie intitulée Dircé traînée[a] par un taureau :[b]

> Il tourne aux environs dans sa route incertaine;
> Et, courant en tous lieux où sa rage le mène,
> Traîne après soi la femme, et l'arbre, et le rocher.

Cette pensée est fort noble à la vérité; mais il faut avouer que ce qui lui donne plus de force, c'est cette harmonie qui n'est point précipitée ni emportée comme une masse pesante, mais dont les paroles se soutiennent les unes les autres, et où il y a plusieurs pauses. En effet, ces pauses sont comme autant de fondemens solides sur lesquels son discours s'appuie et s'élève.

CHAPITRE XXXIII.

De la mesure des périodes.

Au contraire, il n'y a rien qui rabaisse davantage le sublime que ces nombres rompus et qui se prononcent vite, tels que sont les pyrrhiques, les trochées et les dichorées, qui ne sont bons que pour la danse. En effet, toutes ces sortes de pieds et de mesures n'ont qu'une certaine mignardise et un petit agrément qui a toujours le même tour, et qui n'émeut point l'âme. Ce que j'y trouve de pire, c'est que, comme nous voyons que naturellement ceux à qui l'on chante un air ne s'arrêtent

---

[a] V... 1674 à 1694. *Dircé emportée par...* — C'est également Dacier (*impr.*) qui a proposé le changement.
[b] *Dircé* ou *Antiope*, tragédie perdue. *V.* les fragm. de M. Barnès, p. 519. Boil., 1713.

point au sens des paroles, et sont entraînés par le chant, de même ces paroles mesurées n'inspirent point à l'esprit les passions qui doivent naître du discours, et impriment simplement dans l'oreille le mouvement de la cadence. Si bien que comme l'auditeur prévoit d'ordinaire cette chute qui doit arriver, il va au-devant de celui qui parle, et le prévient, marquant, comme en une danse ᵃ, la chute avant ᵇ qu'elle arrive.

C'est encore un vice qui affaiblit beaucoup le discours quand les périodes sont arrangées avec trop de soin, ou quand les membres en sont trop courts, et ont trop de syllabes brèves, étant d'ailleurs comme joints et attachés ensemble avec des clous aux endroits où ils se désunissent. Il n'en faut pas moins dire des périodes qui sont trop coupées ; car il n'y a rien qui estropie davantage le sublime que de le vouloir comprendre dans un trop petit espace. Quand je défends néanmoins de trop couper les ᶜ périodes, je n'entends pas parler ᵈ de celles

---

ᵃ Dacier et Tollius entendent aussi de la danse ce que Longin dit ici en finissant, tandis que Saint-Marc (IV, 425, note 1) soutient que cela se doit entendre du chant.

ᵇ V. 1674 à 1682... *danse, la* cadence *avant*... — La substitution du mot *chute* proposée par Dacier (*impr.*) fut effectuée seulement pendant le tirage de l'édition de 1683, et avec précipitation, car ses divers exemplaires portent la *cheuteu* ; mais on corrigea la faute dans l'édition de 1685 ; et en faisant cette correction, on remania trois pages (118 à 122), de sorte que la composition en diffère presque à chaque ligne de l'édition de 1683 (cela seul suffirait pour montrer combien Saint-Marc se trompe lorsqu'il croit que s'il y a une édition de 1685, elle ne diffère de l'édition de 1683 que par le frontispice... *V*. tom. I, Notice bibl., § 1, n° 48).

ᶜ *V. O.* (en part.) 1674, in-4° et petit in-12, et 1675, petit in-12, *couper* ses *périodes*. Les est déjà à 1674, gr. in-12.

ᵈ *V. O.* 1701, in-12. *Je* n'entends point *parler*... Peut-être est-ce la leçon que Boileau a préférée pour éviter la consonnance *pas parler*.

qui ont leur juste étendue, mais de celles qui sont trop petites et comme mutilées. En effet, de trop couper son style, cela arrête l'esprit : au lieu que de le diviser en périodes, cela conduit le lecteur [a]. Mais le contraire en même temps apparaît des périodes trop longues [b]; et toutes ces paroles recherchées pour alonger mal-à-propos un discours sont mortes et languissantes.

CHAPITRE XXXIV.

De la bassesse des termes.

UNE des choses encore qui avilit autant le discours, c'est la bassesse [c] des termes. Ainsi nous voyons dans Hérodote [d] une description de tempête qui est divine pour le sens; mais il y a mêlé des mots extrêmement bas, comme quand il dit [e] : « La mer commençant à bruire [63] ».

[a] Le grec est ici défectueux et on le traduit comme on peut. *Saint-Marc.* — M. Weiske (cité par M. Daunou, III, 431) traduit : *brevitas justa producit itinere recto.*

[b] « Longin, dit La Harpe (Lyc., 1820, I, 124, 125), au sujet du passage précédent, recommande de ne pas trop alonger ses phrases, et de ne point trop les resserrer. Ce dernier défaut surtout est directement contraire au style sublime, non pas au sublime d'un mot, mais au caractère de majesté qui convient aux grands sujets. »

[c] Le grec dit : *la petitesse.* Je crois qu'il fallait se servir de ce terme, parce que *Longin* ne se borne pas à parler ici des termes, qui, dans leur signification, offrent des *idées basses*; il y parle principalement des mots, dont le son est trop *petit*, trop *grêle*, et ne répond pas à la dignité des choses qu'ils expriment. *Saint-Marc* (cette remarque a été reproduite, sans citation, par un éditeur moderne).

[d] Liv. 7, p. 446 et 448, édit. de Francfort. *Boil.*, 1713.

[e] V. O. *Voy.* les remarques (*c'est la* 63e, p. 429). *Boil.*, 1674 et 1675. — Cette note a été supprimée à dater de 1683.

Le mauvais son[a] de ce mot BRUIRE fait perdre à sa pensée une partie de ce qu'elle avait de grand. « Le vent, « dit-il en un autre endroit, les ballotta fort, et ceux « qui furent dispersés par la tempête firent une fin peu « agréable. » Ce mot BALLOTTER [b] est bas, et l'épithète de PEU AGRÉABLE n'est point propre pour exprimer un accident comme celui-là.

De même l'historien Théopompus[c] a fait une peinture de la descente du roi de Perse dans l'Égypte, qui est miraculeuse d'ailleurs; mais il a tout gâté par la bassesse des mots qu'il y mêle. « Y a-t-il[d] une ville, dit « cet historien, et une nation dans l'Asie, qui n'ait en« voyé des ambassadeurs au roi? Y a-t-il rien de beau « et de précieux qui croisse ou qui se fabrique en ce « pays[e], dont on ne lui ait fait des présens? Combien « de tapis et de vestes magnifiques, les unes rouges, les « autres blanches et les autres historiées[f] de couleurs! « Combien de tentes dorées et garnies de toutes les choses

---

[a] *V. E.* M. Amar, induit sans doute en erreur par une leçon fautive de la remarque 63 (*voy.*-la ci-après, p. 429), a mis (1821 et 1824) ici *sens*, au lieu de *son*...

[b] *V. O.* 1701 in-12, *ballotta*...

[c] Livre perdu. *Boil.*, 1713. — Théopompe, de l'île de Chio, orateur et historien, et disciple d'Isocrate. Il vivait au quatrième siècle avant notre ère; il avait continué l'histoire de Thucydide.

[d] *V. O.* 1701, in-12, *qu'il y a mêlé. Y a-t-il...*

[e] *V. O.* ou *E.* Texte de 1701, in-12 (dernière édition, revue, on l'a dit, par Boileau), et qui, puisqu'il n'est question que d'une seule région, l'Asie, nous semble préférable à l'expression *en ces pays*, des éditions anciennes, reproduite dans toutes les éditions postérieures.

[f] Je ne sais si cette expression a jamais été du bel usage. Elle passerait aujourd'hui pour basse et triviale. Il fallait dire : « les autres mêlées de différentes couleurs. » Le mot grec signifie, *variegatæ, versicolores, variis coloribus ornatæ... Saint-Marc.*

CHAPITRE XXXIV.

« nécessaires pour la[a] vie! Combien de robes et de lits
« somptueux! Combien de vases d'or et d'argent enri-
« chis de pierres précieuses ou artistement travaillés!
« Ajoutez à cela un nombre infini d'armes étrangères et
« à la grecque; une foule incroyable de bêtes de voiture
« et d'animaux destinés pour les sacrifices; des bois-
« seaux[b] remplis de toutes les choses propres pour ré-
« jouir le goût; des armoires et des sacs pleins de pa-
« pier[c] et de plusieurs autres ustensiles; et une si
« grande quantité de viandes salées de toutes sortes
« d'animaux, que ceux qui les voyaient de loin pen-
« saient que ce fussent des collines qui s'élevassent[d] de
« terre. »

De la plus haute élévation il tombe dans la dernière
bassesse, à l'endroit justement[e] où il devait le plus s'é-
lever; car, mêlant mal-à-propos, dans la pompeuse
description de cet appareil, des boisseaux, des ragoûts
et des sacs, il semble qu'il fasse la peinture d'une cuisine. Et comme si quelqu'un avait toutes ces choses à
arranger, et que parmi des tentes et des vases d'or, au
milieu de l'argent et des diamans, il mît en parade des
sacs et des boisseaux, cela ferait un vilain effet à la vue;
il en est de même des mots bas dans le discours, et ce

---

[a] On dirait aujourd'hui, observe avec raison M. de Saint-Surin, « les choses nécessaires *à* la vie. »

[b] V. Athénée, liv. 2, p. 67, édit. de Lyon. *Boil.*, 1713.

[c] *V. E.* Texte de 1674 à 1713, et non point *papiers*, comme dans les éditions modernes. — Il faudrait, selon Dacier (*impr.*): *des armoires, des sacs, des rames de papier*... Mais Saint-Marc paraît d'un avis différent.

[d] Construction pénible et même incorrecte. *M. Daunou.* — Il fallait: « pen-saient que c'étaient des collines qui s'élevaient... » *M. de Saint-Surin.*

[e] *V. O.* 1701, in-12, *justement* est omis.

sont comme autant de taches et de marques honteuses qui flétrissent l'expression. Il n'avait qu'à détourner un peu la chose, et dire en général, à propos de ces montagnes de viandes salées et du reste de cet appareil, qu'on envoya au roi des chameaux et plusieurs bêtes de voiture chargées de toutes les choses nécessaires pour la bonne chère et pour le plaisir; ou des monceaux de viandes les plus exquises, et tout ce qu'on saurait s'imaginer de plus ragoûtant et de plus délicieux; ou, si vous voulez, tout ce que les officiers de table et de cuisine pouvaient souhaiter de meilleur pour la bouche de leur maître : car il ne faut pas d'un discours fort élevé passer à des choses basses et de nulle considération, à moins qu'on n'y [a] soit forcé par une nécessité bien pressante. Il faut que les paroles répondent à la majesté des choses dont on traite; et il est bon en cela d'imiter la nature, qui, en formant l'homme, n'a point exposé à la vue ces parties qu'il n'est pas honnête de nommer, et par où le corps se purge; mais, pour me servir des termes de Xénophon [b] « a caché et détourné ces égoûts le plus loin « qu'il lui a été possible, de peur que [c] la beauté de l'ani-« mal n'en fût souillée. » Mais il n'est pas besoin d'examiner de si près toutes les choses qui rabaissent le discours. En effet, puisque nous avons montré ce qui sert à l'élever et à l'ennoblir, il est aisé de juger qu'ordinairement le contraire est ce qui l'avilit et le fait ramper.

---

[a] *V. O.* (en part.) 1674 à 1683 : *à moins qu'on y...* — La négation a été mise, non en 1694, mais en 1685.

[b] Liv. 1 des Mémorables, p. 726, édit. de Leuncla. Boil., 1713.

[c] Au lieu de *de peur que*, il faudrait *pour que... Dac., impr.*

CHAPITRE XXXV.[a]

Des causes de la décadence des esprits.

Il ne reste plus, mon cher Térentianus, qu'une chose à examiner : c'est la question que me fit il y a quelques jours un philosophe; car il est bon de l'éclaircir, et je veux bien, pour votre satisfaction[b] particulière, l'ajouter encore à ce traité.

Je ne saurais assez m'étonner, me disait ce philosophe, non plus que beaucoup d'autres, d'où vient que dans notre siècle il se trouve assez d'orateurs qui savent manier un raisonnement, et qui ont même le style oratoire; qu'il s'en voit, dis-je, plusieurs qui ont de la vivacité, de la netteté, et surtout de l'agrément dans leurs discours; mais qu'il s'en rencontre si peu qui puissent s'élever fort haut dans le sublime, tant la stérilité maintenant est grande parmi les esprits! n'est-ce point, poursuivait-il, ce qu'on dit ordinairement, que c'est le gouvernement populaire qui nourrit et forme les grands génies[c], puisque enfin jusqu'ici tout ce qu'il y a presque eu d'orateurs habiles ont fleuri et sont morts avec lui? En effet, ajoutait-il, il n'y a peut-être rien qui élève da-

---

[a] Ce chapitre est le mieux écrit de la *Traduction* de M. *Despréaux;* mais c'est en même temps un des moins fidèlement traduits; il est vrai que c'est en bien des endroits le plus difficile à traduire, parce que le texte n'en est rien moins que correct partout. *Saint-Marc.*

[b] V... 1674 à 1682... *votre* instruction *particulière.*—Dacier (*mss.*) montre que le mot *instruction* ne convient pas, et il propose de mettre : *pour satisfaire votre curiosité.*

[c] Reproches faits à Boileau à ce sujet, *V.* tome I, Essai, n° 80.

vantage l'âme des grands hommes que la liberté, ni qui excite et réveille plus puissamment en nous ce sentiment naturel qui nous porte à l'émulation, et cette noble ardeur de se voir élevé au-dessus des autres. Ajoutez que les prix qui se proposent dans les républiques aiguisent, pour ainsi dire, et achèvent de polir l'esprit des orateurs, leur faisant cultiver avec soin les talens qu'ils ont reçus de la nature, tellement qu'on voit briller dans leurs discours la liberté de leur pays.

Mais nous, continuait-il, qui avons appris dès nos premières années à souffrir le joug d'une domination légitime[a], qui avons été comme enveloppés par les coutumes et les façons de faire de la monarchie, lorsque nous avions encore l'imagination tendre et capable de toutes sortes d'impressions; en un mot, qui n'avons jamais goûté de cette vive et féconde source de l'éloquence, je veux dire de la liberté; ce qui arrive ordinairement de nous, c'est que nous nous rendons de grands et magnifiques flatteurs. C'est pourquoi il estimait, disait-il, qu'un homme, même né dans la servitude, était capable des autres sciences, mais que nul esclave ne pouvait jamais être orateur[b] : car un esprit, continua-t-il, abattu et

---

[a] On ne pouvait guère, sous Louis XIV, s'exprimer autrement. Voici, selon Saint-Marc, le sens du grec : « Nous paraissons avoir été dès l'enfance imbus d'un véritable esclavage, dont les mœurs et les coutumes nous ont, dès nos premières pensées, enveloppé comme des langes.. ».

[b] La Harpe (Lyc., 1820, I, 127) adopte l'avis de Longin, et il traduit, ou plutôt extrait ainsi le passage précédent. « Il est impossible qu'un esclave soit un orateur sublime. Nous ne sommes plus guère que de magnifiques flatteurs. » On ne saurait mieux, observe à ce sujet M. Daunou (III, 402), exprimer une vérité devenue presque vulgaire à force d'être prouvée par l'histoire des peuples et par celle des lettres.

CHAPITRE XXXV.

comme dompté par l'accoutumance au joug, n'oserait plus s'enhardir à rien ; tout ce qu'il avait de vigueur s'évapore de soi-même, et il demeure toujours comme en prison. En un mot, pour me servir des termes d'Homère,[a]

> Le même jour qui met [b] un homme libre aux fers
> Lui ravit la moitié de sa vertu première.

De même donc que, si ce qu'on dit est vrai, ces boîtes où l'on enferme les pygmées, vulgairement appelés nains, les empêchent non-seulement de croître, mais les rendent même plus petits, par le moyen de cette bande dont on leur entoure le corps[c], ainsi la servitude, je dis la servitude la plus justement établie, est une espèce de prison où l'âme décroît et se rapetisse en quelque sorte[d]. Je sais bien qu'il est fort aisé à l'homme, et que c'est son naturel, de blâmer toujours les choses présentes ; mais prenez garde que ✦✦✦✦ [64] Et certainement, poursuivis-je, si les délices d'une trop longue paix sont capables de corrompre les plus belles âmes, cette[e] guerre sans fin, qui trouble depuis si long-temps toute la terre, n'est pas un moindre obstacle à nos desirs.[f]

---

[a] Odyssée, liv. 17, v. 322. *Boil.*, 1713. — Les paroles d'Homère veulent dire : « Le jour de la servitude ôte la moitié de la vertu. » *Saint-Marc*, IV, 438, note 5.

[b] Méchante césure. *Desmarets*, 129.

[c] Dacier (*impr.*) donne des détails curieux sur cet étrange usage.

[d] Dacier (*ib.*) pense que Longin reprend ici la parole.

[e] V. E. 1674, in-4° et petit in-12... âmes, *à plus forte raison*, cette... — Les mots en italiques furent supprimés, pour la première fois, non dans l'édition de 1683, comme le dit Brossette, ou dans celle de 1675, comme le dit M. de S.-S., mais dans l'édition de 1674, grand in-12.

[f] V. O. Mêmes éditions de 1674... *terre est un puissant obstacle*...

Ajoutez à cela ces passions qui assiègent continuellement notre vie, et qui portent dans notre âme la confusion et le désordre. En effet, continuai-je, c'est le desir des richesses dont nous sommes tous malades par excès; c'est l'amour des plaisirs qui, à bien parler, nous jette dans la servitude, et, pour mieux dire, nous traîne dans le précipice où tous nos talens sont comme engloutis. Il n'y a point de passion plus basse que l'avarice ; il n'y a point de vice plus infâme que la volupté. Je ne vois donc pas comment ceux qui font si grand cas des richesses, et qui s'en font comme une espèce de divinité, pourraient être atteints de cette maladie sans recevoir en même temps avec elle tous les maux dont elle est naturellement accompagnée. Et certainement la profusion et les autres mauvaises habitudes suivent de près les richesses excessives ; elles marchent, pour ainsi dire, sur leurs pas; et, par leur moyen, elles s'ouvrent les portes des villes et des maisons, elles y entrent, et[a] elles s'y établissent; mais à peine y ont-elles séjourné quelque temps, « qu'elles y font leur nid, » suivant la pensée des sages, et travaillent à se multiplier. Voyez donc ce qu'elles y produisent : elles y engendrent le faste et la mollesse, qui ne sont point des enfans bâtards, mais leurs vraies et légitimes productions. Que si nous laissons une fois croître en nous ces dignes enfans des richesses, ils y auront bientôt fait éclore l'insolence, le déréglement, l'effronterie, et tous ces autres impitoyables tyrans de l'âme.

Sitôt donc qu'un homme, oubliant le soin de la vertu,

---

[a] V. O. 1674 à 1701... *entrent, elles s'y* (sans *et*)...

n'a plus d'admiration que pour les choses frivoles et périssables, il faut de nécessité que tout ce que nous avons dit arrive en lui; il ne saurait plus lever les yeux pour regarder au-dessus de soi, ni rien dire qui passe le commun; il se fait en peu de temps une corruption générale dans toute son âme; tout ce qu'il avait de noble et de grand se flétrit et se sèche de soi-même, et n'attire plus que le mépris.

Et comme il n'est pas possible qu'un juge qu'on a corrompu juge sainement et sans passion de ce qui est juste et honnête, parce qu'un esprit qui s'est laissé gagner aux présens ne connaît de juste et d'honnête que ce qui lui est utile; comment voudrions-nous que, dans ce temps où la corruption règne sur les mœurs et sur les esprits de tous les hommes, où nous ne songeons qu'à attraper la succession de celui-ci[a], qu'à tendre des pièges à cet autre pour nous faire écrire dans son testament, qu'à tirer un infâme gain de toutes choses, vendant pour cela jusqu'à notre âme, misérables esclaves de nos propres passions; comment, dis-je, se pourrait-il faire que, dans cette contagion générale, il se trouvât un homme sain de jugement et libre de passion, qui, n'étant point aveuglé ni séduit par l'amour du gain, pût discerner ce qui est véritablement grand et digne de la postérité? En un mot, étant tous faits de la manière que j'ai dit, ne vaut-il pas mieux qu'un autre nous commande, que de demeurer en notre propre puissance, de peur que cette rage insatiable d'acquérir, comme un furieux qui a rompu

---

[a] Le grec dit quelque chose de plus atroce; « où l'on ne songe qu'à hâter « la mort de celui-ci. » *Dac., impr.*

ses fers et qui se jette sur ceux qui l'environnent, n'aille porter le feu aux quatre coins de la terre? Enfin, lui dis-je, c'est l'amour du luxe qui est cause de cette fainéantise où tous les esprits, excepté un petit nombre, croupissent aujourd'hui. En effet, si nous étudions quelquefois, on peut dire que c'est, comme des gens qui relèvent de maladie, pour le plaisir et pour avoir lieu de nous vanter, et non point par une noble émulation et pour en tirer quelque profit louable et solide. Mais c'est assez parlé là-dessus. Venons[a] maintenant aux passions, dont nous avons promis de faire un traité[b] à part; car, à mon avis, elles ne sont[c] pas un des moindres ornemens du discours, surtout pour ce qui regarde le sublime.

---

[a] *V. E.* (en part.) 1674, in-4° et pet. in-12... *là-dessus. Passons mainte-nant...* — *Venons* fut mis à 1674, gr. in-12.

[b] Il est perdu. *Voy.* p. 277.

[c] *V. E.* (en part.) 1674 à 1683... *elles ne* font *pas...* — La correction fut faite, non en 1694, mais en 1685 (elle est aussi à 1692, A. et 1694, Toll.).

REMARQUES

SUR LONGIN.

OBSERVATIONS PRÉLIMINAIRES.

I. Le titre ci-dessus est celui qu'on donne dans les deux éditions posthumes de 1713 (in-4° et in-12), aux remarques de Boileau, de Dacier et de Boivin. Les remarques de Dacier, insérées dans les éditions de 1683 et des années suivantes, à la suite de celles de Boileau (dans l'édition de Brossette, au bas de chaque page), sont précédées d'une préface, où, après de pompeux éloges de la traduction de Boileau (jusqu'en 1700 il le désigne par l'initiale D***), il observe qu'ayant découvert de *nouveaux sens* dans Longin, il alla les communiquer au traducteur qu'il ne connaissait point encore. « Il ne reçut pas, poursuit-il, mes critiques
« en auteur, mais en homme d'esprit et en galant homme : il
« convint de quelques endroits ; nous disputâmes long-temps sur
« d'autres ; mais dans ces endroits mêmes dont il ne tombait
« pas d'accord, il ne laissa pas de faire quelque estime de mes
« remarques, et il me témoigna que si je voulais il les ferait
« imprimer avec les siennes dans une seconde édition. » Dacier ajoute que de peur de grossir le livre de Boileau, il a abrégé le plus qu'il lui a été possible.

II. Les remarques de Boivin parurent pour la première fois dans l'édition de 1701, à la suite de celles de Dacier et avec cet avertissement. « Dans le temps qu'on achevait d'imprimer ces
« notes (celles de M. Dacier), M. Boivin, l'un des sous-bibliothé-
« caires de la bibliothèque royale, homme d'un très grand mé-
« rite, et savant surtout dans la langue grecque, a apporté à
« M. Despréaux quelques remarques très judicieuses qu'il a
« faites aussi sur Longin en lisant l'ancien manuscrit qu'on a
« dans cette fameuse bibliothèque ; et M. Despréaux a cru qu'il
« ferait plaisir au public de les joindre à celles de M. Dacier ».

III. Les passages auxquels se rapportent les remarques de Boileau ne contiennent presque jamais de renvoi à ces remarques, et n'y sont désignés que par leurs premiers mots, ce qui en rend la recherche quelquefois assez longue. Ceux que concernent les remarques de Dacier et de Boivin n'ont pas non plus de renvois, mais il sont désignés dans ces remarques par leurs chapitres et souvent par leurs pages... Pour plus de commodité nous joignons aux numéros des remarques les pages et les lignes auxquelles elles renvoient.

IV. Nous ne donnerons, le plus souvent, nous l'avons déjà annoncé (note 5, p. 289.), les remarques de Dacier et de Boivin que par extrait (leurs signes abréviatifs sont indiqués page 293, note *a*). Celles de Boileau, au contraire, seront toujours rapportées en entier et avec leurs variantes.

REMARQUES.

1. Page 293, ligne 1. Le grec porte : « Mon cher Posthumius Térentianus » : mais j'ai retranché POSTHUMIUS, le nom de TÉRENTIANUS n'étant déjà que trop long. Au reste on ne sait pas trop bien qui était ce Térentianus. Ce qu'il y a de constant, c'est que c'était un Latin, comme son nom le fait assez connaître, et comme Longin le témoigne lui-même dans le chapitre x. *Boil.*, 1674 à 1713 (extrait, en partie, de Le Fèvre. *Dac.*, *marg.*).

2. P. 293, lig. 3. *Cécilius...* C'était un rhéteur sicilien. Il vivait sous Auguste, et était contemporain de Denys d'Halicarnasse, avec qui il fut lié même[1] d'une amitié assez étroite. *Boil.*, *ib.* (extr. de *id... Dac.*, *ib.*).

3. P. 293, lig. 4. *La bassesse de son style...* « C'est le sens que tous les interprètes ont donné à ce passage : mais comme le sublime n'est point nécessaire à un rhéteur, il me semble que Longin n'a pu parler ici de cette prétendue bassesse du style

---

[1] *V. E.* Texte de 1674 à 1713. Le mot *même*, qui est pourtant assez utile, a été omis dans plusieurs éditions, telles que 1821 et 1823, Viol.; 1824, Fro.; 1825, Daun.; 1828, Thi.

de Cécilius. Il lui reproche souvent deux choses ; la première que son livre est beaucoup plus petit que son sujet, la seconde qu'il n'en a pas même touché les principaux points. Συγγραμμά- τιον..... ταπεινότερον ἐφάνη τῆς ὅλης ὑποθέσεως signifie : ce livre est trop petit pour tout son sujet. » *Dac., impr.*

La bassesse du style : c'est ainsi qu'il faut entendre ταπεινότερον. Je ne me souviens point d'avoir jamais vu ce mot employé dans le sens que lui veut donner M. Dacier ; et quand il s'en trouverait quelque exemple, il faudrait toujours, à mon avis, revenir au sens le plus naturel, qui est celui que je lui ai donné ; car pour ce qui est des paroles qui suivent τῆς ὅλης ὑποθέσεως, cela veut dire « que son style est partout inférieur à son sujet, » y ayant beaucoup d'exemples en grec de ces adjectifs mis pour l'adverbe. *Boil.*, 1683 à 1713.

Tollius (p. 270), Capperonnier, Saint-Marc et Toup (cité par M. Daunou) adoptent le sentiment de Dacier ; Boivin, celui de Boileau. La Harpe (il est cité, p. 294, note *b*) ne parle point de bassesse de style : il traduit simplement « nous avons trouvé « que son style était au-dessous de son sujet. »

4. P. 294, lig. 15. Il faut prendre ici le mot d'ἐπίνοια, comme il est pris en beaucoup d'endroits, pour une simple pensée. « Cécilius n'est pas tant à blâmer pour ses défauts, qu'à louer « pour la pensée qu'il a eue, pour le dessein qu'il a eu de bien « faire. » Il se prend aussi quelquefois pour invention ; mais il ne s'agit pas d'invention dans un traité de rhétorique, c'est de la raison et du bon sens dont il[1] est besoin. *Boil.*, 1683 à 1713.

Selon Dacier (*marg.* et *impr.*) et Tollius (p. 270), le texte de Longin signifie que Cécilius est à louer, non-seulement pour le dessein qu'il a eu de bien faire, mais pour avoir conçu, le premier, l'idée d'écrire, de traiter du Sublime.

5. P. 294, lig. 18. Le grec porte, ἀνδράσι πολιτικοῖς, VIRIS POLITICIS, c'est-à-dire les orateurs, en tant qu'ils sont opposés aux déclamateurs et à ceux qui font des discours de simple ostentation. Ceux qui ont lu Hermogène savent ce que c'est que πολιτικὸς λόγος, qui veut proprement dire un style d'usage et

---

[1] Incorrection : il faudrait *qu'il...*

propre aux affaires; à la différence du style des déclamateurs, qui n'est qu'un style d'apparat, où souvent l'on sort de la nature pour éblouir les yeux. L'auteur donc, par VIROS POLITICOS, entend ceux qui mettent en pratique SERMONEM POLITICUM. *Boil.*, 1674 *à* 1713 (extr. en part. de Le Fèvre. *Dac., marg.*).

6. P. 295, lig. 8. Je n'ai point exprimé φίλτατον, parce qu'il me semble tout-à-fait inutile en cet endroit. *Boil.*, 1674 *à* 1713.

Le Fèvre, Tollius (p. 271), Pearce, Toup et M. Weiske (ces derniers cités par M. Daunou) changent φίλτατον en φίλτατε (vocatif), *ô mon cher ami.*

7. P. 295, lig. 15. Gérard Langbaine, qui a fait de petites notes très savantes sur Longin, prétend qu'il y a ici une faute, et qu'au lieu de περιέβαλον εὐκλείαις τὸν αἰῶνα, il faut mettre ὑπερέβαλον εὐκλείαις. Ainsi, dans son sens, il faudrait traduire, « ont « porté leur gloire au-delà de leurs siècles. » Mais il se trompe : περιέβαλον veut dire, « ont embrassé, ont rempli toute la posté-« rité de l'étendue de leur gloire. » Et quand on voudrait même entendre ce passage à sa manière, il ne faudrait point faire pour cela de correction, puisque περιέβαλον signifie quelquefois ὑπερέβαλον, comme on le voit dans ce vers d'Homère (Iliade, liv. 23, v. 276). *Boil.*, 1674 *à* 1713 (extrait en partie de Le Fèvre. *Dac., marg.*).

Ἴστε γὰρ ὅσσον ἐμοὶ ἀρετῇ περιβάλλετον ἵπποι.

Tollius, dit M. Daunou, a aussi rejeté la correction de Langbaine. Ruhnken l'adopte, et Toup traduit à-peu-près comme Boileau.

8. P. 296, lig. 4. Je[1] ne sais pourquoi M. Le Fèvre veut changer cet endroit, qui, à mon avis, s'entend fort bien sans mettre πάντως au lieu de παντός, « surmonte tous ceux qui l'é-« coutent[2], se met au-dessus de tous ceux qui l'écoutent». *Boil.*, 1683 *à* 1713.

---

[1] *V. O.* 1674 à 1682. La note y est ainsi rédigée. « Je ne sais pourquoi M. Le Fèvre va employer des machines pour obscurcir cet endroit qui est assez clair de lui-même. » Dacier (*marg.*) s'est contenté de mettre ici le signe (*M.*) de *Mauvais;* et, il faut l'avouer, c'est tout ce que méritait cette tournure si triviale.

[2] *V. E.* La ligne suivante a été omise, sans doute par inadvertance, dans quelques éditions, telles que 1825, Dau.; 1828, Thi...

Dacier (*impr.*) et Gori ont suivi l'opinion de Le Fèvre. Toup et M. Weiske ont conservé παντὸς. *M. Daunou.*

9. P. 297, lig. 18. Il faut suppléer au grec, et sous-entendre πλοῖα, qui veut dire des vaisseaux de charge, καὶ ὡς ἐπικινδυνότερα αὐτὰ πλοῖα, etc., et expliquer ἀνερμάτιστα, dans le sens de M. Le Fèvre et de Suidas, des vaisseaux qui flottent, manque de sable et de gravier dans le fond, qui les soutienne et leur donne le poids qu'ils doivent avoir; auxquels on n'a pas donné le lest[1]. Autrement il n'y a point de sens. *Boil.*, 1674 à 1713.

10. P. 298, lig. 6. J'ai suppléé la *reddition*[2] de la comparaison qui manque en cet endroit dans l'original. *Boil.*, 1674 à 1713. — Il devait dire « je me suis servi du *supplément* de Le Fèvre ». *Dac., marg. et mss.*

Il manque ici, dit Saint-Marc, deux feuillets au manuscrit (B. R.). On n'a, pour remplir cette lacune, qu'un fragment de quelques lignes, recouvré par Tollius (p. 273) et dont il a fait une espèce de paraphrase (Brossette et d'autres commentateurs la donnent).

11. P. 298, lig. 9. Il y a ici une lacune considérable. L'auteur, après avoir montré qu'on peut donner des règles du sublime, commençait à traiter des vices qui lui sont opposés, et entre autres du style enflé, qui n'est autre chose que le sublime trop poussé. Il en faisait voir l'extravagance par le passage d'un je ne sais quel poète tragique dont il reste encore ici quatre vers; mais comme ces vers étaient déjà fort galimatias d'eux-mêmes, au rapport de Longin, ils le sont devenus encore bien davantage par la perte de ceux qui les précédaient. J'ai donc cru que le plus court était de les passer, n'y ayant dans ces quatre vers qu'un des trois mots que l'auteur raille dans la suite. En voilà pourtant le sens confusément. C'est quelque Capanée qui parle dans une tragédie. « Et qu'ils arrêtent la flamme qui sort à longs « flots de la fournaise ; car si je trouve le maître de la maison « seul, alors d'un seul torrent de flammes entortillé, j'embra-

---

[1] V. O. 1674 à 1682. Les mots *auxquels* jusqu'à *lest* n'y sont pas : ils furent intercallés en 1683.

[2] Expression inintelligible.

« serai la maison, et la réduirai toute en cendres. Mais cette
« noble musique ne s'est pas encore fait ouïr ». (*Boil.*, 1674 à
1713). J'ai suivi ici l'interprétation de Langbaine. Comme cette
tragédie est perdue, on peut donner à ce passage tel sens qu'on
voudra; mais je doute qu'on attrape le vrai sens. Voyez les notes
de M. Dacier. *Boil.*, 1683 à 1713.

Dacier (*impr.*) y dit qu'il croit que le dernier vers doit être
traduit ainsi : *Ne viens-je pas de vous donner une agréable musique?* Il ajoute (*ib.* et *marg.*) : 1° que ce n'est pas *quelque Capanée*, comme l'annonce Boileau, mais Borée qui parle, et qui
s'applaudit des grands vers qu'il a récités ; 2° qu'au lieu de *mais
cette noble musique*, etc., il faut : *mais je n'ai pas fait là une
belle musique...*

12. P. 299, lig. 4. Hermogène va plus loin, et trouve celui
qui a dit cette pensée digne des sépulcres dont il parle. Cependant je doute qu'elle déplût aux poètes de notre siècle, et elle
ne serait pas en effet si condamnable dans les vers. *Boil.*, 1674
à 1713.

13. P. 299, lig. 12. *Ouvre une grande bouche pour souffler dans
une petite flûte.* J'ai traduit ainsi Φορβείας δ' ἄπερ, afin de rendre
la chose intelligible. Pour expliquer ce que veut dire Φορβεία,
il faut savoir que la flûte, chez les anciens, était fort différente
de la flûte d'aujourd'hui; car[1] on en tirait un son bien plus
éclatant, et pareil au son de la trompette, TUBÆQUE ÆMULA, dit
Horace. Il fallait donc, pour en jouer, employer une plus grande
force d'haleine, et par conséquent s'enfler extrêmement les joues,
qui était une chose désagréable à la vue. Ce fut en effet ce qui
en dégoûta Minerve et Alcibiade. Pour obvier à cette difformi-
té, ils imaginèrent une espèce de lanière ou courroie qui s'ap-
pliquait sur la bouche, et se liait derrière la tête, ayant au milieu un petit trou par où l'on embouchait la flûte. Plutarque
prétend que Marsyas en fut l'inventeur. Ils appelaient cette la-

---

[1] *V. O.* ou *E.* (en part.) 1674 à 1682... car *comme elle était composée de plusieurs tuyaux inégaux*, on en... — Les mots en italiques furent supprimés, non
en 1694, comme le dit M. de S.-S., mais en 1685 (ils le sont aussi à 1692, A., et
1694, Toll.).

nière Φορβείαν : et elle faisait deux différens effets ; car, outre qu'en serrant les joues elle les empêchait de s'enfler, elle donnait bien plus de force à l'haleine, qui, étant repoussée, sortait avec beaucoup plus d'impétuosité et d'agrément. L'auteur donc, pour exprimer un poète enflé, qui souffle et se démène sans faire de bruit, le compare à un homme qui joue de la flûte sans cette lanière. Mais comme cela n'a point de rapport à la flûte d'aujourd'hui, puisqu'à peine on serre les lèvres quand on en joue, j'ai cru qu'il valait mieux mettre une pensée équivalente, pour qu'elle ne s'éloignât point trop de la chose, afin que le lecteur qui ne soucie pas fort [1] des antiquailles, puisse passer, sans être obligé, pour m'entendre, d'avoir recours aux remarques. *Boil.*, 1674 *à* 1713.

14. P. 302, lig. 1. Ἐπινοητικός veut dire un homme qui imagine, qui pense sur toutes choses ce qu'il faut penser ; et c'est proprement ce qu'on appelle un homme de bon sens. *Boil.*, 1683 *à* 1713.

Selon Dacier (*marg.* et *impr.*) il s'agit d'un homme qui a de l'*imagination*, de l'*invention*, etc.

15. P. 302, lig. 10. Le grec porte, « à composer son panégy-« rique pour la guerre contre les Perses. » Mais si je l'avais traduit de la sorte, on croirait qu'il s'agirait ici d'un autre panégyrique que du panégyrique d'Isocrate, qui est un mot consacré en notre langue. *Boil.*, 1683 *à* 1713. — Dacier (*impr.*) préfère LE à *son* panégyrique ; *son*, dans le texte (p. 302), pouvant être rapporté à *Alexandre*.

16. P. 302, lig. 12. Il y a dans le grec, « du Macédonien avec un sophiste. » A l'égard du *Macédonien*, il fallait que ce mot eût quelque grâce en grec, et qu'on appelât ainsi Alexandre par excellence, comme nous appelons Cicéron, l'orateur romain. Mais le Macédonien en français, pour Alexandre, serait ridicule. Pour le mot de sophiste, il signifie bien plutôt en grec

---

[1] V. et F. N. R. Texte de 1701 et 1713, au lieu de *tant* qui était dans les éditions précédentes et que Brossette, suivi par tous les éditeurs, excepté par celui de Paris, 1798, par M. de Saint-Surin et par Auger (1825), a rétabli très mal à propos, car *fort* vaut beaucoup mieux.

un rhéteur qu'un sophiste, qui en français ne peut jamais être pris en bonne part, et signifie toujours un homme qui trompe par de fausses raisons, qui fait des sophismes, CAVILLATOREM; au lieu qu'en grec c'est souvent un nom honorable. *Boil.*, 1674 *à* 1713.

17. P. 302, lig. 23. *Qui tirait son nom d'Hermès...* Cela n'explique point, à mon avis, la pensée de Timée, qui dit : « Parce « qu'il y avait un des chefs de l'armée ennemie, savoir Hermo- « crate, fils d'Hermon, qui descendait en droite ligne de celui « qu'ils avaient maltraité. » *Dac.*, *marg.* et *impr.*

Le grec porte, « qui tirait son nom du Dieu qu'on avait of- « fensé; » mais j'ai mis d'Hermès, afin qu'on vît mieux le jeu de mots. Quoi que puisse dire M. Dacier, je suis de l'avis de Langbaine, et ne crois point que ὃς ἀπὸ τοῦ παρανομηθέντος..... ἦν veuille dire autre chose que, « qui tirait son nom, de père en « fils, du Dieu qu'on avait offensé. » *Boil.*, 1683 *à* 1713.

18. P. 303, lig. 14. Ce passage est corrompu dans tous les exemplaires que nous avons de Xénophon, où l'on a mis θάλαμοις pour ὀφθαλμοῖς, faute d'avoir entendu l'équivoque de κόρη. Cela fait voir qu'il ne faut pas aisément changer le texte d'un auteur. *Boil.*, 1674 *à* 1713. — « Les prunelles placées au dedans des « yeux comme des vierges dans la chambre nuptiale, et cachées « sous des paupières comme sous des voiles »... Ces paroles d'Isidore de Péluse, mettent la pensée de Xénophon dans tout son jour. *Boivin.*

19. P. 304, ligne 5. C'est ainsi qu'il faut entendre ὡς φωρίου τινὸς ἐφαπτόμενος, et non pas, « sans lui en faire une espèce de vol, » TANQUAM FURTUM QUODDAM ATTINGENS; car cela aurait bien moins de sel. *Boil.*, 1674 *à* 1713.

20. P. 304, lig. 12. L'opposition qui est dans le texte entre κόρας et πόρνας n'est pas dans la traduction entre *vierges* et *prunelles impudiques*. Cependant comme c'est cette opposition qui fait le ridicule que Longin a trouvé dans le passage de Timée, j'aurais voulu là conserver et traduire, « s'il eût eu des vierges aux yeux, et non pas des courtisanes. » *Dac.*, *marg.* et *impr.* — La version de Dacier, selon la remarque de M. Daunou, est encore plus malheureuse que celle de Boileau.

REMARQUES.

21. P. 304, lig. 17. Pour conserver le ridicule que Longin fait remarquer dans ce passage, il fallait mettre *mémoires* et non *monumens* de cyprès... On dit fort bien des *mémoires;* le ridicule est d'y joindre la matière (*de cyprès...*). *Dac., marg.* et *impr.*

Le[1] froid de ce mot consiste dans le terme de MONUMENS mis avec CYPRÈS. C'est comme si on disait, à propos des registres du parlement : « Ils poseront dans le greffe ces monumens de par-« chemin. » M. Dacier se trompe fort sur cet endroit[2]. *Boil.*, 1701 *à* 1713 (M. Daunou est de l'avis de Dacier).

22. P. 305, lig. 1. Ce sont des ambassadeurs persans qui le disent, dans Hérodote[3], chez le roi de Macédoine, Amyntas. Cependant Plutarque l'attribue à Alexandre-le-Grand, et le met au rang des apophthegmes de ce prince. Si cela est, il fallait qu'Alexandre l'eût pris à Hérodote. Je suis pourtant du senti-

---

[1] *V.* et *F. N. R.* Boileau composa la réponse qu'on va lire, après le tirage de la feuille où elle aurait dû être placée dans l'édition de 1683. Il l'inséra alors dans un espace blanc qui restait à la fin de ses remarques (p. 146); elle y commençait ainsi : « *Monumens de cyprès.* J'ai oublié de dire à propos de ces pa-« roles de Timée, qui sont rapportées dans le troisième chapitre, que je ne suis « point du sentiment de monsieur Dacier et que tout le froid à mon avis, de ce « passage consiste... (la suite comme ci-dessus, sauf qu'il y a *comme qui dirait*, au lieu de *comme si on disait*).

L'insertion fut si précipitée que Boileau y attribua à Timée ce qui concerne Platon (ci-dev. p. 304) et l'imprimeur mit *ce troid* pour *le froid*, mais Boileau lui fit corriger à la main et avec soin ces fautes (nous avons cinq exemplaires qui ont la correction et de la même main), et elles le furent ensuite à l'impression, en 1685 et 1694; et enfin, en 1701, il réduisit et rectifia la remarque comme on la lit ci-dessus et la plaça (*idem*, en 1713) en son véritable lieu.

Cela n'aura pas plu à Brossette. Il a encore préféré l'ancienne version à la nouvelle sans prendre garde qu'elle était rectifiée et que son préambule (*j'ai oublié*, etc.) n'avait plus de sens à cause du lieu où il plaçait la note... et l'on s'est également empressé d'imiter Brossette dans plus de *trente* éditions, telles que 1717, 1720 et 1721, Vest.; 1718, 1722 et 1729, Dum.; 1721, Bru.; 1726, Bill.; 1733, Gori; 1735, A.; 1735 et 1740, Souch.; 1743, A.; 1745, P.; 1746 et 1767, Dr.; 1749, A.; 1750, 1757, 1766, 1768 et 1769, P.; 1788, 1789, 1800, 1815 et 1819, Did.; 1793, P.; 1810, Ray.; 1815, Lécr.; 1820, Mén.; 1822, Jeun.; 1828, Thi.; 1829, B. ch...

[2] *V. E.* Ces trois derniers mots sont omis dans quelques éditions, telles que 1809 et 1825, Dau.; 1821 et 1823, Viol.; 1824, Fro...

[3] Livre v, chap. 18. *M. Daunou.*

ment de Longin, et je trouve le mot froid dans la bouche même d'Alexandre. *Boil.*, 1674 à 1713. — Dacier (*impr.*) trouve le jugement de Longin un peu trop sévère.

23. P. 309, lig. 1. Οὗ πολλὴ μὲν ἡ ἀναθεώρησις, dont la contem-« plation est fort étendue, qui nous remplit d'une grande idée. » A l'égard de κατεξανάστησις, il est vrai que ce mot ne se rencontre nulle part dans les auteurs grecs; mais le sens que je lui donne est celui, à mon avis, qui lui convient le mieux; et lorsque je puis trouver un sens au mot d'un auteur, je n'aime point à corriger le texte[1]. *Boil.*, 1683 à 1713 (*voy.* ci-dev. p. 309, note *b*).

24. P. 309, lig. 11. Les mots λόγων ἕν τι doivent être séparés... Longin dit : « Lorsqu'en un grand nombre de personnes dont « les inclinations, l'âge, l'humeur, la profession et le langage « sont différens, tout le monde vient à être frappé également « d'un même endroit; ce jugement, etc. » *Dac., impr.*

Λόγων ἕν τι, c'est ainsi que tous les interprètes de Longin ont joint ces mots. M. Dacier les arrange d'une autre sorte, mais je doute qu'il ait raison. *Boil.*, 1683 à 1713 (le sentiment de Dacier est adopté par Toup et M. Weiske, cités et approuvés par M. Daunou).

25. P. 311, lig. 16. Aloüs était fils de Titan et de la Terre. Sa femme s'appelait Iphimédie; elle fut violée par Neptune, dont elle eut deux enfans, Otus et Ephialte, qui furent appelés Aloïdes, à cause qu'ils furent nourris et élevés chez Aloüs comme ses enfans. Virgile en a parlé dans le VIe livre de l'Énéide, v. 582.

   Hic et Aloïdas geminos, immania vidi
   Corpora.   *Boil.*, 1674 à 1713.

26. P. 314, lig. 8. Tout ceci jusqu'à « cette grandeur qu'il lui donne, etc., » est suppléé au texte grec, qui est défectueux en cet endroit. *Boil.*, 1674 à 1713. — Cela ne ferait que quelques lignes, que Gabriel Pétra, approuvé par Le Fèvre et suivi ici par Boileau, a suppléées; mais, selon Boivin (il entre à ce sujet dans de grands détails), l'examen d'un manuscrit de la biblio-

---

[1] Avis à plus d'un éditeur.

thèque royale, que l'on peut considérer comme original, par rapport à tous ceux de Longin, prouve qu'il manque ici plusieurs feuillets... Il observe au surplus qu'il y a six grandes lacunes dans le Traité du Sublime, savoir aux chapitres II, VII, X, XVI, XXV et XXXI.

27. P. 319, lig. 8. Il y a dans le grec, « que l'eau, en voyant « Neptune, se ridait et semblait sourire de joie. » Mais cela serait trop fort en notre langue. Au reste j'ai cru que « l'eau re- « connaît son roi » serait quelque chose de plus sublime que de mettre comme il y a dans le grec, « que les baleines reconnais- « sent leur roi. » J'ai tâché, dans les passages qui sont rapportés d'Homère à enchérir sur lui, plutôt que de le suivre trop scrupuleusement à la piste. *Boil.*[1], 1683 à 1713.

28. P. 320, lig. 7. Il y a dans Homère : « Et après cela fais- « nous périr, si tu veux, à la clarté des cieux. » Mais cela aurait été faible en notre langue, et n'aurait pas si bien mis en jour la remarque de Longin, que, « et combats contre nous, etc. » Ajoutez que de dire à Jupiter, « combats contre nous, » c'est presque la même chose que « fais-nous périr, » puisque dans un combat contre Jupiter on ne saurait éviter de périr. *Boil.*, 1674 à 1713.

29. P. 321, lig. 12. Je ne crois point que Longin ait voulu dire que les accidens qui arrivent dans l'Iliade sont déplorés par les héros de l'Odyssée. Mais il dit : « Ajoutez qu'Homère rap- « porte dans l'Odyssée des plaintes et des lamentations, comme « connues dès long-temps à ses héros. » *Dac., impr.*

La remarque de M. Dacier sur cet endroit est fort savante et fort subtile, mais je m'en tiens pourtant toujours à mon sens. *Boil.*, 1683 à 1713.

30. P. 322, ligne 14. Voilà, à mon avis, le véritable sens de πλάνος (πλάνοις). Car pour ce qui est de dire qu'il n'y a pas d'apparence que Longin ait accusé Homère de tant d'absurdités, cela n'est pas vrai, puisqu'à quelques lignes de là il entre même dans le détail de ces absurdités. Au reste, quand il dit, « des fables

---

[1] Il répond ici à une remarque de Dacier (impr.). Homère, observe celui-ci, dit que les baleines sautent et reconnaissent leur roi; que les flots s'entrouvrent; etc.

incroyables », il n'entend pas des fables qui ne sont point vraisemblables, mais des fables qui ne sont point vraisemblablement contées, comme la disette d'Ulysse, qui fut dix jours sans manger, etc.[1] *Boil.*, 1683 à 1713.

31. P. 325, ligne 11. Le grec ajoute, « comme l'herbe, » mais cela ne se dit point en français. *Boil.*, 1674 à 1713.

32. P. 325, lig. 12. Il y a dans le grec, « une sueur froide; » mais le mot de SUEUR en français ne peut jamais être agréable, et laisse une vilaine idée à l'esprit. *Boil.*, 1674 à 1713. — Dans sa traduction de l'ode de Sapho, Boileau a suivi un texte retouché, sans ménagement, par les érudits; mais « toutes les diver-
« sités de leçons ne changent pas beaucoup au sens qu'il a ad-
« mirablement bien exprimé. » *Boivin.*

33. P. 326, ligne 1. C'est ainsi que j'ai traduit φοβεῖται, et c'est ainsi qu'il le faut entendre, comme je le prouverai aisément s'il est nécessaire. Horace, qui est amoureux des hellénismes, emploie le mot de METUS en ce même sens dans l'ode BACCHUM IN REMOTIS, quand il dit : EVOE! RECENTI MENS TREPIDAT METU; car cela veut dire : « Je suis encore plein de la sainte horreur du Dieu qui m'a transporté. » *Boil.*, 1674 à 1713.

34. P. 327, lig. 18. Il y a dans le grec, « et joignant par force « ensemble des prépositions qui naturellement n'entrent point « dans une même composition, ὑπ' ἐκ θανάτοιο : par cette violence « qu'il leur fait, il donne à son vers le mouvement même de la « tempête, et exprime admirablement la passion; car, par la ru-
« desse de ces syllabes qui se heurtent l'une l'autre, il imprime
« jusque dans ses[2] mots l'image du péril, ὑπ' ἐκ θανάτοιο φέρονται. »
Mais j'ai passé tout cela parce qu'il est entièrement attaché à la langue grecque. *Boil.*, 1674 à 1713.

35. P. 327, ligne 22. L'auteur n'a pas rapporté tout le pas-

---

[1] Autre réponse à une remarque de Dacier (impr.). Selon lui Longin se borne à dire qu'Homère ne laisse pas d'être grand dans les narrations même incroyables et fabuleuses de l'Odyssée... Dans la suivante il observe que Longin comprend dans ces narrations incroyables les tempêtes et les aventures d'Ulysse avec le cyclope, tandis que dans la version de Boileau (p. 322, lig. 14 à 17) il semble ne pas les comprendre.

[2] *V. E.* On a mis mal-à-propos *ces*, dans plusieurs éditions.

sage, parce qu'il est un peu long. Il est tiré de l'oraison pour Ctésiphon. Le voici : « Il était déjà fort tard lorsqu'un courrier « vint apporter au Prytanée la nouvelle que la ville d'Élatée « était prise. Les magistrats qui soupaient dans ce moment, « quittent aussitôt la table. Les uns vont dans la place publique, « ils en chassent les marchands ; et, pour les obliger de se reti- « rer, ils brûlent les pieux des boutiques où ils étalaient. Les « autres envoient avertir les officiers de l'armée. On fait venir « le héraut public : toute la ville est pleine de tumulte. Le len- « demain, dès le point du jour, les magistrats assemblent le sénat. « Cependant, messieurs, vous couriez de toutes parts dans la « place publique, et le sénat n'avait pas encore rien[1] ordonné, « que tout le peuple était déjà assis. Dès que les sénateurs furent « entrés, les magistrats firent leur rapport. On entend le cour- « rier. Il confirme la nouvelle. Alors le héraut commence à « crier : Quelqu'un veut-il haranguer le peuple ? Mais personne « ne lui répond. Il a beau répéter la même chose plusieurs fois, « aucun ne se lève ; tous les officiers, tous les orateurs étant « présens aux yeux de la commune patrie, dont on entendait la « voix crier : N'y a-t-il personne qui ait un conseil à me donner « pour mon salut ? » *Boil.*, 1674 à 1713.

36. P. 330, lig. 15. Cet endroit est fort défectueux. L'auteur, après avoir fait quelques remarques encore sur l'amplification, venait ensuite à comparer deux orateurs dont on ne peut pas deviner les noms ; il reste même dans le texte trois ou quatre lignes de cette comparaison, que j'ai supprimées dans la tra- duction, parce que cela aurait embarrassé le lecteur, et aurait été inutile, puisqu'on ne sait point qui sont ceux dont l'auteur parle. Voici pourtant les paroles qui en restent : « Celui-ci est « plus abondant et plus riche. On peut comparer son éloquence « à une grande mer qui occupe beaucoup d'espace et se répand « en plusieurs endroits. L'un, à mon avis, est plus pathétique,

---

[1] Comment Boileau avait-il oublié la leçon donnée récemment par son ami (*Femmes savantes*, 1672, act. II, sc. 6) :

De *pas* mis avec *rien* tu fais la récidive :
Et c'est, comme on t'a dit, trop d'une négative.

« et a bien¹ plus de feu et d'éclat. L'autre demeurant toujours
« dans une certaine gravité pompeuse, n'est pas froid, à la vé-
« rité, mais n'a pas aussi tant d'activité ni de mouvement. » Le
traducteur latin a cru que ces paroles regardaient Cicéron et
Démosthène; mais, à mon avis², il se trompe. *Boil.*, 1674 à
1713.

37. P. 331, lig. 7. La modification *pour ainsi dire* n'est pas nécessaire ici : elle affaiblit d'ailleurs la pensée de Longin. *Dac.,
impr.* (M. Daunou est du même sentiment).

38. P. 331, lig. 10. Cette expression *répandre une rosée* ne
répond pas bien à l'abondance dont il est ici question, et il me
semble qu'elle obscurcit la pensée de Longin, qui oppose ici
καταντλῆσαι à ἐκπλῆξαι, et qui, après avoir dit que « le sublime
concis de Démosthène doit être employé lorsqu'il faut *entièrement étonner* l'auditeur, » ajoute « qu'on doit se servir de cette
riche abondance de Cicéron, lorsqu'il faut l'adoucir »... Le sublime concis est pour frapper; cette heureuse abondance est
pour guérir... *Oratio vehemens, oratio lenis... Dac., impr.*

M. Le Fèvre et M. Dacier (*voy. id., impr.*) donnent à ce passage une interprétation fort subtile; mais je ne suis point de leur
avis, et je rends ici le mot de³ καταντλῆσαι dans son sens le plus
naturel, ARROSER, RAFRAÎCHIR, qui est le propre du style abon-

---

¹ *V. O.* Texte de 1674 à 1713, à l'exception de 1701, in-12, où *bien* est omis,
ainsi que dans les éditions de Saint-Marc et de M. Amar.

² *V. O.* et *F. N. R.* 1674 à 1694 : *mais il se trompe.* Le correctif *à mon avis*,
fut ajouté en 1701 (il est aussi à 1713); ce qui s'explique par la circonstance que
Tollius, dont le travail avait été publié en 1694, soutient que c'est de *Platon*
et de *Démosthène* que Longin parle, et tel est aussi l'avis de Saint-Marc (IV,
299 et 519... Il ajoute que la lacune est de quatre pages).

Brossette, comme on pourrait l'induire de sa note sur l'opinion de Tollius, a
cru devoir faire reprendre à Boileau son ton tranchant primitif... Il a en conséquence supprimé les mots *à mon avis*, et c'est aussi ce qu'on a fait dans plus
de *vingt* éditions, telles que 1717, 1720 et 1721, Vest.; 1718, 1722 et 1729,
Dum.; 1721, Bru.; 1726, Bill.; 1733, Gori; 1735, A.; 1735 et 1740, Souch.;
1743, A.; 1745, P.; 1746 et 1767, Dr.; 1749, A.; 1750, 1757, 1766, 1768, 1769
et 1793, P.; 1822, Jeun.; 1829, B. ch...

³ *V. E.* Texte de 1683 à 1713. Ce *de* a été omis dans plusieurs éditions
modernes, telles que 1809 et 1825, Daun.; 1821 et 1823, Viol.; 1824, Fro.;
1828, Thi...

daut, opposé au style sec. *Boil.*, 1683 à 1713 (je ne trouve rien de Le Fèvre sur ce passage, dit Saint-Marc).

39. P. 334, lig. 3. Il y a dans le grec εἰ μὴ τὰ ἐπ' Ἰνδοὺς καὶ οἱ περὶ Ἀμμώνιον. Mais cet endroit vraisemblablement est corrompu; car quel rapport peuvent avoir les Indiens au sujet dont il s'agit? *Boil.*, 1674 à 1713.—Dacier (*impr.*), d'après Le Fèvre, lit εἴδους, au lieu d'Ἰνδοὺς.

40. P. 336, lig. 14. Il faut traduire : « Car si un homme, après « avoir envisagé ce jugement, tombe d'abord dans la crainte *de* « *ne pouvoir rien produire* qui lui survive, il est impossible que « les conceptions de son esprit ne soient aveugles et imparfaites, « et qu'elles n'avortent, pour ainsi dire, sans pouvoir jamais « parvenir à la dernière postérité. » *Dac., impr.*

On a vu que Boileau traduit, *car si un homme..... a peur, pour ainsi dire, d'*AVOIR DIT *quelque chose qui vive plus que lui.* — C'est ainsi (dit-il) qu'il faut entendre ce passage. Le sens que lui donne M. Dacier s'accorde assez bien au grec; mais il fait dire une chose de mauvais sens à Longin, puisqu'il n'est point vrai qu'un homme qui se défie que ses ouvrages aillent à la postérité ne produira jamais rien qui en soit digne; et qu'au contraire c'est cette défiance même qui lui fera[1] faire des efforts pour mettre ces[2] ouvrages en état d'y passer avec éloge. *Boil.*, 1683 à 1713.

Presque tous les commentateurs et traducteurs, dit M. Daunou, sont ici de l'avis de Dacier; et cependant M. Weiske reviendrait volontiers à celui de Despréaux.

41. P. 338, lig. 17. J'ai ajouté ce vers, que j'ai pris dans le texte d'Homère. *Boil.*, 1674 à 1713.

42. P. 339, lig. 17. Le grec porte, « au-dessus de la canicule : « ὄπισθε νῶτα Σείρειου βεβὼς....... Ἵππευε. Le soleil à cheval monta au-« dessus de la canicule. » Je ne vois pas pourquoi Rutgersius ni

---

[1] *V. O.* et *F. N. R.* 1683 à 1694... *qu'au contraire cette défiance même fera...* — Brossette préfère encore cette leçon ancienne à la nouvelle qui est cependant meilleure, et il est également imité, dans toutes les éditions, citées page 418, note 2, excepté dans celle de 1822 (la remarque y est supprimée).

[2] *V. E.* Texte de 1683 à 1713, et non pas *ses*, comme on lit dans les éditions citées p. 418, note 3.

M.[1] Le Fèvre veulent changer cet endroit, puisqu'il est fort clair, et ne veut dire autre chose, sinon que le soleil monta au-dessus de la canicule, c'est-à-dire dans le centre du ciel, où les astrologues tiennent que cet astre est placé, et, comme j'ai mis, « au plus haut des cieux, » pour voir marcher Phaéton, et que de là il lui criait encore : Va par-là, reviens, détourne, etc. *Boil.*, 1674 à 1713.

Dacier (*impr.*), dans une longue note, nie que Le Fèvre ait voulu changer cet endroit; il a seulement proposé une nouvelle manière de lire un mot grec, mais elle ne change rien au sens.. Au reste, selon Dacier, Euripide n'a point voulu dire que *le soleil monte à cheval au-dessus de la canicule ;* mais... sur un astre qu'il appelle Σείριον, *Sirium,* qui est le nom général de tous les astres, et qui n'est point du tout ici la canicule. — Tollius et Gori traduisent comme Boileau : Pearce et Capperonnier adoptent le sens de Le Fèvre et de Dacier... *Saint-Marc.*

43. P. 352, lig. 5. Le grec ajoute : « Il y a encore un autre moyen « car on le[2] peut voir dans le passage d'Hérodote, qui est extrê- « mement sublime. » Mais je n'ai pas cru devoir mettre ces paroles en[3] cet endroit, qui est fort défectueux, puisqu'elles ne forment aucun sens, et ne serviraient qu'à embarrasser le lecteur. *Boil.*, 1674 à 1713 (il y a une lacune d'environ quatre pages. *Saint-Marc*).

44. P. 352, lig. 7. J'ai suppléé cela (ce qui est entre des guillemets) au texte, parce que le sens y conduit de[4] lui-même. *Boil.*, 1674 à 1713.

45. P. 352, lig. 17. Tous les exemplaires de Longin mettent ici des étoiles, comme si l'endroit était défectueux; mais ils se trompent. La remarque de Longin est fort juste, et ne regarde que

---

[1] V. O. et E. 1674 à 1682... Rutgersius *ni* Le Fèvre...—1683 à 1713... Rutgersius ni M. Le Fèvre.—Brossette a substitué *et* à *ni* (cela vaut sans doute mieux; mais il aurait dû en avertir)... et il a été suivi dans toutes les éditions indiquées aux notes 1 et 2, p. 413.

[2] *V. E.* Texte de 1674 à 1713, et non pas *on peut le,* comme dans quelques éditions modernes.

[3] *V. O.* 1674 à 1700... *paroles à cet endroit...*

[4] V. O. 1674 à 1682... *de* soi-*même...*

ces deux périodes sans conjonction : « Nous avons par ton or-
« dre, » etc.; et ensuite, « Nous avons dans le fond, » etc. *Boil.*,
1674 à 1713 (extr. de Le Fèvre. *Dac.*, *marg.*).

46. P. 352, lig. 22. La restitution de M. Le Fèvre est fort
bonne, συνδιωκούσης, et non pas συνδιοικούσης. J'en avais fait la remarque avant [1] lui. *Boil.*, 1674 à 1713.

47. P. 358, lig. 23. Quoi qu'en veuille dire M. Le Fèvre, il y a
ici deux vers, et la remarque de Langbaine me paraît [2] juste; car
je ne vois pas pourquoi, en mettant θύνον, il est absolument nécessaire de mettre καί. *Boil.*, 1674 à 1713. — Dacier (*impr.*) soutient vivement l'opinion de Le Fèvre (*voy.* quant aux modernes,
M. Daunou).

48. P. 360, lig. 19. Il y a dans le grec οἱ θεώμενοι. C'est une faute;
il faut mettre comme il y a dans Hérodote, θέητρον; autrement
Longin n'aurait su ce qu'il voulait dire. *Boil.*, 1674 à 1713
(extr. de Le Fèvre. *Dac.*, *marg.*).

49. P. 364, lig. 11. Ce passage d'Hécatée a été expliqué de la
même manière (que Boileau) par tous les interprètes; mais ce n'est
guère la coutume qu'un héraut pèse la conséquence des ordres
qu'il a reçus; ce n'est point aussi la pensée de cet historien.
M. Le Fèvre avait fort bien vu que ταῦτα δεινὰ ποιούμενος ne signifie
point du tout *pesant la conséquence de ces choses,* mais *étant
bien fâché de ces choses,* comme mille exemples en font foi; et
que ὤν n'est point ici un participe, mais ὤν pour οὖν dans le style
d'Ionie, qui était celui de cet auteur; c'est-à-dire que ὡς μὴ ὤν...
ne signifie point *comme si je n'étais point au monde;* mais, *afin
donc que vous ne périssiez pas entièrement...* Dac., impr.

M. Le Fèvre et M. Dacier donnent un autre sens à ce passage
d'Hécatée, et font même une restitution sur ὡς μὴ ὤν, dont ils
changent ainsi l'accent, ὡς μὴ ὦν, prétendant que c'est un ionisme

---

[1] V. O. 1674 à 1682... *auparavant...* — Dacier (*marg.*) a souligné ce mot et
mis le signe M. (mauvais).

[2] V. O. et *F. N. R.* 1674 à 1700... *Langbaine est fort juste.* — Autre circonstance où Brossette abandonne le tempérament apporté par Boileau (édit.
de 1701 et 1713) à son avis, et le rétablit tel qu'il était dans les éditions primi-
tives; et où il a été aussi imité, et cela sans aucune raison, dans toutes les éditions citées notes 1 et 2, p. 413.

pour ὡς μὴ οὖν. Peut-être ont-ils raison ; mais peut-être aussi qu'ils se trompent, puisqu'on ne sait de quoi il s'agit en cet endroit, le livre d'Hécatée étant perdu. En attendant donc que ce livre soit retrouvé, j'ai cru que le plus sûr était de suivre le sens de Gabriel de Pétra et des autres interprètes, sans y changer ni accent ni virgule. *Boil.*, 1683 à 1713.

50. P. 366, lig. 13. C'est ainsi qu'il faut entendre παραφώνων, ces mots φθόγγοι παραφώνοι ne voulant dire autre chose que les parties faites sur le sujet; et il n'y a rien qui convienne mieux à la périphrase, qui n'est autre chose qu'un assemblage de mots qui répondent différemment au mot propre, et par le moyen desquels, comme l'auteur le dit dans la suite, d'une diction toute simple, on fait une espèce de concert et d'harmonie. Voilà le sens le plus naturel qu'on puisse donner à ce passage ; car je ne suis pas de l'avis de ces modernes qui ne veulent pas que, dans la musique des anciens, dont on nous raconte des effets si prodigieux, il y ait eu des parties, puisque sans parties il ne peut y avoir d'harmonie. Je m'en rapporte pourtant aux savans en musique, et je n'ai pas assez de connaissance de cet art pour décider souverainement là-dessus.[1] *Boil.*, 1674 à 1713.

M. Daunou, entrant en quelque sorte dans les idées de Boileau, a rapporté une explication du passage de Longin donnée par un musicien-helléniste (l'abbé Arnauld); la voici (Acad. Inscrip., XXXVII, 107, etc.) : « Je suis convaincu que par sons
« paraphones, Denys Longin n'entend autre chose que ces notes
« que nous appelons de goût et de passage, et qui, loin de dé-
« naturer la substance du chant, l'enrichissent et l'ornent infi-
« niment. De même que les variations musicales qui portent dans
« un air un beaucoup plus grand nombre de sons, sans en altérer
« le sens et le thème, lui prêtent plus d'agrément et de vie,
« ainsi la périphrase qui consiste à expliquer une chose par un
« certain nombre de mots, au lieu de la désigner par son terme
« propre, donne souvent à cette chose plus d'énergie et de grâce.
« Dès-lors il n'y a plus d'obscurité ; la comparaison devient on
« ne peut pas plus juste. »

---

[1] *Voy.* tome IV, p. 450 et 451, lettre à Brossette, du 7 janvier 1709.

51. P. 368, lig. 9. On a vu (même page, note *c*) que dans les premières éditions (1674 à 1682) de la traduction du Sublime on lisait au texte : *leur envoya la maladie des femmes;* ce que Boileau expliquait, à la marge, par le mot *hémorroïdes.* Dacier, dans ses conférences avec Boileau (*ci-dev.*, Obs. prélim., n° 1, p. 405) convint que tous les interprètes précédens avaient entendu ainsi ce passage d'Hérodote [1], mais observa que les mots θήλειαν νοῦσον, *la maladie féminine,* ne pouvaient guère s'appliquer à une incommodité commune aux deux sexes, et soutint que l'historien désignait ici la maladie périodique qui est particulière aux femmes. Cette opinion de Dacier étant développée dans une des remarques qu'on devait mettre et qu'on mit aussi à la fin (p. 170) de l'édition de 1683, Boileau y répondit (p. 143) dans la même édition [2] par une autre remarque, ainsi conçue :

« Ce passage a fort exercé jusqu'ici les savans, entre autres M. Costar et M. de Girac. C'est ce dernier dont [3] j'ai suivi le sens, qui m'a paru beaucoup le meilleur [4], y ayant un fort grand rapport de la maladie naturelle qu'ont les femmes, avec les hémorrhoïdes. Je ne blâme pourtant pas le sens de M. Dacier. »

Cette remarque fut reproduite dans les éditions de 1685 et 1694 [5]; mais Boileau changea d'avis lorsqu'il eut vu l'édition de Longin publiée par Tollius (1694), et où cet érudit se fondant sur un passage d'Hippocrate, soutenait qu'Hérodote n'avait voulu parler ni de la maladie ordinaire des femmes, ni des hémorrhoïdes, mais d'une maladie plus abominable. En conséquence, dans son édition de 1701 (*ci-dev.*, p. 368), il rendit θήλειαν νοῦσον par *une maladie qui les rendait femmes* (c'est-à-dire

---

[1] Livre I, ch. 105. M. Daunou.

[2] Et non dans celle de 1694, comme le disent Saint-Marc (III, 549) et, d'après lui, quelques éditeurs modernes.

[3] *F. N. R.* Texte de 1683 et 1685. L'éditeur de Paris, 1750, a mis : *c'est de ce dernier dont...* et ce barbarisme a été répété par ceux de 1757, 1766, 1768, 1769 et 1793, P.

[4] *V. O.* et *F. N. R...* Texte de 1683 et 1685... En 1694, Boileau mit simplement *beaucoup meilleur.* Brossette n'a suivi ni l'une ni l'autre leçon; il a mis *qui m'a paru* le meilleur... et c'est aussi ce qu'on a fait dans les éditions indiquées page 418, note 2.

[5] Sauf le changement indiqué dans la note précédente.

impuissans), et substitua la remarque suivante [1] à celle de 1683, 1685 et 1694.

« Ce passage a fort exercé jusques [2] ici les savans, et entre autres M. Costar et M. de Girac [3]; l'un prétendant que θήλειαν νοῦσον signifiait une maladie qui rendit les Scythes efféminés; l'autre, que cela voulait dire que Vénus leur envoya des hémorrhoïdes. Mais il paraît incontestablement, par un passage d'Hippocrate, que le vrai sens est qu'elle les rendit impuissans, puisqu'en l'expliquant des [4] deux autres manières, la périphrase d'Hérodote serait plutôt une obscure énigme qu'une agréable circonlocution. » *Boil.*, 1701 à 1713.

Les savans du XVIIIe et du XIXe siècle n'ont pas été moins divisés que ceux du XVIIe sur le sens du même passage, comme on peut le voir par les notes de M. Daunou. Selon M. Weiske l'explication la plus vraisemblable serait encore celle que Boileau avait d'abord adoptée, les *hémorroïdes*.

52. P. 370, note *a*. Il y a avant ceci dans le grec, ὑπτικώτατον καὶ γόνιμον τόδ' Ἀνακρέοντος, οὐκέτι Θρηικίης ἐπιστρέφομαι. Mais je n'ai point exprimé ces paroles, où il y a assurément de l'erreur, le mot ὑπτικώτατον n'étant point grec. Et du reste, que peuvent dire ces mots? « Cette fécondité d'Anacréon : je ne me soucie plus de la Thracienne. » *Boil.*, 1674 à 1713.

Il fallait traduire : *Cet endroit d'Anacréon est très simple, quoique pur, je ne me soucie plus de la Thracienne.* Γόνιμον ne signifie point ici *fécond*, comme M. Despréaux l'a cru avec tous les autres interprètes, mais *pur*, comme quelquefois le *genuinum* des Latins..... Par cette Thracienne, il faut entendre cette fille

---

[1] *F. N. R.* Dans plusieurs éditions, telles que 1735 et 1740, Souch.; 1745, P.; 1750, 1757, 1766, 1768 et 1793, P., on s'est borné à la remarque de 1683 et l'on a omis tout-à-fait celle de 1701 (ci-dessus, lig. 3 à 11), par laquelle Boileau l'avait remplacée.

[2] *V. E.* Texte de 1701 et 1713. On y a substitué *jusqu'ici* dans l'édition de 1788, Did.; ce qui a été imité dans presque toutes les suivantes.

[3] *V. E.* Même texte. Tout ce qui suit a été omis dans la belle édition de Didot, 1789.

[4] *V. E.* Même texte, et non pas *en* l'exprimant *des*... comme on lit dans quelques éditions telles que 1809 et 1825, Daun.; 1821 et 1823, Viol.; 1828, Thi...

de Thrace dont Anacréon avait été amoureux, et pour laquelle il avait fait l'ode LXIII. *Dac.*, impr.

Il manque environ huit pages dans cet endroit de Longin. *Saint-Marc.*

53. P. 372, lig. 8. Il y a dans le grec προπεπωκότες, comme qui « dirait, ont bu notre [1] liberté à la santé de Philippe. » Chacun sait ce que veut dire προπίνειν en grec, mais on ne le peut pas exprimer par un mot français. *Boil.*, 1674 à 1713.

54. P. 374, lig. 23. Dacier (*impr.*) soutient dans une longue note que ce passage de Longin est corrompu... La rate, dit-il, ne peut jamais être raisonnablement appelée *la cuisine des intestins*; et ce qui suit (*la rate.... étant pleine des ordures du foie, elle s'enfle et devient bouffie*) détruit manifestement cette métaphore... Il propose alors de corriger le texte de Longin d'après celui de Platon, chose assez naturelle, puisque c'est un passage de Platon que Longin cite. Or, l'expression de Platon signifie proprement *une serviette à essuyer les mains*, et, dans ce sens, la rate serait destinée à entretenir la propreté, etc., etc... Cette correction est rejetée par Péarce, mais adoptée par Capperonnier, par Toup et par M. Weiske, cités par M. Daunou.

55. P. 381, lig. 17. Je n'ai point exprimé ἔνθεν et ἔνθεν δέ, de peur de trop embarrasser la période. *Boil.*, 1674 à 1713.

56. P. 382, lig. 8. Le titre de ce *chapitre* suppose qu'il roule entièrement sur Platon et sur Lysias; et cependant il n'y est parlé de Lysias qu'à la seconde ligne, et le reste ne regarde pas plus Lysias ou Platon, qu'Homère, Démosthène et les autres écrivains du premier ordre. *Boivin* (*voy.* quant à la division *en chapitres*, ci-dev. p. 303, note *a*). — M. Despréaux a ajouté au même titre les mots *et de l'excellence de l'esprit humain*, mais mal à propos, puisque c'est une matière dont il n'est pas question dans le chapitre. *Saint-Marc.*

57. P. 385, lig. 21. Au lieu de τὸ δ' ἐν ὑπεροχῇ πολλῇ οὐχ ὁμότονον, on lisait dans l'ancien manuscrit, τὸ δ' ἐν ὑπεροχῇ πολλῇ, πλὴν οὐχ ὁμότονον, etc. La construction est beaucoup plus nette en lisant

---

[1] *V. E.* Même texte, au lieu de *ils ont bu*, comme dans les mêmes éditions et dans celle de 1824, Fro.

ainsi, et le sens très clair : « Puisque de ne jamais tomber, c'est
« l'avantage de l'art, et que d'être très élevé, mais inégal, est le
« partage d'un esprit sublime; il faut que l'art vienne au secours
« de la nature. » *Boivin.*

La leçon proposée par Boivin a été adoptée par Toup et rejetée par Péarce, l'un et l'autre cités par M. Daunou.

58. P. 388, lig. 16. Après avoir noté (*marg.*) la traduction de ce passage comme mauvaise, et l'avoir sans doute critiquée de vive voix avec Boileau, Dacier l'attaqua en 1683 (*impr., p. 178*) dans une longue remarque, où il dit, entr'autres : « Comment conce-
« voir que des gens postés et retranchés sur une hauteur, se dé-
« fendent avec les dents contre des ennemis qui tirent toujours,
« et qui ne les attaquent que de loin? » Faisant ensuite, après Le Fèvre, diverses corrections au texte d'Hérodote, il le traduit ainsi : « Comme ils se défendaient encore dans le même lieu
« avec les épées qui leur restaient, les barbares les accablèrent
« de pierres et de traits. »

A l'appui de sa traduction, Boileau n'avait d'abord (1674 à 1682) fait que la partie guillemetée ci-après de sa remarque... Voulant ensuite répondre de quelque manière à Dacier, il y intercala, en 1683, le passage que nous y avons placé entre deux*; enfin il y ajouta, en 1701, la phrase qui commence par *et l'on ne saurait...*

« Ce passage est fort clair, cependant c'est une chose surpre-
« nante qu'il n'ait été entendu ni de Laurent Valle, qui a traduit
« Hérodote, ni des traducteurs de Longin, ni de ceux qui ont
« fait des notes sur cet auteur : tout cela, faute d'avoir pris garde
« que le verbe καταχόω veut quelquefois dire ENTERRER. Il faut
« voir les peines[1] que se donne M. Le Fèvre pour restituer ce
« passage, auquel, après bien du changement, il ne saurait[2]
« trouver de sens »* qui s'accommode à Longin, prétendant que le texte d'Hérodote était corrompu dès le temps de notre rhéteur, et que cette beauté qu'un si savant critique y remarque est l'ouvrage d'un mauvais copiste qui y a mêlé des paroles qui n'y

---

[1] V. O. 1674 à 1682... *les tortures que...*

[2] V. O. *Idem...* changement, il ne saurait *encore* trouver de sens...

étaient point.* « Je ne m'arrêterai point à réfuter un discours si « peu vraisemblable. Le sens que j'ai trouvé est si clair et si in- « faillible, qu'il dit tout (*Boil.*, 1674 à 1694)[1] ; » et l'on ne saurait excuser le savant M. Dacier de ce qu'il dit contre Longin et contre moi dans sa note sur ce passage, que par le zèle, plus pieux que raisonnable, qu'il a eu de défendre le père de son illustre épouse. *Boil.*, 1701 à 1713.

Au surplus, on voit par une lettre du 9 avril 1702 (tome IV, p. 359), que Boileau persista à rejeter l'interprétation proposée par Le Fèvre et Dacier ; et c'est aussi ce qu'ont fait, dit M. Daunou, les commentateurs et traducteurs de Longin qui sont venus après Boileau.

59. P. 389, lig. 4. J'ai suivi la restitution de Casaubon. *Boil.*, 1674 à 1713.

60. P. 390, lig. 1. Les traducteurs n'ont point, à mon avis[2], conçu ce passage, qui sûrement doit être entendu dans mon sens, comme la suite du chapitre le fait assez connaître. *Boil.*, 1674 à 1682.[3] — Ἐνέργημα veut dire un effet et non pas un moyen, (littéralement) « n'est pas simplement un effet de la nature de l'homme. » *Boil.*, 1683 à 1713.

61. P. 390, lig. 4. Il y a dans le grec μετ' ἐλευθερίας καὶ πάθους ; c'est ainsi qu'il faut lire, et non point ἔτι ἐλευθερίας, etc. Ces paroles veulent dire : « Qu'il est merveilleux de voir des instrumens « inanimés avoir en eux un charme pour émouvoir les passions, « et pour inspirer la noblesse de courage. » Car c'est ainsi qu'il faut entendre ἐλευθερία. En effet, il est certain que la trompette, qui est un instrument, sert à réveiller le courage dans la guerre. J'ai ajouté le mot d'INANIMÉS, pour éclaircir la pensée de l'auteur, qui est un peu obscure en cet endroit. *Boil.*, 1674 à 1682.

---

[1] V. O. et *F. N. R.* (en part.). La phrase suivante qui, on l'a dit, fut ajoutée en 1701, a été omise par Brossette, et, à son exemple, dans toutes les éditions indiquées à la note 2, p. 418.

[2] V. O. et *F. N. R.* Les mots *à mon avis*, ajoutés en 1701, ont été également omis par Brossette et dans les mêmes éditions.

[3] Ce qui suit fut ajouté, en 1683, pour répondre à une longue remarque où Dacier (*impr.*, p. 180) soutient précisément que le mot grec signifie *un moyen*, *une cause*.

ὄργανον, absolument pris, veut dire toutes sortes d'instrumens musicaux et inanimés, comme le prouve fort bien Henri Etienne. *Boil.*, 1683 à 1713.

62. P. 391, lig. 11. L'auteur justifie ici sa pensée par une période de Démosthène, dont il fait voir l'harmonie et la beauté. Mais comme ce qu'il en dit est entièrement attaché à la langue grecque, j'ai cru qu'il valait mieux le passer dans la traduction, et le renvoyer aux remarques, pour ne point[1] effrayer ceux qui ne savent point[2] le grec. En voici donc l'explication. « Ainsi cette « pensée que Démosthène ajoute après la lecture de son décret « paraît fort sublime, et est en effet merveilleuse. Ce décret, « dit-il, a fait évanouir le péril qui environnait cette ville, « comme un nuage qui se dissipe de lui-même : Τοῦτο τὸ ψήφισμα « τὸν τότε τῇ πόλει περιστάντα κίνδυνον παρελθεῖν ἐποίησεν, ὥσπερ νέφος. Mais « il faut avouer que l'harmonie de la période ne cède point à la « beauté de la pensée; car elle va toujours de trois temps en trois « temps, comme, si c'étaient tous dactyles, qui sont les pieds[3] « les plus nobles et les plus propres au sublime; et c'est pour- « quoi le vers héroïque, qui est le plus beau de tous les vers, « en est composé. En effet, si vous ôtez un mot de sa place, « comme si vous mettiez[4] ταῦτο τὸ ψήφισμα, ὥσπερ νέφος, ἐποίησε τὸν τότε « κίνδυνον παρελθεῖν; ou si vous en[5] retranchez une seule syllabe, « comme ἐποίησε παρελθεῖν ὡς νέφος, vous connaîtrez aisément com- « bien l'harmonie contribue au sublime. En effet, ces paroles « ὥσπερ νέφος, s'appuyant sur la première syllabe qui est longue,

---

[1] *V. E.* Texte de 1674 à 1713. On y a substitué *pas*, dans l'édition de 1757 (3 in-12), et, à son exemple, dans une foule d'autres, telles que 1766, 1768, 1769 et 1793, P.; 1788, 1789, 1800, 1815 et 1819, Did.; 1809 et 1825, Daun.; 1810, Ray.; 1815, Lécr.; 1820, Mé.; 1821 et 1823, Viol.; 1824, Fro.; 1828, Th.; 1829, B. ch.

[2] *V. E.* Texte de 1674 à 1713. On y a également substitué *pas*, dans quelques-unes des éditions qu'on vient de citer, telles que 1825, Daun.; 1828, Thi. (les autres ont conservé *point*).

[3] V. O. 1674 à 1682... *car elle* est presque toute composée de dactyles *qui sont les pieds...*

[4] V. O. 1674 à 1682... *si vous mettez...*

[5] *V. E.* Texte de 1674 à 1713. Cet *en* a été supprimé dans plusieurs éditions, telles que 1809 et 1825, Dau.; 1821 et 1823, Viol.; 1824, Fro...

« se prononcent à quatre reprises; de sorte que, si vous en ôtez
« une syllabe, ce retranchement fait que la période est tronquée.
« Que si au contraire vous en ajoutez une; comme παρελθεῖν
« ἐποίησεν ὡσπερεὶ νέφος, c'est bien le même sens, mais ce n'est plus
« la même cadence, parce que la période s'arrêtant trop long-
« temps sur les dernières syllabes, le sublime, qui était serré
« auparavant, se relâche et s'affaiblit[1]. » *Boil.*, 1674 *à* 1713.

Dacier (*impr.*) développe dans une longue note le système ci-
dessus de Longin.

63. P. 395, lig. 14. Il y a dans le grec, « commençant à bouillonner, » ζεσάσης; mais le mot de BOUILLONNER n'a point de mauvais
son[2] en notre langue, et est au contraire agréable à l'oreille. Je me
suis donc servi du mot de[3] BRUIRE, qui est bas, et qui exprime
le bruit que fait l'eau quand elle commence à bouillonner. *Boil.*,
1674 *à* 1713.

64. P. 401, lig. 17. Il y a beaucoup de choses qui manquent en
cet endroit. Après plusieurs raisons[4] de la décadence des esprits,

---

[1] *V. E.* et *F. N. R.* 1674 à 1685. On y lisait ici : « Au reste j'ai suivi dans ces
« mots l'explication de M. Le Fèvre et j'ajoute, comme lui, τε à ὥσπερ. » Cette
phrase fut retranchée en 1694 (M. de S.-S. dit par erreur, en 1701) et dans les
éditions suivantes (1701 et 1713). Brossette l'a rétablie mal à propos et sans aucun avis, et son exemple a été imité dans toutes les éditions (plus de *trente*)
indiquées à la note 1, p. 413.

[2] V. E. et *F. N. R.* (en part.). Texte de 1674 à 1713. L'éditeur de 1766 (2 in-12)
au lieu de *son*, a mis *sens*, qui n'a point de sens ici. Cette faute s'est glissée
dans beaucoup d'éditions (entr'autres 1768 et 1769, P.; 1788, 1789, 1800, 1815
et 1819, Did.; 1793 et 1798, P.; 1809, Daun.; 1810, Ray.; 1815, Léc.; 1820,
Mé.; 1821 et 1823, Viol.; 1824, Fro.) et en a même occasioné une dans le texte
(*voy.* p. 396, note *a*).

[3] *V. E.* Texte de 1694 à 1713 (dix éditions, dont cinq originales). Dans les
précédentes il y avait *du mot bruire...* Boileau a ensuite mis *mot de bruire*, sans
doute parce qu'il venait d'écrire le *mot de bouillonner*, et qu'il fallait ou supprimer *de* dans ces deux phrases, ou le maintenir dans toutes les deux. Brossette
n'en a point jugé ainsi. Il a conservé le premier et supprimé (sans avis) le second
de, et il a été imité par tous les éditeurs, sous la seule exception de celui de
1815 (Paris, Lécriv.), qui a tout simplement supprimé les deux *de*.

[4] *V. O.* ou *E.* (en part.). 1674 à 1685... *plusieurs* autres *raisons*. — Le mot
autres fut supprimé, non en 1701, comme le dit M. de S.-S., mais en 1694;
aussi l'est-il également à 1695, C.-T., 1697 et 1698, R., et 1700, A.

qu'apportait ce philosophe introduit ici par Longin, notre auteur vraisemblablement reprenait la parole, et en établissait de nouvelles causes, c'est à savoir la guerre, qui était alors par toute la terre, et l'amour du luxe, comme la suite le fait assez connaître. *Boil.*, 1674 *à* 1713 (ceci est extrait en partie de Le Fèvre. *Dac., marg.*).

Selon Saint-Marc, le texte n'est ici que légèrement corrompu... Voyez toutefois ce qu'observent à ce sujet M. Daunou et M. Weiske, qu'il cite.

APPENDICE AU TOME III.

ARTICLE PREMIER.

PIÈCES DE PROSE ATTRIBUÉES A BOILEAU. [1]

I. *Fragment d'un dialogue sur les écrivains anciens* [2].

« Je vous dirai que, dans le temps que Perrault publia ces étranges dialogues, où il blâme, comme disait M. le prince de Conti, ce que tous les hommes ont toujours admiré, et où il admire ce que tous les hommes ont toujours méprisé [3], la cour et la ville parurent durant quelque temps partagées sur son sujet, car il n'y a point d'opinion si extravagante qui, dans sa nouveauté, ne s'attire des sectateurs; et, comme je l'ai dit autrefois :

« Un sot trouve toujours un plus sot qui l'admire. [4]

« Un jour que nous étions dans la galerie (de Versailles), le maître de la maison que voilà (M. de Valincour), M. Racine et moi, nous fûmes assaillis par trois ou quatre jeunes gens de la cour, grands admirateurs du fade style de Quinault, et des fausses pointes de Benserade. L'un d'eux commença par nous demander s'il était bien vrai que nous missions ces deux poètes si fort au-dessous d'Homère et de Virgile. — C'est, lui dis-je, comme si vous me demandiez si je préfère les diamans de la

---

[1] Les deux fragmens suivans ont été publiés (d'après les ouvrages qu'on va citer) par M. Daunou dans ses notes historiques sur Boileau (1809, I, cxxx et cxiii; 1825, I, xcv et xcix); nous avons cru, à l'exemple de M. de Saint-Surin, devoir en faire des articles séparés.

[2] Extrait des œuvres posthumes et manuscrites de Valincour, et publié par Adry à la suite de la princesse de Clèves et des lettres de Valincour sur ce roman, 2 vol. in-12, 1807.

[3] Ce mot se trouve dans les Réflex. crit., conclusion, p. 236.

[4] Art poét., ch. 1, vers dernier, tome II, p. 190.

couronne à ceux que l'on fait au temple [1]. — Eh! qu'a donc de si merveilleux cet Homère? me dit un autre. Est-ce d'avoir fait l'éloge des Myrmidons? — Quoi, interrompit un troisième, est-ce qu'Homère a parlé des Myrmidons? Ah! parbleu! voilà qui est plaisant. — Et sur cela toute la troupe fit un si grand éclat de rire, que je me trouvai hors d'état de répondre. Ce bruit attira à nous un grand seigneur, également respectable par son âge, par son rang et par mille autres qualités. Qu'y a-t-il donc entre vous, messieurs? nous dit-il, je vous trouve bien émus : quel est le sujet de votre dispute? — C'est, lui dis-je, que ces messieurs veulent qu'Homère ait été un mauvais poète, parce qu'il a parlé des Myrmidons. — Vous êtes de plaisantes gens, leur dit-il, de contredire ces messieurs-là; vous êtes bien heureux qu'ils veuillent vous instruire, et vous ne devez songer qu'à profiter de leurs avis, sans vous mêler de critiquer ce qu'ils entendent mieux que vous.

« Ces paroles prononcées d'un air et d'un ton d'autorité, imposèrent à cette jeunesse; et alors le grand seigneur, que je regardais déjà comme un grand protecteur d'Homère, nous ayant menés tous trois dans l'embrasure d'une fenêtre, et prenant un air encore plus grave : Vous voyez, dit-il, comme j'ai parlé à ces jeunes gens-là, et l'on ne saurait trop réprimer les airs décisifs qu'ils prennent en toute occasion sur les choses qu'ils savent le moins; mais, dans le fond, vous autres, dites-moi, est-il vrai que cet Homère ait parlé des Myrmidons dans son poëme? — Vraiment, monsieur, lui dis-je, il fallait bien qu'il en parlât; c'étaient les soldats d'Achille, et les plus vaillans de l'armée des Grecs. — Eh bien, me dit-il, voulez-vous que je vous parle franchement? Il a fait une sottise. — Comment donc, monsieur, est-ce qu'on en ferait une si, dans une histoire du roi, on parlait du régiment de Champagne ou de celui de Picardie? — Oh! je sais bien, dit-il, que vous ne manquerez jamais de réponse : vous avez tous beaucoup d'esprit assurément, et personne ne vous le conteste; mais vous êtes entêtés de vos opinions, et vous ne vous rendez jamais à celles d'autrui; et c'est

---

[1] On en parle, tome IV, p. 405, note 4.

aussi ce qui vous fait des ennemis. Pour moi, je ne me pique pas d'être savant, mais il y a assez long-temps que je suis à la cour pour connaître ce qui est de son goût. Le poème d'Homère, n'est-ce pas un ouvrage sérieux? — Très sérieux, lui dis-je, et même tragique, car il n'y est parlé que de guerres et de batailles. — Et c'est en cela, me dit-il, que sa sottise en est encore plus grande d'avoir été fourrer là des Myrmidons : si Scarron, par exemple, en avait parlé dans ses vers ou dans le Roman comique, cela eût été à merveille et fort à sa place; mais dans un ouvrage sérieux, je vous le répète encore, messieurs, malgré tout votre entêtement, cela est tout-à-fait ridicule, et l'on a raison de s'en moquer.

« J'avoue que la liberté satirique fut sur le point d'éclater contre un discours si contraire au bon sens, et il me serait peut-être échappé quelque sottise plus grande assurément que celle d'Homère, si, heureusement pour moi, le roi ne fût sorti pour aller à la messe. Le grand seigneur nous quitta brusquement pour le suivre. »

II. *Des travaux dont l'Académie française devrait s'occuper* [1].

« Quoi! l'Académie ne voudra-t-elle jamais connaître ses forces? Toujours bornée à son dictionnaire, quand donc prendra-t-elle l'essor? Je voudrais que la France pût avoir ses auteurs classiques aussi bien que l'Italie. Pour cela il nous faudrait un certain nombre de livres qui fussent déclarés exempts de fautes quant au style. Quel est le tribunal qui aura droit de prononcer là-dessus, si ce n'est l'Académie? Je voudrais qu'elle prît d'abord le peu que nous avons de bonnes traductions, qu'elle invitât ceux qui ont ce talent à en faire de nouvelles, et que si elle ne jugeait pas à propos de corriger tout ce qu'elle y trouverait d'équivoque, de hasardé, de négligé, elle fût du moins exacte à le marquer au bas des pages, dans une espèce de commentaire qui ne fût que grammatical. Mais pourquoi veux-je que cela se fasse sur des traductions? parce que des traductions

---

[1] D'Olivet (II, 122) rapporte cette observation comme lui ayant été adressée, en 1709, par Boileau en présence de Tourreil.

avouées par l'Académie, en même temps qu'elles seraient lues comme des modèles pour bien écrire, serviraient aussi de modèles pour bien penser, et rendraient le goût de la bonne antiquité familier à ceux qui ne sont pas en état de lire les originaux. Ce n'est pas l'esprit qui manque aux Français, ni même le travail, c'est le goût ; et il n'y a que le goût ancien qui puisse former parmi nous des auteurs et des connaisseurs [1]. »

III. AVERTISSEMENT *mis à la tête des OEuvres posthumes de défunt monsieur B. (Gilles Boileau*[2]*) de l'Académie française, contrôleur de l'argenterie du roi ; Paris, Barbin,* 1670, in-12.[3]

LE LIBRAIRE AU LECTEUR.

Je ne doute point que le lecteur ne m'ait quelque obligation du présent que je lui fais des derniers ouvrages d'un homme illustre, que la mort a mis hors d'état de les pouvoir donner lui-même au public. Bien qu'ils n'aient point encore vu le jour, ils ne laissent pas d'être fort connus. La traduction du quatrième livre de l'Énéide a déjà charmé une bonne partie de la cour, par la lecture que l'auteur, de son vivant, a été comme forcé

---

[1] Selon Voltaire (*Dict. philos.*, mot *société royale de Londres*, édit. de Kehl, et 24ᵉ *lett. philosoph.*, édit. de M. Beuchot, tome XXXVII, p. 274), Boileau avait proposé d'employer l'académie française et l'imprimerie royale à donner de bonnes éditions des livres classiques français ; du moins il l'avait *ouï dire*.

[2] *Voy.* Explication généal., n° 282 et ses renvois.

[3] Saint-Marc a le premier placé cet Avertissement parmi les œuvres de Boileau. « On a vu, dit-il à la fin de son tome III (p. 535), *je ne me souviens pas pour* « *le moment en quel endroit*, dans une note de M. Brossette, que Despréaux est « l'auteur de cet Avertissement. »

Nous avons cherché, soit d'après les tables de Brossette, soit d'après celles de Saint-Marc, qui sont encore plus détaillées, tous les passages à l'occasion desquels le premier a pu faire la note oubliée par le second ; nous n'en avons point trouvé et aucun des éditeurs postérieurs à Saint-Marc ne l'a non plus désignée... En un mot, à moins que l'indication sur laquelle se fonde uniquement Saint-Marc, n'ait été glissée au milieu de quelque note tout-à-fait étrangère à Gilles Boileau, nous oserions assurer que Saint-Marc s'est trompé.

D'autres circonstances autorisent d'ailleurs à douter que Boileau soit en effet l'auteur de l'*Avertissement*. 1° Lorsqu'il remit à Tourreil pour la terminer (*voy.* D'Olivet, II, 122), la traduction de la rhétorique d'Aristote commencée par Gilles, il dit qu'il mettrait « à la tête de l'ouvrage une préface où il exalterait

d'en faire en plusieurs réduits [1] célèbres. Elle a mérité l'approbation d'une des plus spirituelles princesses de la terre [2], et elle a fait dire à un des plus fameux prédicateurs de notre siècle, qu'à ce coup la copie avait surpassé l'original [3]. Cependant il est certain que l'auteur ne s'était pas encore satisfait sur cette traduction, à laquelle il n'avait pas mis la dernière main, non plus qu'à ses autres ouvrages qu'il n'avait pas faits la plupart pour être imprimés, et qui ne l'auraient jamais été, si je n'en eusse fait une espèce de larcin à ceux entre les mains de qui ils étaient tombés. C'est un avis que je suis bien aise de donner, en passant, à ceux qui y trouveront peut-être des choses plus faibles les unes que les autres. Je crois que le nombre de ces critiques sera fort petit, et j'espère qu'il en sera de ces ouvrages comme de l'Énéide de Virgile, dont Virgile seul est mort mécontent. Voilà tout l'avertissement que j'ai à donner au lecteur. S'il profite comme il doit, du don que je lui fais, et s'il sait m'en faire profiter, je me promets de lui donner bientôt une seconde édition de ce livre, plus ample, plus correcte que celle-ci; et je lui réponds que je n'épargnerai point mes soins et ma diligence pour lui donner une entière satisfaction.

« le mérite de son aîné... » Il ne croyait donc pas l'avoir encore *exalté* comme il le fait dans cet Avertissement... 2o Est-il croyable qu'il eût osé y dire que la copie (la traduction faite par Gilles) avait surpassé l'original (le ive livre de l'Énéide)?...

Telles sont les principales raisons qui nous ont déterminé à ne placer cet Avertissement que parmi les pièces *attribuées* à Boileau.

[1] Il est question du sens de ce mot, au tome II, p. 255.

[2] M. de Saint-Surin croit qu'il s'agit d'Henriette d'Angleterre, première femme du duc d'Orléans, frère de Louis XIV.

[3] Quoique cette exagération, on vient de le dire, soit un peu trop forte (*voy.* en une autre à l'épigramme iv, tome II, p. 453), on convient que la traduction de Gilles Boileau n'est pas la plus mauvaise qu'on ait faite du chant iv de l'Énéide. Ajoutons à l'appui de cette remarque de MM. Daunou et de Saint-Surin, que six ans après la publication de celle de Delille, un de nos meilleurs poètes et de nos plus habiles professeurs de belles-lettres, M. Andrieux, se servait encore dans ses leçons, de la traduction de Gilles Boileau (*Journ. polyt.*, 1810, IV, 174).

ARTICLE II.

RECHERCHES SUR LA FAMILLE DE BOILEAU-DESPRÉAUX.

§ Ier. *Tableau généalogique de cette famille.*

I. Nous avons dressé ce tableau d'après des recherches faites dans les registres des diverses paroisses de Paris, ou de plusieurs autres villes ou communes, telles que Auteuil, Belleville, Châtenay, Chérence, Clichy, Clignancourt, Crône, Fontainebleau, Hautisle, Ivry, la Roche-Guyon, Lavillette, Pontoise, Saint-Cloud, Versailles, Villevaudé... dans les minutes ou répertoires de plusieurs notaires de Paris, tels que Arouet (le père de Voltaire), Chuppin, Dionis, Leroy... dans les archives de l'École de Droit de Paris... dans les manuscrits de la bibliothèque du Roi, etc., etc., etc... Recherches pendant lesquelles nous avons fait l'extrait de plus de trois mille actes ou pièces.

II. Nous y avions d'abord embrassé le sixième degré de la ligne collatérale, parce qu'il existe toujours des liaisons plus ou moins étroites entre les parens ou alliés de ce degré, qui est celui des cousins issus de germains ou petits-enfans de deux frères ou sœurs; et en effet, nous voyons des traces de liaisons dans la famille de Boileau, même à un degré plus éloigné, par exemple, entre le poète et Pierre Targas (n° 402), entre les mariés Gilbert de Voisins (n°^{os} 485 et 486) et Simon Mariage (n° 351), quoique ce fussent de simples alliés au septième degré (tome IV, p. 409 et 474, lett. 6 mars 1705; Pi. just. 54).

Mais nous avions mal à propos jugé des familles de la classe moyenne de la société au xviie siècle, par celles de notre temps. Aujourd'hui, dans la classe moyenne, les familles de cinq enfans sont regardées comme considérables, et celles de plus de cinq enfans sont citées comme des exemples rares. Au xviie siècle, on remarquait le contraire. Les familles de dix à douze enfans étaient fort communes, et celles où il y en avait davantage se rencontraient souvent. Ainsi le père de Boileau (n° 164) eut seize[1]

---

[1] Et peut-être même dix-sept (note du n° 290.)

enfans, son beau-frère (n° 170) dix-neuf [1], son neveu (n° 266), seize, une cousine (n° 350), quatorze...

III. On pressent par là que le nombre des parens collatéraux de notre poète, au sixième degré, a dû être bien plus considérable que nous ne l'avions présumé. En disposant, en effet, les noms de ceux que nous avons découverts, sur la ligne où ils devaient figurer dans le tableau généalogique, cette ligne ne comprenait pas moins de cent soixante personnes, et dans le manuscrit de ce tableau, quoique tracé en caractères fort menus, n'occupait pas moins de 140 centimètres, ou environ quatre pieds et demi de longueur.

Comme il était impossible de reproduire un semblable tableau, soit par la gravure, soit à l'aide de la presse, nous avons pris le parti de le réduire aux parens du cinquième degré, à l'exception toutefois de quelques-uns des parens plus éloignés, sur lesquels on a déjà fait, ou bien l'on pourrait faire des observations.

IV. A l'égard des autres, nous nous sommes bornés à les indiquer sur le tableau par des marques (des numéros) qui pussent faire apercevoir d'un coup-d'œil leur filiation, et sauf à les désigner, à leur rang, dans l'explication suivante, où nous avons reproduit les mêmes marques.

La même raison, le défaut d'espace, nous a obligés d'employer des abréviations dans le tableau, et nous les avons reproduites dans l'explication, lorsqu'elles nous ont paru suffisantes pour son intelligence; les voici :

a.	avant.	j.	jeune.
ap.	après.	m.	marié.
b.	bru.	n.	né.
d.	décédé.	p.	probablement.
e.	enfant.	v.	vers.
g.	gendre.	viv.	vivait. [2]

[1] Et peut-être même vingt (*voy.* les actes cités dans la note des n°⁵ 169 à 171, ci-après, p. 447).

[2] Les autres abréviations se comprendront facilement.

V. Au reste, pour faciliter la recherche, soit des personnages compris dans le tableau, soit des parties de l'explication qui les concernent, nous les avons désignés par une seule série de numéros toujours allant de gauche à droite dans chacune des lignes horizontales[1], excepté pour les numéros de ceux dont, faute d'espace, nous avons été forcés de renvoyer les noms à l'explication : ils seront placés un peu au-dessus des mêmes lignes, et au-dessous des noms des ascendans immédiats[2] des mêmes personnages.

VI. Observons, en finissant, que, quelque rapproché que soit le degré auquel nous avons borné nos recherches, nous ne nous flattons point d'avoir découvert tous les parens ou alliés de Boileau jusqu'à ce degré. Frappés des erreurs commises par Brossette dans la désignation de plusieurs d'entre eux (on en verra des exemples à l'article 111), nous n'avons indiqué que ceux dont l'existence et l'affinité résultaient des actes.

Il en est même dont le décès a été impossible à constater d'une manière précise et certaine, quoiqu'on dût l'induire de ce que contenaient divers actes de leurs familles.

Tels sont ceux qui sont morts en nourrice, ou peu de temps après leur naissance. A l'égard des uns, il eût fallu compulser les registres de toutes les communes des environs de Paris, à huit lieues au moins de distance[3]; et quant aux autres, les anciens registres les omettent fort souvent. Nous avons mis alors un signe pour annoncer que ce décès avait eu lieu probablement à telle ou telle époque.

---

[1] Et dans l'ordre chronologique, toutes les fois que la disposition du tableau l'a permis.

[2] Quelquefois la série des numéros indiqués au-dessus des lignes et au-dessous des noms des ascendans comprend plusieurs de ceux dont on a pu placer les noms dans de tableau : alors le numéro est répété au-dessus du nom. Ainsi, des quatre numéros (360 à 363) cités au-dessous des noms de Jean de Nyélé et d'Angélique Crestot (n. 190, 191), il y en a deux (360 et 361) de répétés au-dessus des noms de leur fille et de leur gendre, dans la ligne (au bout, à droite) horizontale suivante.

[3] Nous avons trouvé beaucoup d'actes de décès d'enfans de Parisiens, mis en nourrice dans des communes, telles que Villevaudé, qui sont à cette distance.

EXPLICATION GÉNÉALOGIQUE.

§. II. *Explication du Tableau généalogique.* [1]

N⁰ˢ 1 à 261. *Ascendans* [2] *et collatéraux divers de Despréaux.*

1 et 2. *Thomas de Bragelogne* (ou Bragelongne) *I*, marié av. 1511, à *Thomasse Séguier;* père de n° 6.

3 et 4. *Jean Boileau III*, sieur Dufresne, m. 1472, à *Marguerite Boursier;* père de nos 9 et 10 (Pi. just. 211 *e*).

5. *N. de Nyélé* [3], père des nos 11 et 13.

6 et 7. *Martin de Bragelogne I*, d. 1669, m. à *Marguerite Chesnard I.* Voy. ses enfans, brus et gendres, nos 14 à 29.

8 et 9. *François Boileau II*, avocat, m. 1502, à *Marie Boulard;* père du n° 31 (tome I, Essai, n° 9; tome IV, Pi. just. 211 *f*, 212 *b*).

10. Jean Boileau III *bis*, sieur Dufresne.

11. N. *de Nyélé.* Voy. ses e., b., g., nos 32 à 37.

12 et 13. N. de Nyélé, m. à N. Richelet et père de n° 39.

14. Jean de Bragelogne I, lieuten. particulier au Châtelet, d. a. 1588.

15 et 16. Jérôme de Bragelogne I, trésor. général des guerres, m. 1565, à Marie Goyet. *Voy.* ses e., b., g., nos 43 à 54.

17 et 18. Thomas de Bragelogne II, trésor. à Bourges, d. 1615, m. à Marie Lallemand, père de n° 55.

19 et 20. Martin de Bragelogne II, président aux enquêtes du parlement, d. 1623, m. à Catherine Abra de Raconis, père de n° 57.

21. Nicolas de Bragelogne, cons. au parlement, d. 1617.

---

[1] Les individus qui ont les mêmes noms et prénoms sont désignés par Ier, IIe, etc., dans l'ordre du tableau, à l'exception des Boileau, dont les premiers n⁰ˢ, tels que Jean Boileau IIIe, et François Boileau IIe, sont ceux de la généalogie consacrée par l'arrêt du 10 avril 1699 (tome IV, p. 499).

[2] Les noms des ascendans de Despréaux sont en italique.

[3] Ce nom (nous l'avons vu dans plusieurs centaines d'actes) s'écrit *Nielé*, *Niesle*, *Niellé*, *Nyelé*, *Nyeslé*, *Nyélé*. Quoique l'omission de l'accent aigu sur un *é* soit une faute très commune dans les anciennes écritures, on l'observe rarement pour ce nom. Nicolas I et II, aïeul et oncle (nos 83 et 170) de Despréaux, signent toujours *De Nyélé*, et Nicolas-Charles (n° 312), son cousin-germain, dernier mâle de la famille, *De Nyélé* (Pi.-just., 105 à 108).

22. Jacques de Bragelogne, conseiller-m⁰ au compt., d. 1613.

23 et 24. Marie de Bragelogne I, m. 1578, à Claude Lionne[1] I, seigneur de Ceuilly. *Voy.* e., b., g., n⁰ˢ 59 à 69.

25 et 26. *Catherine de Bragelogne I*, m. a. 1547, à *Jacques Rapoil I*[2], seigneur de Varaste. *Voy.* e., b., g., n⁰ˢ 70 à 81; Pi. just. 2 et 121.

27 et 28. Anne de Bragelogne I, m. à Claude Castelier, doyen de la cour des aides.

29. Magdeleine de Bragelogne I, religieuse.

30 et 31. *Guillaume Boileau I*, avocat, m. 1532, à *Barbe Beauvalet*, père de n⁰ 81 (Pi. just. 211 *f*).

32 et 33. Marguerite de Nyélé I, m. a. 1569, à Guillaume Valet, avocat.

34 et 35. *Jean de Nyélé I*, avocat, m. a. 1566, à *Denise Duclos*. Voy. e., b., g., n⁰ˢ 82 à 94.

36 et 37. Jacqueline de Nyélé I, m. a. 1569, à François Boisseau, procureur au parlement.

38, 39 et 40. Jean de Nyélé II, avocat au Châtelet, m. 1⁰, 1582, à Claude Bougon; 2⁰, a. 1590, à Isabel Prévôt. *Voy.* e., g., n⁰ˢ 95 à 102.

41 et 42. *Hugues Merlon I*, procur. au Châtelet, m. à *Geneviève Milon*; viv. 1603. *Voy.* e., b., g., n⁰ˢ 82, 83 et 103 à 107; Pi. just. 93 et 94.

43 et 44. Jérôme de Bragelogne II, conseill. d'état, d. 1678, m. 1602, à Marie de Saint Cheron, d. 1671 (Pi. just. 157).

45. Martin de Bragelogne III, trésorier de la gendarmerie, d. 1665.

46 et 47. Marie de Bragelogne II, m. 1585, à Philippe de Vigny, secrétaire du roi.

48, 49 et 50. Magdeleine de Bragelogne II, m. 1⁰ à Gasp. de Chissey, cons. au parlem., d. a. 1608; 2⁰ à Martin de Mauvoy.

51 et 52. Jean de Baugy, seigneur de Leudeville, près Cor-

---

[1] Ce nom est écrit d'abord *Lionne*, *Lione*, *Lyone*, *Lyonne*, et enfin *de Lyonne* (Pi.-just., 4, 7, 13, 141, 142 et 143).

[2] On écrit *Rapoil*, ou *Rapoël*, ou *Rapouel*, ou *Rapoueil* (Pi.-just., 4, 8, 133, 144 à 148, 151, 171, etc.).

EXPLICATION GÉNÉALOGIQUE. 441

beil, d. v. 1637; m. 1600, à Barbe de Bragelogne, d. 1656. *Voy.* e., b., n° 108 à 110; Pi. just. 166 et 168.

53 et 54. Pierre de Bragelogne I, trésorier de France, à Châlons en Champagne, ensuite de la cavalerie légère et de l'extraordinaire des guerres, à Paris, d. 1656, m. a. 1608, à Marthe Charon. *Voy.* e., g., n°s 111 à 116; l'art. des erreurs de Brossette, n° 9, et Pi. just. citées *ib.*

55 et 56. Jean François de Bragelogne, conseill. au parlem., d. 1631, m. à Anne Leschassier, père de n° 116 A.

57 et 58. Claude de Bragelogne, président aux enquêtes, d. 1636, m. à Marie du Dresnel.

59, 60 et 61. Jacques Lionne I, trésorier des cent gentilshommes du roi, puis secrétaire du roi, enfin, grand audiencier de France, d. 1649; m. 1°, v. 1622, à Élisabeth Fayet (*voy.* e., n° 128); 2°, v. 1631, à Marie de Grieux, n. 1609. *Voy.* e., g., n°s 118 à 127. — *Voy.* aussi même art. des Erreurs, n° 13, et Pi. just. citées *ib.*

62 et 63. Claude Lionne II, secrétaire du roi, d. a. 1618, m. 1599, à Isabel de Longueil; eut plusieurs enfans, de 1601 à 1611. *Voy.* en deux, n°s 129 et 130. — *Voy.* aussi même art. des Erreurs, n° 5; Pi. just. citées *ib.*

64. Nicolas Lionne, sieur de Chaucourt, aumônier du roi, d. 1627.

65 et 66. Martin Lionne, trésorier des Suisses, n. 1579, d. a. 1618, m. à Catherine Almeras, eut plusieurs enfans. *Voy.* entre autres, n° 131. — *Voy.* aussi Pi. just. 9.

67 et 68. Marie Lionne, n. v. 1584, d. 1631; m. à Loys Guibert, conseiller-maître à la chambre des comptes; eut plusieurs enfans, de 1605 à 1626, dont deux filles, m. 1633 et 1637, à P. de Roncherolles et H. du Tot (Pi. just., n° 10).

69. Jérôme Lionne, sieur de Lonay, conseiller au parlement, v. 1604 (Pi. just. 4).

70, 71 et 72. Jacques Rapoil II, avocat, n. 1554, d. a. 1632, m. 1° 1579, à Marguerite Guespin; 2° ap. 1589, à Marie Dutertre I, d. 1649. — *Voy.* e., b., g., n°s 133 à 142; Pi. just. 4, 146, 154.

73 et 74. Olivier Rapoil I, avocat, n. a. 1547, d. a. 1599,

m. 1576, à Marguerite Habert, d. 1614. — *Voy.* e., b., g., n°s 143 à 157; Pi. just. 144 et 145.

75. François Rapoil I, commissaire des guerres.

76. Louise Rapoil I, religieuse aux Filles-Dieu de Paris.

77. Antoine Rapoil I, n. 1555, d. a. 1559.

78. Adrien Rapoil, n. 1556.

79. Antoine Rapoil II, n. 1559, moine à Saint Victor.

80 et 81. *Jean Boileau IV*, commissaire des guerres, m. 28 octob. 1571, à *Catherine Rapoil I*, d. tous deux a. 1590. *Voy.* e. et b., n°s 158, 159 et 161 à 164; Pi. just. 121, 144, 146 et 211 *f.*; tome I, Essai, n° 7 *d.*

82 et 83. *Nicolas de Nyélé I*, procur. au Châtelet, d. 1658, m., a. 1603, à *Nicole Merlon*, d. 1642. *Voy.* e., b., g., n°s 165 à 171; Pi. just. 6, 93 à 95, etc.

84. Marguerite de Nyélé II, n. 1569.

85 et 86. François de Nyélé I, procur. au parlement, m. a. 1592, à Magdeleine Censier. *V.* e., g., n°s 172 à 178; Pi. just. 93.

87. Anne de Nyélé I, n. 1573, viv. 1601.

88 et 89. Marie de Nyélé I, n. 1566, m. 1588, à Nicolas Lefèvre I, huissier au Châtelet. *Voy.* e., b., g., n°s 179 à 187; Pi. just. 93 et 94.

90 et 91. Loys de Nyélé I, huissier au grand conseil, puis secrétaire de la chambre du roi, n. 1571, d. 1659, m. 1610, à Madeleine Desmoulins, viv. 1667 (Pi. just. 45 et 95).

92, 93 et 94. Jean de Nyélé III, procur. au parlem., n. v. 1582, d. 1642, marié, 1° a. 1617, à Loyse Cosser, d. 1639; 2° 1641, à Marie Favreau... *Voy.* e., b., n°s 188 à 191.

95, 96, 97 et 98. Jacqueline de Nyélé II, n. 1583, d. 1634, m. 1°, 25 nov. 1608, à Nicolas Labiche, procur. au Châtelet, mort le 3 nov. 1611, après en avoir eu (14 mai 1610) une fille nommée Catherine (m. v. 1632 à Nic. Guyet, avocat); 2°, le 25 février 1612, à Nicolas Le Prêtre [1], sieur de la Chevalerie, gref-

---

[1] Les pièces justificatives relatives aux n°s 95 à 98 sont à la suite de nos Recherches sur les actes de l'état civil (*Mémoires de la Société des antiquaires*, IX, 262 et 287), où nous présentons aussi des observations sur le mariage contracté par Jacqueline de Nyélé au bout de *trois mois et demi* de veuvage.

fier du bailliage du Palais, et ensuite des auditeurs du Châtelet. (*voy*. art. des erreurs de Brossette, n° 3), d. 1622, après en avoir eu 8 enfans; 3°, 1624, à Nicolas Pioline, procur. au parlem.

99 et 100. Marguerite de Nyélé III, m. 1607, à Clément Cahouet, avocat, dont elle eut 6 enfans (1608 à 1621).

101. Edouard de Nyélé, n. 1590, d. 1594.

102. Anne de Nyélé II, n. 1592, d. 1596.

103 et 104. Hugues Merlon II, avocat, d. 1652, m. (par ordonnance) 1605, à Catherine Leclerc. *Voy*. e., g., n°s 192 à 205.

105 et 106. Marie Merlon I, d. 1644, m. 1612, à Jacques Angibout I, procur. au Châtelet. *Voy*. e., b., g., n°s 206 à 219.

107. Loys Merlon I, d. 1639.

108, 109 et 110. Gaspard de Baugy I, seign. de Leudeville, m. 1°, a. 1635, à Jacquette de Lalande; 2°, 1651, à Marguerite de Pont. *Voy*. e., b., n°s 220 à 222; Pi. just. 162 et 167.

111. Jean de Bragelogne II, conseill., 1° au parlement de Rennes, 2° au grand conseil (il l'était en 1635), ensuite intendant d'Orléans (il l'était en 1644), mort au retour d'un deuxième voyage dans l'Inde. *Voy*. Généal. Bragelogne, p. 166; Gaz. de France, 10 septemb. 1644; art. des erreurs de Brossette, n° 9; Pi. just. citées *ib.*

112. Catherine de Bragelogne II, n. 1610, d. p. j.

113 et 114. Madeleine de Bragelogne III, m. 1623, à Jean du Tillet, conseill. au parlement.

115. Pierre de Bragelogne II, seigneur d'Aunoi en Brie, chanoine à Meaux, n. 1613, d. 1687.

116. Jérôme de Bragelogne III, n. 1616, sous-prieur de Saint-Denis, 1643 (Gaz. de Fr., 6 juin).

116 A. Thomas de Bragelogne III, président au parlement de Paris, et ensuite (1674) premier président du parlement de Metz, d. 1680 (Pi. just. 125; Moréri, h. v., 3e branche, n° v).

117 et 118. Marie Lionne IV, n. 1632, d. 1702, m. 1647, à Charles Amelot I, maître des requêtes et président au grand conseil[1]; n. 1620, d. 1671. *Voy*. e., g, n°s 223 à 227.

---

[1] C'est par Marie Lionne que Despréaux était allié de Charles Amelot et de ses enfans, mais il ne pouvait l'être des parens collatéraux de Charles, tels que

119, 120 et 121. Catherine Lionne, n. 1633, d. 11 août 1660, m. 1° 1651, à Pomponne François Lecomte, marquis de Nonant, d. v. 1658; 2°, le 29 avril 1660, à François, premier prince de Rohan-Soubise[1] (il se remaria en 1663), d. 1712. — Ainsi Despréaux devint l'allié, au 7° degré, du cinquième aïeul du dernier duc de Bourbon.[2]

122 à 128. Autres enfans de Jacques Lionne I (n° 60, p. 441). — 122. Jean, n. 1635, d. j. — 123. Magdeleine, n. 1638, d. j. — 124. Claude III, n. v. 1640, d. 1645. — 125. Jacques II, n. 1642, d. 1650. — 126. Jean-Bapt., n. 1644, d. 1645. — 127. Pierre, n. 1647, d. 1654. — 128. François, né 1624, d. 1640.

129. Marguerite Lionne, n. 1600, viv. 1619 (Pi. just. 8).

130. Balthazard Lionne, président à la cour des monnaies, n. 1608, viv. 1660. *Voy.* même art. des Erreurs, n° 13; Pi. just. citées, *ib.*

131 et 132. Marie Lionne II, m., a. 1629, à Charl. Perrochel de Grandchamp, cons. au parlement... eurent plusieurs enfans, dont un officier dans les gardes, et un chanoine de la cathédrale; viv. 1694 (Pi. just. 13).

133. Claude Rapoil, fille, n. 1581 (Pi. just. 146).

134, 135 et 136. Suzanne Rapoil, n. 1582, d. 1632; m. 1° 1605, à René Dutertre I, secrétaire de la chambre du roi (*voy.* e., g., n°s 228 à 239); 2° à Louis Chenot, avocat (Pi. just. 133).

137. Catherine Rapoil III, n. 1583, d. p. j.

---

ses cousins, Jacques et Jacques-Charles Amelot, premiers présidens à la cour des aides, au XVII° siècle (*voy.* Moréri, h. v., n° II à IV; art. des erreurs de Brossette, n° 11).

[1] Marie de Crieux et Marie Lionne IV (n°s 59 et 118) héritières légales de Catherine Lionne intentèrent un procès à son second mari pour faire annuler, même par la voie du *faux*, le testament qu'elle avait fait en sa faveur. S'il faut en croire leur avocat (Duplessis, OEuvr., édit. de 1734, t. I, p. 893 et suiv.), François de Rohan, alors cadet de famille et destiné à l'état ecclésiastique, ne rechercha la main de Catherine qu'à cause de son immense fortune. Il en eut, dit-il, plus d'un million (plus de deux de notre temps).. Mais il est au moins certain par les lettres de Catherine, qu'elle était vivement éprise de François de Rohan, et à son âge (27 ans) elle put bien disposer de sa main et d'une grande partie de ses biens sans consulter sa famille. — *Voy.* aussi art. des erreurs de Brossette, n° 12.

[2] Il descendait du second mariage de François de Rohan.

EXPLICATION GÉNÉALOGIQUE. 445

138 à 140. Jérôme Rapoil, n. 1588, d. p. j. — Thomas Rapoil, n. 1589, d. p. j. — Jean Rapoil I, n. 1601, d. p. j.

141 et 142. Jacques Rapoil III, gentilhomme servant du roi, n. 1607, d. 1655, m. v. 1631, à Marie Grossier (fille de Pierre, procureur au parlement), n. 1614, d. 1652[1]. *Voy.* e., n°s 240 à 247; Pi. just. 135, 154 à 156, 171.

143. Marguerite Rapoil, religieuse, n. 1577.

144, 145 et 146. Catherine Rapoil II, n. 1578, m. 1°, 1597, à Robert Le Prévôt, seigneur d'Andilly, d. a. 1632 (*voy.* e., g., n°s 248 à 251); 2° 1634, à Jean Heudon, avocat, d. a. 1644[2]. *Voy.* Pi. just. 133, 145 à 148, et 151.

147 et 148. Magdeleine Rapoil, n. 1579, m. 1611, à Charles Le Riche, gouverneur de Corbeil; d. tous deux a. 1640. *Voy.* e., g., n°s 252 à 257.

149. Martin Rapoil, avocat, n. 1582, viv. 1647 (Pi. just. 8 et 58).

150. Nicole Rapoil, n. 1583, d. p. j.

151 et 152. Olivier Rapoil II, médecin, n. 1585, m. 1631, à Marie Lionne III.

153. Marie Rapoil, n. 1589, d. 1600.

154. Claude Rapoil, commissaire des guerres, n. v. 1590.

155, 156 et 157. Louise Rapoil II, n. v. 1591, d. 1682; m., 1° 1615, à Jean de Bogues, seign. de Villecrêne, près Corbeil; 2°, v. 1625, à Blanchet Ridel, d. a. 1637. *Voy.* e., b., n°s 258 à 261; Pi. just. 169 à 171.

158, 159 et 160. Guillaume Boileau II, payeur de la gendarmerie, n. 1573, d. 1616; m., a. 1605, à Charlotte de Chausseblanche (*voy.* e., h., n°s 262 à 267); remariée, a. 1624, à Charl. Mondin, sieur de Granville, d. 1654 (Pi. just. 7, 45, 211 *f*).

161. Charl. Boileau I, n. 1582, d. a. 1590.

162. Magdeleine Boileau I, d. 1623.

---

[1] Après une telle alliance les Rapoil ne pouvaient s'offenser de celle que Gilles Boileau Ier venait de contracter avec Anne de Nyélé, fille d'un procureur au châtelet (n°s 163 à 165); aussi voyons-nous qu'ils conservèrent des relations avec la famille du greffier (Pi.-just., 58).

[2] A l'âge de plus de 80 ans, elle projeta un troisième mariage, mais ses petites-filles formèrent opposition au deuxième ban (*Saint-Nicolas-des-Champs*, Ban du 6 juillet 1659).

163, 164 et 165. *Gilles Boileau I*, n. 1584 (*voy*. tome I, Essai, n° 7 *d*); secrétaire ordinaire de la chambre du roi, 1608; un de ses cent gentilhommes, 1612; commis au greffe du parlement, 1613; *id.* de la première des enquêtes, v. 1630; *id.* du conseil de la grand'chambre, 1633 à 1657[1] (*voy*. Pi. just. 1 à 22);

Marié 1°, 1611, à Charlotte Brochard, ou de Brochard, n. v. 1584, d. 15 sept. 1629 (Pi. just. 3 et 14). *Voy*. e., b., g., n°s 268 à 281; art. des erreurs de Brossette, n° 5;

2° 15 avril 1630, à *Anne de Nyélé III*, fille de Nicolas I, procureur au Châtelet (ci-devant n° 83, p. 442), n. 1609, d. 1638 (Pi. just. 15, 95 et 102). *Voy*. e., g., n°s 282 à 284, 287 à 290; même art. des erreurs, n° 6.

N. B. Gilles Boileau I naquit en 1584, et mourut en 1657, selon Brossette[2], notes sur l'épit. x, v. 98, et l'épigr. xlv de son édition. Selon Desmaiseaux (p. 6), au contraire, il naquit vers 1573 et mourut en 1653... et cette dernière date s'accordant mieux avec ce que dit Despréaux lui-même (*ib.*, v. 98, tome II, p. 133), qu'il perdit son père *seize ans après sa mère*, a été adoptée par MM. Daunou (I, lj, et II, 105 et 327) et de St. Surin (II, 137 et 501); mais la vraie date est 1657 (Pi. just. 22) et Despréaux a commis ici un anachronisme qu'on pourrait, ce me semble, expliquer de cette manière : Entre la mort d'Anne de Nyélé, survenue le 31 mai 1638 (Pi. justific. 102) et celle de son mari, il s'était écoulé dix-huit ans et demi. Or, ni ce nombre, ni le nombre dix-sept, ne pouvant entrer dans le vers de Despréaux, il aura été porté naturellement à choisir le premier nombre qui, en rétrogradant, pouvait le mieux s'y adapter.

166, 167 et 168. Nicole de Nyélé I, n. 1603, d. 1698; m. 1°, a. 1622, à Thomas Clément, procureur au parlement, d. 1637; 2°, 1639, à Roger Le Marchand, seigneur d'Hautisle, d. 1652. *Voy*. e., g., n°s 291 à 294 et 431; Pi. just. 93, 96, à 98, etc.

---

[1] L'inscription tumulaire de sa famille (tome IV, page 495, n° 210 *b*, lui donne 24 ans d'exercice dans cette dernière charge.

[2] Cette année (sans mois ni jour) est indiquée dans l'arrêt de 1699, document sans lequel il est probable que Brossette n'eût pas été plus exact ici qu'ailleurs.

EXPLICATION GÉNÉALOGIQUE.

169, 170 et 171. Nicolas de Nyélé II, procureur au Châtelet, seign. de Bordeaux (hameau de Villevaudé, près Lagny), n. 1606, d. 1661; m. 1°, 1628, à Elisab. Nion, d. 1650; 2°, 1653, à Geneviève Crestot, n. 1632 (remariée, a. 1671, à J. de Monhers). *Voy.* e., g., nos 295 à 317[1]; tome IV, p. 355; Pi. just. 18, 45, 49, 80, 94, 98, 103, 105.

172 et 173. Magdelaine de Nyélé, n. 1592, d. 1653; m. 1637, à Bernard Clavisan, seigneur d'Orney, lieutenant des gabelles de Moulins.

174 et 175. Denise de Nyélé, n. 1596, m. 1627, à Charles Martin.

176 et 177. Elisabeth de Nyélé I, n. 1598; m. a. 1637, à Claude Blocq, intendant du duc de Joyeuse. *Voy.* e., n° 318.

178. Loys de Nyélé II, n. 1601, d. p. j.

179 et 180. Marie Lefèvre I, n. 1595, m. 1617, à Lazare Monin I, procureur au grand conseil, d. 1632. *Voy.* e., g., nos 319 à 328 (Pi. just. 93).

181. François Lefèvre, n. 1599, d. p. j.

182 et 183. Denise Lefèvre, n. 1609, d. a. 1675; m. 1630, à Étienne Cointereau I, procur. au Châtelet, d. v. 1638. *Voy.* e., b., g., nos 329 à 338.

184 et 185. Nicolas Lefèvre II, procur. au grand conseil, n. 1601, m. 1633, à Anne Noël. *Voy.* e., nos 339 à 349.

186 et 187. Louis Lefèvre I, procur. id., n. v. 1607, m. v. 1636, à Marie Marcadé, d. 1650. *Voy.* e., b., g., nos 350 à 359.

188. Claude de Nyélé, n. 1617, d. p. j.

189. Jean de Nyélé IV, adultérin, n. 1636, d. 1637.

190 et 191. Jean de Nyélé V, avocat, n. 1642, d. 1677; m. 1672, à Angélique Crestot, n. 1640, d. 1707. *Voy.* e., g., nos 360 à 363; Pi. just. 104 et 107.

192. Loys Merlon II, n. 1605 (*voy.* n° 103).

---

[1] On verra en parcourant ces numéros que Nicolas de Nyélé II a eu, comme nous le disons (p. 437), dix-neuf enfans. Nous avons trouvé à Villevaudé, deux baptêmes où une Marie de Nyélé a été marraine, en 1671 et 1676. Nous présumons que c'est aussi un enfant de Nicolas, né peut-être à la campagne, après le décès de deux autres filles (nos 298 et 301) qui ont eu ce prénom. Mais nous n'avons pas trouvé son acte de naissance comme ceux des dix-neuf autres...

193. François Merlon, n. 1608.

194, 195 et 196. Catherine Merlon, n. 1609, d. 1663; m. 1o, 1629, à Denis Duficte, d. a. 1632; 2°, 1634, avec légitimation (n° 364), à Macé Colletet, commis, puis secrét. du roi[1]. *Voy.* e., g., n°s 364 à 373.

197 à 205. Autres enfans d'Hugues Merlon II (n° 103, p. 443). —197. Magdeleine, n. 1610.—198. Marie II, n. 1611.—199 Augustin, n. 1612.—200. Hugues III, n. 1613.—201. Renée, n. 1614.—202. Jeanne, n. 1616.—203 et 204. Louise, n. 1617, m. 1661, à Pierre Merle, secrétaire du roi.—205. Geneviève, n. 1618.

206 et 207. Nicole Angibout, n. 1614, m. 1632, à Charles Leroi I, procur. au Châtelet, d. 1666. *Voy.* e., n°s 374 à 379.

208. Jacques Angibout II, n. 1617, chanoine à Luzarches.

209. Jean Angibout, n. 1620, d. 1652.

210 et 211. Jean Jacques Angibout I, procur. au Châtelet, n. 1622, d. 10 avril 1679, m. 1667 (11 janv.), à Élisabeth Cointerel, n. 1642, remariée le 20 août 1679, à Philippe Precelle[2], procur. au Châtelet. *Voy.* e., g., n°s 380 à 386.

212. Alexandre Angibout, avocat, n. 1623, viv. 1683 (Pi. just. 187).

213. Thomas Angibout, n. 1626.

214 et 215. Marie Angibout I, n. 1629, m. apr. 1657, à François Ameline, avocat, d. 1683 (Pi. just. 187).

216. Anne Angibout, n. 1630.

217. Elisabeth Angibout, n. 1632, d. (célibataire) 1672.

218. François Angibout, n. 1633.

219. Nicolas Angibout, n. 1637.

220. Gaspard de Baugy II, n. 1635, d. p. j.

221 et 222. Antoine de Baugy, seign. de Leudeville (*v.* n° 51), n. 1655, d. 1694, m. 1686, à Marie Cochet (eurent deux enfans, 1687 et 1689).

---

[1] Il paraît qu'on ne pouvait, comme à son parent François (sat. 1, v. 77 à 80), lui reprocher de la *pauvreté*, car ses filles épousèrent de riches financiers (n°s 367 à 373.)

[2] Quant à ce mariage précipité, *voy.* pages 263 et 288 de l'ouvrage que nous avons cité page 442, note 1.

EXPLICATION GÉNÉALOGIQUE.   449

223. Michel Amelot, marquis de Gournay, célèbre négociateur (*voy.* Moréri, h. v.), n. 1654, m. 1679, d. 1724.

224 et 225. Catherine Amelot, n. v. 1656, d. 1710; m. 1680, à Louis, comte de Vaubecourt, lieutenant-général (*voy.* id.).

226. Charl. Amelot II, aumôn. du roi, d. 1694.

227. J. Jac. Amelot, cheval. de Malthe, d. j.

228 et 229. Marie du Tertre II, n. 1606, d. 1672; m. 1632, à Nicolas de Riberolles[1], écuyer, sieur du Valon, d. v. 1676. *Voy.* e., b., g., nos 387 à 393; art. des erreurs de Brossette, n° 12; Pi. just. 133 à 140.

230 à 239. Autres enfans de René Du Tertre (n° 134, p. 444). — 230. Nicolas, n. 1607. — 231. Mathieu, n. 1608. — 232. Anne, n. 1614. — 233. René II, n. 1615, d. j. — 234. Catherine I, n. 1616, d. j. — 235. Catherine II, n. 1618. — 236. René III, n. 1619. — 237. Louise, n. 1621. — 238. Pierre, n. 1622. — 239. Jean, n. 1624.

240 à 247. Enfans de Jacques Rapoil III (n° 141, p. 445). — — 240. Pierre, n. 1632, d. j. — 241. Philibert, n. 1634, d. j. — 242. Jacques IV, n. 1635, d. j. — 243. François II, n. 1636, d. j. — 244. Antoine III, n. 1638. — 245. Jean II, avocat, n. 1639, viv. 1673 (*voy.* Pi. just. 139[2]). — 246. Catherine IV, n. 1640. — 247. Jacques Rapoil V, sieur de Launay, chevalier du St.-Esprit de Montpellier, n. 1642, d. 1721 (Pi. just. 29 et 135).

248. Nicole Le Prévôt, n. 1600, d. p. j.

249, 250 et 251. Marie Le Prévôt, n. 6 août 1608, d. a. 1649; m. 1°, 13 juin 1622 (*voy.* n° 401, note), à Jean Colin, sieur de

---

[1] Ce nom s'écrit dans les actes *Ribrol*, *Riberol*, *Ribrolles*, *Riberolles*, *de Riberolles* (Pi. just. 133 à 140.)

[2] Il en résulte que Jean Rapoil II a tenu sur les fonts baptismaux avec une corroyeuse, un enfant de l'huissier Riberolles son cousin, au septième degré. *Voy.* à ce sujet, art. des erreurs de Brossette, n° 12, et quant aux relations entre parens de ce degré, ci-dev. p. 436, n° 11.

Dans une généalogie rédigée vers la fin du XVIIe siècle (*Cabin. généal.*, B. R. Cart. Ra.), on dit que Jacques Rapoil III (même n° 141) a laissé Jacques Rapoil (n° 247) et Jean Rapoil, chanoine à Metz. Il serait possible que celui dont nous parlons ci-dessus eût quitté le barreau pour l'état ecclésiastique, ou peut-être (ce qui n'est pas rare) le généalogiste s'est-il trompé sur le prénom du chanoine et s'agit-il d'Antoine, n° 244.

Lézac, avocat au conseil, d. a. 1642; 2°, 1644, à Pierre de Larable, sieur du Lude. *Voy.* e., g., nᵒˢ 394 à 403; Pi. just. 148 à 150.

252 et 253. N. Leriche, n. 1612, m., v. 1626, à N. de Bois-Bureau, d. tous deux, a. 1640... dont une fille (Magdeleine, m. 1640, à Charles Lormier, sieur de Latour, secrétaire du roi (Pi. just. 171).

254 et 255. Magdeleine Leriche, m. 1632, à Antoine Bridier, secrétaire de Gaston de France, duc d'Orléans, frère de Louis XIII (deux fils, 1636, 1637).

256 et 257. Marguerite Leriche, m. 1644, à Gasp. Dodun, contrôleur des rentes (1646, 1649, une fille et un fils ; celui-ci fut conseiller au parlement de Paris et père de Charles Gaspard Dodun, contrôleur-général, ou ministre des finances en 1722 jusques en 1726).

258 et 259. Charles de Bogues, seigneur de Villecresne, maréchal général des logis de la cavalerie légère, n. 1615, m. 1655, à Marie Langaut, veuve Lagneau (*voy.* art. des erreurs de Brossette, n° 9; Pi. citées *ib.*).

260. Charles Ridel, capitaine d'infanterie, n. 1626.

261. François Ridel, jésuite à Paris, n. 1628, viv. 1685.

262 à 267. *Cousines germaines et cousins germains paternels de Despréaux.*

262. Magdeleine Boileau II, n. le 7 janvier 1605, d. a. 1616.
263. Charlotte Boileau I, n. 1608, d. a. 1616.
264. Gillette Boileau, n. 1612, d. a. 1616.
265. Elisabeth Boileau I, n. 1613, d. 1691 (Pi. just. 122).

266 et 267. Balthazard Charles Boileau I, payeur des rentes; né 1615, d. 1694; m., v. 1642, à Marguerite Chesnard II, d. 1674. *Voy.* e., g., nᵒˢ 404 à 421 [1]; Pi. just. 124 à 128 et 211 *c* (t. IV, p. 483 et 497); art. des erreurs de Brossette, n° 7.

---

[1] On verra en parcourant ces numéros, que Balthazard-Charles Boileau a eu seize enfans comme nous le disons, page 437.

EXPLICATION GÉNÉALOGIQUE. 451

268 à 290. *Frères et sœurs de Despréaux.*

268 et 269. Jérôme Boileau, avocat, puis (1657) greffier du conseil de la grand'-chambre du parlement, n. 24 mars 1612, d. 24 juill. 1679; m. 8 févr. 1644, à Louise Bayen (fille d'Honoré, proc. au parlement), n. 1622, d. 31 déc. 1700. *Voy.* e., g., n°s 422 à 429; Pi. just. 4, 23 à 26; même art., n°s 10, 15 et 17.[1]

270. Nicolas Boileau, clerc au palais, n. 24 juill. 1613, d. 15 sept. 1631 (Pi. just. 5 et 32).

271 et 272. Anne Boileau I, n. 14 novemb. 1615, d. 9 mars 1702; m. 24 janv. 1633, à Jean Dongois, procur. au parlem., puis, av. 1649, greffier de la chambre de l'édit (supprimée en 1669); n. v. 1604, d. 1685. *Voy.* e., b., g., n°s 430 à 438; Pi. just. 6, 45, 46, 210 *d*, etc.

273. Elisabeth Boileau II, n. 29 avril 1618, d. 30 juin 1628. *Voy.* Pi. just. 7 et 41; art. des err. de Brossette, n° 5.

274 et 275. Marguerite Boileau, n. 17 juin 1619, d. 2 avr. 1642; m. 24 juill. 1639, à Charles Langlois (fils de Florimond, tailleur), greffier de la chambre de l'édit, n. 1608, remarié, v. 1644, d. 1679. *Voy.* e., g., n°s 439 à 441; Pi. just. 8 et 69 à 74.

276. Catherine Boileau, religieuse à Pontoise, n. 15 novemb. 1620, prise d'habit 18 oct. 1635 (à moins de 15 ans), profession 7 mai 1637, d. 14 déc. 1689 (Pi. just. 9 et 42).

277. Marie Boileau, aussi religieuse à Pontoise, n. 5 avr. 1622, prise d'habit 28 nov. 1638, profession 6 déc. 1639, d. 23 octob. 1670 (Pi. just. 10 et 43).

278. Charlotte Boileau II, n. 14 juin 1623, d. a. 6 févr. 1629 (art. des erreurs de Brossette, n° 5; Pi. just. 11).

279. Pierre Boileau, sieur de Puymorin, intendant et contrôleur-général de l'argenterie, des menus-plaisirs et affaires du roi, n. 5 avr. 1625, d. 11 décemb. 1683.[2]

---

[1] On voit aussi soit par l'époque de sa naissance, soit par l'inscription (Pi. just. 210 *c*) que Jérôme était l'aîné des enfans de Gilles Boileau I, et non pas le second, comme le dit M. D. (1825, I, lj). Gilles II (n° 282, qu'il semble (*ib.*, *l*) désigner comme l'aîné, n'était que le onzième enfant.

[2] *Voy.* Pi.-just. 12, 33 à 35, 210 *c*, et nos remarques sur la première réflexion

280 et 281. Charlotte Boileau III, n. 6 févr. 1629, viv. 1711; m. 13 juin 1647, à Joachim Boyvinet (ou Boisvinet), proc. au parlem., puis (a. 1667) greffier des requêtes, n. 1618, d. 1672. *Voy.* e., n°s 442 à 447; note de ce n° 447; Pi. just. 34 *c.*, 75 à 79, 209 *d.*

282. Gilles Boileau II, n. 10 mars 1631, reçu à l'académie française en 1659[1], intendant (1669) des menus-plaisirs, etc. (*voy.* n° 279), d. 22 oct. 1669 (Pi. just. 16 et 36).

---

critique, p. 158... Il paraît que Puymorin avait d'abord été valet de garde-robe de Gaston, duc d'Orléans (Pièce 212 *a*) et ensuite (vers 1658) receveur des tailles à Clermont (Invent. de Despréaux, séance des 16 et 17 déc. 1711, minut. de Dionis).

[1] Auteur d'une vie d'Epictète; d'une traduction du Manuel de ce philosophe, qui a eu plusieurs éditions et dont Bayle fait un grand éloge; de deux opuscules de polémique intitulés : Avis à M. Ménage, et Remercîment à M. Costar; enfin, d'une traduction en vers du livre IV de l'Enéide. — *Voy.* Desmaiseaux, p. 6 et suiv.... Bayle, Rép. aux quest. d'un prov., I, 130; ci-dev. préface de la traduct. de l'Enéide, p. 434 et 435; ci-après art. des erreurs de Brossette, n° 17; t. I, Essai, n° 50 et 72; et t. II, épigramme IV, p. 453.

Gilles Boileau II fut aussi payeur des rentes (*voy.* Bayle et Desmaiseaux, *ib.*), et c'est sans doute par allusion à cette profession qu'on le nomme *rentier*, soit dans une prétendue première composition de l'épigramme V (t. II, p. 453, et ci-après art. des erreurs de Brossette, n° 17), soit dans l'épigramme suivante de Linière, rapportée par Brossette (sat. 1, v. 94) :

> Vous demandez pour quelle affaire
> Boileau le *rentier* aujourd'hui
> En veut à Despréaux son frère;
> C'est qu'il fait des vers mieux que lui.

Enfin, quoique en dise Goujet, qui, il est vrai, ne cite aucune autorité (*supplém. de Moréri*, 1735, I, 143), Gilles II était aussi avocat. Cela résulte implicitement du vers 5 de l'épigramme IV de Despréaux (t. II, p. 453) et directement de la sentence de 1657, extraite dans le n° 212 *a* de nos pièces justificatives (t. IV, p. 501). Moréri (*édit.* 1725, II, 333) ajoute, ce qui paraît assez douteux, qu'il fit contre lui-même et au sujet de la mort de son père, l'épigramme suivante :

> Ce greffier dont tu vois l'image
> Travailla plus de soixante ans;
> Et cependant à ses enfans
> Il a laissé pour tout partage,
> Beaucoup d'honneur, peu d'héritage,
> Dont son fils l'avocat enrage.

283 et 284. Geneviève Boileau I, n. 27 avr. 1632, d. 17 juill. 1720; m. 7 janv. 1651, à Dominique Manchon, commissaire examinateur au Châtelet (veuf... *voy.* n° 285), n. 1620, d. 1671 [1]. *Voy.* e.,g., n°s 448 à 453; Pi. just. 17, 80, 84, 90, 34 *f*, 209 *d*.

285. Catherine Chemin, m. à Dominique Manchon 26 juillet 1649, (S.-Côme), d. 22 sept. 1650 (S.-Severin), en couches de n° 286).

286. Jeanne Manchon, religieuse à Pontoise, n. 4 sept. 1650 (S.-Severin), prise d'habit 25 déc. 1675, prof. 7 déc. 1676 [2].

287. Elisabeth Boileau III, n. 26 août 1633, d. 24 oct. 1634 (Pi. just. 18 et 44).

288. Jacques Boileau, doyen de Sens, puis chanoine de la Sainte-Chapelle, n. 18 mars 1635 (tome I, Essai, n° 7 *c*), tonsuré 9 juillet 1645, ordonné 30 janv. 1661, d. 1 août 1716. [3]

289. Nicolas BOILEAU DESPRÉAUX, n. 1 nov. 1636, d. 13 mars 1711. *Voy.* Pi. just. 20, 30, 34, 35, 38, 39, 40, 54, 85, 86, 118, 119, 120, 120 *a*, 209, 211 *b* et *h*, 212 *a*.

290. Anne Boileau II, n. 14 mai 1638 [4], d. 17 juil. 1641. *Voy.* Pi. just. n° 21. [5]

---

[1] Cette date suffit pour dévoiler l'erreur de Cizeron-Rival (*Lettre famil.*, III, 65); de Germain Garnier (*Édit. de Racine*, VII, 203) et de tous les éditeurs modernes de Boileau qui désignent Dominique Manchon et non son fils Jérôme (n° 453) comme celui dont parle le poète dans sa correspondance de 1687 et années suivantes (t. IV, p. 167 et 295.)

[2] Sa profession n'a pas été précipitée comme celles des n°s 276 et 277; mais il fallait attendre sa majorité, parce qu'elle voulait donner et donna en effet ses biens auparavant, à sa belle-mère Geneviève Boileau et à ses frères et sœurs du deuxième lit (act. des 2 oct. 1684 et 30 déc. 1704, aux minut. d'Arouet et de Dionis), et tel est le motif pour lequel nous l'avons placée ainsi que sa mère, dans notre Explication.

[3] Auteur de divers ouvrages de critique sacrée et notamment d'une histoire latine des Flagellans.—*Voy.* Desmaiseaux, *ib.*; notre t. II, p. 474, épigramme xxxvii; t. IV, Pi.-just. 19, 30, 34 *b* et *f*, 37, 40, 54, 85, 86, 211 *b*; t. I, Essai, art. de la noblesse, n°s 9 et 10.

[4] Voilà un exemple unique du même prénom donné à deux sœurs; mais la marraine de celle-ci était précisément sa sœur Anne I (n° 271), déjà mariée depuis 5 ans), ce qui prévenait toute confusion (Pi. just., 45).

[5] Si l'on parcourt les numéros précédens depuis le 268°, et les pièces justificatives qui y sont citées; on verra que Gilles Boileau I eut au moins seize enfans et que Despréaux en fut le *quinzième* et non pas le *onzième*, comme le di

291 à 317. *Cousines germaines et cousins germains maternels de Despréaux.*

291. Nicole Clément I, n. 1627, d. 1630.
292. Nicole Clément II, n. 1637, d. p. j. (Pi. just. 96).
293. Marie Lemarchand, n. 1641, d. p. j.
294. Françoise Lemarchand. *Voy.* son art. à n° 431 A.
295 et 296. Nicole de Nyélé II, n. 1630 ; m. v. 1651, à Jean Chassebras, successivement commissaire des guerres, greffier du grand conseil, avocat et secrét. du roi, viv. 1692. *Voy.* e., n°^{s} 454 à 463 ; art. des erreurs de Brossette, n° 3 ; Pi. just. 105.
297. Elisabeth de Nyélé II, n. 1631, d. 1633.
298. Marie de Nyélé II, n. 1632, d. 1633.
299. Catherine de Nyélé, n. 1633, d. 1640.
300. Nicolas de Nyélé III, n. 1635, d. 1637.
301. Marie de Nyélé III, n. 1636, d. 1638.
302 et 303. Clémence Angélique de Nyélé, n. 1638, d. a. 1694 ; m. v. 1657, à Pierre Goussard, sieur Desroches, d. a. 1694. *Voy.* e., b., n°^{s} 464 à 470 ; Pi. just. 105.
304. Marguerite de Nyélé IV, n. 1639, d. 1641.
305. Nicolas de Nyélé IV, n. 1640, d. 1641.
306. Octavien de Nyélé, n. 1643, d. 1644.
307. Elisabeth Geneviève de Nyélé, n. 1646, d. a. 1650.
308 et 309. Charlotte Marie de Nyélé, n. 1647, viv. 1703, m.

---

sent de Boze (*Eloge de Despréaux*), Souchay et Lévizac (*Essai sur sa vie*), Louis Racine (p. 43), M. Daunou (1825, I, L); en un mot presque tous les éditeurs et biographes du poète ; si nous en exceptons Goigoux (*Biogr. Ménars*, IV, 181), mais qui tombe dans une autre erreur, car il semble d'après sa notice, que Boileau père n'ait eu en tout que neuf enfans, dont six de sa première femme.

Nous disons *au moins seize enfans*, parce qu'il y a un intervalle de près de quatre ans entre la naissance de son IXe et celle de son X^e enfant (n°^{s} 279 et 280) ; et que si, dans cet intervalle, il a eu un enfant, mort après avoir été ondoyé, sa naissance ne serait constatée suivant l'usage assez général de ce temps, que dans les registres des sépultures, et que précisément ceux de la paroisse que Gilles habitait, au moins au commencement de cet intervalle (Saint-Méry.. *Voy.* p, 470, note 1), manquent jusques à 1630.

1667, à Nicolas de Sailly, seigneur de la Tilleuf, d. 1677. *Voy.* e., nos 471 à 474; Pi. just. 103 et 105.

310 et 311. Elisabeth de Nyélé III, n. 1650, d. 1685; m. 1669, à Paul Mattot, médecin, n. 1637; d. 1692. *Voy.* e., nos 475 à 480; Pi. just. 104 et 105.

312. Nicolas Charles de Nyélé, avocat, seigneur de Bordeaux (*voy.* n° 170), chevalier de St.-Lazare, chambellan du duc d'Orléans[1], n. 1654, viv. 1716.

313. Marie Geneviève de Nyélé, n. et d. 1655.

314. Geneviève Françoise de Nyélé, n. 1656, d. p. j.

315. Anselme Alexis de Nyélé, n. 1658, d. p. j.

316. Henri Marc Antoine de Nyélé, n. 1659, d. p. j.

317. François de Nyélé II (posthume), n. 1661, d. p. j.

318. Nicolas Blocq, ou Du Blocq, rentier (il prêtait de l'argent aux Boileau), n. 1637, viv. 1691.

319 à 328. Enfans de Lazare Monin (n° 180, p. 447). — 319. Marie I, n. 1617, d. j. — 320. Magdeleine, n. p. 1619, viv. 1667. — 321. François, n. 1620. — 322. Jean, n. 1622. — 323. Marie II, n. 1623. — 324. Marguerite, n. 1624. — 325 et 326. Anne, n. 1626, m. 1667, à Noël Bourgineau, proc. au gr. conseil, d. 1693. — 327. Loys, n. 1629, d. 1631. — 328. Lazare II, n. 1631.

329 à 338. Enfans d'Etienne Cointereau I (n° 183, p. 447). — 329, N...., n. 1632, d. 1636. — 330. Etienne II, n. 1633. — 331. Nicolas, n. 1634. — 332 et 333. Louise, n. 1635; m. 1675, à Toussaint Lallemand, huissier à cheval au Châtelet. — 334 et 335. Louis, proc. au Châtelet, n. 1635, d. 1692.; m. 1669, à Marie Anne Huot (8 enfans[2], de 1670 à 1680). — 336. Jean, n. 1637,

---

[1] Il prend l'avant-dernière qualité dans deux actes de 1688 et 1690, et la dernière dans celui-ci (Pi. just., 106 et 107); cependant il fallait être gentilhomme pour l'obtenir; mais peut-être ce fils et petit-fils de procureurs, avait-il fait faire ou réparer une généalogie, ou fut-il appuyé de quelque puissante protection (*voy.* t. IV, p. 207, note 4). Quoiqu'il en soit, il se contenta dans la suite du titre d'avocat (Pi. just., 101 et 108).

[2] Ce nombre, ainsi que celui qui est indiqué dans d'autres nos, tels que les nos 356, 360, 367, etc., n'est que le nombre des enfans que nous connaissons; il peut y en avoir davantage.

d. 1645. — 337 et 338. Denise, n. 1638 ; m. 1665, à Charles Besnard, secrétaire de la reine.

339 à 349. Enfans de Nicolas Lefèvre II (n° 184, p. 447).— 339. Etienne I, n. 1634, d. j.—340. Anne I, n. 1635, d. j.—341. Anne II, n. 1636. —342. Louis II, n. 1637.—343. Marie III, n. 1638, d. j.—344. Marie IV, n. 1640.—345. Nicolas III, n. 1641, d. j. — 346. Magdeleine II, n. 1642.—347. Nicolas IV, n. 1643. —348. Etienne II, n. 1645.—349. Geneviève, n. 1646.

350 et 351. Marie Lefèvre III, n. v. 1637 ; m. 1656, à Simon Mariage, secrétaire du cardinal Mazarin et du roi, d. 1691 (Pi. just. 54).. eut quatorze enfans (1656 et 58 ; 1660, 61, 62, 64, 65, 67, 68 ; 1670, 74, 75, 76 et 1680.... St.-Eustache).

352 à 359. Autres enfans de Louis Lefèvre I (n° 186, p. 447). —352. Magdeleine I, n. 1638. — 353. Jacques, n. 1639. — 354. Anne III, n. 1640. — Louis III, curé de Toquin, 1683, n. 1641. —356 et 357. Jean Baptiste, proc. au gr. conseil, n. 1642 ; m. v. 1673, à Marguerite Langlois (huit enfans, de 1674 à 1683). —358. Gaspard, n. 1645. — 359. Marguerite, n. 1646, d. 1652.

360 et 361. Angélique de Nyélé, n. 1673 ; m. 1690 (Pi. just. 107), à Louis Barré, conseil. audit. à la chambre des comptes (six enfans, de 1691 à 1698).

362. Jean de Nyélé VI, n. 1674, d. 1676.

363. Elisabeth Françoise de Nyélé, n. 1678, d. p. j.

364. Marie Colletet I, n. 1632 (légitimée par mariage, en 1634), d. p. j.

365. Guillaume Colletet, n. 1635 (à 7 mois).

366. Isaac Colletet, substitut du procureur général, v. 1663, n. 1636.

367 et 368. Magdeleine Anne Colletet, n. 1637 ; m. 1662, à Michel Gestard, recev. général des bois de Normandie (trois enfans, de 1664 à 1674).

369. Hugues Colletet, commis, n. v. 1638.

370 et 371. Gabrielle Colletet, n. v. 1639 ; m. 1659, à Pierre Herry, recev. des tailles de l'élect. de Blois.

372 et 373. Marie Colletet II, n. 1646 ; m. 1663, à Franç. de Queirières, seign. de Boislaval (trois enfans, de 1664 à 1669).

374 à 379. Enfans de Charles Leroi I (n° 207, p. 448).—374.

EXPLICATION GÉNÉALOGIQUE. 457

Antoine, n. 1634, d. 1638.—375. Jacques, n. 1638.—376. Charles II, n. 1640, d. a. 1645. — 377. Charlotte, n. 1643, d. 1645.—378. Charles III, n. 1645.—379. Alexandre, n. 1652.

380 à 386. Enfans de Jean Jacques Angibout I (n° 210, p. 448).—380. Marie Anne, n. 1670, d. 1691.—381. Marie II, n. 1671.— 382. Antoine, n. 1674, d. 1680. — 383. Jean Jacques II, n. 1676, d. 1680.—384 et 385. Anne Elisabeth, n. 1677, m. 1701, à Pierre Danré, avocat (un fils, 1711).—386. N...., n. 1678.

387. Jean de Riberolles, n. 1633.

388. Françoise de Riberolles, n. 1634.

389 A et B. Jacques Nicolas de Riberolles, n. 1636, huissier à verge au Châtelet; m. 1672, à Anne Testart, fille de Jean, tailleur d'habits (deux enfans, 1673 et 1675). *Voy.* Pi. just. 133 à 140; art. des erreurs de Brossette, n° 12.

390. Geneviève de Riberolles, n. 1637.

391. Philémon Antoine de Riberolles, n. 1638.

392 et 393. Marie Catherine de Riberolles, n. v. 1640, m. 1661, à Gilles Desmares, linger (un fils, 1662). *Voy.* Pi. just. 135 et 136; même art. des erreurs, n° 12.

394. Pierre Colin, prieur de Guingamp, n. 1624, viv. 1649.

395. Christophe Colin, n. 1626, d. j.

396. Claude Colin, n. 1627, d. j.

397 et 398. Marie Colin, n. 1627, viv. 1659; m. 1649, à Jacques de Labrousse, avocat au conseil (deux enfans, 1650 et 1651).

399. Charles Colin, n. 1628, d. j.

400. Louis Colin de Lézac, n. 1630, viv. 1679.

401, 402 et 403. Elisabeth Colin, n. 17 avril 1633, d. a. 1684; m. 1°, 25 nov. 1647[1], à Pierre Targas, secrétaire du roi[2], n. 1610, d. 1666 (Pi. just. 150 à 152); 2° 1668 (*ob causas notas*), à Nicolas Melicque, trésor. des menus-plaisirs (un fils, d. 1669).

---

[1] Elisabeth n'avait que 14 ans et 7 mois, et sa mère (n° 249) s'était mariée à 13 ans et 10 mois; elles eurent ainsi que leur mère et aïeule (n° 144), chacune deux maris.

[2] C'est l'amateur d'horloges (t. II, p. 475, épigr. xxxviii, et t. IV, p. 405, 409 et 486).. On ne saurait imaginer combien nous avons eu de peine à découvrir comment il était le parent (même p. 409), ou plus exactement, l'allié de Boileau (les mariés Targas eurent cinq enfans, de 1649 à 1662.)

404 à 421. Nièces et neveux paternels de Despréaux, à la mode de Bretagne.

404. Charles Boileau II, n. 1643, d. 1651.

405. Gilles Boileau III, payeur des rentes [1], n. 1644, d. 1719. *Voy.* tome I, art. de la noblesse, n° 9 à 12; tome IV, Pi. just. 124, 129, 211; ci-après, art. des erreurs de Brossette, n. 7.

406 à 421. Autres enfans de Balthazard Charles Boileau I (n° 266, p. 450). — 406 et 407. Charlotte Boileau IV, n. 1645, viv. 1703; m. 1696, à Nicolas Heraut, ancien receveur des tailles à Troie, viv. 1703. — 408. Balthazard Charles II, n. 1648, d. p. j. — 409. Jeanne, n. 1648, d. a. 1661. — 410. Philippe, n. 1650, d. p. j. — 411. Françoise Marguerite, n. 1651, d. 1724. — 412. Anne III, n. 1652, d. p. j. — 413. Antoine, n. 1653, d. 1673. — 414. Geneviève II, n. 1657, d. p. j. — 415 et 416. Elisabeth IV et N..., jumelles, n. et d. 1658. — 417. Marie Anne I, n. 1659, d. a. 1664. — 418 et 419. Marie Marguerite et Marie Jeanne, jumelles, n. 1661, d. p. j. — 420 et 421. Marie Anne II, n. 1664, viv. 1703; m. 1700, à Philippe Gourdon, secrétaire du roi. *Voy.* e., n°s 481 et 482.

422 à 453. Nièces et neveux de Despréaux.

422. Louise Boileau, n. 1644, d. p. a. 1679.

423 et 424. Anne Boileau III, n. 1646, d. 1678; m. 1677, à Antoine Le Picart de Mosny, conseill. auditeur à la chambre des comptes (Pi. just. 26).

425. Magdeleine Boileau III, n. 1646, d. p. j.

426. Marie Charlotte Boileau Despréaux [2], n. 1649, viv. 1718 (*voy.* tome IV, p. 187, note 3; Pi. just. cit. *ib.*).

---

[1] Une généalogie (*Cab. gén.*, B. R., *Boit.* Bo.) le fait mal-à-propos descendre (*id.*, ses neveux, n°s 481 et 482) de Roland Boileau, échevin.

[2] Ce surnom de *Despréaux* n'est point dans l'acte de naissance de Marie-Charlotte Boileau, mais il est constaté, 1° par le testament du poète, le legs d'usufruit qu'il fait à sa nièce *Boileau Despréaux* ne pouvant concerner que Marie-Charlotte la seule fille de Jérôme Boileau, qui existât alors; 2° par une procuration du légataire du fonds dont le poète lui avait donné l'usufruit; etc. (Pi. just., 16!, 90, 211 *d.*, 215, 220.)

427. Louise Geneviève Boileau, n. 1650, d. 1701 (même note 3).

428. Magdeleine Françoise Boileau, n. 1654, d. p. a. 1679.

429. Gilles Boileau IV, n. 1656, avocat, puis greffier du conseil de la grand-chambre, 1679 à 1691, d. 1696 (Pi. just. 25, 29, 34 *f*, 91).

430. Gilles Dongois I, n. 1633, d. p. j.

431 et 431 A. Nicolas Dongois, avocat, greffier d'audience de la grand-chambre, et enfin greffier en chef du parlement, n. v. 1634, d. 1717[1]; m. 1660, à Françoise Lemarchand, n. 1642, d. 1722. *Voy.* e., g., nos 483 à 486; Pi. justif. 46, 47, 48, 52, 54, 55, 209 *d.*, etc.

432. Gilles Dongois II, Chanoine de la Sainte-Chapelle (1663), aumôn. du roi (1665), n. 1636, d. 1708. *Voy.* Pi. just. 34 *b*, 54, 55, 210 *e*, etc.; art. des erreurs de Brossette, n° 30.

433. Anne Dongois, n. 20 juin 1637, d. v. 1655. *Voy.* la note du n° 438.

434, 435 et 436. Charlotte Dongois, n. 1638, d. 1719; m. 1° 1660, à Nicolas Gaultelier, avocat, d. 1661; 2°, v. 1668, à Henri de Bessé (ou Besset) de La Chapelle (Milon) I, contrôleur des bâtimens du roi[2], d. 1694. *Voy.* e., b., g., nos 487 à 491; Pi. just. 34 *b*, 62 et 63.

437. Marie Dongois, n. 1640, d. 1660. *Voy.* la note du n° 438.

438. Geneviève Dongois, n. 1641, d. p. j.[3]

---

[1] Nicolas Dongois a laissé en manuscrit, un ouvrage intitulé : « Recueil criminel tiré des registres criminels du parlement, de 1312 à 1603, 3 vol. in-fol. — *Voy.* pour ses qualités, t. I, Essai, n° 12 *b*. — « Ses accès et sa capacité, dit Saint-« Simon (III, 260), lui avaient donné autorité en beaucoup de choses dans « le parlement » (on en a parlé, t. IV, p. 259).

[2] A ce titre il était adjoint, comme secrétaire, à la *petite académie*, depuis l'académie des inscriptions, dit M. Daunou (IV, 129); ce qui nous explique pourquoi il proposait souvent des sujets de médailles (*voy.* t. IV, p. 192, 229, 253, 257, 268, 273).

[3] Des trois filles de Jean Dongois, mortes avant leur père, savoir : Anne, Marie et Geneviève (nos 433, 437 et 438), il n'y a que la première à qui puisse convenir ce que Boileau (t. IV, p. 361 et 439, lett. du 15 juill. 1702 et du 24 nov. 1707) dit de la nièce pour laquelle il composa les sonnets rapportés, t. II (Poés. divers., nos VI et VII), p. 434. 1° Elle était à-peu-près *du même âge que*

439. Gilles Langlois, n. 1640, d. 1651.

440 et 441. Anne Marguerite Langlois, n. 1641, d. 1663; m. 1657, à Jean Boizard, conseiller à la cour des monnaies[1], d. v. fin du XVIIe siècle. *Voy.* e., b., n°s 492 à 497; note 3, p. 471.

lui.. Or Anne était dans cette position, puisqu'elle n'avait que sept mois et demi de moins que le poète, tandis qu'il avait quatre ans de plus que Marie et cinq de plus que Geneviève... 2° Elle *mourut à dix-huit ans*, et Marie, la seule des trois dont nous ayons trouvé l'inhumation, mourut à 20 ans (Pi. just., 58, 59 et 60)... 3° Il fit le sonnet, n° VI, *presque au sortir du collège*... S'il s'agit d'Anne l'expression est assez exacte, puisque d'après l'âge que lui donne Boileau, elle dut décéder dans l'été de 1655, époque où le poète n'avait que 18 ans et demi; tandis que s'il s'agissait de Marie, l'expression serait tout-à-fait fautive, puisqu'elle ne mourut que le 19 septembre 1660, époque où il avait près de 25 ans et avait été reçu avocat depuis près de 4 ans (Pi. just., 58 à 60, 211 *a*)... 4° Il faut faire de semblables remarques si l'on prend en considération l'époque de la composition de ce sonnet, qu'en 1707 (même lettre du 24 nov., p. 439), Boileau fait remonter *à plus de 50 ans*, et par conséquent à un temps antérieur à 1657, ou de plus de 3 ans à la mort de Marie, tandis qu'il se rapproche de celle d'Anne, en admettant qu'elle ait eu lieu en 1655.

Boileau, il est vrai, dit dans le sonnet, n° VII, composé vers 1690, qu'il *fit dès 15 ans* sa plainte à l'univers, de la mort de sa nièce, mais outre que, selon l'observation judicieuse de M. Daunou, en vers, les nombres ne sont qu'approximatifs (voyez-en une preuve, t. IV, p. 409, note 3), les nombres dix-huit et dix-sept n'auraient pu entrer dans celui-ci, et le nombre *seize* aurait produit une légère consonnance avec le mot *dès*.

M. de Saint-Surin (II, 516) fixe la composition du sonnet, n° VI, à 1652; Saint-Marc (I, LXXIV), à 1653; M. Daunou (II, 324), à 1653 ou 1654. Il est clair, d'après les remarques précédentes, qu'elle doit être reculée à 1655.

[1] Auteur d'un traité des monnaies fort estimé, publié d'abord en 1696, en 1 vol. in-12, et ensuite en 1711, en 2 vol. in-12. Cette seconde édition fut saisie, parce qu'on prétendit qu'il était dangereux de donner, comme le faisait Boizard, des détails sur les procédés de l'alliage des monnaies.

L'alliance de Boizard contractée à une époque (1657) où la famille de Gilles Boileau I était bien éloignée de l'illustration que lui procurèrent dans la suite les talens de plusieurs de ses fils, l'alliance de Boizard, disons-nous, était certainement fort honorable pour les Boileau à cause de sa charge dans une cour souveraine. Toutefois, quoique Puymorin et Despréaux (surtout celui-ci) aient fait dans leurs testamens des libéralités à leurs frères ou sœurs, ou aux descendans de ceux-ci, Boizard ni son fils (n° 494) n'y sont pas même nommés, et on ne les voit non plus figurer dans aucun des actes de cette famille, et les Boileau eux-mêmes sont restés étrangers à ceux de la famille Boizard.. Peut-être avaient-ils à reprocher à Boizard quelque tort envers leur nièce; tort qu'on pressentira aisément si l'on fait attention à l'âge auquel elle épousa Boi-

EXPLICATION GÉNÉALOGIQUE.

442. Gilles Boyvinet ou Boisvinet, avocat, n. 1648, viv. 1668, d. p. a. 1683. *Voy.* n° 447 et sa note..

443. Anne Charlotte Boyvinet, n. 1649, viv. v. 1680.

444. Jérôme Boyvinet, chanoine à Rouen; n. 1650, viv. v. 1683; d. p. a. 1711. *Voy. iid.*

445. Charles Michel Boyvinet, n. 1654, d. p. j. (*V. iid.*)

446. Scholastique Angélique Boyvinet, religieuse à Pontoise, n. 18 févr. 1658, prise d'habit, 8 nov. 1674, profession, 10 nov. 1675 (*V. iid.*).

447. Charlotte Etiennette Boyvinet, n. 1659, d. 1663.[1]

448. Magdeleine Manchon, n. 1651, d. 1660.

449. Anne Manchon, n. 1653, religieuse à Gif, près Versailles, a. 1683 (Pi. just. 81).

450 et 451. Geneviève Manchon, n. 1655, d. 1731; m. 1684, à Mathieu de Sirmond, avocat, ensuite (1691) greffier du conseil de la grand'-chambre, d. 1706. *Voy.* e., g., n°s 498 à 502; art. des erreurs de Brossette, n°s 2 et 3, p. 467 et 468; Lett. et Pièc. justif. citées *ibid.*

452. Charlotte Elisabeth Manchon, n. 1659, d. p. a. 1671.

zard, et aux circonstances qui accompagnèrent la célébration de leur mariage (Pi. just. 73 et 74, t. IV, p. 476, 477).

[1] Si l'on excepte cet acte de décès, un baptême du 19 décembre 1668 (*S.-Séverin*) où Gilles Boyvinet a été parrain, la profession religieuse (à Pontoise) de Scholastique, et leurs actes de naissance, il n'est question dans aucun autre, des six enfans Boyvinet, nos 442 à 447. Un tableau généalogique (*Cabin. Généalog.*, B. R., *Boite* Bo.) dressé vers 1680, cite seulement une des filles (ce doit être n° 443) comme rentière, et un des fils (nous croyons que c'est n° 444) comme chanoine à Rouen. Le legs d'une pension alimentaire et insaisissable de 300 livres fait en 1683, par Puymorin à leur mère (n° 280 et Pièc. justif. 34 c), nous fait présumer que le mari de celle-ci n'avait pas laissé de fortune, que son fils aîné était décédé, et que le chanoine de Rouen, auprès duquel elle s'était sans doute retirée (*ib.*, n° 77) était hors d'état de la nourrir; qu'enfin ce chanoine et la rentière étaient morts avant 1711, époque où elle s'était fixée à Pontoise (*ib.*, n° 78) pour être sans doute auprès de sa fille la religieuse, et où Despréaux lui assura une pension encore plus considérable (*ib.*, n° 209 d.).

N. B. Une lettre autographe de Despréaux, découverte depuis l'impression de nos pièces justificatives (nous la donnerons dans un supplément) vient à l'appui de quelques unes de ces conjectures.

453. Jérôme Manchon, d'abord ecclésiastique et bachelier en théologie de la faculté de Paris, ensuite (1692) commissaire des guerres[1], n. 1661, viv. apr. 1711 (Pi. just. 83). *mort 1736 marié 1713 Suzanne PAVARD dont p. 465*

454 à 480. *Nièces et neveux maternels de Despréaux, à la mode de Bretagne.*

454 à 463. Enfans de Jean Chassebras (n° 296, p. 454)—454. Marie Elisabeth, n. 1652, d. 1655. — 455. Anne, n. 1653, viv. 1663.—456. Marie Agnès, n. 1655, d. a. 1661.—457. Jean Baptiste, n. 1656, viv. 1683.—458. Marie Madeleine, n. 1657.—459. Geneviève, n. 1659.—460. Alexandre I, n. 1660, d. j.—461. Agnès, n. 1661, d. 1692.—462. Angélique, n. 1663.—463. Alexandre II, n. 1664, d. 1683.

464 et 465. Nicolas Augustin Goussard, sieur Des Roches, n. 1658; m. 1694, à Anne Marguerite Duhamel, veuve de Séb. Levêque, officier de marine.

466 à 470. Autres enfans de Pierre Goussard I (n° 303, p. 454). —466. Pierre II, n. 1660.—467. Angélique Geneviève, n. 1662, d. p. a. 1667.— 468. Marie, n. 1663.—469. Alexandre, n. 1665. —470. Angélique, n. 1667.

471 et 472. François Charles de Sailly, Seigneur de la Tilleuf et du Breuil, capit. au régiment de Navarre, n. a. 1672; m. v. 1700, à N... *Voy.* e., n°s 503, 504.

473. Henri Claude Nicolas de Sailly, colonel du même régiment[2]; n. 1672, viv. v. 1743.

---

[1] Il prend la première qualité dans les premiers actes où il a paru après sa majorité, tels que les actes de 1684 et 1687 (Pièc. justif. 85, 86, 88 et 89); la deuxième, dans les actes postérieurs à 1692. A cette époque, deux édits dont le second est du mois de septembre, avaient supprimé les anciens commissaires des guerres, et en avaient établi de nouveaux, au nombre de 140, en titre d'office, et sous une finance (Encycl., Art milit., h. v., I, 721). Jérôme Manchon acquit un de ces offices vers la fin de 1692, à l'aide de l'argent que lui prêta Boileau (acte du 13 décembre, cité dans un autre du 18, analisé dans l'inventaire de celui-ci). Il était employé à Ipres en 1711 (Pi.-just. 90). Presque tous les éditeurs de Boileau, ses Biographes, etc., l'on confondu avec son père (n° 283 et 284, p. 453).

[2] On lui donne cette qualité dans une des généalogies de la famille de Sailly (*Cabin. des généal.*, B. R., *Cart.* S.); cependant on ne trouve point son nom

EXPLICATION GÉNÉALOGIQUE. 463

474. Robert de Sailly I, capitaine au même régiment, n. 1677, d. 1730.

475 à 480. Enfans de Paul Mattot (n° 311, p. 455). — 475. Pierre, médecin, n. 1670, viv. 1692.—476. Roger Hubert, n. et d. 1671.—477. Elisabeth, n. 1674, viv. 1683.—478. Marie Angélique, n. 1675. — 479. Agnès Thérèse, n. 1677, d. 1683.— 480. Thérèse, n. 1683.

481. Philippes Gilles Gourdon, n. 1701, viv. 1719 (*voy*. p. 458, note du n° 405; Pi. just. 129).

482. Jean Charles Gourdon du Breuil, n. 1703, viv. 1724 (mêmes note et pièce).

483 à 502. Petits-neveux et petites-nièces de Despréaux.

483. Jean Nicolas Dongois, n. 1661, d. 1663 (Pi. just. 47).
484. Marie Anne Dongois, n. 1666, d. p. j.
485 et 486. Françoise Geneviève Dongois, n. 1666, d. 1743; m. 1683, à Pierre Gilbert de Voisins I, conseiller au parlement, et ensuite président de la deuxième chambre des enquêtes [1], n. 1656, d. 1730. *Voy*. e., b., n°s 505 à 509; tome I, Essai, n° 12 *b*; tome IV, Pi. just. 34 *e*, 40, 49, 53 à 57, 65, 101, etc.

487. Jean Nicolas Gaultelier, n. 1661, d. p. j.

488 et 489. Henri de Bessé-La-Chapelle-Milon II, conseiller au parlement de Metz, secrétaire du ministre Pontchartrain, n. 1669, viv. 1719; m. 1697, à Elisabeth Chardon. *Voy*. e., n°s 510 à 513; Pi. just. 63 à 65.

490 et 491. Anne de Bessé-La-Chapelle, n. 1672, d. 1726; m. 1697, à Etienne Ferrant de Saint-Dizant, intendant des menus-plaisirs, viv. 1731. *Voy*. e., g., n°s 514 à 516; Pi. just. 66 à 68.

492. Jean Lucien Boizard, n. 1659.
493. Charles François Boizard, n. 1660, d. 1664.

---

dans un état militaire de 1740, où l'on désigne les anciens colonels du régiment de Navarre.

[1] Et non à la *chambre des comptes*, comme le dit Germain Garnier (*OEuvres de Racine*, VII, 295), qui l'a confondu avec un président de cette chambre, portant le même nom mais appartenant à une autre famille.

494 et 495. Jacques Nicolas Boizard, avocat, n. 1661; m. v. 1691, à Anne Coutonnier, veuve de Nicolas Mariette, sieur de Perigny. *Voy.* e., nos 517, 518; p. 460, note 1.

496 et 497. Florimond Charles et Timothée Boizard, jumeaux, n. et d. p. 1663.

498. Jacques de Sirmond, lieutenant au régiment de Beauvoisis, n. 1685, d. 1707. Il avait d'abord (1702 et 1703) étudié le droit.

499. Jérôme Mathieu de Sirmond, lieutenant au régiment de Catinat, n. 1686, tué au siège de Landau vers 1703 (Pi. just. 88 et 92... On en parle aussi tome IV, p. 397).

500. Jean de Sirmond, capitaine au régiment de Labour, n. 1687, d. 1713. Il avait aussi d'abord (1704 et 1705) étudié le droit.

501 et 502. Marie Claude de Sirmond, n. 1689, d. 1780; m., 1721, à Louis Gin, avocat[1] (veuf d'Elisabeth Varnier, fille d'un greffier, d. 1715), n. 1669, d. 1758. *Voy.* e., n° 519.

503. Robert de Sailly II, d. a. 1743.

504. Charles de Sailly, grand-chantre de la Sainte-Chapelle (1735), aumônier de la Dauphine (1745), commandeur de Saint-Lazare (1764), docteur en théologie, n. v. 1704, d. 1769.

505 à 520. *Arrières-petits-neveux et arrières-petites-nièces de Despréaux.*

505 et 506. Pierre Gilbert de Voisins II, premier avocat-général au parlement et conseiller d'état, n. 1684, d. 1769[2];

---

[1] Il fut bâtonnier des avocats, et se distingua dans les démêlés que son ordre eut avec le gouvernement sous Louis XV. *Voy.* Fournel, Hist. des avocats, II, 447.

[2] On peut consulter sur ce magistrat illustre, les dictionnaires historiques et les Biographies modernes (à son article et à celui de son petit-fils)... Ajoutons qu'il était bisaïeul du comte Gilbert de Voisins (Pierre Paul Alexandre), ancien membre de la chambre des députés et premier président de la cour royale de Paris, et aujourd'hui conseiller à la cour de cassation; de sorte que celui-ci est neveu, au 8e degré, de Boileau.

EXPLICATION GÉNÉALOGIQUE.   465

m., vers 1715, à Anne Louise de Fieubet, n. 1693 (Pi. just. 56 et 40).

507. Nicolas Gabriel Gilbert de Vilaines, colonel du régiment de Médoc, n. 1685 (Pi. just. 57).

508. Roger François Gilbert de Voisins, greffier en chef du parlement (1717), n. 1690.

509. Gilles Gilbert de Voisins, lieutenant aux Gardes Françaises, n. 1693, d. 1718.

510. Daniel Henri de Bessé-La-Chapelle, n. 1698.

511. Pierre Nicolas de Bessé-La-Chapelle, capitaine au régiment de Médoc (1719), et ensuite conseill. au Châtelet, n. 1700 (Pi. just. 65).

512. Élisabeth Henriette de Bessé, n. 1703.

513. Jean Annibal de Bessé, n. 1704.

514 et 515. Marguerite Ferrant de St.-Dizant, n. 1698, d. 1744; m. v. 1718, à Antoine de Saint-Simon, comte de Courtomer, lieutenant-général, commandeur de Saint-Louis, n. 1692, d. 1761 (Pi. just. 68; Tab. de la Gaz. de France).

516. Etienne Michel Ferrant de St.-Dizant, n. 1705, d. p. j.

517. Jacques Nicolas Boizard II, n. 1692, d. 1693.

518. Florimond Boizard, n. 1694.

519 et 520. Pierre Louis Claude Gin, avocat, ensuite conseill. au parlement Maupeou, et enfin conseiller au grand conseil, homme de lettres[1]; n. 1726, d. 1807; m. v. 1756, à Geneviève Guerey (deux filles et trois fils... l'un d'eux, Louis Philippe Alexandre Gin d'Ossery, aussi conseiller au grand conseil, n. 1759, mort célibataire, en 1820).

---

[1] *Voyez* quant à ses ouvrages, les Biographies et les Dictionnaires historiques modernes.

ARTICLE III.

DES ERREURS DE BROSSETTE.

§ Ier. *Erreurs de Brossette, relatives à la famille Boileau.*

1. Ce que nous disons de Brossette dans ce paragraphe, s'applique aux commentateurs suivans, puisqu'ils ont tous copié et dû copier ce qu'il rapporte de la famille Boileau. Il est donc inutile de donner leurs noms à mesure que nous indiquerons les mêmes erreurs. Nous n'en excepterons que ceux qui, en rapportant des faits semblables à ceux de Brossette, ne l'ont pas cité, puisqu'ils annoncent par là qu'ils ont dû ces faits à leurs propres recherches.

Les commentateurs postérieurs à Brossette ont *dû* le copier, disons-nous. Sachant, en effet, d'une part, que Brossette avait eu des relations directes et personnelles avec Boileau, pendant un voyage de quelques mois à Paris[1], et qu'il avait entretenu avec lui, pendant douze ans, une correspondance suivie; et voyant, de l'autre, que des proches parens de Boileau, qui avaient vécu plusieurs années après l'édition de Brossette et ses premières réimpressions n'en avaient fait aucune critique[2], ils auront naturellement supposé que ces renseignemens avaient été pris auprès du poète et de sa famille, et qu'ils étaient, par conséquent, d'une entière exactitude.

2. Nous étions d'abord nous-mêmes pénétrés de cette idée. Lorsque, au commencement de nos recherches, nous trouvions

---

[1] Depuis le 3 octobre 1698, jour où Brossette le vit pour la première fois, jusques au milieu de février 1699, époque de son départ pour Lyon (*Let. famil.*, I, p. 1 et 43)... Il est toutefois à présumer que ces relations ne durent être ni très fréquentes, parce que Boileau passa une partie de ce temps à Auteuil; ni procurer beaucoup de documens à Brossette, parce que liant seulement connaissance avec un vieillard chef du parnasse français, il est peu probable qu'un jeune homme, inconnu dans les lettres, osât se permettre beaucoup de questions.

[2] Par exemple la veuve Manchon, son fils, sa fille et sa petite fille; Françoise Lemarchand; Françoise Geneviève Dongois, le président son mari, le conseiller d'état leur fils; Anne de Bessé-La-Chapelle, etc., etc. (Tab. gén. n°s 283, 294, 450, 453, 501, 294, 431 A., 485, 486, 506, 491).

quelques faits qui paraissaient peu s'accorder avec les notes de Brossette, nous examinions de nouveau les actes d'où ils résultaient, nous persuadant qu'il y avait quelque faute de copie ou quelque erreur de rédaction; nous cherchions à l'expliquer, etc. Nous ne revînmes de notre opinion qu'à la lecture du mariage de Sirmond, dont nous allons parler, et nous nous convainquîmes alors que Brossette, comme tant de commentateurs, entraîné par la manie des notes, avait présenté souvent de simples conjectures comme des faits positifs.

3. Au sujet du vers 112 de l'épître v, publiée en 1674 (tome II, p. 65),

Fils, frère, oncle, cousin, beau-frère de greffier,

Brossette dit, en substance, *frère* de Jérôme qui a eu la charge du père (greffier du conseil de la grand-chambre), et qui mourut en juillet 1679... *oncle* et de plus *cousin* germain par alliance de Dongois, greffier d'audience de la grand-chambre (Tabl. et Explic. généal., nos 431 et 431 A); ce qui est exact, quoique incomplet, car Boileau était aussi cousin germain, par alliance, de Jean Chassebras (*id.*, n° 296), greffier du grand conseil.....[1] mais Brossette (I, 222) ajoute :

« *Beau-frère* de M. Sirmond, qui a eu la même charge de « greffier du conseil de la grand-chambre. »[2]

Il y a trois erreurs grossières dans ces deux lignes. 1. Sirmond n'était point beau-frère de Boileau, mais le mari d'une de ses nièces. 2. En 1674, Boileau ne pouvait avoir en vue Sirmond, puisque Sirmond n'épousa sa nièce qu'en 1684. 3. Il ne pouvait non plus le présenter alors comme greffier, puisque Sirmond ne le fut qu'en 1691 (*id.*, n° 451, et Pi. just. 85, 86 et 91).

Ces erreurs sont d'autant plus inconcevables que Boileau

---

[1] Généalog. des Chassebras, B. R., Cabin. des généal., Boit. Cha.

Boileau était aussi cousin, à un degré, il est vrai, beaucoup moins proche, de Nicolas Le Prêtre, greffier du baillage du palais, et ensuite des auditeurs du châtelet (Tabl. et Explic., n° 97).

[2] Souchay, ses nombreux copistes, et plusieurs autres éditeurs, tels que Lévizac et MM. de Saint-Surin et Viollet Le Duc, ont reproduit cette note erronée, sans citer Brossette.

avait fourni à Brossette l'occasion de lui demander, ou à d'autres personnes, des renseignemens sur ce point, renseignemens faciles à obtenir, vu les relations d'un greffier avec presque tous les gens de loi.

Dans sa lettre, en effet, du 15 juin 1704 (tome IV, p. 400), Boileau ayant parlé à Brossette du chagrin que lui causait la suppression d'une charge de greffier de la grand-chambre, qui mettrait une de ses nièces, son « mari et ses trois enfans [1] à l'hôpital, » il était naturel que Brossette lui demandât, ou à quelque homme de loi, tel que Bronod (tome IV, p. 355 et 416, lett. 29 déc. 1701 et 20 nov. 1705), avec qui il était en correspondance, le nom du greffier supprimé, qui précisément était *Sirmond*.

Une autre circonstance montre, en cette occasion, combien était vif le penchant de Brossette pour les conjectures. Il était d'autant moins nécessaire, pour expliquer le mot de *beau-frère*, d'attribuer faussement à Sirmond la qualité de greffier en 1674, qu'alors Boileau n'avait pas eu moins de trois beaux-frères greffiers, savoir : Jean Dongois et Charles Langlois, à la chambre de l'édit, et Joachim Boyvinet, à celle des requêtes (Tabl. et Explic. généal., n°s 272, 275 et 281, et Pi. just. citées *ib*.)

4. Convaincus alors, nous l'avons dit, de la légèreté de Brossette [2], nous nous décidâmes à donner à nos recherches beaucoup plus d'étendue que nous ne nous l'étions proposé : une autre circonstance nous fortifia dans ce dessein.

Il résulte du rapprochement de beaucoup de notes éparses de Brossette, que Boileau était un fort mauvais parent; ce que semblerait confirmer cette plaisanterie [3] de l'épître VI (v. 46, tome II, p. 74),

---

[1] Ils en avaient eu quatre, mais l'un d'eux avait été tué au mois de novembre 1703 (Pièc. just. 92).

[2] Nous avons été tentés de croire que pour ces sortes de documens, Brossette s'était borné à consulter un ancien domestique de Boileau, que celui-ci lui avait recommandé, que Brossette avait fait placer, et qui lui rapportait des bons mots de son ancien maître (tome IV, p. 415 et 427, lett. 15 mai 1705 et 2 déc. 1706, et Lett. famil., III, 151 et 154).

[3] Cette plaisanterie paraîtra excusable, si l'on jette un coup d'œil sur le tableau et sur l'explication généalogique. Il est difficile que dans cette nuée de cousins, il n'y en eût pas dont le *parentage* dût être fâcheux.

Un cousin abusant d'un fâcheux parentage...

Selon ces notes, Boileau a pris pour but de ses traits satyriques, tantôt sa belle-mère, tantôt sa belle-sœur, ses frères, ses sœurs, des neveux, des cousins, etc.

Heureusement, on va le voir, nous avons reconnu que la plupart de ces notes étaient sans fondement, ce qui nous autorise à douter au moins de l'exactitude de celles à l'égard desquelles nous n'avons pas trouvé de documens.

5. Dans la satire x (v. 677 à 684), Boileau fait le portrait de ces Tisiphones, de ces monstres plus cruels que les lionnes, qui battent dans leurs enfans l'époux qu'elles haïssent, et font de leur maison digne de Phalaris, un séjour de larmes et de cris.

Brossette nous apprend, en ces termes, quelle est l'horrible mégère à laquelle Boileau fait allusion : « La première femme « de M. Boileau, père de notre poète, avait pris en aversion « une de ses filles, et ne cessait point de la maltraiter. Elle ne « voulut jamais permettre qu'on la mît en pension dans un cou- « vent, pour avoir le plaisir de la battre. Elle s'en acquitta si « bien qu'à la fin cette jeune fille en mourut, et la mère elle- « même mourut de regret. »[1]

Ainsi voilà une mère de dix enfans accusée du plus horrible des crimes, l'infanticide, et de l'avoir commis avec préméditation, et pour ainsi dire à petit feu, pendant un long espace de temps! et accusée sans la moindre preuve, sans citation d'aucune autorité, *quatre-vingt-sept ans* après sa mort, par un homme qui a si peu de documens sur son compte, qu'il ne sait pas même son nom!

Ce peu de mots pourrait nous suffire; mais continuons.

Charlotte de Brochard (Tabl. et Explic. n° 163), première femme de Gilles Boileau Ier, n'eut que deux filles, qui la prédécédèrent, Elisabeth II, née en 1618, et Charlotte II, née en 1623 (*id.*, 273 et 278). Nous n'avons pas l'acte du décès de celle-ci, parce que probablement elle mourut fort jeune, et que

---

[1] M. de S. S. (I, 324) reproduit en partie cette note sans citer Brossette. Selon lui « la première femme du père de l'auteur avait pris en aversion l'une « de ses filles; ses mauvais traitemens firent mourir cette jeune personne. »

les registres d'inhumation de Saint-Méry, paroisse qu'habitait alors Boileau père[1], ne commencent qu'à 1630; mais ce décès dut avoir lieu au moins avant le 6 février 1629, puisqu'on donna son prénom à une fille baptisée ce jour-là, ou à Charlotte III (*id.*, n° 280, et Pi. just. 13). Elle avait donc au plus cinq ans et demi lorsqu'elle mourut, et comme on ne met pas les enfans au couvent avant cet âge, il est clair que la note de Brossette ne peut concerner qu'Elisabeth II, morte, à dix ans, le 30 juin 1628 (Pi. just. 7 et 41).

Or, deux circonstances, indépendamment de l'atrocité du fait, montrent la fausseté du récit de Brossette, dès qu'il concerne Elisabeth II.

En premier lieu, selon ce récit, Charlotte Brochard mourut de regret de la mort de sa victime, ce qui fait supposer qu'elle la suivit de très près au tombeau, tandis qu'elle ne mourut que *quinze mois après* (15 sept. 1629), et que dans cet intervalle (6 février 1629) elle accoucha d'un enfant (Charlotte III... Tabl. et Explic., n° 280; Pi. just. 13 et 14).

En deuxième lieu, les parrains et marraines se regardaient, à cette époque, comme des espèces de patrons de leurs filleuls. La marraine d'Elisabeth était Isabelle de Longueil, femme Lionne (*ibid.*, n°s 63 et 62; Pi. just. 7 et 221), fille de Noël de Longueil, gouverneur de la Charité (*Blanchard...* Présidents, p. 478), petite-fille (*ib.*, p. 477) de Guy de Longueil, conseiller au parlement, nièce de Jean de Longueil de Chevreville (p. 478), aussi conseiller (mort en 1611); cousine de plusieurs autres gentilshommes (p. 478 et 479) et d'une multitude de Longueil, et

---

[1] Fixé d'abord (1611 à 1615) dans la paroisse de Saint-Nicolas-des-Champs, il passa vers 1618, dans celle de Saint-Paul, d'où il vint s'établir dans celle de Saint-Méry, vers la fin de 1619, ou le commencement de 1620, et il y était encore au mois d'avril 1625, deux ans après la naissance de Charlotte II. Il revint ensuite sur Saint-Nicolas-des-Champs; nous ne savons pas précisément à quelle époque, parce que nous n'avons pas trouvé d'acte depuis le baptême du 7 avril 1625, jusqu'au baptême du 6 février 1629, administré dans cette paroisse. Il se fixa définitivement vers 1634, dans celle de la Sainte-Chapelle (*Pi.-just.* 3 à 22)... On pressent combien ces variations de domicile ont dû nous embarrasser pendant nos recherches, et exiger de temps pour les découvrir.

entre autres, au 9ᵉ degré, de René de Longueil (président de
Maisons), conseiller d'état et président au parlement, né après
1590, et premier président de la cour des Aides dès 1620 (*ib.*,
p. 470 et 456).

Assurément cette dame, si elle eût appris les traitemens barbares[1] qu'on prétend que sa filleule essuyait, n'eût pas manqué
de faire des représentations, auxquelles son rang et celui de sa
famille eussent donné du poids et de l'efficacité.

Mais c'est trop nous arrêter sur ce point.

6. Au sujet du vers 97 de l'épître x (tome II, p. 133), où Boileau annonce qu'il perdit dès le *berceau* une *fort jeune* mère,
Brossette, persuadé sans doute que la première expression ne
désigne qu'un enfant de moins d'une année, et qu'une mère n'est
plus jeune à environ 25 ans, a mis en note : « Il n'avait qu'onze
« mois quand Anne de Nielle sa mère mourut âgée de 23 ans, en
1637[2] »... Et l'annotateur a été si content de sa découverte qu'il
l'a reproduite au bas de l'épitaphe de la mère de Boileau (*voy.*
épigr. XLVI de son édit.; et notre tome II, Poés. div., n° IX,
p. 437), en ces termes : « Anne de Nielle, seconde femme de
« M. Boileau le greffier, mourut en 1637, âgée de 23 ans. »

Par malheur les faits ne répondent pas toujours aux idées de
ceux qui aiment à les imaginer *à priori*. Observons d'abord que
Despréaux étant né le 1ᵉʳ novembre 1636 (Brossette lui-même
l'annonce, et il a puisé cette date dans la copie de l'arrêt de
1699 que lui avait envoyé le poète, et qui est le seul document
exact qu'il paraisse avoir eu), il est clair que la mort de sa mère
a dû, selon Brossette, arriver au mois d'octobre 1637 ; mais
1° cette mère, trépassée au mois d'octobre 1637, est encore ac-
couchée d'un enfant le 14 mai 1638, et n'est réellement décédée
que le 30 ou 31 du même mois[3], et certes Boileau, qui au lieu de

---

[1] Elle pouvait facilement en être informée, vu ses liaisons avec Boileau père,
qui avait sa procuration pour des rentes (Pi.-just. 221).

[2] Une dizaine d'éditeurs tels que Souchay et ses copistes, le père L. (I, 188),
et M. de S. S. (II, 137) ont répété cela sans citer Brossette.

[3] Nous avons été frappés, pendant nos recherches, de voir au XVIIᵉ siècle,
beaucoup de femmes de classes aisées, et même opulentes, périr à la suite
d'accouchemens. Nous pouvons citer, entre autres, la mère de Boileau ; une

onze mois en avait alors dix-huit, a bien pu dire qu'il était encore au berceau.

2° Anne de Nyélé, au lieu de vingt-trois ans, en avait alors vingt-huit et demi (même Explicat., n° 165, et tome IV, p. 479, 480, Pi. just. 95 et 102).

3° Nous insisterons peu sur l'erreur de Brossette qui écrit *de Nielle* au lieu de *De Nyélé* (même Explic. n° 5); elle tient évidemment à ce que le copiste de l'arrêt de 1699 a omis un accent sur le dernier *e*.

7. Dans l'épître IV (v. 46 à 50, tome II, p. 74), Boileau se plaint d'un cousin qui, abusant de son *parentage*, veut qu'à peine rentré à Paris, et sans se débotter, il aille solliciter pour lui chez vingt juges, au Marais, aux Incurables...

Il est sans doute fort peu extraordinaire que quelqu'un des cent ou deux cents cousins vivans de Boileau (*voy*. Tabl. généalogique) eût un procès au parlement. Brossette qui, du reste, ignorait peut-être que cette parenté fût si nombreuse, n'a pas imaginé que cela fût possible, et au lieu de sollicitations pour des procès, il en fait demander à Boileau pour des remboursemens de charges. « Ce cousin, dit-il, se nommait Balthazard Boileau. Il avait eu des biens considérables, et, entre autres, trois charges de payeur des rentes; mais ces charges ayant été supprimées, il était obligé de solliciter le remboursement de sa finance : et il avait engagé notre auteur dans ses sollicitations, surtout auprès de M. Colbert. »[1]

Mais voici encore les *faits* qui viennent détruire les *imaginatives* de Brossette. Il résulte d'un acte du 6 mars 1679 (Invent. de Boileau, séance du 17 déc. 1711, pièce 13), que « Balthazard Charles Boileau et Gilles son fils, étaient encore alors receveurs et payeurs des rentes de la ville ». La charge de Balthazard n'é-

---

de ses tantes, Elisabeth Nion, première femme de Nicolas de Nyélé, procureur au châtelet (Expl. généal., n° 169 et 170); une de ses sœurs, Marguerite Boileau, femme du greffier Langlois (*ib.*, n° 274 et 275); une de ses nièces, Anne Marguerite Langlois, femme du conseiller Boizard (*ib.*, n° 440 et 441). Ces accidens sont aujourd'hui beaucoup plus rares, grâces aux progrès des lumières, car l'art des accouchemens était alors pour ainsi dire dans l'enfance.

[1] Souchay et ses copistes, ont encore reproduit cette note sans citer Brossette.

tait donc pas supprimée en 1677, époque de la composition de l'épître vi, et par conséquent aussi il ne pouvait alors presser le poète d'en solliciter le remboursement.

8. Nous lisons dans la satire III (vers 141),

> Quand un des conviés d'un ton mélancolique,
> Lamentant tristement une chanson bachique...

Brossette, qui semble avoir pris à tâche d'ôter à Boileau toute espèce de talent d'invention, n'a pas cru qu'il eût pu, sans modèle, trouver cette plaisante peinture. « M. De La C..., dit-il, neveu de notre auteur, avait la voix assez belle, mais il chantait toutes sortes d'airs, même les plus gais, d'un ton si triste et si mélancolique, qu'on eût dit qu'il lamentait au lieu de chanter. »

Tous les commentateurs ont appliqué à Henri de Bessé de La Chapelle I (Tabl. et Explic. n° 136) la note de Brossette, et en effet Boileau n'a point eu d'autre neveu dont le nom commençât par *De La C...*.

Nous ignorons si, en effet, Henri de Bessé chantait du ton indiqué par Brossette ; mais Boileau ne pouvait l'avoir eu en vue dans un ouvrage composé en 1665, puisque Bessé ne contracta qu'en 1668 le mariage qui l'allia au poète. Nous n'en avons pas, il est vrai, l'acte ; mais, outre que le premier enfant de ce mariage ne naquit que le 10 août 1669, son épouse prenait encore simplement la qualité de *Veuve Gaultelier*, le 22 janvier 1667 (Pi. just. 62 et 63).

9. Dans le même ouvrage, Boileau parle de deux nobles campagnards, grands lecteurs de romans (v. 43), dont l'un (v. 173 et suiv.) professe les opinions littéraires le plus ridicules, et finit par *s'accrocher aux cheveux* (v. 210 et suiv.) avec un poète.

Ce sot matamore est, on le pressent déjà, d'après le système de Brossette, un parent de Boileau. « M. de B***, gentilhomme de Châlons, dit-il, cousin de notre poète. Il portait une grande moustache... un chapeau à grands poils couvert d'un panache. Il vint à Paris quelque temps après la réception de Gilles Boileau à l'académie; *Ah, ah, cousin*, lui dit-il, *vous êtes donc parmi ces messieurs de l'académie française ! combien cela vaut-il de revenu par année ?* »

De toutes les familles nobles alliées à Boileau, il n'y en a que trois (*voy*. Tabl. et Explic. généal.), celles des Baugy, des Bogues, et des Bragelogne, dont le nom puisse convenir à l'initiale à laquelle Brossette s'est réduit, sans doute par prudence. Comme les deux premières n'étaient point de Châlons, mais des environs de Corbeil (Explic. généal., nos 51, 108, 155, 221 et 258; notes *ib.*), il est clair que c'est un membre de la troisième que Brossette aura voulu désigner [1]. Or, après l'examen le plus scrupuleux, soit de la généalogie de cette famille, soit de plusieurs centaines d'actes qui la concernent au xviie siècle, nous n'avons aperçu de Bragelogne établi à Châlons, que Pierre I (*id.* 53), mort en 1656 (Pi. just. 158 à 165), trois ans avant la réception de Gilles Boileau. A l'égard de ses trois fils, ce n'est certes ni un intendant d'Orléans, ni un chanoine de Meaux, ni un prieur de Saint-Denis (Explic. nos 111, 115 et 116), qui auraient pu fournir à Boileau un modèle pour la discussion littéraire, le combat à coups de poings, etc.

10. Observons-le d'ailleurs, puisque l'occasion s'en présente, il est fort douteux qu'aucun des nobles alliés de Gilles Boileau II eût daigné, en 1659, venir amicalement *cousiner* avec lui. Pendant le premier mariage de son père, ils avaient conservé des relations avec sa famille. Jérôme Lyonne, Marie Dutertre, femme Rapoil; Isabelle Longueil, femme Lyonne; Martin Rapoil, Marguerite Lyonne, Jacques Lyonne, Catherine Almeras, femme de Martin Lyonne; Marie Lyonne, femme Guibert; Marie Lyonne, femme Perrochel, et le président Gayant (*id.*, 69, 72, 62, 63, 149, 129, 60, 65, 66, 67, 68, 131 et 132), tinrent plusieurs de ses enfans sur les fonts baptismaux [2], en 1612, 1618, 1619, 1620,

---

[1] Observons toutefois qu'un des Bogues (Charles) s'étant allié à une femme de Châlons, en 1655, avait pu alors s'établir dans cette ville; mais ses fonctions de maître d'hôtel du roi, de maréchal général de la cavalerie, etc. (Expl. n° 258, et Pi.-just. 169 à 171) éloignent jusqu'à l'idée qu'il ait pu être le matamore dont nous parlons..

[2] Des vingt parrains ou marraines des enfans de ce mariage, *dix-huit* appartiennent à des familles nobles. Les huit parrains ou marraines des enfans du second mariage, dont nous avons les baptêmes, sont tous de simples bourgeois (Pi.-just. 4 à 13, 16 à 21).

1622 et 1629 (*voy.*, entre autres, Pi. just. 4, 7, 8, 9, 10, 12 et 13).

Tout changea lors du deuxième mariage de Gilles Boileau I, en 1630. D'après les idées actuelles, celui des deux époux qui faisait un mauvais mariage était sans doute Anne de Nyélé, à peine âgée de vingt ans, épousant un homme qui en avait quarante-six, veuf, seulement depuis sept mois, d'une femme qui lui avait donné dix enfans, dont huit étaient vivans.

Il en fut alors autrement. Il paraît que les nobles parens pensèrent qu'en donnant la main à une fille et petite-fille de procureurs, Gilles Boileau se mésalliait. Dès cet instant, si l'on excepte les Rapoil, qui ne pouvaient avoir la même pensée, puisque l'un d'eux avait aussi épousé la fille d'un procureur (Explic. gén., n°s 141 et 245; Pi. citées *ib.*), on n'en voit paraître aucun aux actes nombreux de baptême ou de mariage de Gilles et de ses enfans[1]... Et ce qui dut d'ailleurs entretenir leur généreuse indignation, c'est que ces mêmes enfans suivirent bientôt les traces bourgeoises de leur père. En 1633 et 1647, Anne et Charlotte Boileau épousèrent des procureurs; en 1639, Marguerite s'allia au fils d'un tailleur d'habits; en 1644, Jérôme épousa la fille d'un procureur; en 1651, Geneviève accepta la main d'un commissaire examinateur au Châtelet, veuf à peine depuis trois mois et demi (Tabl. et Explic. gén., n°s 268, 271, 274, 280 et 283; Pi. just. citées *ibid.*)

11. Boileau dit qu'il était *allié d'assez hauts magistrats* (épît. x, v. 95, tome II, p. 133)... Un simple coup-d'œil sur le tableau généalogique, où l'on voit des conseillers de cours supérieures (Explic. de *id.*, n°s 21, 22, 55, 68, 69, 111, 114, 132, 361, 424, 441), des présidens (*id.*, 19, 57, 117, 130 et 486) et un premier président (*id.*, 116 A), montre qu'il était bien facile à Brossette de faire une note exacte, tandis qu'indépendamment des Bragelogne, des Gilbert et des Lyonne, il cite Amelot, président[2] de la

---

[1] Ils se conduisirent différemment avec son neveu (Expl. gén. n° 266) qui dissipait, il est vrai, sa fortune, mais qui ne paraît pas s'être mésallié; un des plus illustres d'entre eux tint sur les fonts une fille de ce dissipateur (Pi.-just. 125).

[2] Autre erreur reproduite par Souchay et ses copistes, sans citer Brossette.

cour des Aides, qui n'était, on l'a observé (*id.*, n° 117, et note *ibid.*), que parent de Charles Amelot, allié de Boileau, et non point lui-même allié du poète.

12. D'après cela, nous ne sommes point surpris que, malgré son espèce de passion pour les notes, Brossette ait omis de citer l'allié le plus illustre de Boileau, ou le prince de Rohan-Soubise (Tabl. généal. et Explic., n°ˢ 119 à 121); il avait trop peu de documens sur la famille du poète pour connaître cette alliance. Mais comment Boileau lui-même n'y a-t-il pas fait allusion dans son épître? Il paraît pourtant qu'il connaissait le prix de cette même alliance, puisque, dans une lettre (7 juill. 1703, tome IV, p. 109), où il exprime des regrets de ne pas voir à l'Académie le président de Lamoignon au lieu du fils de ce même allié, qu'on avait nommé sur le refus du président, il s'exprime ainsi: *Quelque beau que soit le nom de Soubise*... peut-être regardait-il comme fondées toutes les imputations que les Amelot avaient faites au prince de Rohan-Soubise; alors il put ne pas s'honorer d'une alliance acquise par des moyens peu estimables. Si cette conjecture était fondée, on pourrait aussi y trouver l'explication des vers 121 à 126 de la satire v, composée vers le temps du procès des Amelot contre le prince[1], dont les deux premiers étaient d'abord ainsi :

> Alors pour subvenir à sa triste indigence,
> Le noble du faquin rechercha l'alliance.

Les Lyonne, il est vrai, étaient nobles, mais leur noblesse était si peu illustre et si récente, que l'énorme distance qui les séparait des Rohan a pu enhardir le poète satirique à employer l'épithète de *faquin*.

Au reste, ceci n'est qu'une conjecture, et peut-être le poète avait-il plutôt en vue l'alliance qu'une de ses cousines, Marie Catherine de Riberolles, venait de contracter (1661) avec un simple marchand linger. Du moins, l'indigence du noble père de

---

[1] *Voy.* mêmes n°ˢ 119 à 121, p. 444, note 1. La première sentence est du 20 mai 1662, mais elle ne statuait que sur un des points du procès, et se bornait à ordonner un interlocutoire sur la demande des Amelot, tendante à faire *déclarer faux* le testament de Catherine Lyonne.

la lingère était-elle bien certaine, puisque son fils fut ensuite réduit à exercer un office d'huissier à verge au Châtelet, et à épouser la fille d'un tailleur d'habits, et que le noble père ne répugna pas à tenir sur les fonts baptismaux un enfant de l'huissier avec la tailleuse, belle-mère de celui-ci (Tabl. et Explic. généal., n°s 228, 229, 389, 392 et 393 ; Pi. just. citées *ib.*).

13. On trouve dans la satire III (v. 105 et suiv.) le portrait d'un *hableur à la gueule affamée,* qui vint à un *festin conduit par la fumée,* etc.

Il est presque inutile d'ajouter que c'est encore là un cousin de Boileau. « Celui, dit Brossette (*ib.*), dont le caractère est si vive-
« ment exprimé dans ces dix vers, s'appelait B. D. L., cousin
« issu de germain de notre auteur. Il était neveu de M. de L...,
« grand audiencier de France, qui lui avait acheté une charge
« de président à la cour des monnaies ; mais il dissipa tout son
« bien, et son oncle l'ayant abandonné, il fut réduit à vivre chez
« ses amis. Il allait souvent chez M. Boileau, le greffier, frère aîné
« de M. Despréaux. Ce fut là que se passa, entre ce même M. D.
« L... et la comtesse de Crissé, cette scène plaisante et vive qui
« a été décrite par M. Racine dans ses Plaideurs, sous les noms
« de Chicaneau et la comtesse de Pimbêche... Il n'a presque fait
« que la rimer. »

Les détails mêmes dans lesquels entre ici le commentateur, nous autorisent à révoquer en doute son historiette... Il y est question de Balthazard de Lyonne, né le 25 février 1608 (Pi. just. 141), neveu du grand audiencier Jacques (Tabl. et Explic. gén., n°s 130 et 60). En supposant qu'il ait obtenu sa charge de président à sa majorité, ce serait vers l'année 1633. Mais, quelque fortune qu'ait eue le grand audiencier (et il paraît qu'en effet la sienne était considérable), comment admettre qu'il ait fait don à son neveu d'une charge aussi coûteuse que celle de président, lorsque lui-même avait déjà plusieurs enfans vivans, de deux lits (*id.* n°s 118, 120 et 128), et pouvait en avoir, comme en effet il en eut encore d'autres (*id.*, n°s 122, 123, 124, 125, 126 et 127), sa seconde femme n'étant alors âgée que de vingt-quatre ans (*id.*, n° 59)?

D'autres inexactitudes de Brossette nous fortifient dans nos conjectures. 1° Balthazard n'était point issu de germain de Boileau, mais seulement son cousin au septième degré (Tabl. gén.); 2° Jacques Lyonne étant mort en 1649 (Pi. just. 143), il n'est pas possible que Balthazard, réduit à la table de ses amis, ait pu alors, comme le dit Brossette, recourir à celle de Jérôme Boileau, *le greffier*, puisque celui-ci ne fut *greffier* qu'en 1657 (Explic., n°s 164 et 268)... Enfin, comment concevoir qu'un homme qui avait été plusieurs années un des chefs d'une cour souveraine de la capitale, pût avoir les défauts choquans et les ridicules que le poète donne au *hableur?*

14. Dans sa première Réflexion critique, publiée en 1694, Boileau dit (p. 152) qu'étant encore *tout jeune*, une de ses *parentes*, chez qui il logeait, lui amena le médecin Perrault.

Brossette n'a pas cru pouvoir se dispenser d'apprendre au public, non pas le nom de cette parente, puisqu'il ne l'a jamais su (ci-après, n° 15, p. 479), mais au moins sa qualité : c'était, dit-il (II, 115), « la belle-sœur de notre auteur, *veuve* de Jérôme « Boileau, son frère aîné »; et tous les éditeurs n'ont pas manqué de répéter cette explication, et plusieurs même, tels que Souchay et ses nombreux copistes, en se l'appropriant, c'est-à-dire sans citer l'auteur à qui ils l'empruntaient.

Il faut que la passion des notes aveuglât bien Brossette, pour qu'il ne se soit pas aperçu de la bévue grossière qu'il commettait ici. Il avait annoncé ailleurs (nous en parlons au n° 3, p. 467), et cette fois avec exactitude, que Jérôme Boileau était mort au mois de juillet 1679; sa veuve ne put donc loger chez elle le poète que lorsque celui-ci eut près de *quarante-trois ans*. Est-ce qu'on est encore *tout jeune* à cet âge?... Et si, en effet, Boileau, lors de sa maladie, habitait avec son frère, celui-ci demeurant dans sa propre maison (tome IV, Pi. just. 28), n'eût-il pas dit, *l'épouse d'un de mes frères* chez lequel je logeais ?[1]

Nous ne pourrons discuter les autres assertions de Brossette,

---

[1] Nous *présumons* que cette parente était Nicole de Nyélé, veuve dès 1652 (Expl. gén., n° 166), à une époque où Despréaux, son neveu, était à peine âgé de quinze à seize ans, et qu'il put loger chez elle, pour ses études, à la fin de quelque automne, saison que Boileau père passait à la campagne.

à l'aide de documens positifs, parce qu'elles sont relatives à des faits pour lesquels on n'en saurait trouver ; mais son inexactitude sur les faits précédens, à l'égard desquels il lui était si facile d'éviter ses erreurs, nous autorise à repousser ses allégations, par cela seul qu'elles seront contraires à la vraisemblance.

15. C'est ce que nous ferons d'abord à l'égard de la conduite étrange qu'il attribue (note sur la satire x, v. 350 et 637) à la femme de Jérôme Boileau envers son mari et ses domestiques, et qu'il prétend avoir été décrite dans la satire x (v. 350 à 360, et 625 à 642). D'une part, il paraît l'avoir si peu connue qu'il ne sait pas même son nom (il dit la belle-sœur de Despréaux, femme[1] de Jérôme... *Voy.* aussi ce qu'on observe au n° 14, p. 478), quoiqu'elle existât encore (d. 1700 ; Pi. just. 30), lors de son voyage (1698 et 1699) à Paris ; de l'autre, il est tout-à-fait improbable que Boileau, qui d'ailleurs paraît avoir eu une certaine vénération pour elle, puisqu'il assista à ses obsèques, honneur qu'il ne fit qu'à son frère Puymorin et à sa tante Nicole de Nyélé (Explic. gén., n°s 166, 167 ; Pi. just. 35 et 101), aïeule des Gilbert de Voisins, il est tout-à-fait improbable, disons-nous, que Boileau eût voulu en faire de son vivant un portrait qui eût été facilement reconnu, si l'assertion de Brossette était exacte.

16. Même observation pour la veuve Manchon, sa sœur, que Brossette (sat. x, v. 687) prétend être le type de la femme qui de son chat fait son seul entretien ; du moins, il n'y avait alors que cette sœur de Boileau qui habitât Paris[2], la veuve Boyvinet

---

[1] Germain Garnier (OEuvres de Racine, VII, 223 et 293) assure aussi, sans doute sur la foi de Brossette, quoiqu'il ne le cite point, qu'elle avait l'humeur la plus bizarre, et la plus *acariâtre*.

Saint-Marc a été plus hardi : il avance, que la femme, si facile à se pâmer, dont il est question dans la satire x, vers 15 à 18, et que Brossette s'était borné à désigner par un B, était encore l'épouse de Jérôme Boileau, comme s'il n'y avait que ce nom qui eût l'initiale B, comme si Brossette qui allait la désigner comme une mégère, eût dû être plus retenu lorsqu'il ne s'agissait que de l'indiquer comme une femme à feintes vapeurs ! Et des éditeurs ont copié Saint-Marc, même sans le citer, et sans prendre garde qu'il écrivait plus de trente ans après Brossette, et qu'il ne donne aucune preuve de son allégation !

[2] C'est que selon Brossette, cette sœur se fâcha bien sérieusement de la cri-

s'étant retirée à Rouen et successivement à Pontoise (Expl. gén., n°s 280 et 447; not. et Pi. *ibid.*). La correspondance de Boileau avec Racine, et plusieurs actes de prêt ou de libération, prouvent que la veuve Manchon était la sœur chérie du poète (*voy.* tome I, Essai, n° 18 *b*)... Comment présumer qu'il l'eût traduite, pour ainsi dire en public, comme un objet de censure?

17. A plus forte raison rejetterons-nous, comme tout-à-fait supposées, trois censures directes de deux frères de Boileau, Jérôme et Gilles II, que Brossette prétend avoir été les premières manières de trois passages de la satire iv (v. 73), de l'épigramme v (v. 1 à 5), et de la satire ix (v. 71 et 72). Dans le premier, Boileau fait le portrait d'un marquis joueur, « sage et prude », mais bientôt furieux et jurant comme un *possédé*. Selon Brossette, il avait mis « ce *greffier* sage et prude », pour désigner Jérôme[1]. Dans le deuxième, au lieu de Desmarets, dont les exemplaires d'un certain ouvrage sont tous restés dans la *boutique* (tome II, p. 453), il avait indiqué nominalement Gilles, par l'expression *Boileau le rentier...* dans le troisième, au lieu de

> Puis de là, tout poudreux, ignorés sur la terre,
> Suivre chez l'épicier Neuf-Germain et la Serre :

Despréaux avait mis :

> Pour suivre avec.... ce rebut de notre âge
> Et la lettre à Costar, et l'avis à Ménage...

Il est tout-à-fait incroyable que Despréaux eût pu s'oublier au point de s'exprimer ainsi sur le compte de ses frères, etc... En admettant la vérité des assertions de Brossette, on ne pourrait excuser Boileau sur le troisième passage[2], en observant qu'il

---

tique *de son genre d'entretien.* M. de S. S. (I, 325) va encore plus loin; il prétend que le vers suivant (celle qui toujours parle et ne dit jamais rien) était sans doute également applicable à cette sœur.... Le *bon frère* que ce Boileau!

[1] Un éditeur moderne (1821, I, 286) imite Saint-Marc (ci-dev. note 1, p. 479) en disant, sans aucune preuve, que le joueur qui jetait des écus pour pouvoir jurer à son aise, et que Saint-Marc et Brossette (sat. **X**, v. 216) n'avaient désigné que par un B, était le même Jérôme Boileau.

[2] M. de S. S. (I, 235) reproduit, à quelques légères différences près, la note de Brossette; mais il ne cite aucune autorité.

n'y nommait point Gilles, puisque Gilles était l'auteur avoué des deux opuscules désignés dans les vers précédens.

18. Jusqu'à présent nous sommes partis de la supposition que la manie d'*annoter* n'avait entraîné Brossette qu'à présenter comme des faits positifs de simples conjectures fondées sur des documens peu certains, et telle était l'idée qui nous dominait en faisant les recherches dont nous avons parlé (n° 2, p. 466).

Il faut maintenant aller plus loin. Nous avons reconnu pendant ces recherches, que la même manie, lorsqu'elle se trouvait fortifiée d'un sentiment de vanité, avait aussi entraîné Brossette à faire *sciemment* des notes *fausses*.

Il importe d'en parler ici, parce qu'en montrant le peu de confiance que cet éditeur mérite, cela achevera de prouver que nous sommes autorisés, comme nous l'avons déjà fait (n°s 15, 16 et 17, p. 479 et suiv.), et comme nous le ferons encore (n°s 31, 32 et 46), à rejeter ses allégations, pour peu qu'elles blessent la vraisemblance.

19. Nous pourrions d'abord parler de la licence qu'il s'est donnée de présenter comme siennes, à l'aide de corrections et d'additions, presque toutes les notes mises par Boileau dans son édition de 1713 : néanmoins, comme il a pu de bonne foi croire que sa rédaction valait mieux que celle de Boileau, nous n'insisterons pas sur ce point.

20. Nous n'insisterons pas non plus, par la même raison, sur cette autre licence qu'il s'est donnée de faire des changemens ou des corrections à presque toutes les lettres de Boileau dont il rapporte des fragmens dans ses notes, quoiqu'il les accompagne de guillemets (sur vingt-neuf fragmens il y en a à peine *deux* auxquels il n'ait pas touché... *Voy.* au tome IV les variantes de la correspondance).

Mais les deux altérations suivantes ne sont susceptibles d'aucune excuse.

21. On voit dans la correspondance (tome IV, p. 374, lett. 28 mai 1703) que Brossette avait critiqué les vers du Lutrin (v. 85 et 86, ch. 1, tome II, p. 295) où il est dit que la *guêpe pique aux dépens de sa vie*, parce que, selon lui, l'aiguillon de la guêpe étant uni, elle peut le retirer, ce que ne peut faire l'abeille, dont l'ai-

guillon se termine par un crochet. Dans la suite, Puget, académicien de Lyon, découvrit que l'aiguillon de la guêpe était garni de *crans* qui s'opposaient à sa sortie, et Brossette en informa Boileau. Ce dernier répondit (tome IV, p. 403, lett. 13 déc. 1704) : « Je suis ravi que *ce soit à M. Puget* que je doive ma disculpa- « tion, et *je vous prie de le bien marquer dans votre commentaire* « *sur le Lutrin...* » — Voici comment Brossette fit droit à cette prière. Il rapporta (1716, in-4°, I, 364) un fragment de la lettre du poète, mais il le tourna ainsi : « Je suis ravi de *vous devoir* « ma justification, et je vous prie de le bien marquer dans votre « commentaire, etc. »

22. On voit aussi dans la correspondance (tome IV, p. 451, lett. 7 janv. 1709) que Brossette avait également critiqué l'expression DE *Styx* et d'*Achéron* de l'Art poétique, chant III, vers 285 (tome II, p. 236), proposant d'y substituer DU *Styx*, DE *l'Achéron*... et que Boileau se défendit en observant que la première locution est d'un style plus *soutenu* que la seconde.

Brossette (note de ce vers, in-4°, I, 329) rapporte un fragment de cette réponse, et il ajoute que *quelques jours après* il manda à Boileau qu'il avait remarqué qu'on ne mettait jamais l'article défini devant les noms de fleuves du genre masculin, quoiqu'on se dispensât souvent de cette règle pour ceux du genre féminin... que, par conséquent, si l'on pouvait dire DE *Saône* il fallait dire DU *Rhône*.

Je confirmai tout cela, observe-t-il enfin, par un vers même de M. Despréaux, qui a dit, dans l'épître IV, *quel plaisir de te suivre aux rives du Scamandre!* « Et vous vous souviendrez, « disais-je enfin, que quand je lus cet endroit avec vous, dans la « dernière édition de vos œuvres, faite *in-douze*, en 1701, où il « y a *de* Scamandre, vous me dîtes que c'était une faute d'im- « pression, et qu'il fallait dire *du Scamandre*, comme il y a dans « toutes les autres éditions, particulièrement dans l'*in-quarto* de « la même année. »

Par malheur pour le véridique annotateur, sa correspondance prouve qu'il n'a point revu, ni pu revoir Boileau [1] depuis 1699

---

[1] Il paraît par son histoire (Lett. fam., III, 164) qu'il ne retourna pour la pre-

jusqu'en 1708, ni même jusqu'à sa mort; il n'a donc pas pu lire *avec lui* ce vers dans l'édition in-12 de 1701; et il est donc évident que sa lettre et ses remarques, et la dernière observation de Boileau, sont des contes faits à plaisir.

Répétons donc avec confiance que lorsqu'un fait n'est fondé que sur l'assertion de Brossette, nous pouvons le rejeter sans aucun scrupule, pour peu qu'il blesse la vraisemblance.

C'est ce que nous allons faire dans les paragraphes suivans. Observons auparavant que quoique les passages de Brossette que nous y examinons, ne soient pas relatifs à la famille de Boileau, nous avons cru utile de les discuter ici, soit par la raison déjà donnée au n° 18 (p. 481), soit parce qu'au moyen de cette méthode nous évitons de donner trop d'étendue aux notes de ces mêmes passages (nous avons mis dans ces notes des renvois aux n°s suivans)... La première raison nous a aussi engagés à relever dans un même paragraphe les erreurs relatives au Lutrin.

§ II. *Des erreurs de Brossette relativement au Lutrin.*

23. Ce n'est pas seulement, on l'a dit ailleurs (tome II, p. 275 et suiv., Observat. sur le Lutrin), la richesse de la poésie, mais encore l'invention qu'on admire dans le Lutrin. Il semble que Brossette ait cherché à enlever à Boileau ce mérite, comme il l'a tenté relativement à divers passages des Satires (ci-devant, n°s 8 et 13, p. 473 et 477). Si l'on s'en rapportait, en effet, à ses remarques, ni le nœud, ni les caractères du Lutrin n'appartiendraient à Boileau; il en aurait puisé l'idée et dans des faits qui se sont réellement passés, et dans des personnages qui ont réellement existé.

24. A l'égard du nœud, on sait que la Discorde tire le trésorier de son apathique indolence en excitant sa jalousie contre le chantre, qui, en son absence (ch. 1, v. 73 à 80, tome II, p. 294), usurpe tous ses droits, cherche à lui ravir le rochet et la

---

mière fois à Paris qu'en 1728, dix-sept ans après la mort de Boileau, et lorsque presque tous les frère, sœurs, neveux ou nièces de celui-ci n'existaient plus.

mître, fait des processions, et surtout (v. 76) *répand à grands flots des bénédictions...*

Le prélat rappelle aussi un de ses motifs de querelle avec le chantre, le droit de recevoir l'encens que celui-ci s'était arrogé. Grâce à votre appui, dit le prélat (v. 132, p. 300) à ses partisans, *seul à Magnificat je me vois encensé.*

Et l'auteur en indique un autre, fondé également sur une usurpation du chantre, qui avait pris des ornemens semblables à ceux du trésorier, tels que des gants violets et un rochet, usurpation que celui-ci avait en partie réprimée en faisant *rogner de trois doigts* le rochet de son rival (ch. IV, v. 48, tome II, p. 354).

25. Ces idées, fort plaisantes, qui servent à former le nœud du poème, ont été jugées par Brossette trop au-dessus du talent d'invention de Boileau, et vite il a trouvé des faits que le poète n'a eu *que la peine de mettre en rimes.* [1]

Après avoir observé, au sujet du vers ci-dessus (ch. I, v. 76), relatif aux bénédictions, que c'était le *principal motif de la jalousie du trésorier contre le chantre,* il revient sur tous les points précédens dans sa note sur le vers relatif aux gants (ch. IV, v. 46). « En l'absence du trésorier, dit-il, le chantre était en pos-
« session *de faire l'office avec les ornemens pontificaux, de se faire
« encenser, et de donner la bénédiction* au peuple. Le trésorier
« ne put souffrir que l'on partageât ainsi ses honneurs. Il obtint
« un arrêt du parlement, qui le maintint dans la prérogative
« d'être encensé tout seul, et qui condamna le chantre *à porter
» un rochet plus court que le sien;* mais il ne put lui faire défendre
« de donner les bénédictions en son absence. C'était le sujet de
« la jalousie du trésorier. »

Il n'y a pas un mot de vrai dans tout cela : « On ne connaît
« point cet arrêt, s'écrie le chanoine Morand, historien de la Sainte-
« Chapelle (p. 116) et *le chantre n'a jamais eu aucune des préro-
« gatives* que Boileau s'est amusé à lui prêter. [2] »

---

[1] On a rapporté (n° 13, p. 477) que c'est ce que Brossette dit de Racine au sujet de la scène de Chicaneau.

[2] On voit que confondant, comme l'illustre M. Geoffrin, les notes avec le texte, Morand attribue à Boileau, presque tout ce qui appartient uniquement à son éditeur.

26. Ajoutons à ce démenti formel, 1° qu'il avait fallu une bulle spéciale du pape (30 avril 1380) pour conférer au trésorier, lorsqu'il n'était pas évêque, les prérogatives des prélats, telles que le droit de porter les ornemens pontificaux et de donner la bénédiction[1], et que cette bulle ne dit pas un mot du chantre (Morand, part. 1, p. 150; part. II, p. 59); 2° qu'ayant parcouru la plupart des délibérations prises par le chapitre au XVIIe siècle, nous n'y avons trouvé aucune trace des droits conférés par Brossette au chantre, quoiqu'il y ait presque toujours des procès-verbaux des cérémonies où les trésoriers ont donné des bénédictions (*voy.*, entre autres, 18 mai 1628, vol. 8978, Grandes archives); qu'on n'en trouve pas davantage dans une sentence arbitrale qui termina les différends du trésorier et des chanoines en 1657, dix ans à peine avant l'aventure du lutrin, quoiqu'elle n'énonce pas moins de quarante-et-un chefs de demande du premier, et de trente-deux des autres (Morand, part. 2, p. 108 à 127, surtout p. 109).

27. Pour donner en quelque sorte plus d'étendue ou plus d'intérêt à son action, Boileau a supposé que le clergé inférieur de la Sainte-Chapelle s'était réuni au trésorier, avait formé de *picuses ligues* (ch 1, v. 130, p. 300) avec lui contre le chantre et les chanoines. Mais Brossette l'a encore jugé incapable d'une telle conception. « Les chantres subalternes, dit-il (in-4°, I, 364, note « du vers 112), étaient dans le parti du trésorier contre le chan- « tre et les autres chanoines, parce que ceux-ci leur refusaient « de certains droits. »

Voilà de nouveau des faits déduits *à priori* (ci-dev., n° 6, p. 471). Il n'y a pas un mot de tout cela dans les actes, délibérations, etc. On peut notamment consulter la sentence déjà citée, et son visa de pièces; nulle part il n'y est question de réunions du clergé subalterne au trésorier, ni d'affection du trésorier pour ce clergé. Loin de là, on va voir (n° 28) que, comprenant dans une des demandes formées contre les chanoines, les ecclé-

---

[1] Encore n'était-ce qu'avec des restrictions. Ainsi il ne pouvait porter la crosse en aucun temps, ni donner des bénédictions lorsque le légat, l'archevêque de Sens et l'évêque de Paris étaient présens.

siastiques inférieurs, quoique étrangers au procès, il obtint plus de succès contre ceux-ci que contre les chanoines.

28. Il est fâcheux que Brossette n'ait pas consulté les archives de la Sainte-Chapelle; il n'eût pas manqué de relever quelques anachronismes de son auteur (par exemple, la fixation du mariage du perruquier à *trois moissons* au lieu de neuf, avant le procès du lutrin (tome II, p. 309, Lutr. ch. 1, v. 221; tome IV, p. 490, Pi. just. 183); et surtout de critiquer un des moyens le plus piquans que Boileau ait imaginés pour l'action de son poème, celui de faire battre, pour ainsi dire, les chanoines à coups de bénédictions, en les forçant de se prosterner (ch. v, v. 221 à 244, tome II, p. 387). Il se fût sans doute récrié sur l'inexactitude grossière du poète, car il aurait vu par la sentence déjà citée, que précisément le trésorier avait échoué dans une de ses demandes, dont l'objet était de forcer les chanoines de s'agenouiller avec les autres ecclésiastiques du chœur et les assistans laïques (Morand, part. II, p. 112, art. 16, et p. 125, art. 1, combinés); « et en donnant, dit-elle (même art. 16), par « ledit sieur trésorier les bénédictions, lesdits sieurs chanoines « seront debout et s'inclineront, et sur le surplus de la demande « met les parties hors de cour. [1] »

29. S'il les eût consultées, il aurait du moins mis une note sur ce vers si singulier, *mais dans Paris plaidons, c'est là notre partage* (ch. 1, v. 190, tome II, p. 305). Il aurait fait remarquer que cette fois le poète n'imaginait rien ; qu'il était vrai que les ecclésiastiques de la Sainte-Chapelle étaient en quelque sorte en état perpétuel de procès (Morand, qui ne les a pas tous indiqués, et bien loin de là, en cite presqu'à chaque page), quoique le roi leur eût reproché dès le XVIe siècle, qu'on les voyait plus souvent à la porte des juges et aux pieds des tribunaux qu'à l'office et aux autels (Chartes de 1520; Morand, p. 185).

---

[1] D'où la conséquence nécessaire que les ecclésiastiques inférieurs durent continuer à s'agenouiller, ce qui dut aussi, en leur faisant sentir davantage leur infériorité, ne pas leur inspirer de l'affection pour le prélat. On voit d'ailleurs dans d'autres circonstances, que les trésoriers n'étaient pas plus indulgens pour eux, que les chanoines (Pi.-just. 176).

30. Quant aux caractères, on sent bien qu'il est impossible, au bout d'un siècle et demi, de reconnaître si ce que Brossette a attribué à tel ou tel chantre ou chanoine, très inconnu, et très digne de l'être, est ou non exact; toutefois, comme nous avons lieu de croire que la désignation qu'il fait de l'original d'un des plus grotesques personnages du Lutrin est absolument fausse, nous sommes autorisés à n'accorder aucune confiance aux autres, d'autant plus que dans plusieurs de celles-ci il y a au moins des erreurs légères qui montrent l'incertitude des documens dont il s'est servi. Cela est d'ailleurs dans les règles de la vraisemblance. On conçoit que Boileau ait profité de quelques traits particuliers des caractères de quelques chanoines ou chantres, pour en composer ceux de plusieurs de ses personnages; mais qu'il ait voulu représenter avec exactitude des chanoines existans, au milieu desquels il habitait, et dont un des principaux était son neveu [1], c'est ce qui passe toute croyance. [2]

31. Le personnage grotesque dont nous parlons, est ce gras Evrard, *d'abstinence incapable* (ch. IV, v. 165, tome II, p. 364). Selon Brossette (*ibid.*), c'était l'abbé Danse, mort, à Ivry, au mois d'octobre 1699. Précisément l'abbé Danse, mort, non à Ivry, mais à Paris, non en 1699, mais en 1696 (Pi. just. 130), était un ami particulier de la famille Boileau. Il est le seul étranger qu'elle ait appelé à assister, soit au contrat, soit à la célébration du mariage de Françoise-Geneviève Dongois (*id.*, n° 54 et 55); enfin, à ses obsèques assistèrent aussi, comme ses *amis* (aucun autre n'y est nommé ni signataire), le mari et le père de Françoise (*id.*, n° 130)... Ce serait donc un chanoine ami de sa famille, que Boileau aurait représenté comme *lisant la bible autant que l'alcoran*, n'ayant *pour bibliothèque que vingt muids rangés chez lui* (Lutr., ch. IV, v. 190 et suiv.)!..

32. Une liaison du même genre, qui existait avec Louis Bar-

---

[1] Gilles Dongois II (Expl. gén., n° 432).. Il était alors le 6ᵉ des chanoines; on le chargeait souvent de missions, et il avait fait des mémoires inédits sur l'histoire de la Sainte-Chapelle (Reg. de id., vol. 8982, f. 1 et 28; vol. 8987, délib. 24 août 1714).

[2] Comment concevoir d'ailleurs que des prêtres ainsi voués aux sarcasmes du public, eussent consenti dans la suite à admettre parmi eux, le frère du poète?

rin, neveu et successeur du chantre Jacques Barrin, nous autorise aussi à penser que ce n'est point celui-ci que Boileau a choisi pour modèle du second personnage de son poème. Comment concevoir, en effet, que Louis Barrin eût entretenu cette liaison plusieurs années après ce poème; qu'il eût enfin consenti à tenir des enfans sur les fonts baptismaux avec la nièce de l'homme (1687 et 1690... Pi. just. 131 et 132) qui aurait voulu peindre son oncle et son bienfaiteur encore vivant[1], dans le prêtre qui se plaignait de *n'être vu que de Dieu* à l'église (Lutr., ch. IV, v. 76, tome II, p. 356)!

33. A l'égard des erreurs moins graves des autres désignations (en admettant toutefois qu'elles soient justes au fond, ce que nous sommes loin d'accorder), nous pouvons citer celles-ci.

En premier lieu, selon Brossette (Lutr., ch. I, v. I), Claude Auvry, le héros du Lutrin, quitta l'évêché de Coutances pour la trésorerie de la Sainte-Chapelle[2]... C'est qu'il s'est imaginé qu'on ne pouvait posséder en même temps deux bénéfices qui avaient tous deux charge d'âmes (le trésorier exerçait les fonctions épiscopales dans sa paroisse), et dont, par conséquent, chacun exigeait résidence. Il est possible que selon les lois canoniques cela doive être ainsi, mais l'intérêt fait trop souvent méconnaître les lois. Auvry, promu à l'Evêché de Coutances en 1646, et à la trésorerie de Paris en 1653, conserva ces deux dignités jusqu'en 1658, qu'il permuta l'évêché contre un bénéfice *simple* (*Pi. just.* 172; *Gallia christiana*, XI, 906).

Et l'on ne peut lui reprocher d'avoir en cette occasion donné un mauvais exemple; d'autres *cumulards* l'avaient précédé, tels que Gilles de Souvré qui, de 1625 à 1631, fut en même temps trésorier de la Sainte-Chapelle et évêque d'Auxerre (Morand, part. I, p. 296 et 306).

34. En deuxième lieu, voici ce que Brossette observe au sujet du passage du Lutrin (ch. v^e, v. 185 et 186) où l'on dit (tome II,

---

[1] Jacques Barrin, mourut en 1689, deux ans après le premier de ces baptêmes. Il avait résigné ses bénéfices à Louis, en 1683 (*Morand*, p. 296).

[2] Presque tous les éditeurs l'ont répété, et plusieurs même, tels que Souchay et ses copistes, sans citer Brossette.

p. 384) que grâce au porte-croix, jamais la bannière de la Sainte-Chapelle *n'a fait un pas en arrière* [1] : « Quelques années avant ce poème, la procession de Notre-Dame et celle de la Sainte-Chapelle s'étant rencontrées au Marché-Neuf, le jour de la Fête-Dieu, et aucune n'ayant voulu céder le pas, la dernière, soutenue par les huissiers du parlement, l'emporta. Ce démêlé était arrivé d'autres fois, et le porte-bannière de la Sainte-Chapelle avait toujours soutenu vigoureusement son honneur et celui de son église. Pour prévenir de plus fâcheuses suites, on résolut que, le jour de la Fête-Dieu, la Sainte-Chapelle ferait sa procession à sept heures du matin, avant celle de Notre-Dame. »

La délibération dont parle Brossette fut prise, non quelques années avant, mais une quinzaine d'années après la publication du Lutrin, et elle concerne, non les processions de Notre-Dame, mais celles de la paroisse de Saint-Barthélemi; et comme ces deux dernières processions ne marchaient certainement point ensemble, côte-à-côte, dans les mêmes rues et les mêmes directions, et aux mêmes heures, il est clair que Brossette a appliqué à l'une ce qui n'était relatif qu'à l'autre [2]. D'autre part, les registres de la Sainte-Chapelle n'offrent aucune trace de démêlés entre les processions de la Sainte-Chapelle et celles de Notre-Dame, tandis qu'il en est autrement pour celles de la paroisse de Saint-Barthélemi, qui englobait tout le territoire de la paroisse de la Sainte-Chapelle : ils font mention de plaintes du chapitre à ce sujet, qui remontaient à plus de soixante ans, et qui s'étaient renouvelées plusieurs fois (Pi. just. 178 à 180).

35. En troisième lieu, Brossette a commis des erreurs de même genre dans les désignations des noms de quelques-uns de ceux qui, toujours selon lui, ont servi de modèles aux personnages du Lutrin. Ainsi, en supposant, nous le répétons, que ses indications fussent exactes, aux noms de Guéronnet (pour Gilo-

---

[1] Même remarque pour les autres éditeurs qu'à la note précédente.

[2] Comme il s'est trompé en même temps et sur l'heure nouvelle choisie, et sur l'année (d'un quart de siècle environ) il est également clair qu'il a parlé d'après un bruit vague; ce qui nous porterait à penser que l'intervention, d'ailleurs si étrange, des huissiers, est une pure historiette.

tin), de Didier-l'Amour, et de Sirude (pour Boirude... *Id.*, ch. 1, v. 93, 216 et 229), il faudrait substituer ceux de Guironnet, Didier Delamour et Syreulde, et supprimer la qualité de vicaire attribuée à celui-ci par Brossette, et qu'il n'eut jamais (Pi. just. 173 à 177, 181 à 185).

Ces erreurs, nous le répétons aussi, sont fort peu importantes, et nous ne les aurions pas même indiquées, si elles ne confirmaient ce que nous avons déjà dit du peu de confiance que méritent la plupart des assertions de Brossette.

36. En résumé, sans prendre à la lettre l'éloge hyperbolique et de circonstance que Boileau fait de la littérature des chanoines, nous croyons pouvoir ajouter de la confiance en ce qu'il nous dit (tome II, 2ᵉ avis du Lutrin, p. 282), parce que cela est conforme aux règles de la vraisemblance, que tout dans son poème, à l'exception du démêlé relatif au lutrin, est de pure invention.

37. Les explications suivantes de Brossette, quoique, à notre avis, aussi inexactes ou aussi peu sûres que les précédentes, du moins ne portent aucune atteinte au talent de conception de notre poète.

38. Boileau ayant rapporté dans le même avis (tome II, p. 283), qu'il fut engagé à travailler au Lutrin sur une espèce de *défi* qui lui fut fait par le premier président Lamoignon, l'annotateur (I, 355) se hâte de donner les détails du *défi*. Selon lui, Boileau répondit « qu'il ne fallait jamais défier un fou et qu'il « l'était assez, non-seulement pour entreprendre ce poème, mais « encore pour le dédier à M. le premier président lui-même. »

La trivialité de la première partie de cette réponse a déjà fait douter M. Daunou de son authenticité... La seconde partie la rend encore plus suspecte, car il en résulterait que c'eût été encore une plus grande témérité d'essayer de composer la dédicace d'un poème, que le poème lui-même.

39. Selon Brossette, les chants V et VI du Lutrin, furent publiés vers le commencement du mois de septembre 1683, puisqu'on les lut, comme une nouveauté[1], à Colbert la veille de sa

---

[1] Cela résulte de la tournure de son récit (Remarque, I, 398).

mort, c'est-à-dire le 5 du même mois; à quoi il ajoute que ce ministre, tout malade qu'il était, ne laissa pas de rire du combat des chantres et des chanoines. Il suffit, pour montrer combien cette anecdote est également suspecte, de rappeler ce qu'on dit ailleurs (tome I, Not. bibl., § 1, n° 44), que l'édition où parurent ces chants avait été achevée d'imprimer le 31 décembre 1682, et qu'on ne peut imaginer aucun motif qui en eût fait suspendre la distribution pendant huit mois entiers.

Observons aussi que beaucoup d'éditeurs, persuadés de l'exactitude de l'anecdote (ils la répètent), ont été induits à penser que les chants v et vi avaient aussi été composés, en partie au moins, en 1683, tandis qu'ils l'étaient, on le voit, dès 1682.

40. Une autre anecdote, racontée par Brossette, après avoir obtenu encore plus de confiance, et avoir été répétée dans beaucoup d'ouvrages, a fini par paraître douteuse à un des meilleurs commentateurs de Boileau (M. Daunou). Henriette d'Angleterre, première femme du duc d'Orléans, frère du roi, avait été si touchée, dit Brossette, de la beauté de ce vers du Lutrin (tome II, p. 330) :

Soupire, étend les bras, ferme l'œil et s'endort,

« qu'ayant un jour aperçu de loin Despréaux dans la chapelle de Versailles, où elle était assise sur son *carreau*, en attendant que le roi vînt à la messe, elle lui fit signe d'approcher, » et le lui répéta à l'oreille.

Mais, observe judicieusement M. Daunou, le second chant du Lutrin ne fut publié (avec les 1er, iiie et ive) qu'en 1674, et quoiqu'on ait lieu de croire qu'il avait été composé en 1673, même en 1672, il est difficile de supposer qu'il l'ait été en 1669 ou 1670, année (29 juin) de la mort d'Henriette.

On objecte que l'épisode de la Mollesse, où est le vers cité, put être connu d'Henriette en manuscrit. On se fonde sur ce que, d'après diverses notes combinées de Brossette (I, 181, 192, 377 et 379), madame de Thianges en demanda une copie pour la montrer au roi; que le roi, qui ne connaissait jusque-là le poète que par ses satires, le fit alors venir à la cour, où Despréaux, présenté par Vivonne, lui récita la nouvelle fin de l'épître 1re (celle qu'il avait substituée à la fable de l'Huître, et dont on parle tome II, épître 1, note du vers 150, p. 19 et 20). Or, l'épître 1re, d'après le même Brossette (I, 181), fut composée en 1669; l'épisode de la Mollesse put donc être composée et lue au roi, et répandue par des copies, en 1669. Telles sont, en substance, les raisons de deux autres commentateurs (M. de Saint-Surin et l'éditeur de la Bibliothèque choisie), pour regarder l'anecdote comme véritable.

Mais, on le voit, à combien de suppositions ne faut-il pas se livrer pour donner quelque créance au récit d'un auteur qui, pour ses historiettes, en mérite si peu? Dans cette occasion, une des circonstances de ses récits montre la fausseté de l'anecdote, au moins pour l'année 1669. La présentation de Despréaux par Vivonne eut lieu en effet, selon Brossette (I, 192), *quelques jours après* la lecture de l'épisode de la Mollesse. Or, Vivonne, pendant toute cette année, était bien éloigné de la cour. Il n'y revint que le 25 janvier 1670, et, le 28, « il prêta ser-
« ment, entre les mains du roi, pour la charge de général des
« galères et de lieutenant-général des mers du Levant; qu'il n'a-
« vait pu prêter, *depuis un an* qu'il en était pourvu, à cause qu'il
« était *lors* sur ces mers-là... » Voilà ce que nous apprend la *Gazette de France* (1670, n° 15, p. 119). On répondra peut-être qu'il n'est pas impossible que la lecture de l'épisode ait eu lieu pendant les mois de février, mars, avril, mai ou juin 1670, et que, par conséquent, Henriette, morte seulement le 29 de juin, l'ait connu par des copies.

Par malheur, l'inflexible *Gazette* nous force encore à rejeter cette supposition. La cour, au retour de Vivonne, n'était point à Versailles, mais à Saint-Germain-en-Laye, et elle y resta jusqu'au 26 ou 27 avril qu'elle partit pour le voyage de Flandre. Le 24 mai, pendant ce voyage, Henriette quitta la cour à Lille, et se rendit en Angleterre, d'où elle la rejoignit à Saint-Germain, le 18 juin. Le surlendemain, il est vrai, la cour fut de Saint-Germain à Versailles; mais le même jour Henriette alla à Paris, qu'elle ne quitta que le 25 pour habiter Saint-Cloud (n° 78, p. 628), où elle mourut quatre jours après..

Ainsi, lorsqu'on admettrait que la lecture de l'épisode a eu lieu avant le voyage de Flandre, il n'y aurait eu aucun moment où Henriette eût pu attendre le roi dans la chapelle de Versailles, y apercevoir Boileau, lui réciter le vers, etc.

Au reste, en admettant aussi, qu'il y eût alors une chapelle au château de Versailles (la chapelle actuelle ne fut commencée que trente après... *Saint-Simon*, II, 251), il est fort douteux que Louis XIV y entendît la messe avec appareil. Le séjour habituel de la cour était à Saint-Germain, d'où l'on faisait seulement quelques voyages très courts à Versailles, et dans aucun des articles de la *Gazette* de 1670, où il en est question, on ne fait mention d'aucun office entendu à la chapelle, tandis qu'on cite avec soin l'assistance du roi, de la reine, etc., à des cérémonies religieuses dans les autres villes où ils s'arrêtaient pendant leurs voyages.

§ III. *Des erreurs de Brossette, relativement à divers passages des œuvres de Boileau.*

41. La première qui s'offre à nous est fort peu importante, et nous ne la citons que pour montrer combien Brossette s'inquiétait peu d'accorder ses explications avec les époques précises des faits sur lesquels il les fonde. Nous avons déjà remarqué (n° 39, p. 491) qu'il s'est trompé sur celle de la publication du chant v du Lutrin, lorsqu'il la recule indirectement aux premiers jours de septembre 1683. En admettant même que sa fixation fût exacte, il ne se serait pas moins trompé sur l'époque où eut lieu la réconciliation du duc de Montausier avec Boileau. Cette réconciliation, en effet, fut, selon lui, amenée par les vers 99 et 100 de l'épître vii (tome II, p. 95), publiée en même temps que le chant v du Lutrin.

> Et plût au ciel encor pour couronner l'ouvrage,
> Que Montausier voulût leur donner son suffrage!

« Montausier, dit-il (I, 242), commença dès-lors à s'adoucir en faveur de Despréaux. *Quelque temps après* il l'aborda dans la galerie de Versailles, et lui fit un compliment sur la mort de son frère Boileau de Puymorin, *arrivée depuis peu* ». Despréaux lui répond par un autre compliment. Montausier, touché de la louange, se réconcilie avec lui, l'emmène dîner, lui voue dès-lors une véritable amitié, etc.

Si l'anecdote est vraie, il ne fallait pas, par cette expression *quelque temps après*, la présenter comme très rapprochée de la publication de l'épître VII. Puymorin, en effet, ne mourut que le 11 décembre 1683 (tome IV, p. 471, Pièce justific. 35). L'entrevue de Despréaux avec Montausier ne put donc avoir lieu qu'environ une année après la publication de l'épître VII, ou, en admettant la fixation indirecte de Brossette, au plus tôt environ quatre mois après. D'où il suit aussi que les vers ci-dessus ne produisirent pas un effet très prompt sur l'esprit de l'austère et *facile* Montausier (ci-devant, p. 84, note 2).

42. On a observé, au sujet de ces mots *du public exciter*, par lesquels commence le vers 34 de l'épître X (tome II, p. 129 et note 1, *ib.*) dans toutes les éditions originales, que Brossette prétend avoir proposé à Boileau de mettre *exciter du public*, et que Boileau approuva ce changement. Comme sa correspondance ne contient rien au sujet de sa *proposition*, il faut qu'il l'ait faite de vive voix au plus tard en février 1699, époque de son départ de Paris, et l'approbation de Boileau, en admettant qu'il en ait donné une, n'aura selon toute apparence été qu'un compliment. S'il eût, en effet, adopté sérieusement la leçon de Brossette, il l'eût insérée dans ses deux éditions de 1701, postérieures de dix-huit mois au voyage de Brossette, ou au moins eût laissé quelque remarque à ce sujet parmi les notes de celles de 1713, tandis qu'au contraire il y a conservé la leçon primitive... Enfin, dans la même supposition, Brossette, après avoir reçu l'édition de 1701 (tome IV, p. 343 à 345, lett. des 10 juill. et 11 août 1701, et Lett. famil., I, 169, 178, 184, etc.), lui aurait rappelé le changement *approuvé* et oublié, et il n'en dit pas un mot, quoiqu'il lui soumette différentes observations sur cette même édition.

43. On voit dans la remarque précédente que Brossette a cédé à un petit mouvement de vanité; dans la note dont nous allons parler, il s'est seulement laissé entraîner par sa manie de tout expliquer. Boileau, en s'adressant à ses vers, consent qu'ils se montrent au jour, mais sous la condition que ce sera en la

compagnie de leurs aînés, parce qu'à la faveur de ces frères chéris (épît. x, v. 70 à 74, tome II, p. 132),

> Ils pourront se sauver épars dans le volume.

« L'auteur, dit aussitôt Brossette (I, 266), se repentait d'avoir
« publié la satire x en un volume séparé; les critiques, la voyant
« ainsi seule, l'avaient attaquée avec plus de hardiesse, et cela
« lui fit prendre la résolution de ne plus donner aucun ouvrage,
« qu'il ne l'insérât en même temps dans le volume de ses œuvres. »
Mais comment Brossette avait-il déjà oublié que quelques pages auparavant (I, 260) Boileau venait d'avertir que l'épître où est ce passage, et les deux suivantes seraient distribuées *dans un cahier* séparé, et que même la dernière seule le serait également dans un semblable cahier?... Et en effet, on en a des éditions de divers formats (in-4° et in-12, tome I, Not. bibl., § I, n°ˢ 79 à 84). Il n'était donc pas possible que ce fût pour faire allusion à la résolution dont parle Brossette (si toutefois cette résolution avait été prise), que Boileau fit la réflexion ci-dessus.

44. Dans les vers 219 à 222 de l'Art poétique, chant 1ᵉʳ (t. II, p. 189), il est question d'un poète qui repousse toute critique, quoiqu'il dise à son censeur que celui-ci a un pouvoir despotique sur ses vers. Mais, continue Boileau,

> Mais tout ce beau discours dont il vient vous flatter,
> N'est rien qu'un piège adroit pour vous les réciter.

Ceci, selon Brossette (I, 303), regarde Quinault. « Il avait,
« dit-il, recherché l'amitié de l'auteur, et l'allait voir souvent,
« mais ce n'était que pour avoir l'occasion de lui faire voir ses
« ouvrages... »
Voilà une assertion au moins fort douteuse. La réconciliation des deux poètes nous paraît, d'après beaucoup de circonstances qu'il serait trop long d'énoncer, devoir être fixée à l'automne de 1674, après la publication des éditions de 1674, in-4°, et 1674 et 1675, petit in-12. Aussi le nom de Quinault est-il laissé en blanc (sans doute parce que Boileau n'eut pas le loisir d'en chercher un autre) dans les éditions de 1674 et 1675, grand

in-12, postérieures à ces trois-là (tome I, Notice bibl., § 1, n° 33 à 37). Il est impossible que Boileau fît dans l'Art poétique une allusion à des faits postérieurs à sa publication.

45. Cette dernière considération nous servira aussi à compléter la preuve qu'on a déjà donnée d'une autre erreur bien autrement grave de Brossette. Il applique (I, 346) à La Fontaine les vers 121 à 124 du chant IV de l'Art poétique (tome II, p. 262 et 263):

> Que les vers ne soient pas votre éternel emploi:
> Cultivez vos amis, soyez homme de foi.
> C'est peu d'être agréable et charmant dans un livre;
> Il faut savoir encore et converser et vivre.

« M. de La Fontaine, dit-il, n'avait pour tout mérite que le « talent de faire des vers; et ce talent si rare n'est pas celui qui « fournit le plus de qualités pour la société civile. M. Despréaux « condamnait vivement la faiblesse que La Fontaine avait eue de « donner sa voix pour exclure de l'Académie française l'abbé « Furetière, son confrère et son ancien ami. On dit pourtant, « pour la justification de La Fontaine, qu'il avait bien résolu « d'être favorable à Furetière, mais que, par distraction, il lui « avait donné une boule noire, boule qui avait été cause de son « exclusion. »

MM. Walckenaër (p. 236) et Raynouard (p. 152 et 153) ont réfuté jusqu'à l'évidence cette *fable* ridicule. Le dernier observe entre autres, d'après les statuts et les registres de l'Académie, qu'il suffisait, pour l'exclusion, de douze voix sur vingt, et que le scrutin de l'assemblée du 22 janvier 1685 où elle fut prononcée, en produisit *dix-neuf*; qu'ainsi, en admettant la réalité de la distraction étrange attribuée à La Fontaine, elle n'aurait pas été cause de l'exclusion de son ami.

Nous ajouterons que dans un ouvrage (l'Art poétique) publié en 1674, Boileau ne pouvait se déterminer à l'allusion dont parle Brossette, par la considération d'un évènement postérieur de onze années, et Brossette, qui connaissait très bien l'époque où l'Art poétique fut publié, est inexcusable de n'y avoir pas pris garde lorsqu'il a répété, et en quelque sorte confirmé la fable précédente.

Il est d'autant plus inexcusable qu'il a induit les personnes qui le croyaient digne de confiance, à penser que Boileau avait fait, dans les vers précédens et dans quelques autres (93 à 96) du même chant, une satire amère et odieuse de la conduite et même des mœurs du bon fabuliste son ami.

46. Voici encore une assertion de Brossette que l'on peut combattre par des considérations de même genre. Je ne puis souffrir, dit Boileau dans l'Art poétique (ch. IV, v. 129 à 132; tome II, p. 263) :

> Mais je ne puis souffrir ces auteurs renommés,
> Qui, dégoûtés de gloire et d'argent affamés,
> Mettent leur Apollon aux gages d'un libraire,
> Et font d'un art divin, un métier mercenaire.

Selon Brossette (I, 346), c'est un trait dirigé contre Corneille. « Boileau le félicitant, dit-il, du succès de ses tragédies et de la gloire qui lui en revenait, *je suis soûl de gloire*, répondit Corneille, *et affamé d'argent.*

Pour que cette anecdote eût quelque vraisemblance, il faudrait que Boileau eût fait son compliment au moment des premières représentations d'un chef-d'œuvre de Corneille; car il eût été, par exemple, assez ridicule de le féliciter, en 1676, du succès du Cid, joué quarante ans auparavant; mais Boileau, à l'époque où parut Sertorius, la dernière bonne pièce de Corneille, était encore (1662) un jeune homme tout-à-fait inconnu dans la république des lettres. Est-il croyable que, s'il eût fait alors ce compliment, Corneille eût eu l'imprudence de lui faire une confidence qu'on se permettrait tout au plus de déposer dans le sein d'un ami intime?

47. Il n'y aura pas besoin de consulter les vraisemblances pour montrer le peu de fondement d'une autre assertion de Brossette, parce qu'elle repose sur un fait absolument controuvé. Dans l'ode sur Namur (v. 97 à 100, tome II, p. 418), Boileau dit que les *bombes tombant sur la terre, semblent vouloir s'ouvrir les enfers...* Ce qui lui donna l'idée de ces vers, selon Brossette, c'est qu'il avait remarqué, après la prise d'Ipres (1678) que *les bombes avaient fait des* CREUX EXTRÊMEMENT PROFONDS *dans le terrein.*

Quiconque a assisté à un siège, ou même à un exercice d'artillerie, sait au contraire que les bombes pénètrent à peine [1] dans un terrein sec, et ne s'enfoncent guère, dans un terrein mouvant ou sablonneux que de quelques pieds. Il s'en faut donc de beaucoup qu'elles aient pu faire à Ipres *des creux extrêmement profonds*, et par conséquent les réflexions que Brossette ajoute, sur l'utilité des voyages pour les poètes, sont ici tout-à-fait hors d'œuvre.

[1] Les *entonnoirs* ouverts par la chûte des bombes pendant les expériences de Bélidor, n'avaient que quinze pouces à deux pieds de profondeur. *Voy.* Mémoire sur les charges des Bouches à feu, 1740, in-fol., p. 28.

FIN DE L'APPENDICE DU TOME TROISIÈME.

TABLE DU TROISIÈME VOLUME.

Avertissement.	j
OUVRAGES DIVERS.	1
Dissertation critique sur la Joconde.	3
Les Héros de Roman, dialogue.	31
Discours sur ce dialogue.	ib.
Dialogue des Héros de Roman.	38
Discours sur la satire.	83
Dialogue contre les modernes qui font des vers latins.	92
Arrêt burlesque.	98
Observations préliminaires.	ib.
Arrêt burlesque pour le maintien de la doctrine d'Aristote.	101
Remerciement à l'Académie française.	112
Discours sur le style des Inscriptions.	121
Descriptions ou Explications de médailles.	124
Épitaphe latine de Racine avec deux traductions françaises.	140
RÉFLEXIONS CRITIQUES sur quelques passages [1] de Longin (défense d'Homère et de Pindare, et, en général, des anciens contre Charles Perrault).	147
Avis aux lecteurs.	148
Réflexion Ire (Introduction... Prétendus services rendus par les Perrault aux Boileau. — *Citation* : Sublime, page 294, ligne 20, chapitre 1).	149
Réflexion II (Exorde d'un poème, et en particulier de l'Alaric et de l'Énéide. — *Citat.*: Sublime, p. 297, lig. 14, ch. II).	159

---

[1] Boileau a pris pour texte de chacune de ses réflexions critiques un des passages de sa traduction de Longin, mais après avoir fait à neuf de ces passages de légers changemens de rédaction, qu'à l'exception d'un seul (*voyez* p 372, note *d*) nous avons jugé inutile de rapporter en note. Il suffira d'indiquer ici, après chaque réflexion, les chapitres, pages et lignes de la traduction où se trouvent les passages cités, afin que le lecteur puisse facilement y avoir recours.

Réflexion III (Preuves de l'existence d'Homère... Remarques sur d'Aubignac, Le Bossu, Quinault... Cinq bévues de Perrault relativement à des passages d'Homère. — *Citat.* : Sublime, p. 302, lig. 1, ch. III).   161

Réflexion IV (Justification d'un vers d'Homère sur la discorde. — *Citat.* : Sublime, p. 314, lig. 16, ch. VII).   181

Réflexion V (Sur Zoïle... Portrait d'un pédant d'après Régnier. — *Citat.* : Sublime, p. 323, lig. 10, ch. VII).   184

Réflexion VI (Vers ridicules de Saint-Amant... Personnages des Dialogues de Perrault... Nouvelles bévues sur ce qu'il nomme les comparaisons *à longue queue*, d'Homère. — *Citat.* : Sublime, p. 328, lig. 1, ch. VIII).   194

Réflexion VII (L'approbation de la postérité peut seule établir le vrai mérite des ouvrages... Exemples par le discrédit où sont tombés Ronsard, Balzac, etc.; Nævius, Ennius, etc... Éloge de Malherbe, Racan, Marot, La Fontaine, etc.; d'Homère, Platon, Cicéron, Virgile, etc... Jugement sur Corneille et sur Racine. — *Citat.* : Sublime, p. 336, lig. 11, ch. XII)   204

Réflexion VIII (Justification du commencement de la 1re ode de Pindare... Orthographe d'opéra, au pluriel... Genre de la lettre *s*. — *Citat.* : Sublime, p. 379, lig. 12, ch. XXVII [1]).   211

Réflexion IX (De la bassesse des mots... On n'en reproche point à Homère... Un mot bas dans une langue peut être noble dans une autre... Justification des épithètes d'Homère... Traduction ridicule d'un professeur de Boileau. — *Citat.* : p. 397, lig. 23, ch. XXXIV [2]).   221

---

[1] Nous avons dit, p. 211, note 2 et 3, que Boileau a supprimé les mots *mal-à-propos*, du passage cité... M. de Saint-Surin (III, 645, note *b*) indique une autre suppression, celle du mot *qu'ils* (qu'ils tonnent et *qu'ils* foudroient); mais il se trompe : ce mot, nous l'avons remarqué, p. 379, note *a*, n'est point dans les éditions originales.

[2] Nous avons aussi remarqué, p. 221, note 2, que dans *beaucoup d'éditions* on cite par erreur le chapitre XXXV. Cette faute typographique des éditions de 1701 et 1713 n'a été en effet corrigée que dans celles de Souchay et de Dumonteil et de leurs copistes. On la trouve même dans l'édition de M. de Saint-Surin

Conclusion des neuf premières réflexions (Résumé des critiques de Perrault contre Homère... Opinion de Jules Scaliger... Mot du prince de Conti). 231
Avertissement touchant la dixième réflexion. 237
Réflexion X... Réponse à une dissertation où Le Clerc soutient qu'il n'y a point de sublime dans ce verset : « Dieu dit, Que la lumière se fasse, et la lumière se fit. » (Du démêlé de Boileau avec Huet... Le simple et le sublime ne sont point opposés... Citation de vers d'Horace et de Médée de Corneille, et de Phaéton d'Euripide... Les diverses espèces de sublime sont dans le verset... Justification d'avoir omis un mot de Longin dans sa traduction (de Boileau). — *Citat.* : Sublime, p. 319, lig. 12, ch. vii[1]). 241
Réflexion XI (Apologie du vers de Racine, *le flot qui l'apporta recule épouvanté*, critiqué par La Motte. — *Citat.* : Sublime, p. 372, lig. 17, ch. xxvi[2]). 265
Réflexion XII (Définition du sublime... Exemple tiré des vers d'Athalie, *celui qui met un frein à la fureur des flots*, etc. — *Citat.* : Sublime, p. 308, lig. 4, ch. v). 272
TRAITÉ DU SUBLIME, traduit du grec de Longin. 275
Préface du traducteur. 277
Traité du sublime. 293
Chapitre Ier servant de préface à l'ouvrage. ib.

(III, 260), quoiqu'il reprenne à ce sujet *presque tous les éditeurs*, dans sa table (*ib.*, 645, note *c*).

[1] Nous avons dit par inadvertance, p. 241, note 3, qu'à l'exception de sept ou huit éditions, on lit dans toutes, *chapitre* vi; nous n'avons trouvé cette faute que dans les suivantes (*trente-six*), savoir : 1713, in-4º et in-12; 1715 et 1716, Li.; 1716, in-4º, Bross.; 1717, Mort.; 1717, 1720 et 1721, Vest.; 1721, Bru.; 1735, 1740 et 1745, Souch.; 1747, S.-M.; 1772 et 1775, A.; 1788, 1789, 1800, 1815 et 1819, Did.; 1809 et 1825, Daun.; 1810, Ray.; 1815, Lécr.; 1820, Mén.; 1821 et 1823, Viol.; 1821 et 1824, Am.; 1824, Fro.; 1825, Aug.; 1826, Mart.; 1828, Thi.; 1829, B. ch.; 1821, S.-S., t. III, p. 289... Nous citons celle-ci hors de son rang, parce que M. de S.-S. (*ib.*, 646, note *a*) reproche encore ici aux divers éditeurs, une faute dans laquelle il est tombé lui-même.

[2] Nous avons indiqué p. 372, note *d*, deux changemens faits par Boileau à ce passage; M. de S.-S., p. 646, note *b*, en omet un.

CHAPITRE II. S'il y a un art particulier du sublime, et des vices qui lui sont opposés. 296
— III. Du style froid. 301
— IV. De l'origine du style froid. 306
— V. Des moyens de connaître le sublime. 307
— VI. Des cinq sources du grand. 309
— VII. De la sublimité dans les pensées. 313
— VIII. De la sublimité qui se tire des circonstances. 324
— IX. De l'Amplification. 328
— X. Ce que c'est qu'Amplification. 329
— XI. De l'imitation. 332
— XII. De la manière d'imiter. 335
— XIII. Des images. 337
— XIV. Des figures, et premièrement de l'apostrophe. 344
— XV. Que les figures ont besoin du sublime pour les soutenir. 348
— XVI. Des interrogations. 350
— XVII. Du mélange des figures. 353
— XVIII. Des Hyperbates. 355
— XIX. Du changement de nombre. 358
— XX. Des pluriels réduits en singuliers. 360
— XXI. Du changement de temps. 361
— XXII. Du changement de personnes. 362
— XXIII. Des transitions imprévues. 363
— XXIV. De la périphrase. 366
— XXV. Du choix des mots. 369
— XXVI. Des métaphores. 371
— XXVII. Si l'on doit préférer le médiocre parfait au sublime qui a quelques défauts. 377
— XXVIII. Comparaison d'Hypéride et de Démosthène. 379
— XXIX. De Platon et de Lysias. 382
— XXX. Que les fautes dans le sublime se peuvent excuser. 384
— XXXI. Des paraboles, des comparaisons et des hyperboles. 386

TABLE DU TROISIÈME VOLUME.

Chapitre XXXII. De l'arrangement des paroles. 389
— XXXIII. De la mesure des périodes. 393
— XXXIV. De la bassesse des termes. 395
— XXXV. Des causes de la décadence des esprits. 399

Remarques sur Longin (par Boileau, Dacier et Boivin). 405
Observations préliminaires. ib.
Remarques. 406

APPENDICE. 431

Article Ier. Pièces de prose attribuées à Boileau. ib.
   I. Fragment d'un dialogue sur les écrivains anciens. ib.
   II. Des travaux dont l'Académie française devrait s'occuper. 433
   III. Avertissement mis à la tête des œuvres posthumes de Gilles Boileau. 434

Article II. Recherches sur la famille de Boileau Despréaux. 436
   § Ier. Tableau généalogique de cette famille. ib.
   § 2. Explication du tableau généalogique. 439
   N°s 1 à 261. Ascendans et collatéraux divers de Boileau Despréaux. ib.
   N°s 262 à 267. Cousines germaines et cousins germains paternels du même. 450
   N°s 268 à 290. Frères et sœurs de Despréaux. 451
   N°s 291 à 317. Cousines germaines et cousins germains maternels de Despréaux. 454
   N°s 404 à 421. Nièces et neveux paternels de Despréaux, à la mode de Bretagne. 458
   N°s 422 à 453. Nièces et neveux de Despréaux. ib.
   N°s 454 à 480. Nièces et neveux maternels de Despréaux, à la mode de Bretagne. 462
   N°s 483 à 502. Petits-neveux et petites-nièces de Despréaux. 463
   N°s 505 à 520. Arrières-petits-neveux et arrières-petites-nièces du même. 464

Article III. Des erreurs de Brossette. 466
   § Ier. Erreurs relatives à la famille de Boileau. ib.
   N°s 1 à 22. Beaux-frères de Despréaux... Sa belle-

mère... Sa mère... Son cousin Balthazard Boileau... Son neveu Bessé La Chapelle... Ses alliances avec des nobles et des roturiers, tels que le président Amelot, le prince de Rohan-Soubise, le linger Desmares... Balthazard de Lyonne... Maladie de Despréaux, dans son enfance... Critiques prétendues de sa belle-sœur, de sa sœur et de ses frères... Aiguillon de la guêpe... Voyage supposé de Brossette à Paris.

§ 2. Erreurs relatives au Lutrin. 483

Nos 23 à 40. Motifs de la jalousie du trésorier contre le chantre... Dissensions du haut et du bas clergé de la Sainte-Chapelle... Mariage du perruquier... Bénédictions... Procès nombreux du chapitre... Dansse, chanoine... Barrin, chantre... Auvry, trésorier... Processions... Noms inexacts... Défi de Lamoignon... Date des chants v et vi... Dernier vers du chant ii récité par Henriette d'Angleterre.

§ 3. Erreurs relatives à divers passages des œuvres de Boileau. 493

Nos 41 à 47. Montausier... Vers 34 de l'épître x... Publications des opuscules de Boileau par cahiers... Quinault... La Fontaine... Corneille... Effet des bombes.

FIN DE LA TABLE DU TOME III.

www.ingramcontent.com/pod-product-compliance
Lightning Source LLC
Chambersburg PA
CBHW051137230426
43670CB00007B/839